中国童书出版纪事

ZHONGGUO TONGSHU CHUBAN JISHI

崔昕平◆著

希望出版社

目录

序

盛世修史。我们这个出版盛世，终于开始修中国的童书出版史了。

希望出版社在中国童书出版大国崛起、强国追梦、成为整个中国出版第一板块、成为整个中国出版领涨力量的历史性时刻，做了一件希望满满的事，出版了崔昕平博士的《中国童书出版纪事》，这不仅是中国童书出版界的一件大事，也是整个中国出版界的一件大事。

纪事，顾名思义是记录事实。出版纪事，虽然不直接等同于出版史，但一定意义上两者是相通的。可以说，《中国童书出版纪事》是一部中国改革开放时期的童书出版史，是中国第一部童书出版史，是中国第一部当代童书出版史。《中国童书出版纪事》的出版，有着重大的现实意义和历史意义。

《中国童书出版纪事》结束了我国童书出版无史的历史，填补了我国出版史的一个空白。我是20世纪90年代初从广播电视系统调入中国少年儿童出版社任社长、进入童书出版界的。俗话说，隔行如隔山，为了早一点让我这个半途出家的童书出版人成为真正的童书出版人，当时非常认真的想找一些童书出版史，读一读，了解童书出版的前世今生。结果，找来找去，甚至去了国家图书馆，找来了100多种出版史和儿童文学史，就是没有专门的童书出版史。后来，在童书界干的时间久了，才慢慢明白，虽然大家嘴上都说童书出版很神圣、很重要，关系到祖国的未来、民族的希望，但实际上在社会上甚至出版界圈内，还是有许多人把童书出版作为哄小孩的“小儿科”出版看待。全国那么多出版史专著，据统计有400多种，还有那么多儿童文学史专著，居然没有一部童书出版史的专著。在林林总总的出版史和儿童文学史的书中，提及童书的也微乎其微，几乎可以忽略不计。一句话，对童书出版不重视，童书出版没地位。当时，我就想，如果我在童书出版界干得长，一定要在中国少年儿童出版社出版一部中国童书出版史。我是一个强烈的愿望表达者，想出版一部中国童书出版史的愿望，曾经在各种场合表达过，甚至也向国际儿童读物联盟的朋友和同行们打听过其他国家童书出版史的出版情况。可是，愿望是丰满的，愿望兑现往往是骨感的。我曾经与北京师范大学儿童文学研究中心签订过共同策划、编辑、出版《中国少年儿童图书出版史》的协议，但直到我社长卸任退休至今，愿望兑现依然还在远处。然而，希望出版社出版崔昕平博士的《中国童书出版纪事》，一定程度了却了我的部分心愿。我想，这绝对不仅仅是我个人的心愿，也是全国童书出版界共同的心愿。

《中国童书出版纪事》科学地、系统地、全景式地记录了我国改革开放30多年来童书出版从弱到强、繁荣发展的全过程，具有内涵丰富的百科书般的史料价值和跨学科探索研究的文本价值。崔昕平是北京师范大学王泉根教授的中国现当代文学专业儿童文学方向的博士生，她的博士论文《出版传播视域中的儿童文学》，已由中国社会科学出版社作为儿童文学研究的专著出版。崔昕平是科班出身的儿童文学专业研究者，不是出版人。但是，崔昕平以儿童文学为中心，注重跨学科研究，注重交叉性研究，在儿童图书出版史的研究上取得了重大的突破性的成果。“每逢大事有静气”，崔昕平是一个外表非常文静的女博士、女学者，她能吃苦，能耐劳，学有所长，以一己之力，干成了一件童书出版界盼望已久的大事。崔昕平用数年时间，走访与童书出版有关的各个方面，收集了“小山”一样的文献资料，辨识、梳理、归整、立论。她齐集了大数据时代关系到少年儿童出版的所有数据和重要书目，心中有数，文中有据。她把改革开放32年来的童书出版历程，精准地分解为恢复期、盘整转型期、改革摸索期、步入市场期、畅销引领期、蓬勃多元期、体制新媒体剧变期7个历史时间段。每个时间段都以统一的“数据描述”、“书业背景事件”、“重要书事”、“大事记”四种记叙模式来科学的系统的全景式地表达。既有准确可靠的数据支撑，又有真实可信的事实陈述；既有宏观的出版分析，又有微观的细节呈现；既有政治经济的变革引领，又有童书市场的演变排行；既现代时尚，又务实有效。中国童书出版30多年天翻地覆的巨大变化，历历在目。可以毫不夸张地说，一书在手，什么都有。

《中国童书出版纪事》为研判中国童书出版的未来和迎接中国童书出版大时代的到来奠定了坚实的史料基础。中国童书出版，经过改革开放的洗礼，经过世纪之交的风云，繁荣发展，大国崛起。特别是进入21世纪后，童书出版“井喷式”发展，出现了一个前所未有的年平均两位数增长的“黄金十年”。在全世界步入互联网时代、大数据时代、纸媒体出版持续下滑的大趋势中，中国童书出版又创造了连续16年平均两位数增长的奇迹。2016年，增长28.6%。2016年9月，我出版了我的第三部出版专著《童书大时代》，旗帜鲜明地提出，中国童书出版已经突破以“年”的概念来界定发展进程、到

了可以而且也能够以“时代”的概念来界定发展进程的时候。纵观世界发展史，大凡政治、军事、经济社会发生重大历史变革，必然会催生文化的重大历史变革。出版，作为文化的重要组成，也是这样。英国的维多利亚时代，带来过儿童文学、童书出版的大时代。美国作为第二次世界大战的最大战胜国，带来过美国20世纪60年代、70年代儿童文学、童书出版的大时代。凭借改革开放以来中国儿童文学、童书出版的发展实践，凭借《中国童书出版纪事》的史料、数据，在研判中国童书出版的未来时，我们可以充满自信地预判，一个长长的、生机勃勃、富有活力、富有中国特色的中国的儿童文学、童书出版的大时代必将到来。

出版有学，出版有史。《中国童书出版纪事》出版，是好事，是喜事。但这仅仅是万里长征的第一步，是童书出版史出版的第一步。上溯到1949年，可以构成新中国童书出版史，亦即中国当代童书出版史。上溯到1912年，可以构成中国现代童书出版史。上溯到远古，可以构成中国古代童书出版史。记得2010年我以国际儿童读物联盟中国分会主席的身份在韩国南怡岛参加国际童书展时，曾经与国际儿童读物联盟的同行们谈起，中国100多年前发现了3600多年前商朝刻在龟甲兽骨上的甲骨文，至今已发掘出了15万片，计殷墟文字单词4500个，已是汉字成熟的标志。甲骨文中，有很漂亮的“童”字和“书”字。中国分会有志于出版一部中国童书出版史，封面设计上就可以呈现甲骨文上的“童”“书”两个字。外国同行当时的表情是满脸惊奇，随后的动作是由衷地伸出了大拇指。《中国童书出版纪事》的应运而生，极大地坚定了我的信心。我充满敬意地寄希望于希望永远的希望社，寄希望于年轻有为的崔昕平博士们。

海　飞
2017年2月1日
于海南万泉美地

绪　论

（一）

1949年中华人民共和国成立以来，中国社会历史发生了重大转型与变革，为中国的文化事业翻开了崭新的篇章，也为中国出版及其独立组成部分的中国少年儿童图书出版开启了新的纪元。中国少年儿童图书出版由1897年上海商务印书馆以民营、股份制出版企业的形式开启的现代出版业走向当代。在国家实行出版国有化政策的时代背景下，我国分别于1952年和1956年成立了两家专业少年儿童出版社，为我国少年儿童图书出版的当代发展开启了崭新的模式。跨越"文化大革命"十年浩劫，进入1978年，国家出版局等8家单位召开全国少年儿童读物出版工作座谈会，70年代末到80年代初，各省分设专业少儿出版社，童书出版走向壮大，进入全速发展与阶段性增长的新时期。

有学者将20世纪二三十年代和改革开放以来的30年视为中国现代出版史上的两个黄金时段。20世纪二三十年代，是现代出版体制得以确立的关键期。而改革开放以来，是我国出版业由事业性质单位逐步向企业性质单位转变的循序渐进的过程。在中国社会经济形态由计划经济向市场经济转型的过程中，我国少年儿童图书出版呈现出前所未有的繁荣局面，清晰地显示出一条以政令聚力复苏、发展，到政治力量与经济力量博弈，再到融合的鲜明路径。同时，就出版的本质而言，其从诞生之日即具有传播属性。自20世纪90年代以来大众传媒的力量所向和步入新世纪不同媒介间的融合趋势，同样使得童书出版行为因传播媒介的更替而不断“被改变”。

回溯我国童书出版的历史，1949年10月1日中华人民共和国成立后，百废待兴。文化出版事业承载着社会主义精神文明建设的重要任务，受到中央高度重视。中央着手建立社会主义性质的出版事业，成立了出版局。出版事业建设中的第一个重大措施是将过去分散经营的新华书店统一为全国性的“国营”企业。1950年，中央对新华书店兼营出版、印刷、发行的形式进行彻底改造，从专业分工的角度进行划分：新华书店专门担任发行业务，所属印刷厂分出来成为独立经营的各地新华印刷厂，出版部门划分出来，成立中央人民出版社和各省市地方人民出版社。第二个大的举措是对私营出版业的社会主义改造。到1956年，全国私营出版业的社会主义改造基本完成。这一阶段，专业少年儿童出版社的筹备工作也被提上日程。1950年到1956年间，青年出版社、少年儿童出版社和中国少年儿童出版社相继筹备并成立。从1956年开始，中国少年儿童出版社和少年儿童出版社就共同担负起向全国少年儿童供应各种课外读物的任务。中国童书出版界自此有了一南一北两家专业少儿出版社，童书业内所说的“南有上少，北有中少”的专业少儿出版格局自此形成。改革开放之前，我国专业少儿出版一直保持了这样的格局。

令人扼腕的是，1957年的反右斗争扩大化和1958年的业务思想批判，使出版业进入了中华人民共和国成立以来的曲折发展期。据统计，1965年全国出版图书品种大幅度下降，只及1956年的70%。从1966年到1975年这十年，平均每年出书不过7 903种，只及1956年的27.5%。[①]直至1971年，周恩来总理在全国出版工作座谈会上作了关于“开放图书”的指示。1975年，经中央批准，共青团中央决定恢复中国青年出版社和中国少年儿童出版社的出版业务。1978年1月，少年儿童出版社的建制被恢复。也正是在1978年以后，出版业与童书出版均重新回到发展轨道。

改革开放以来，童书业经历了巨大的、阶段性的变化。对建国后30年的童书业发展，中国出版工作者协会少年儿童读物工作委员会（此后简称“少读工委”）主任海飞用“由2进3之变”加以总结：1977年与2008年相比，全国由两家专业少儿社扩张到34家；由200多名童书出版工作者发展到6000多人；由20多名有影响的少儿作家、画家发展到职业作家、画家5000多人；出版童书由不到700多种、0.26亿册增加到13500余

① 倪子明，陆本瑞，方厚枢.中国出版事业发展概况[A].中国出版工作者协会.中国出版年鉴 1980[Z].北京：商务印书馆，1980.12.22.

种、3.3亿册。[①]在数量的增加、规模的扩大、品种的丰富上，中国已从“量”的角度成长为童书出版大国。尤其是进入21世纪的第一个十年间，基于我国青少年文化教育观念的整体提升、青少年文化教育消费投入的不断加大，加之图书相对于电视、网络媒介而言所具有的主动性阅读优势与利于控制、利于视力健康等特点，少年儿童图书出版业成为出版业界最具活力，也最具诱惑力的板块。据北京开卷信息技术有限公司提供的数据显示，自2004年以来，童书零售市场各年度同比增长率都明显高于同期整体市场的发展速度，而且在部分年份，童书零售市场的发展速度达到了整体市场增速的2.5倍以上。童书对整体图书零售市场发挥着稳健而强大的拉动作用，成为带动市场上行的重要力量。高增长率吸引了众多出版社投身童书出版。全国范围内570多家出版社当中90%以上都参与了少儿类图书市场的竞争。

自1978年至今，中国童书出版的外部环境从计划经济走向了市场经济，从对外开放走向了世界经济一体化，从传统纸媒传播时代走向了全媒体数字化传播时代。这一切的变革，促成了一部生动的童书出版业演进史。同时，这一发展历程中的童书出版物也印证着文化变革的历程。童书出版本身，已成为一种重要的“出版现象”。

（二）

在我国，现代出版学的真正发展、出版学作为一门学科的研究历史自20世纪80年代刚刚起步。《中国大百科全书·新闻出版》卷中对出版学做出界定：“研究出版活动的内在规律，出版各个环节之间的联系和出版所发生的社会影响，探索出版发生、发展的历史以及对人类文明的作用。”[②]虽然中国出版学与编辑学的发展在当代进入了加速度，各种回顾梳理出版史、编辑史的著作在保存出版史料、记录出版发展方面发挥了不可磨灭的作用，但是这些研究集中于对整个出版业的宏观鸟瞰和整体概括，罕有针对童书出版展开的探讨。

目前，仅能从纷繁出版史料中，截取零星的童书出版信息。比如方厚枢的《新中国少儿读物出版的五十年》，[③]是珍贵的、对儿童文学出版予以专门关注的梳理性史料；在刘杲，石峰的《新中国50年出版记事》[④]中可查到少量关于童书出版的记事条目；

① 海飞.童书业六十正年轻——新中国少儿出版60年述评[J].中国少儿出版，2009，(3)：16.

② 吴霄.创立编务学理论 完善出版科学体系[J].中国少儿出版，2001，(4)：28.

③ 方厚枢.新中国少儿读物出版五十年[A].宋原放.中国出版史料（现代部分）第三卷下册[M].主编，山东教育出版社，2001.4.150-161.

④ 刘杲，石峰.新中国出版五十年纪事[M].北京：新华出版社，1999.12.

在《当代中国的出版事业(上)》[①]中也有部分内容涉及少儿读物出版;中国出版工作者协会编的《中国出版年鉴》[②](自1980年始)也散见与童书出版有关的数据和信息;在文化部出版事业管理局版本图书馆编订的历年《全国总书目》[③]中,可查到针对儿童文学出版物做出的分项记录。对童书出版物作出专门统计的史料,仅可见国家出版事业管理局版本图书馆编写的《全国少年儿童图书综录(1949~1979)》[④],不过,这部书目记录的是改革开放前童书出版的具体数据。针对童书出版的研究专著,目前仅见的是海飞的《童书海论》[⑤]和《童媒观察》[⑥]。这两部论著较为集中地描绘了改革开放以来童书出版的相关政策、变革和出版大事件。少年儿童出版社的《少年儿童出版社的三十五年》[⑦]和中国少年儿童出版社的《为了孩子,为了祖国,为了未来——中国少年儿童出版社的三十年》[⑧]对本出版社的发展历史做出了勾勒。少读工委文学读物研究会总结整理该研究会历届理论研讨资料出版的《风云际会》[⑨],记录了文学会的历届活动、研讨和文学编辑们历年来的编辑体会、部分优秀作品的编辑过程,多侧面展现了儿童文学出版的发展历程,史料价值较高。除此之外,童书出版再无专著可寻,亦无专史可循。

对改革开放以来童书出版演进史的认真梳理与分析,成为当务之急。首先,童书出版作为经济基础与上层建筑合力作用的产物,既具有鲜明的意识形态性,又具有不可磨灭的商品性;既与成人图书出版有类同之项,又具有面向儿童受众的独特属性。其次,从意识层面看,童书出版承载着儿童精神文化产品的生产和创造,直接构成儿童文化发展的推动力,构成儿童读物的外部传播环境。再次,从经济层面看,童书业在改革开放至今的30余年间全速发展,无论是出版单位还是出版物都呈现几何倍数的增长。30余家专业少年儿童出版社、500余家非专业少年儿童出版社争相出版少年

① 邓力群,马洪,武横.当代中国的出版事业[M].北京:当代中国出版社,1993.
② 中国出版工作者协会、中国出版发行科学研究所、中国出版年鉴社.中国出版年鉴[Z].北京:商务印书馆.
③ 文化部出版事业管理局版本图书馆.全国总数目[Z].北京:中华书局.
④ 国家出版事业管理局版本图书馆.全国少年儿童图书综录(1949~1979)[M].北京:中国少年儿童出版社,1980.
⑤ 海飞.童书海论[M].济南:明天出版社,2001.9.
⑥ 海飞.童媒观察[M].济南:明天出版社,2005.5.
⑦ 少年儿童出版社.少年儿童出版社的三十五年[M].上海:少年儿童出版社,1987.
⑧ 中国少年儿童出版社.为了孩子,为了祖国,为了未来——中国少年儿童出版社的三十年1956——1986[M].北京:中国少年儿童出版社,1987.
⑨ 刘海栖,孙建江. 风云际会[M].济南:明天出版社,2011.5.

儿童读物的生产状况,增长、竞争等等外界因素势必为童书出版业带来一系列伴生问题。

因此,这个视域有着巨大的、有待阐释的空间。如前所述,童书出版作为一个从弱小逐渐壮大的分支,尚未在出版学领域得到针对性的、具体的研究,对改革开放以来童书出版史料的整理至今还未出现。并且,由于童书出版业所具有的政府保护性、监管性,使其具有了有别于整体书业的特殊性。其发展脉络相对于整个书业来讲,独具复杂性、个体性。一次针对改革开放以来的童书出版业的梳理分析,将使这段风云变幻的发展史变得直观,变得具体。

在儿童文学研究界,不少学者已经在对童书出版投入关注并撰写论义。新世纪的几部大部头的儿童文学理论汇编,都为童书出版设立专章论述。如王泉根主编的《中国儿童文学60年(1949—2009)》[①]不但在"第一辑:60年儿童文学发展思潮"板块收录了《大量创作、出版、发行少年儿童读物》《努力做好少年儿童读物的创作和出版工作》等重要史料,而且在"第五辑:60年儿童文学系统工程"板块设立了出版专题,在"第六辑:60年儿童文学历史纪程"板块记录了儿童文学与其外部出版相关的重要事件;在"第七辑:60年儿童文学图书辑目"板块中系统梳理了60年来各种文体的儿童文学出版物。王泉根主编的《中国新时期儿童文学研究》[②]一书中专设了"第四编:传媒研究"。高洪波主编的《改革开放三十年的中国儿童文学》[③]中也辑录了《改革开放三十年中国儿童文学纪事》和《改革开放三十年中国原创儿童文学图书存目》。上述艰苦而细致的编辑整理工作为童书出版发展的历史回顾提供了先期的历史资料,为本书的展开提供了前期的研究支持。

本纪事综合参考了历年《中国出版年鉴》(中国出版工作者协会、中国出版发行科学研究所、中国出版年鉴社编)、《中国出版业发展报告(中国出版蓝皮书)》(郝振省主编)、《中国少儿出版》(1997-2010)和《中国出版史料(现代部分)》、《中国出版史料(现代部分)补卷》(宋原放主编)、《新中国50年出版记事》(刘杲、石峰主编)、《中国当代出版史料文丛》(方厚枢著)、《中国出版通史 中华人民共和国卷》(方厚枢,魏玉山著)、《中国出版图史》(肖东发主编)、《中国编辑史》(姚福申著),《童书海论》(海飞著)、《童媒观察》(海飞著)、《少年儿童出版社的三十五年》(少年儿童出版社)、《为了孩子,为

① 王泉根.中国儿童文学60年(1949—2009)[M].武汉:湖北少年儿童出版社,2009.9.

② 王泉根.中国新时期儿童文学研究[M].石家庄:河北少年儿童出版社,2004.

③ 高洪波.改革开放三十年的中国儿童文学[M].上海:少年儿童出版社,2008.10.

了祖国,为了未来——中国少年儿童出版社的三十年》(中国少年儿童出版社出版)、《中国儿童文学60年(1949—2009)》(王泉根主编)、《改革开放三十年的中国儿童文学》(高洪波主编)、《中国新时期儿童文学研究》(王泉根主编)等资料,经过筛选、汇编而成。

各阶段大事记的编写以年、月、日时间为序编排。每年首条记录该年度童书出版的统计数据,年末补录尚未查到准确日期的童书事件和该年度标志性童书现象。其间也收入若干与童书业相关的重要书业事件。

囿于资料视野与判断能力,本纪事恐有诸多不足。颛此就正于方家。

第一章　改革开放以来童书出版史的分期建构

现代意义上的童书出版，是伴随“儿童的发现”逐步发展而来的。我国现代意义上的童书出版，就源自商务印书馆的新教科书出版和以“童话丛书”为代表的儿童读物出版。伴随我国新文化运动思潮对“儿童”的发现和现代教育改革的全面展开，面向儿童的文学读物受到空前重视，也产生了巨大的市场需求。继商务印书馆之后，开明书店、北新书局、广益书局、新中国书局等均积极出版童书，创办儿童报刊，出现了一批以丛书形式出版的、广受关注的儿童书籍，包括《儿童万有文库》《小学生文库》《幼童文库》等。中华人民共和国成立后，国家实行出版国有化政策，分别于1952年12月在上海成立少年儿童出版社（简称“上少社”），1956年6月在北京成立中国少年儿童出版社（简称“中少社”）。另外，一些省份的人民出版社内也设立了少儿读物编辑室。至1978年10月国家出版局等8家单位在江西庐山召开全国少年儿童读物出版工作座谈会后，各省分设专业少儿出版社，中国童书出版开始进入全速发展的新时期。

粗观1978以来的30余年，童书业经历了巨大的、阶段性的变化。复现这样一段历史的演进，必须关注其中一些重要的节点和由此形成的不同发展阶段。这些重要节点的出现，有来自出版业自身的发展因素，更有作为社会文化产品生产所受到的诸多外力影响，诸如政令法规的影响、经济制度的影响、文化思潮的影响、对外交流的影响、教育改革的影响，等等。很多时候，这些童书出版业发展旅途中的节点，往往会与社会发展史中的重大事件交相呼应，互为因果。1978年到2008年，我国的出版社从

105个发展到579个，增加了4.51倍；图书产品从1.5万种增加到27.57万种，增加了17.38倍。2008年之后我国出版业继续迅猛发展，由新闻出版大国向新闻出版强国迈进。在这样一个30年巨变的出版背景下，我国童书出版的发展走势如下图：

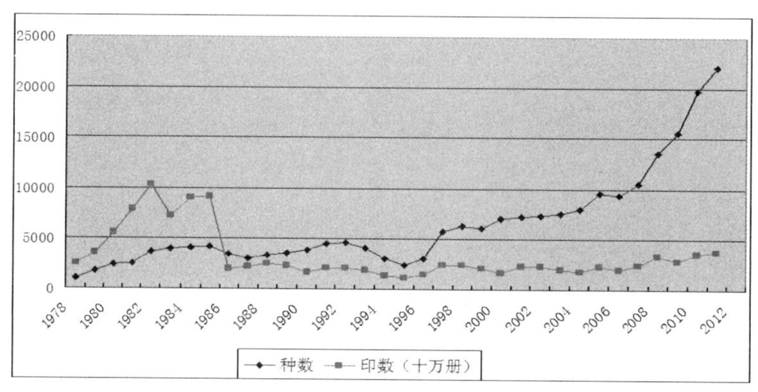

（数据主要来源于历年《中国出版年鉴》[①]）

数据显示，改革开放以来，我国童书出版在1985年、1995年、2000年、2008年等年份出现了种数与印数的大幅变化，或是明显的下跌，或是快速的增长，呈现出阶段性的发展状貌。从经营模式转型角度考量童书业的发展：1976年以后，我国的出版业发展进程中，有三次关键性的、经营模式的转型[②]：第一次是20世纪80年代中期，出版业由计划经济时代的“单纯生产型”向“生产经营型”转型，图书发行的模式由委托新华书店代理改变为由出版社自办发行。第二次是20世纪90年代上半期，出版业由单一的“数量增长”向“优质高效”转型，书刊质量提高和效益增长成为发展的目标。第三次是自2006年开始，出版发行单位由“事业单位”向“企业单位”转型，至2009年，除了少数几家公益性事业出版社外，其余出版社全部转变为经营型企业出版社。出版业机构性质发生本质性的转变。因此，20世纪80年代、90年代和本世纪00年代的中期，都成为出版业经济力量介入变革的关键阶段，形成转型的临界点。虽然童书业作为一个受到政府宏观管理与无形保护的特殊出版业组成部分，没有成为每次转型的开拓者，但转型带来的业界动荡屡屡引起童书业外部大环境的波动，随之带来的阶段性变革仍然十分鲜明。新的世纪，市场经济大潮、我国加入WTO的巨大冲击，催动出版业的改革步伐加大，并最终确立企业性质。网络、电视等新型媒体的迅速崛起，牵动

①《中国出版年鉴》由中国出版工作者协会自1980年起编辑，每年一册，由商务印书馆出版。自1987年起，改为由中国出版工作者协会和中国出版发行科学研究所合编，中国书籍出版社出版。自1993年起，改由中国出版年鉴社编辑出版。

②肖东发.中国出版图史[M].广州：南方日报出版社，2009.10.

传统纸质出版向数字化出版时代转型。此次转型，被业界视为出版业第三次硬件革命的到来。上述出版业的整体发展可以概括为由计划经济向市场经济的转型。童书出版业作为其中的一分子，完整经历了上述转型。同时，长期处于行业保护之下，国家对儿童、对童书出版的日渐重视，相关政策法规的颁布，对外交流的加强，包括国家整体经济水平的提高、家长教育投资价值观的转变、教育改革背景、文化潮流更迭背景等等因素，使童书出版在上述宏观发展过程中又鲜明地显示出自己的发展节点。针对童书出版本身的多重属性，承上文做出的多重考量与数据统计，本书对童书出版业改革开放以来30余年的发展做出如下分期：

1978—1985年：计划经济时代处于恢复期的童书出版。

1986—1995年：经济与文化转型阶段的童书出版。包括下面两阶段：1986—1989年，盘整转型阶段；1990—1995年，改革摸索阶段。

1996—2007年：市场经济时代的童书出版。包括下面三阶段：1996—2000年，步入市场营销阶段；2001—2004年，畅销书引领阶段；2005—2007年，蓬勃多元发展阶段。

2008—2010：体制与媒介剧变期的童书出版。

第二章　恢复期的童书出版(1978—1985)

1978年至1985年,是童书业恢复性增长的重要阶段。1976年10月,江青反革命集团覆灭。1977年12月初,国家出版局在北京召开全国出版工作座谈会,批判了"四人帮"加在出版工作者头上的两个反革命"估计"(即诬蔑"文革"前17年的出版工作是"反革命专政",出版队伍"基本上是资产阶级的"),解除了出版人沉重的精神枷锁。1978年12月,中共十一届三中全会召开。会议确定:把全党工作的重点转移到社会主义现代化建设上来。1978年,国务院批转了国家出版局《关于加强和改进出版工作的报告》,提出"加强出版事业,尽快改变目前书刊品种少、出版周期长、印刷技术落后的状况"。出版事业重新恢复了生机,由此迈入以恢复性增长开局的新时期。

该时期,全社会面临的文化问题之一,就是"文革"十年造成全社会文化的极度贫瘠,儿童读物当时面临的短缺问题极为严重。1977年,全国少年儿童读物出版的数量仅为752种。儿童读物的问题引起了中央高度重视。作为意识形态领域中重要的组成部分,加之面向全国少年儿童的独特对象,我国童书业受到了来自政府多个部委的领导,新闻出版局、文化部、教育部、共青团中央、全国妇联、全国科联等都直接介入童书业的领导和管理。在该时段的发展中我们可以清晰地看到,童书的出版与创作均显示出鲜明的政策性、政令性特点。每一次童书业阶段性变化的背后,都以来自政治意识形态方面的力量为主推。1978年至1985年,国家第六个"五年规划"完成,童书业

经历了第一个群策群力、飞速发展的恢复期。

一、童书数据描述

1978年,全国共出版少年儿童读物1062种(其中初版958种),印数255百万册。

1979年,全国共出版少年儿童读物1737种(其中初版1524种),比上年增长63.56%;印数360百万册,比上年增长41.18%。

1980年,全国共出版少年儿童读物2446种(其中初版2162种),比上年增长41.8%;印数554.96百万册,比上年增长54%。其中,连环画册1463种,较上年增长48.1%。

1981年,全国共出版少年儿童读物2520种(其中初版2110种),比上年增长3.02%;印数786.74百万册,比上年增长27.44%。

1982年,全国共出版少年儿童读物3690种(其中初版2834种),比上年增长46.2%;印数1033.88百万册,比上年增长31.4%。

1983年,全国共出版少年儿童读物3966种(其中初版3278种),比上年增长7.5%;印数721百万册,比上年减少30.2%。

1984年,全国共出版少年儿童读物4090种(其中初版3318种),比上年增长3.1%;印数907.54百万册,比上年增长25.8%。其中,连环画2584种,75207万册,占少儿读物种数的63.2%,印数的82.9%。

1985年,全年共出版少年儿童读物4192种,比上年增长2.5%;印数917.67百万册,比上年增长1.1%。

1978年至1985年,我国童书业发展数据走势见下表(数据主要来源于历年《中国出版年鉴》)。

1978—1985年我国童书出版情况统计表

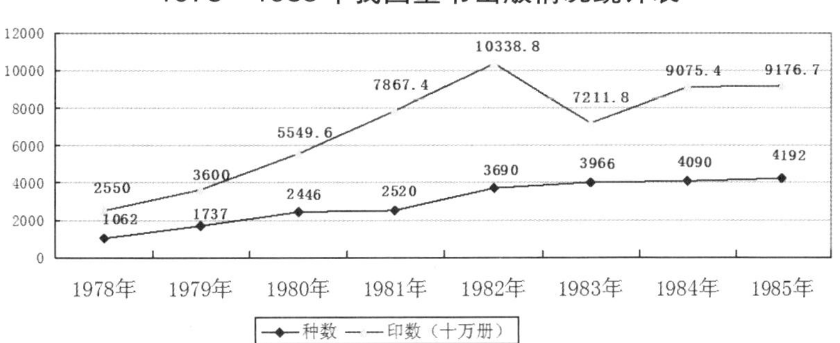

上图显示，1978年至1985年，童书出版业呈现了阶段性高速发展与平缓发展交错的走势。在1979年、1980年和1982年三个年份中，童书出版呈大幅度增长，增幅均超过30%，最高时达到63.56%，远远高于全国其他图书出版的增幅，其他年份则增幅仅维持在2.5%—7.5%之间。尤其是在1983年，在全国书业印数出现1.3%的负增长时，童书出版负增长率竟达30.2%。具体走势见下表：

童书出版走势	1979年	1980年	1981年	1982年	1983年	1984年	1985年
种数增长（较上年）	63.56%	41.8%	3.02%	46.2%	7.5%	3.1%	2.5%
印数增长（较上年）	41.18%	54%	27.44%	31.4%	-30.2%	25.8%	1.1%

数据分析可见，在出版业进入恢复发展期的1978年以来，童书业一方面显示出飞速发展的态势，另一方面又呈现出巨大的起伏。形成这种态势的原因正在于，较之于出版业整体来说，童书业受到了更多来自社会意识形态因素，尤其是政令因素的影响。

二、书业背景事件

出版是上层建筑的一部分。自中华人民共和国成立以来，我国出版事业被视为党在意识形态领域的重要阵地。虽然出版业的产业形态决定了其受到经济基础的深刻影响与制约，但该时段国家政策的导向性发挥着异常巨大的作用。这也是出版社作为事业单位在计划经济时代接受国家宏观调控的效应体现。1978年至1985年，在政令效应之下，童书出版业突飞猛进，形成了阶梯状的递增发展。

（一）全国少年儿童读物出版工作座谈会召开

1978年10月11日至19日，国家出版局、教育部、文化部、全国文联、全国科协等中央单位联合主办“全国少年儿童读物出版工作座谈会”，因在江西庐山召开，该会议亦被简称为“庐山会议”。会议由陈翰伯主持，部分儿童文学作家、翻译家、理论家到会。人大副委员长、中国保卫儿童委员会主席宋庆龄、全国妇联主席康克清都发来了祝词，共青团第十次全国代表大会筹委会发来题为《时代的重托 孩子的渴望》的祝词。严文井、陈伯吹、胡奇、韩作黎、张乐平、贺宜、金近等作家出席会议。

本次会议肯定了建国后儿童读物出版的成绩，批判了“文革”带给童书出版的灾难，着重讨论了今后少儿读物和儿童文学的发展规划——《1978年至1980年部分重点少儿读物出版规划》，提出了1979年“六一”儿童节前出版1000种少儿读物，3年内出

版29套丛书(包括少儿百科全书、小学生文库、少儿自然科学丛书、外国儿童文学名著以及教师丛书等)的奋斗目标。同时,会议特别提出,各地人民出版社都要成立少儿编辑室,并提出要积极创造条件,在天津、沈阳、广州、成都、西安等地成立专业的少年儿童出版社。[①]此次会议,成为童书出版与创作发展史上具有划时代意义的标志性事件。中国出版工作者协会少儿读物工作委员会主任、国际儿童读物联盟中国分会会长海飞评价:"'庐山会议'是一次解放思想,拨乱反正,实事求是,勇闯禁区,迎接少儿读物出版春天的标志性会议。"[②]

(二)《人民日报》发表社论

1978年11月18日的《人民日报》发表社论《努力做好少年儿童读物的创作和出版工作》。社论指出:1977年全年出版"少年儿童读物只有192种,印数2653万册,仅占当年图书出版总数的1.5%,总册数的0.8%。以我国有阅读能力的两亿小读者计算,每13个孩子一年才能有一本书。"[③]

(说明:"少年儿童读物只有192种",此数据出自《人民日报》1978年11月18日《努力做好少年儿童读物的创作和出版》一文。但该数据显然存疑。笔者翻阅国家出版事业管理局版本图书馆编《1977全国总书目》(中华书局,1981),其中的《1977年<全国总书目>收书分类统计》显示:"1977年收录少年儿童读场(原文错误,应为:物)376种,其中初版369种,改版7种(汉语图书初版271种,改版7种;少数民族文字图书初版33种;盲文书籍初版4种;外国文学图书初版61种)"。从各个分类中,均无法产生"192种"这个数据。笔者又查阅了中国出版工作者协会编的《中国出版年鉴1985》(商务印书馆,1985.12),其中的《1950—1983年全国少儿书籍出版统计》显示,1977年全国共出版少年儿童读物752种。这个数据不但也与《人民日报》所使用的数据不符,并且大大高于《1977全国总书目》的统计数字。《1977全国总书目》提供的统计表下曾有这样一段说明文字:"上列统计数字,是1977年《全国总书目》收录的图书种数(不同版次、开本、装帐(原文错误,应为:帧)等各作一种计算),与实际出版数不尽相同,仅供参考。"由此可以推断,当年做出的这个数据统计仅为国家版本图书馆收到图书的数量。之后的《中国出版年鉴1985》中的统计数字大大高于1977年的数据,也是可以理解的。并且,本书不避麻烦原样呈现了《1977全国总书目》在一页之中出现的两个印

①许力以.长沙会议的前前后后[A].中国出版年鉴社.中国出版年鉴1999[Z].北京:中国出版年鉴社,1999.9.19.

②海飞.走向少儿出版大国——中国少儿出版改革开放30年的四大变化[J].中国少儿出版,2008,(1):12.

③努力做好少年儿童读物的创作和出版工作[N].人民日报,1978-11-18(2).

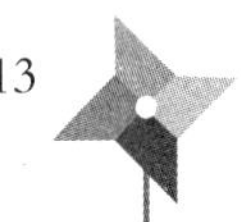

刷错误，真实反映了当时的历史时期开展这样一项细致、繁琐工作时的纰漏。这也可能造成当时数据统计的不够精确。尽管如此，二者已然证明，《人民日报》上使用的“192种”是存在问题的。故虽然“192种”这个数据被广泛使用多年，本书在论述中还是采用了《中国出版年鉴》作出的统计数字“752种”。）

“社论”呼吁各级文化部门的领导和文艺界、出版界、科技界、教育界的同志们都来关心少年儿童读物的出版工作，并明确指出：这是一件“关系到我国两亿少年儿童的健康成长”①的大事。

（三）国务院出台《关于加强少年儿童读物出版工作的报告》

1978年12月21日，国务院以国发[1978]266号文件批转了国家出版局、教育部、文化部、共青团中央、全国妇联、全国文联、全国科协联合下发的《关于加强少年儿童读物出版工作的报告》。《报告》就怎样肃清“四人帮”的流毒、消除余悸，做好少儿读物出版工作，提出五条意见。摘录如下：

1. 少年儿童读物出版工作，必须为党在新时期的总任务服务，为提高整个中华民族的科学文化水平贡献力量。

2. 少年儿童读物应该具有少年儿童的特点。

3. 少年儿童读物应该富有知识性。

4. 少年儿童读物还应该富有趣味性。

5. 要提倡题材、体裁多样化。

《报告》与“庐山会议”制订的出版规划相呼应，提出阶段性发展目标：

到1979年“六一”国际儿童节前后，全国要有1000个品种的少儿读物在新华书店供应。

《报告》同时针对少儿读物出版工作提出了具体措施：

1. 加强少年儿童读物出版机构，扩大编辑出版队伍。要充实和加强中国少年儿童出版社和少年儿童出版社，逐步增加编辑人员。其他省、市、自治区出版社也要充实和加强少儿读物的编辑力量，还没有少儿读物编辑室的，要尽快建立编辑室。已调走的有专长的少儿读物编辑人员，应尽快归队。少数民族聚居的省、自治区还应建立民族文字的少儿读物编辑室。天津、沈阳、广州、成都、西安等地，要积极创造条件成立少年儿童出版社，使每个大的地区都有一家专门出版少儿读物的出版社。

2. 发展壮大作者队伍，大力繁荣少儿读物的创作。建议全国文联各协会，中国科普创作协会及其在各地的分会建立相应的组织，负责研究、指导、组织少年儿童读物

①努力做好少年儿童读物的创作和出版工作[N].人民日报，1978-11-18(2).

的创作,并尽快地组织一批作家深入生活,争取在一两年内每人都能拿出作品。

为了培养创作和理论研究方面的新生力量,建议在有条件的大学和师范学院的中文系,恢复或建立儿童文学专业,并招收儿童文学专业研究生;在有条件的美术院校,开设儿童画课。

为鼓励创作,恢复少儿读物评奖制度,每隔一两年评选一次,对优秀作品给予奖励。明年,在国庆30周年前后,要表彰一批长期为少年儿童写作有成就、有贡献的作者。

3. 加强少年儿童读物的印刷力量,进一步做好发行工作。建议上海建立一家主要印刷少儿读物的印刷厂。

发行部门要努力把少儿读物尽快地送到小读者手中。要注意加强农村和边远地区的发行工作。各大城市新华书店要恢复少儿读物门市部,其他书店要开辟专柜。

4. 要办好少年儿童报刊,努力提高质量。①

(四)出版政策给予童书业的导向与保护

1. 国务院《关于加强出版工作的决定》

改革开放以来,市场逐步开放,经济快速增长,出版业也感受到了经济力量的作用,开始出现超范围出书、盲目跟风出版等现象。出版属性中的经济属性悄然显示出它的威力。

1983年6月6日,中共中央、国务院下发《中共中央文件》中发〔1983〕24号文件《关于加强出版工作的决定》。《决定》再度明确我国出版工作的性质:

“我国的出版事业,与资本主义国家的出版事业根本不同,是党领导的社会主义事业的一个组成部分,必须坚持为人民服务、为社会主义服务的根本方针,宣传马克思列宁主义、毛泽东思想,传播一切有益于经济和社会发展的科学技术和文化知识,丰富人民的精神文化生活。”

在印刷发行方面,《决定》提出了“改革图书发行体制,增加图书发行能力”,逐步形成“以新华书店为骨干,多种流通渠道、多种经济形式、多种购销形式,减少流通环节的图书发行网”,此即发行改革中的“一主三多一少”,并且实施了财政政策的倾斜。

《关于加强出版工作的决定》的颁布,对出版业产生了深远影响,成为指导改革开放以来出版工作的纲领性文件。《决定》显示了宏观调控的工作思路,提出狠抓出书规划,并在统筹安排的基础上保证重点。这些重点中,即包括“广大青少年、儿童急需的各类读物”。同时,《决定》明确要求,“不同性质的出版社,要按照各自的分工和特点,

①王泉根.中国儿童文学60年(1949-2009)[M].武汉:湖北少年儿童出版社,2009.9.64-66.

确定出书范围”。这一点对童书出版行业的发展至关重要。这种重点的倾斜和分工的规范，为尚处在发展初期的专业少儿出版社撑起了一把行业保护的大伞，为童书的出版建立了行业优先和行业保护的成长环境。另外两份具有重要意义的出版事业发展规划相继配套出台。

2.《1981—1990年全国出版事业发展规划纲要》(草案)

依据狠抓出版规划，加强宏观调控的《决定》思路，1983年2月28日，文化部正式发布了《1981-1990年全国出版事业发展规划纲要》(草案)(文化部文出字〔83〕第440号文件)。按照党中央20世纪80年代要为本世纪末实现“翻两番”的宏伟目标，《规划》制定并公示了出版事业的五年和十年发展目标。具体如下：

出版单位建设：1985年全国出版社计划达到260家，比1980年的193家增加67家，1990年计划达到300家。

出版物发展：1985年达到3.7万种，印数60.8亿册(张)、243亿印张，比1980年增加1.5万种、14.9亿册、47.3亿印张，人均6册，印张平均每年增长4.4%；1990年达到4.7万种，印数78亿册(张)、339亿印张，比1985年增加1万种、17.2亿册、96亿印张，人均7册，印张平均每年增长6.9%。

书籍出版周期：书籍出版周期1985年要比目前缩短四分之一(全国平均150天)；1990年比目前缩短二分之一(全国平均100天)。

图书销售额：图书销售额1985年达到21.7亿元，比1980年增加6.2亿元，平均每年增长7%；1990年达到29亿元，比1985年增加7.3亿元，平均每年增长6%。

发行网点建设：全国国营书店发行网点，1985年计划达到1.3万处，比1980年的5321处增长一倍半，平均8万人一个点。1990年计划达到2.3万处，比1985年增长四分之三，平均4.8万人一个点，比1980年翻两番。

《纲要》肯定了十一届三中全会以来出版业取得的成绩，指出了迫切需要解决的问题，并强调了近几年新建的出版社要“充实领导骨干和编辑力量”。同时再次以出版政策的形式强调“按照专业分工的原则，明确出书方针和任务”。①

3.《文化部关于制订1983—1990年图书出版规划的意见》

1983年2月5日，文化部下发《文化部关于制订1983-1990年图书出版规划的意见》(文化部文出字〔83〕第448号文件)。在“关于出版选题规划的原则要求”第六条再次强调，“要坚持按照专业分工出书，同时搞好出版社之间的互相配合。每个出版社

①1981-1990年全国出版事业发展规划纲要[A].中国出版工作者协会.中国出版年鉴1983[Z].北京：商务印书馆，1983.12.20-23.

都要扬长避短，努力形成和保持各自出书的风格和特点。”为推动丛书出版，第七条强调“要重视成套出书，以提高出书的系统性和完整性。规模较大的成套书，几个出版社协作，共同完成。”

《意见》对少年儿童读物的选题建议包括：

① 进行爱国主义、共产主义思想品德教育的读物；

② 辅导少先队活动和宣讲学生守则的读物；

③ 社会科学知识读物，包括历史、地理知识读物；

④ 自然科学知识读物，包括手工制作的知识读物；

⑤ 配合教学大纲的中、小学生辅导读物；

⑥ 小学的中、低年级课外读物；

⑦ 学龄前儿童的启蒙读物；

⑧ 多种形式的少儿文艺读物；

⑨ 农村少年儿童读物；

⑩ 少儿读物丛书，少儿百科全书。①

为实现《1981—1990年全国出版事业发展规划纲要》中提出的1985年出版目标，童书业再次集结力量，继续大规模扩张出版数量，大规模出版丛书，为实现“目标”开始了“冲刺”。

三、童书业重要书事

(一)地方专业少年儿童出版社建立

1978年以前，我国仅有中国少年儿童出版社和少年儿童出版社两家专业少儿出版社，形成了“南有上少，北有中少”的局面。(说明：1956年4月7日成立的新疆青年出版社，由共青团新疆维吾尔自治区委员会主办主管，是出版维、汉、哈三种文字出版物的综合性出版社。1985年始更名为新疆青少年出版社。因其当时出版物文字的特殊性与服务对象的范围较广，此处未将其列入专业少年儿童出版社。)

1979年12月，国家出版局在湖南长沙召开全国出版工作座谈会，明确提出地方出版社“立足本省，面向全国”的出版方针。长沙会议后，地方出版社的机构设置开始由“大而全”的综合性出版社向“小而专”的方向发展，各地的地方人民出版社中逐步分

①1981-1990年全国出版事业发展规划纲要[A].中国出版工作者协会.中国出版年鉴1983[Z].北京：商务印书馆，1983.12.24-27.

化出多种多样的地方专业出版社。此举不但推动了出版业向细分、专业方向深化，而且与中央对少年儿童出版物的关注与扶持相互呼应，成为我国专业少儿出版阵地建设的一个重要契机。

直辖市天津于1979年“长沙会议”后不久即成立了全国第三家专业少年儿童出版社——新蕾出版社。1980年，三家专业少儿社中，少年儿童出版社全年出书226种，占全国儿童读物种数的9.24%；印数为5107万册，占全国儿童读物印数的9.2%。中国少年儿童出版社全年出书105种，占全国儿童读物种数的4.29%；印数为1670万册，占全国儿童读物印数的3%。新蕾出版社出书67种，印数为1152万册。除去这三家专业少年儿童出版社，其他非专业少儿社的地方出版社出版儿童读物1696种，占全国儿童读物种数的69.34%；总印数34524万册，占全国儿童读物印数的62.21%。其中出书在百种以上的有吉林133种、江苏119种、山东103种、四川100种。[①]专业少儿社在少儿读物出版领域里所占的整体份额仍仅有三分之一。专业少儿出版阵地的建设成为出版业的迫切需要。1983年《关于加强出版工作的决定》的颁布更加激励了地方出版社专业化分工发展的改革。

正是这样的形势需求与国家的扶植政策，一大批专业的童书出版单位和少儿读物编辑室如雨后春笋般诞生。明天出版社原社长刘海栖回顾自己1976年进入山东人民出版社文艺编辑室少儿组时说，“那时各个省的童书出版都是这个架构，都是在人民社，一般都叫文艺编辑室，可能有的叫文教编辑室，然后有这么一个组……1979年，我们的少儿组改成了编辑室，1984年前后全国许多省市成立了少儿社。”[②]就是经过了这样一个在人民社文艺编辑室里设立少儿组，到由少儿组改成独立的少儿读物编辑室，再到各省成立专业少儿社的过程，地方专业少儿出版社在各省、市、自治区生根发芽。

截至1985年底，全国已有专业童书出版社25家。25家专业少年儿童出版社的成立情况见下表[③]：

①石峰.1980年少年儿童读物出版情况[A].中国出版工作者协会.中国出版年鉴1981[Z].北京：商务印书馆，1981.12.305.

②刘海栖.参与少儿出版改革发展的全过程是幸运的[J].中国少儿出版，2008，(3)：14.

③中国出版工作者协会所编历年《中国出版年鉴》.

中国专业少年儿童出版社建社一览表（截至1985年）

出版社	建社时间	所在地
少年儿童出版社	1952年12月28日	上海
中国少年儿童出版社	1956年6月1日	北京
新蕾出版社	1979年9月	四川成都
四川少年儿童出版社	1980年10月	天津
湖南少年儿童出版社	1982年2月21日	湖南长沙
内蒙古少年儿童出版社	1982年7月	内蒙古通辽
湖北少年儿童出版社	1982年11月	湖北武汉
河南少年儿童出版社 （1985年5月更名为海燕出版社）	1982年11月	河南郑州
辽宁少年儿童出版社	1982年	辽宁沈阳
浙江少年儿童出版社	1983年3月	浙江杭州
陕西少年儿童出版社 （1984年10月更名为未来出版社）	1983年5月	陕西西安
江苏少年儿童出版社	1983年	江苏南京
黑龙江少年儿童出版社	1983年	黑龙江哈尔滨
山东少年儿童出版社 （1985年2月更名为明天出版社）	1984年1月	山东济南
河北少年儿童出版社	1984年8月18日	河北石家庄
福建少年儿童出版社	1984年8月	福建福州
北方妇女儿童出版社	1984年9月3日	吉林长春
安徽少年儿童出版社	1984年8月	安徽合肥
希望出版社	1985年2月	山西太原
中国和平出版社	1985年	北京
新世纪出版社	1985年	广东广州
江西少年儿童出版社 （1989年更名为二十一世纪出版社）	1985年2月	江西南昌
甘肃少年儿童出版社	1985年6月	甘肃兰州
云南少年儿童出版社（1993年更名为晨光出版社）	1985年6月	云南昆明
新疆青少年出版社（原新疆青年出版社，1985年更名，确立以青少年为主要服务对象）	1985年	新疆乌鲁木齐

地方少儿社的纷纷成立，是改革开放以来童书出版事业一个标志性变化。自1978年“庐山会议”至1985年短短7年的时间里，专业少儿出版社完成了近12倍的增长。还没有成立少年儿童读物专业出版社的地区，除青海省外，也都设立了少年儿童读物编辑室。从出版单位的建设上讲，我国专业少年儿童读物出版业已经在短短的7年内向着专业化、地方化的方向跨出了一大步，带来了全国范围内童书出版物的再次大幅增长。

（二）“红领巾读书、读报奖章活动”启动

1981年12月，少年儿童出版社张瑛文与中国少年儿童出版社燕生向共青团中央书记处书记胡德华和少年部的领导请示，在全国少年儿童中发起一个读书运动的倡议，受到共青团中央领导的高度重视与支持。该活动取名为“红领巾读书、读报奖章活动”，由共青团中央少年部、文化部图书馆事业管理局、新华书店总店、中国少年报社、中国少年儿童出版社、少年儿童出版社、新蕾出版社、四川少年儿童出版社等8个单位联合主办，由主办单位向少年儿童推荐优秀少儿读物。

1982年11月14日，8个主办单位在常州召开“红领巾读书、读报奖章活动”第一次发奖大会。会上交流了开展读书活动的情况和经验，表彰了读书积极分子11339名，组织指导少年儿童阅读活动的先进个人1772名，先进集体1530个。[①]一个在20世纪80年代影响深远的少年儿童读书活动就此拉开帷幕。

伴随1982年以来全国群众读书活动的兴起，青少年读书热同时升温。1983年的“全国红领巾读书、读报奖章活动”吸引了全国1亿多少先队员参加。[②]1984年和1985年，该活动继续延续，每年推出“全国红领巾读书、读报奖章活动”推荐书目（各年度推荐书目参见附录）。至1985年4月12日，共青团中央、教育部、文化部联合下发《关于继续开展“全国红领巾读书、读报奖章活动”的通知》，自1986年后将此项活动改为以省、自治区、直辖市为主，每两年评选一次“全国红领巾读书、读报积极分子”。读书活动在极大程度上刺激了童书的发行。

（三）连环画出版现乱象

20世纪80年代初，一种曾经流行于旧上海的读物样式“连环画”大量出版。童书出版物种数与印数连年的大幅攀升和童书出版物突然出现的大跳水，都与这种出版物的份额变化密切相关。1979年，全国出版少儿读物1737种，其中的连环画出版种数

①中国出版工作者协会.中国出版年鉴1983[Z].北京：商务印书馆，1983.12.133.

②倪强华.席卷全国青少年的“读书热”[A].中国出版工作者协会.中共出版年鉴1984[Z].北京：商务印书馆，1984.12.72-73.

为600多种。其他各类读物数量为：文学读物约410种，科技知识读物约190种，历史地理知识读物约90种，政治、语文、文娱、体育、美术、音乐等读物约120种，低幼读物约290种。比例图如下：

1979年少儿读物品种分布

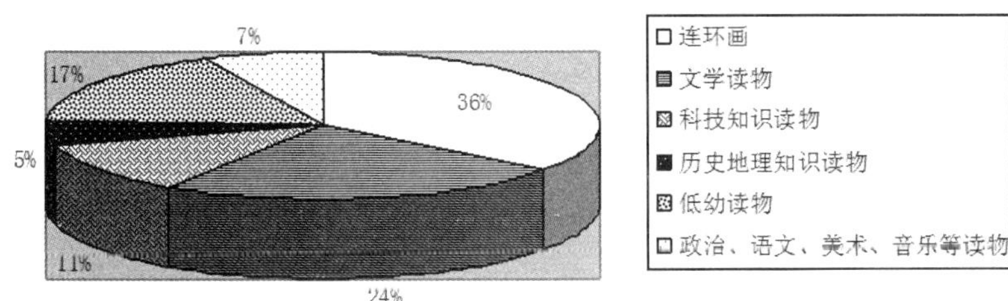

到1980年，全国出版少年儿童读物2446种，其中连环画册1463种，占到少儿读物种数的55%，比上年增长48.1%；总印数55496万册，比上年增长54%。至1982年，在全国出版的各类少年儿童读物中，连环画所占比重越来越大，种数达2168种，印数达86738万册，分别占到少儿读物种数的58.7%，印数的83.8%。

1982年少儿读物品种分布

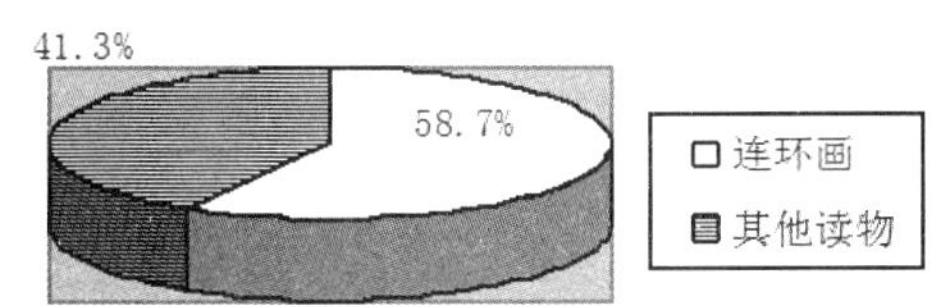

一种读物的出版量占据童书总数如此大的比例，逐渐导致了童书出版物市场巨大的失衡状态。连环画巨大的市场需求令不少出版社突破了专业分工的限制，抢出连环画。据统计，当时北京地区便有30多家出版社出版连环画。[①]有的出版社并不具备相应的美术编审力量，却热衷于抢稿子、抢作者、哄抬稿酬。热门选题更是一哄而上，有的同类题材的连环画印了十几种版本、上百万套。这样的运作形态，直接导致了连环画出版物粗制滥造，出版环境遭到破坏。到1983年，连环画出版物大量压库，印数锐减近30%。

（四）"低幼读物"兴起

20世纪70年代末80年代初，中国早期教育理论兴盛。儿童开发智力的年龄，从入学提前到了幼儿期。教育观念的更新，为童书业提出了又一个出书领域的要求，即需要出版大量适合学龄期儿童独立阅读和亲子共读的、多种形式的低幼读物。改革

①麦荔红.图说中国连环画[M].广州：岭南美术出版社，2008.9.316.

开放之初，除了《看图识字》这类的知识卡片外，服务于幼儿的读物明显匮乏。上少社著名的老编辑鲁兵面对当时中国幼儿极度缺乏阅读养料的问题，联想到“前年有同志出国参观，回来说起外国有供父母给孩子讲故事的书，一天讲一个故事。这使我们得到启发”。[①]鲁兵从中外原始神话、寓言、民间故事中汲取经典名篇，确定了365篇故事。这便是1980年鲁兵编辑、少年儿童出版社出版的《365夜》。

1980年10月，《365夜》这部70万字的幼儿读物问世后，受到广大青年父母和不同年龄阶段孩子的热烈欢迎。当时，在全国最大的新华书店——北京王府井书店，4000册《365夜》仅两个小时就被争购一空。在上海华侨商店要凭外汇券才能买到此书。全国妇联和教育部门专门拨款购买5万多套，赠送给各地幼儿园和教育局作为低幼教材。1981年，《365夜》又出版了下册。1984年全面修订，四年中发行了200多万册，而且逐年重印，经久不衰。鲁兵因此书荣获首届“韬奋出版奖”(1987)。该书也获得了首届国家图书奖(1994)。在首届“韬奋出版奖”获奖者简介中，对鲁兵与他编辑的《365夜》作出如下评价：

> 鲁兵主编的《365夜(故事)》，使幼儿读物突破了只供孩子自己阅读的框框，首创了由父母读给孩子听的幼儿读物。这部书一出版就受到社会的欢迎和舆论的重视，在1981年获全国儿童读物优秀一等奖。在城市家庭中影响颇大，成为普遍备用的书。[②]

这部故事集为童书出版业带来的影响，是出书重心的巨大转移。1981年11月18日，许力以在《人民日报》发表文章指出：“我们的出版物中，比较起来幼儿读物显得很不足。3.6亿儿童中，学龄前儿童1.5亿，加上小学低年级的学生，共占半数以上。可是现在全部少年儿童读物中，低幼读物还不够五分之一，适合学龄前儿童阅读的更是寥寥无几。”[③]以1981年当年为例，全国出版各类少年儿童读物2520种，其中低幼读物近300种[④]，仅占儿童读物种数的11.9%。

1981年10月在泰山召开了第二次全国少年儿童读物出版工作会议(简称“泰山会议”)，低幼读物成为研讨的重点。会议明确提出了“幼儿读物”这个童书出版范畴，并

①鲁兵.《365夜》编辑札记[A].少年儿童出版社.少年儿童出版社的三十五年[C].上海：少年儿童出版社，1987.42.

②中国出版工作者协会，中国出版发行科学研究所.中国出版年鉴1988[Z].北京：中国书籍出版社，1989.10.32-33.

③许力以.繁荣少儿读物的创作[N].人民日报，1981-11-18(5).

④石峰.少年儿童读物出版综述[A].中国出版工作者协会.中国出版年鉴1982[Z].北京：商务印书馆，1982.12.178.

提出：要大力编写和出版学龄期低幼读物，希望作家、艺术家、教育工作者都来创作和编写幼儿读物；出版部门也应将出版低幼读物作为重点工作来抓，根据婴幼儿的心理发展的关键期，有层次地出好各种低幼读物，以利于充分挖掘和发展婴幼儿的潜在智力。借助这股力量，低幼读物正式崛起，并成为童书出版与创作中一个越来越重要的部分，成为20世纪80年代最畅销的童书出版物。

(五)"注音读物"产生

1984年，随着对初入学儿童阅读需要的逐步重视，一种同样适用于识字量不足的人群阅读的、同时又有别于连环画的儿童读物——"注音读物"被教育政策推向前台。1984年10月，胡乔木同志在听取全国文字改革工作座谈会情况的汇报时，充分肯定了"注音识字，提前读写"实验所取得的成绩，并着重指出"要加强出版工作，特别是拼音读物的出版"。

1984年12月20日，教育部、中国文字改革委员会、文化部联合下发《教育部、中国文字改革委员会、文化部关于编写、出版、发行儿童拼音读物的联合通知》。通知中提到：

> 当前在全国许多省市进行的小学生"注音识字，提前读写"的实验，获得了显著的成绩。这项实验是充分利用汉语拼音字母，使儿童通过注音识字，提前进行听、说、读、写的训练，可以大大提高语文水平，发展儿童语言，学好普通话，扩大知识领域，开发儿童智力。实验进行中，儿童需要大量阅读拼音读物。各地经常反映，这类读物严重缺乏，供不应求。

为此，《通知》提出下述六点要求：

> 1. 出版部门要同教育部门、文政部门认真重视儿童读物的编写工作，有计划地组织教育、科学、文艺、出版、部队等各方面的专业和业余作者积极编写适合儿童阅读的看图学话、童话故事、连环画以及科学启蒙、思想品德教育等读物，其中适合幼儿和小学低年级学生的读物，要考虑全部采用汉语拼音或汉字与拼音相对照。要定期组织儿童读物的评奖活动，以促进工作和进一步提高读物的质量。
>
> 2. 各地出版、印刷单位，要将出版儿童读物列入工作日程，力争提高质量，使用好纸，图文并茂。儿童读物要在"保本薄利"的原则下合理定价，不要加重儿童和家长的经济负担。
>
> 3. 各地新华书店要根据各出版社的出书计划，认真做好预订和发行工作。有条件的书店对儿童拼音读物要设立专柜或集中陈列。有的地区还可以采取委

托收订和发行的办法，使儿童能及时订购和收到读物。

4. 教育部门要协助出版发行部门加强宣传工作，如寄发新书预告，组织儿童读物介绍，以及同有关部门共同进行评奖活动等。

5. 教育部门、文化机构要组织力量，协助出版印刷单位培训熟悉掌握汉语拼音的编辑、检字、校对、美工人员等，逐步形成编印拼音读物的职工队伍，以适应工作发展的需要。目前尚不能排印拼音读物的省和自治区，请积极采取措施，争取尽快解决所需设备和培训技术力量。

6. 各地在进行这一工作时，要注意加强同有关部门的联系协作。

"适合幼儿和小学低年级学生的读物，要考虑全部采用汉语拼音或汉字与拼音相对照"，这样的出版形式为低年龄层次的儿童打开了一个广阔的阅读天地，加之从编印拼音读物队伍到发行单位重点要求，再到教育部门的大力宣传，适应低幼儿童的拼音读物在童书出版领域迅速生根发芽。

（六）丛书出版成为主流

在20世纪70年代末、80年代初童书业的发展蓝图上，出版丛书成为一项重要任务。自1978年第一次全国少年儿童读物出版工作座谈会上制订了29套重点丛书的出版规划后，丛书这种形式在童书业成为发展主流。经过《决定》《规划》等重要文件的大力推动，横跨出版地域、横跨图书内容范围、历时几年的丛书编辑出版工作在80年代初进行得如火如荼，逐渐形成了蔚为壮观的丛书出版热。无论知识读物、思想教育读物、还是文学读物，都选择了以丛书的形式批量出版。动辄几十本，甚至上百本的丛书以庞大的阵容、宏大叙事的姿态，雄踞童书出版半壁江山。可以说，这一童书出版的主体形态从童书出版的起始阶段一直延续至今。

1979年，29套重点丛书规划大都已开始出书。这些丛书有的是由专业少儿社独立出版，如：中国少年儿童出版社的百科知识读物"少年百科丛书"，少年儿童出版社的自然科学知识读物"少年自然科学丛书"等。还有的丛书则是跨地区的"地方协作出版"，如：辽宁、吉林、黑龙江三省出版社协作编辑出版的《小学生文库》；湖南、湖北、江西、陕西四省出版社协作出版的《革命先辈的故事》丛书；陕西、广西的出版社和中国少年儿童出版社协作出版的"可爱的祖国丛书"；河北、山东、河南三省出版社协作出版的"历史小故事丛书"，等等。

到1980年，各种丛书的编辑成果大面积涌现。其中，《小学生文库》已出版47种；"儿童科学文艺丛书"全套计划出版80余种，已出版47种；"少年百科丛书"全套选题约200种，已出版70多种；《革命先辈的故事》选题达80多种，已出版31种；"历史小故

事丛书”已出版70多种。还有广东、浙江两省人民出版社的《快乐的幼儿园》已出版33种;吉林人民出版社的《儿童科学画库》已出版28种。文学读物方面也有大量丛书出版。如:中国少年儿童出版社的《儿童文学选集》;人民文学出版社的《三十年儿童文学选集》等。其他读物中,丛书的形式也比比皆是,如:“少年思想通信丛书”“红领巾的书丛书”“科学家的故事丛书”“少年自然科学丛书”“少年现代科学技术丛书”“自然科学小丛书”“少年科技活动丛书”。北京出版社还翻译出版了“日本少年博物馆丛书”,还有教辅性质的“少年体育丛书”“少年儿童美术资料丛书”等。

这些以丛书形式出版的大总结、大荟萃,在少儿读物出版中占据了极大比例。以中国少年儿童出版社为例,该社1980年出版的105种图书中,从属于各套丛书的就占68种。到1984年,全国的少儿出版社(或少儿读物编辑室),每家都有几种或十几种丛书在出版。

石峰所作的《1980年少年儿童读物出版概况》在高度赞扬大规模童书生产的同时,提及了丛书出版存在的问题:“有计划地出版丛书工作还刚刚开始,还存在不完善的地方,如有的丛书虽然读者对象是明确的,但对这一读者对象的心理特点、接受能力以及应该给他们提供哪些知识,还缺乏深入的分析研究,因此在内容安排上有些杂乱,深浅程度也把握不稳。政治、社会常识方面的读物还比较缺,特别是配合少年儿童进行道德品质、理想情操方面的教育的书还不多。为小学中、低年级选编的丛书偏少。低幼读物中,内容比较零散等。”[①]

1978至1985年间,童书业开启的第一个恢复性增长阶段实现了出版的巨幅攀升。在政策的推动下,1978年到1979年间,童书出版物继续猛增,种数增幅高达63.56%,是全国书业增幅的4倍多;印数增幅高达41.18%,是全国书业增幅的6倍多。至1979年底,全国共出版各类少儿读物1737种(其中书籍749种,连环画988种),与1977年的752种相比,实现了131%的巨幅增长,如期完成了国务院下达给童书业的第一个发展目标。其中,少年儿童出版社1979年出版了190种儿童读物,其中初版新书111种,包括小说、诗歌、童话、散文、中国古代神话、历史读物、科学家传记等,其中不少成为经典、品牌的出版物,如:曾经畅销的《十万个为什么》,适合小学低、中年级阅读的《动脑筋爷爷》《宝船》,脍炙人口的《神笔》《哪吒闹海》《渔童》《猪八戒吃西瓜》等。同时,少年儿童出版社陆续出版的《小灵通漫游未来》《趣味数学100题》《狼王洛

①石峰.1980年少年儿童读物出版概况[A].中国出版工作者协会.中国出版年鉴1980[Z].北京:商务印书馆,1981.12.305—308.

波》等，直接推动了该年度掀起的“科学文艺热”。各类少儿读物中，有紧密配合学校课堂教学的教辅读物，如：上海教育出版社出版的《小学语文基础训练二千例》，吉林人民出版社编辑出版的《童话寓言小画辑》9册，中国少年儿童出版社出版的《奇妙的九》。也有不少专为少年儿童创作出版的文学读物，如：中国少年儿童出版社出版的抗日战争题材的《奇花》（陈模著）、《千里从军行》（于敏著），科学探险题材的《云海探奇》（刘先平著），少年儿童出版社出版的反映解放前孤儿院悲惨生活的《燃烧的圣火》（奚立华著），反映少数民族儿童生活的《蛮帅部落的后代》（彭荆风著）、《边山狩猎》（梁泊著）等。人民文学出版社出版的《野蜂出没的山谷》（李迪著）。1979年，翻译出版的各种儿童文学作品有40多种，如：《珂赛特》《高加索的俘虏》《一镐渠》《白围裙和白山羊》《埃米尔擒贼记》《捕鲸者彼得》《夏洛的网》《狼王洛波》等。初版修订重印童话、寓言、民间故事130多种，如：少年儿童出版社选编我国“五四”以来40多位作家创作的60余篇童话出版了《童话选》，人民文学出版社出版了由金近、葛翠琳主编的《童话寓言选》，还有北京出版社出版的《民间童话故事选》，贵州人民出版社出版的寓言故事选《骄傲的百灵鸟》，内蒙古人民出版社出版的蒙文版《民间故事集》，云南人民出版社出版的彝族民间讽刺故事《娃子的笑声》，延边人民出版社出版的朝鲜文版的《小猫和吠叫》，新疆人民出版社出版的《阿凡提的故事》，四川人民出版社出版的《世界童话选》，湖北人民出版出版的《希腊神话故事新编》，黑龙江人民出版社重译的《黑母鸡》和吉林人民出版社翻译的朝鲜童话《蝴蝶和大公鸡》等。

至1980年，童书出版仍然保持了强势增长，种数增长到2446种，较上年增幅达41.8%；印数554百万册，较上年增幅达54%。[①]“庐山会议”提出的“3年内出版29种丛书”的目标也在群策群力、宏观调控的计划经济背景下拉开大幕，《少年百科全书》、“少年自然科学丛书”、《快乐的幼儿园》等丛书，大部分都已开始出版。1981年全国书业的总印数为5578百万册，童书印数达到786百万册，占全年书籍出版总印数的27%。[②]1982年全国书业总印数为5880百万册，童书印数高达1033百万册，占到了书籍总印数的五分之一。2011年的童书印数仍仅为这个数据的三分之一。该时段创下的惊人的童书出版实物量，至今未能超越。

数据同时显示，少儿图书印数大幅度提升，出现了许多印行百万册的图书。仅1980年，少年儿童出版社发行百万册以上的图书有：《有趣的数学》《海洋的秘密》《中

①陈翰伯.前进中的中国图书出版工作[A].中国出版工作者协会.中国出版年鉴1980[Z].北京：商务印书馆，1980.12.1.

②中国出版工作者协会.中国出版年鉴1982[Z].北京：商务印书馆，1982.12.122.

国古代寓言》《小学生词语手册》等。中国少年儿童出版社发行百万册以上的图书有:《东汉故事》《西汉故事》《数学万花筒》《中学生作文选》等。这一现象既说明当时所出的部分图书质量较高,受众认可度较高,同时又说明少儿读物市场的需求十分巨大。现有的图书出版能力远远不能满足社会对该类读物的需求,"求大于供"的市场特点十分明显。该时期上少社与中少社发行达百万册以上的图书见下面表格:

少年儿童出版社发行百万册以上的图书书目①			
书　名	初版年份	作　者	累计印数(万册)
教宝宝(3-5岁)	1983	本书编写组	923
365夜(上、下)	1980	鲁　兵	695
上下五千年(1-5)	1979	林汉达 曹余章	574
娃娃的书(1-10)	1982	艾 同 等	287
幼儿智能训练4册	1980	倪永清 裘天锦	250
幼儿智力王国(1-4)	1983	倪永清	224
动动小脑筋(1-4)	1982	沙孝惠	224
世界五千年(1-6)	1981	陈必祥 段万翰	191
365夜儿歌(上、下)	1983	鲁　兵	166
动物世界(1-3)	1981	阳光 顾金根 方铁群	158
少年晶体管收音机	1978	本书编写组	148.5
有图画的算术(上、下)	1984	沙孝惠	142
小狒狒历险记	1978	孙幼忱	137
我爱画画(上、下)	1981	王子健 等	136
小灵通漫游未来	1978	叶永烈	133
有趣的数学	1979	本书编写组	129
中学生作文比赛得奖作品选	1983	青年报社编	114
幼儿看图识字卡片(上、下)	1984	本社 编	112

① 少年儿童出版社.少年儿童出版社的三十五年[C].上海:少年儿童出版社,1987.232-235.

小小运动员	1979	本社 编	102
中国古代笑话	1980	魏金枝	102
爱迪生	1978	黎 金	101
“强盗”的女儿	1979	史 超	101

中国少年儿童出版社发行百万册以上的图书书目①			
中国少年先锋队队章	1978	本社编	901
中学生作文选评	1980	北京师范学院	238
小学生作文选评	1982	叶惠等编	160
科学家谈数理化	1978	全国科协编	159
数学万花筒	1979	张润青	158
中国古代科学家的故事	1978	蔡景峰	136
《八十年代的中学生》获奖作文选评	1983	《中学生》杂志社	133
今天的科学(1)	1978	本社 编	132
东汉故事	1980	林汉达	129
奇妙的曲线	1979	李毓佩	128
看图识字(上)	1985	王久安	124
看图识字(下)	1985	王久安	123
大地的儿子——周恩来的故事	1982	苏叔阳	119
岳飞传	1981	钱彩等原著,杨世铎删节	115
党的一朵小红花——韩余娟	1984	山 草	110
奇妙的九	1979	杨先勇	102

从上述书目中可见鲜明的时代印记,大量的知识读物(尤其是科普读物)、思想教育读物占据销售量百万册排行榜,其次是20世纪80年代兴起的幼儿读物。文化部出版局对1984年所作的《少年儿童读物出版综述》中重点提到知识读物:“1984年少儿读物出版工作最突出的一点,是知识读物的加强。1984年,除连环画外,共出版少儿读

①中国少年儿童出版社.为了孩子 为了祖国 为了未来——中国少年儿童出版社的三十年1956-1986[C].北京:中国少年儿童出版社,1986.215-218.

物1506种，其中知识读物约占30%。”[①]在1985年《少年儿童读物出版综述》总结的三大特点分别是：1. 较注意思想品德教育读物的出版。2. 注重知识读物的出版。3. 文艺读物内容丰富，形式多样。[②]知识读物的出书品种比1984年再增长，约占全年少年儿童读物出书品种(不含连环画)的半数，门类涉及社会科学、自然科学、文学艺术等方面。

四、1978—1985童书出版大事记

1978年

本年，全国出版少年儿童读物1062种(其中初版958种)，印数255百万册。

1978年1月，上海恢复少年儿童出版社。3月，刘培康被任命为少年儿童出版社社长、总编辑。8月，贺宜、陈伯吹被任命为少年儿童出版社副社长。

1978年2月，中华人民共和国成立以来第一套大型少儿百科知识读物“少年百科丛书”开始出版，第一本为《科学家谈数理化》，初版印数30万册。该项目1977年由国家出版局规划，中国少年儿童出版社负责出版，计划出书200种。

1978年3月和8月，国家出版局组织10多个省、市重印“文革”前出版的中外文学名著、工具书、科技书和少儿读物4700余万册，其中少儿读物20种、1900余万册。

1978年5月9日，国家出版局委托人民文学出版社在北京召开“儿童文学创作座谈会”，全国妇联副主席康克清出席并讲话。叶圣陶、冰心、高士其、韩作黎、叶君健等40多位作家、翻译家与会。28日，《人民日报》刊登专题报道《为孩子们提供丰富的精神食粮》。

1978年9月，上海市作家协会、少年儿童出版社联合主办儿童文学创作辅导讲座，设中国儿童文学发展史、外国儿童文学发展史、小说、诗歌、散文、报告文学、童话寓言等14讲，由陈伯吹、贺宜、任德耀等专家主讲。

1978年10月11日至19日，国家出版局、教育部、文化部、全国文联、全国科协等中央单位在江西庐山联合召开“全国少年儿童读物出版工作座谈会”。陈翰伯代局长作题为《解放思想，勇闯禁区，迎接少儿读物繁花似锦的春天》的报告。会议邀请部分儿

①王音.少年儿童读物出版综述[A].中国出版工作者协会.中国出版年鉴 1985[Z].北京：商务印书馆，1985.12.330-332.

②王音.少年儿童读物出版综述[A].中国出版工作者协会.中国出版年鉴 1986[Z].北京：商务印书馆，1986.12.149-151.

童文学作家、翻译家、理论家参加，着重讨论并制订了《1978年至1980年部分重点少儿读物出版规划》，提出1979年"六一"儿童节前出版1000种少儿读物，三年内出版29套丛书。

1978年11月18日，《人民日报》发表社论《努力做好少年儿童读物的创作和出版工作》，呼吁各级文化部门的领导和文艺界、出版界、科技界、教育界的同志们都来关心少年儿童读物出版。

1978年12月1日至20日，《儿童文学》编辑部、中国少年儿童出版社文学读物编辑室、《中国少年报》编辑部在北京联合举办"儿童文学创作学习会"，来自全国23个省、市、自治区的47位学员参加。茅盾、冰心、张天翼、严文井、冯牧到会讲话。

1978年12月21日，国务院以国发[1978]266号文件批转了国家出版局、教育部、文化部、共青团中央、全国妇联、全国文联、全国科协《关于加强少年儿童读物出版工作的报告》。《报告》针对肃清流毒，消除余悸，做好少儿读物出版工作，提出了具体意见。

1978年12月，国家出版局制订"1978—1985年全国重点科技图书出版规划"，指定少年儿童出版社和安徽科技出版社联合编辑出版"少年现代科学技术丛书"。该套丛书至1987年10月已出版39种。

1978年，少年儿童出版社出版叶永烈的《小灵通漫游未来》和童恩正修改后出版的《古峡迷雾》《珊湖岛上的死光》等科学幻想小说，引起巨大社会反响。

1979年

本年，全国出版少儿读物1737种（其中初版1524种），比上年增长63.56%；印数360百万册，比上年增长41.18%。

1979年1月，少年儿童出版社编辑出版的儿童文学研究理论刊物《儿童文学研究》在上海复刊，主编贺宜，编委巴金、陈伯吹等。（该刊1957年1月创刊，1963年4月停刊。）

1979年5月25日，中国人民保卫儿童全国委员会、共青团中央、中国文联、中国作家协会、全国科协、教育部、文化部、国家出版局等中央单位联合发起举办"第二次全国少年儿童文艺创作评奖"，评选从1954年1月到1979年12月出版的少儿文艺作品。康克清任评奖委员会主任，李季、胡德华、严文井等任副主任，叶圣陶等35人为评奖委员。6月1日，评奖委员会向全国发布评奖公告。

1979年6月1日，少年儿童出版社编辑出版《上海儿童文学选（1949-1979）》的《短

篇小说》,之后陆续出版《报告文学·传记·散文·诗歌》《剧本·民间故事·童话·寓言·科学文艺》《低幼儿童文学》,共4卷。

1979年6月1日,山西省文联编辑的《山西儿童文学选(1949-1979)》,由山西人民出版社出版。

1979年6月1日,福建人民出版社出版"儿童文学科学文艺丛书",当月出版的是《金色的梦》。

1979年8月,人民文学出版社出版"建国三十年儿童文学选(1949-1979)丛书",由茅盾题签。丛书分为《短篇小说选》(上、下册)(严文井、崔坪主编)、《童话寓言选》(金近、葛翠琳主编)、《诗选》(上、下册)(袁鹰、邵燕祥主编)、《科学文艺作品选》(上、下册)(高士其、郑文光主编)、《剧本选》(上、下册)(冰心、熊塞声主编)。

1979年8月,由上海《少年文艺》编辑部编辑,少年儿童出版社出版的《外国儿童文学短篇小说选》面世。

1979年8月,由湖南省作家协会编辑,湖南人民出版社出版的《湖南儿童文学选(1949-1979)》面世。

1979年9月,中国第三家专业少年儿童出版社——新蕾出版社在天津成立。

1979年10月,少年儿童出版社《上下五千年》开始出版第一册。该丛书至1982年7月全部出齐。

1979年11月,少年儿童出版社举行"中长篇儿童小说讨论会",邀请各地儿童文学作家参加。茅盾撰写书面发言《少儿文学的春天来了》。

1979年11月,由山东省文联选编,山东人民出版社出版的《山东三十年儿童文学短篇小说选(1949-1979)》面世。

1979年12月8日至19日,国家出版局在湖南长沙召开全国出版工作座谈会。国家出版局代局长陈翰伯提出,地方出版社"立足本省,面向全国或兼顾全国"的方针可以试行。地方出版社出书不受"三化"(地方化、通俗化、群众化)限制,机构设置由"大而全"向"小而专"的方向发展。

1979年12月15日,少年儿童出版社签署了少年儿童出版社委托日本曙光株式会社办理《宝船》《哪吒》《神笔》《金瓜儿银豆儿》《渔童》五种图书与日本贺尔布出版株式会社翻译出版日本版的协议。该套书于1980年8月至1981年7月在日本陆续出版,印数为6万册左右。

1979年12月20日,中国出版工作者协会在湖南长沙举行成立大会。大会通过了《中国出版工作者协会章程》,产生了中国出版工作者协会理事。12月21日,协会理事

会举行第一次会议，选举胡愈之为第一届理事会名誉主席，陈翰伯为主席。

1979年12月，中国少年儿童出版社开始出版“中国著名作家儿童文学作品选丛书”，集中介绍现当代中国作家的儿童文学作品。当年出版的有《鲁迅作品选》等。

1979年12月，中国作家协会设立儿童文学委员会，由严文井出任主任委员，副主任委员为金近、贺宜，委员有叶永烈、张有德、陈模、陈伯吹、郑文光、任德耀、杲向真、胡奇、黄庆云、葛翠琳、韩作黎等12人。

1979年，在联合国教科文组织亚洲文化中心举办的东京野间儿童画册插图比赛中，少年儿童出版社的《三打白骨精》《陈胜吴广》《小蝌蚪找妈妈》等少儿图书获奖。

1979年，美国书商组成代表团来访少年儿童出版社，双方就图书出版的各个环节相互交流情况。美方对于我国书刊发行数字的巨大表示惊异。

1979年，庐山会议上制订的29套重点丛书规划全面展开。到1979年底，中国少年儿童出版社的“少年百科丛书”已出版40多种，少年儿童出版社的“少年自然科学丛书”已出版15种，辽宁、吉林、黑龙江三省出版社协作的《小学生文库》已出版13种，湖南、湖北、江西、陕西四省出版社协作的“革命先辈的故事丛书”已出版20种，陕西、广西和中国少年儿童出版社协作的“可爱的祖国丛书”已出版4种，河北、山东、河南三省出版社协作的“历史小故事丛书”已出版20多种。

1979年，全国初版、修订、重印童话、寓言、民间故事130多种。少年儿童出版社选编我国“五四”以来40多位作家的童话，出版了《童话选》，人民文学出版社出版了由金近、葛翠琳主编的《童话寓言选》，北京出版社出版了《民间童话故事选》，贵州人民出版社出版寓言故事选《骄傲的百灵鸟》，内蒙古人民出版社出版了蒙文版《民间故事集》，云南人民出版社出版了彝族民间讽刺故事《娃子的笑声》，延边人民出版社出版了朝鲜文版的《小猫和吠叫》，新疆人民出版社出版了《阿凡提的故事》，等等。

1979年，国外儿童文学作品得以重新出版。该年度翻译出版的各种儿童文学作品有40多种。包括:《珂赛特》《高加索的俘虏》《一镐渠》《白围裙和白山羊》《埃米尔擒贼记》《捕鲸者彼得》《夏洛的网》《狼王洛波》等。

1979年，科学文艺出版掀起热潮，一年内出版了8本中篇科学幻想小说，包括：人民文学出版社的《飞向人马座》(郑文光)、中国少年儿童出版社的《小乒乓变了》(郭治)、江苏人民出版社的《梦》(肖建亨)等。还出版了科幻剧本、科幻小说短篇集、科学童话、科学诗等多部读物。该年度还重版了人民文学出版社的《五万年以前的客人》(于止)、中国少年儿童出版社的《大鲤牧场》(迟书昌)和《布克的奇遇》(肖建

亨)、江苏人民出版社的《史前旅行记》(徐青山)。法国作家儒勒·凡尔纳的作品也由中国青年出版社陆续重版。

1980年

本年,全国出版少年儿童读物2446种(其中初版2162种),比上年增长41.8%;印数554.96百万册,比上年增长54%。其中,连环画册1463种,较上年增长48.1%。

1980年3月,少年儿童出版社编辑出版的《儿童文学研究》第三辑刊载《本刊征集儿童文学资料启事》,征集古代儿童文学读物,"五四"以来儿童报刊、读物和有关儿童文学的理论著作(专书、选集或刊登这些著作的报刊),儿童文学创作和出版的回忆录。

1980年4月,国家出版局版本图书馆编纂《全国少年儿童图书综录(1949-1979)》,由中国少年儿童出版社出版。

1980年4月,江苏人民出版社出版《中国现代儿童文学选·童话卷》,收入"五四"时期到1949年间叶圣陶、郑振铎、赵景深等47位童话作家的作品。之后《小说·散文卷》《诗歌·戏剧卷》也陆续出版。

1980年5月24日,中央宣传部转发国家出版局制定的《关于书籍稿酬的暂行规定》,该规定自7月1日起实施。

1980年5月30日,"第二次全国少年儿童文艺创作评奖"在人民大会堂举行授奖大会。评奖委员会主任委员康克清主持会议,宋庆龄致祝词,周扬讲话。212篇作品分获一、二、三等奖。叶圣陶、冰心、高士其、张天翼、严文井、叶君健、陈伯吹、贺宜、包蕾、金近等13位老作家、老艺术家获荣誉奖。

1980年5月,山西人民出版社出版《外国儿童文学作品选读》,选编了15个国家39位作家的59篇作品。

1980年5月,少年儿童出版社同中国国际书店达成合作出版《儿童图画故事》(5本)英、法文版的协议,并由中国国际书店向海外发行。

1980年6月1日,中国儿童文学研究会在北京召开成立大会,70多人与会。陈子君为理事长,蒋风、浦漫汀为副理事长,贺嘉为秘书长。会员主要为从事儿童文学理论批评、教学、编辑出版的人员。

1980年6月,新蕾出版社编辑的"作家的童年丛书"陆续出版。第一辑《我的童年》收录了冰心等作家记述童年生活的自传体文章。

1980年9月,少年儿童出版社知识读物《十万个为什么》的修订工作完成。

1980年10月，四川少年儿童出版社在四川成都成立。

1980年10月，由少年儿童出版社出版、鲁兵编辑的70万字的幼儿读物《365夜》出版。

1980年11月26日，国家出版局发出《关于进一步加强少年儿童读物出版工作的座谈纪要》，要求继续贯彻1978年全国少年儿童出版工作座谈会精神，进一步重视和加强少儿读物出版工作。

1980年12月9日，中国儿童文学工作者代表团应菲律宾儿童文学协会的邀请访问菲律宾。严文井为团长，成员有金近、任溶溶、沈虎根、徐光耀等。期间，代表团参加了“亚洲太平洋地区儿童文学协商会议”。

1980年，少年儿童出版社开始自办邮购服务业务。至1981年扩大至批发业务，先后与全国700多家图书销售单位建立了业务关系，并发展了50多个特约经销点和两个联营书店。

1980年，非专业少儿的地方出版社出版儿童读物1696种，占全国儿童读物种数的69.34%。其中出书在百种以上的省份有：吉林133种、江苏119种、山东103种、四川100种。

1980年，中国少年儿童出版社出书105种，占全国儿童读物种数的4.29%；印行1670万册，占全国儿童读物印数的3%。发行百万册以上的有《东汉故事》《西汉故事》《数学万花筒》《中学生作文选》等。

1980年，少年儿童出版社出书226种，占全国儿童读物种数的9.24%；印行5107万册，占全国儿童读物印数的9.2%。发行百万册以上的有《有趣的数学》《海洋的秘密》《中国古代寓言》《小学生词语手册》等。

1981年

本年，全国共出版少年儿童读物2520种（其中初版2110种），比上年增长3.02%；总印数786.74百万册，比上年增长27.44%。

1981年1月，少年儿童出版社编辑出版的《巨人》创刊，该刊专发中长篇儿童文学作品。

1981年2月26日至3月7日，中国少年儿童出版社和四川少年儿童出版社在成都召开“全国儿童文学中长篇小说创作座谈会”，陈模、刘厚明、任大霖、萧平、王安忆、毛志成、胡景芳、尤异、陈丽等近60位老中青儿童文学作家参加会议。

1981年2月，中国少年儿童出版社出版《1949-1979儿童文学论文选》，由锡金、郭

大森、崔乙主编,共计40万字。

1981年3月23日,辽宁省作家协会和辽宁少年儿童出版社主办的少年儿童文艺刊物《文学少年》(双月刊)创刊。

1981年3月,少年儿童出版社编辑出版的《儿童文学选刊》(季刊)创刊。(该刊自1985年起改为双月刊。)

1981年3月,新蕾出版社编辑出版的《智慧树》(双月刊)创刊,该刊以发表科学幻想小说、知识童话为主。

1981年3月17日至24日,中共中央书记处两次召开儿童和少年工作座谈会,提出全党、全社会都要重视少年儿童的健康成长,要求文艺界为少年儿童创作好的文学作品、电影、戏剧、歌曲等。

1981年4月,中国少年儿童出版社出访前南斯拉夫,就交换书刊、互相翻译出版书籍等达成协议。随后,前南斯拉夫儿童出版社回访中少社,就合作出版《周恩来的故事》和《中国民间故事》等达成协议。

1981年4月,第二次全国少年儿童文艺创作评奖委员会办公室编辑、中国少年儿童出版社出版了《儿童文学作家作品论》。

1981年6月,由少年儿童出版社《小朋友》编辑部主办的《娃娃画报》(月刊)创刊。

1981年6月,由四川外语学院编辑、四川少年儿童出版社出版的《世界儿童》在重庆创刊。该刊以发表外国儿童文学作品为主。

1981年6月,新蕾出版社出版了由第二次全国少年儿童文艺创作评奖委员会办公室选编的《1954—1979年第二次全国少年儿童文艺创作评奖获奖童话寓言集》。

1981年7月14日至23日,少年儿童出版社举行"童话座谈会"。陈伯吹、包蕾、洪汛涛等各地童话作家参加。

1981年7月,国家出版局开办了少儿读物编辑读书会。金近在会上发言《做好儿童文学编辑》,并提出了评编辑奖、办编辑学校等设想。

1981年9月,中国少年儿童出版社编辑出版了《1954-1979年第二次全国少年儿童文艺创作评奖获奖短篇小说集》。

1981年10月7日至16日,国家出版局在山东泰安召开第二次全国少年儿童读物出版工作会议。各省、市、自治区主管编辑出版工作的负责人,儿童文学作家、编辑,少年儿童工作者,以及妇联、共青团、科协、文化、教育等部门有关负责人共260多人参加会议。会议着重讨论了加强科普、低幼与农村少儿读物的出版问题。

1981年11月18日,许力以在《人民日报》上撰文《繁荣少儿读物的创作》,同时强

调了幼儿读物的出版问题。

1981年12月10日，中央宣传部批转国家出版局《关于全国少年儿童读物出版工作会议的报告》，对加强少儿读物出版工作提出四点改进意见：一、要加强思想品德教育读物的出版，培养少年儿童热爱党、热爱社会主义、热爱祖国；二、要努力出好科普读物，增长少年儿童的科学知识，引导少年儿童从小养成爱科学、学科学、用科学的优良风尚；三、要大力编写和出版学龄期低幼读物；四、要注意编写适合农村少儿阅读的书籍。

1981年12月，少年儿童出版社与中国少年儿童出版社向共青团中央请示发起读书活动，得到支持。活动取名为"红领巾读书、读报奖章活动"，并商定由共青团中央少年部、中国少年儿童出版社、少年儿童出版社、四川少年儿童出版社、新蕾出版社、中国少年报社、新华书店等8个单位联合发起。

1981年，《儿童文学研究》第七辑发表"科学文艺专辑"，郑文光、刘后一、刘兴诗、鲁兵等撰文，就科学文艺姓"科"还是姓"文"的不同观点展开争论。

1981年，全国印数最多的10种辞书中，少年儿童出版社的《少年儿童新字典》印数达507万册，位列第三；《常用词语三用词典》印数达160万册，位列第七。

1981年，著名儿童文学作家陈伯吹将5.5万元稿酬捐献，用于奖励儿童文学创作优秀作品，中国作家协会上海分会、上海市出版工作者协会、少年儿童出版社、中国福利会儿童时代社、少年报社五单位为此联合举办"儿童文学园丁奖"。首届评奖范围是1980—1981年在上海地区发表或出版的儿童文学小说、童话、剧本、诗歌作品。评奖委员会由8人组成，钟望阳为主任，李俊民、陈伯吹、陈向明为副主任，洪汛涛为秘书长。

1982年

本年，全国共出版各类少年儿童读物3690种（其中初版2834种），比上年增长46.2%；印数1033.88百万册，比上年增长31.4%。

1982年2月21日，湖南少年儿童出版社在湖南长沙成立。

1982年2月26日，中国作家协会儿童文学委员会召开在京部分儿童文学报刊编辑座谈会，会议由金近主持，谷斯涌、刘厚明、钱光培、张沪等到会发言。

1982年4月，少年儿童出版社出版胡从经的《晚清儿童文学钩沉》。

1982年5月26日，全国少年儿童文化艺术委员会和国家出版局共同发起举办的"1980—1981年全国优秀少年儿童读物评选"授奖大会在北京举行。此次评选以群

众、专家、领导相结合的办法,评选委员会由林默涵任主任委员,许力以、关鹤童任副主任委员,委员为胡德华、陈昊苏、乌兰、裴丽生、陆石、张文松,并聘请叶圣陶、冰心、高士其、张天翼、严文井、陈伯吹、茅以升、余心言为顾问,最终评出64种优秀读物,其中一等奖19种,优秀读物奖45种。

1982年5月,第一部高等院校儿童文学教材《儿童文学概论》由四川少年儿童出版社出版。此书由北京师范大学、华中师范大学、河南师范大学、杭州大学和浙江师范学院的儿童文学教师集体编写。

1982年5月,湖南少年儿童出版社出版蒋风著作《儿童文学概论》。

1982年5月,第一届"儿童文学园丁奖"评奖揭晓。辽宁吴梦起的童话《老鼠看下棋》、山东邱勋的小说《No!　No!　No!》获一等奖,另有12人的作品获优秀奖。

1982年6月1日,中国少年儿童出版社编辑出版的《幼儿画报》在京创刊。

1982年6月12日至18日,文化部在北京召开全国图书发行体制改革座谈会。7月10日,下发《关于图书发行体制改革工作的通知》,提出发行改革目标:建立"以国营新华书店为主体、多种经济成分、多条流通渠道、多种购销形式、少流转环节"的图书发行网,简称"一主三多一少"。

1982年6月15日,文化部少年儿童文化艺术司、辽宁省出版局、辽宁省文化局、辽宁省作家协会和辽宁人民出版社在沈阳联合举办"东北华北地区儿童文学讲习班",为期20天,来自北京、天津、河北、内蒙古、黑龙江、吉林、辽宁、山西等地的近70名中青年儿童文学作者参加。叶君健、陈伯吹、刘厚明、洪汛涛、郭风、蒋风、葛翠琳、郑文光等应聘组成讲师团。

1982年6月25日,中国少年儿童出版社《儿童文学》杂志编辑部在山东烟台举办儿童诗歌创作座谈会,就如何提高儿童诗歌创作质量问题和儿童诗歌的美学问题进行探讨。

1982年7月,中国少年儿童出版社《儿童文学》编辑部举办第3期儿童文学作者讲习会,中青年作者28人参加,冰心、严文井、叶君健、王蒙等到会讲话。

1982年7月,内蒙古少年儿童出版社在内蒙古通辽成立。

1982年7月,湖南少年儿童出版社举办儿童文学作者讲习班,为期一个月,14名中青年儿童文学作家参加。出版社编辑部各个责任编辑与作者就作品充分交换意见,开展交流。

1982年8月20日至9月5日,中国科普创作协会外国科普作品研究委员会在昆明召开第一次外国科普作品引进工作学术讨论会,强调必须以知识性作品为主要引进

内容。在引进外国科学文艺作品时要严格筛选,以防伪科学、荒诞无稽等作品混入。

1982年9月,少年儿童出版社出版鲁兵著作《教育儿童的文学》。

1982年9月,中国少年儿童出版社出版的幼儿读物《三颗宝珠》,获联合国教科文组织亚洲文化中心日本野间儿童图书插图比赛二等奖。

1982年9月,中国社会科学院文学研究所当代文学研究室编《中国新时期儿童诗选》(1977-1980年)由新蕾出版社出版,共收集100多位作家的140首诗和6位参加世界儿童诗比赛的小作者的作品。

1982年11月1日,我国第一家专门印刷少儿读物的儿童印刷厂在江苏昆山正式成立。

1982年11月,湖北少年儿童出版社在湖北武汉成立。

1982年11月,河南少年儿童出版社在河南郑州成立(1985年5月更名为海燕出版社)。

1982年11月14日,由共青团中央少年部、文化部图书馆事业管理局、新华书店总店、中国少年报社、中国少年儿童出版社、少年儿童出版社、新蕾出版社、四川少年儿童出版社等8个单位联合主办的"全国红领巾读书、读报奖章活动"在常州召开颁奖大会,表彰了读书积极分子11339名,组织指导少年儿童阅读活动的先进个人1772名,先进集体1530个。

1982年12月28日,少年儿童出版社在上海市少年宫举行座谈会,庆祝建社30周年。30年来,该社出版了各种图书4500余种,发行量达10亿余册。

1982年,辽宁少年儿童出版社在辽宁沈阳成立。

1982年,新蕾出版社出版张美妮、李知光主编的《世界儿童小说名著文库》12卷,共440余万字。

1983年

本年,全国共出版少年儿童读物3966种(其中初版3278种),比上年增长7.5%;印数721百万册,比上年减少30.2%。

1983年1月,苏叔阳编写的《大地的儿子——周恩来的故事》由中国少年儿童出版社和日本萨伊玛尔出版社分别用中日两国文字出版。该书入选我国1983年全国十大畅销书。

1983年1月,河南少年儿童出版社出版金燕玉编的《茅盾与儿童文学》。

1983年2月5日,文化部下发《文化部关于制订1983-1990年图书出版规划的意

见》(文化部文出字〔83〕第448号文件),《意见》对少年儿童读物的选题建议包括:一、进行爱国主义、共产主义思想品德教育的读物;二、辅导少先队活动和宣讲学生守则的读物;三、社会科学知识读物,包括历史、地理知识读物;四、自然科学知识读物,包括手工制作的知识读物;五、配合教学大纲的中、小学生辅导读物;六、小学的中、低年级课外读物;七、学龄前儿童的启蒙读物;八、多种形式的少儿文艺读物;九、农村少年儿童读物;十、少儿读物丛书,少儿百科全书。

1983年2月,《儿童文学》编辑部在北京举行1982年优秀作品授奖大会,16名作者获奖。叶君健、陈昊苏、叶至善到会主持发奖并讲话。

1983年3月8日,少年儿童出版社低幼读物编辑室编的《幼儿文学》创刊,先内部发行。

1983年3月,浙江少年儿童出版社在浙江杭州成立。

1983年3月,范奇龙所编的《茅盾童话选》由四川少年儿童出版社出版。

1983年3月,四川少年儿童出版社的大型少儿读物丛书"小图书馆丛书"开始陆续出版。

1983年3月,蒋风、潘颂德著《鲁迅论儿童读物》由陕西人民出版社出版。

1983年3月,广东人民出版社开始陆续出版广东籍儿童文学作家作品选。第一本为《黄庆云作品选》,陆续出版的有秦牧、郁茹、柯岩、郑文光、任溶溶、何紫的选集。

1983年3月,日本著名作家椋鸠十访问中国少年儿童出版社,并与译者、编者、作者进行了座谈。中少社翻译出版了他的动物故事集《月牙熊》。

1983年5月16日,《儿童文学》编辑部在安徽屯溪召开童话创作研讨会。

1983年5月23日至27日,中国连环画研究会在湖北襄樊市举行成立大会,27个省、自治区、直辖市的109位连环画工作者代表与会,大会讨论了中国连环画研究会的章程,选举了理事会,宣布了中国连环画研究会的成立。

1983年5月,陕西少年儿童出版社在陕西西安成立。(1984年10月更名为未来出版社。)

1983年5月,中国少年儿童出版社为1岁到3岁的幼儿编绘的无字书《我的第一本书》(五册)出版。

1983年5月,中国少年儿童出版社编辑的《中国优秀童话选(1922–1979)》出版。选入"五四"以来有代表性的作品33篇。

1983年5月,湖南少年儿童出版社出版了联合国教科文组织亚洲文化中心编的《亚洲当代儿童小说选》。该书精选了亚洲15个国家的儿童小说。

1983年5月，少年儿童出版社《儿童文学选刊》在江苏江阴举行儿童小说创作座谈会。黄蓓佳、程玮、刘健屏、方国荣、丁阿虎等儿童文学作家参加会议。

1983年6月6日，中共中央、国务院联合下发《关于加强出版工作的决定》。《决定》强调要认真抓好宣传爱国主义和共产主义的图书，反映社会主义建设理论和实践的图书，介绍现代科学技术最新成果的图书和各类教科书，8亿农民和广大青少年、儿童急需的各类读物。

1983年6月21日，文化部少儿文化艺术司和广东省文化厅等在广州联合举办广东省儿童文学创作讲习班，聘请儿童文学专家多人组成讲师团讲课。广东中青年儿童文学作者50余人参加。

1983年6月24日，中国少年儿童出版社、少年儿童出版社、四川少年儿童出版社、北京出版社和太原市新华书店的领导同志共同商定在太原市桥头街联合成立全国第一个社、店联营的“太原市少年儿童书店”。

1983年6月29日，《少年文艺》编选了一套30年优秀作品选，包括《给少年们的小说》《给少年们的散文》《给少年们的童话》《给少年们的诗歌》共4册，由少年儿童出版社陆续出版。

1983年6月，四川少年儿童出版社出版日本上笙一郎著、郎樱等译的《儿童文学引论》。

1983年6月，新蕾出版社出版天津市作家协会编的《1977—1981天津儿童文学作品选》，邓颖超题词“儿童文学事业是大有作为的”。

1983年10月24日至30日，文化部出版局在河南郑州召开了全国低幼读物编辑出版工作座谈会，参加会议的有全国各省、自治区、直辖市和中央一级有关出版社的编辑，教育部、全国妇联、文化部少儿司的有关负责同志，一级幼儿文学作家、幼儿科普作家、幼儿心理学家、儿童读物画家、幼教专家等，共计65人。

1983年12月，中央领导在中南海接见“全国红领巾读书、读报奖章活动”的读书、读报积极分子代表，并向他们颁发了奖章。活动共表彰23000多名读书读报积极分子，2100多名宣传、组织、辅导少年儿童读书读报的先进个人，2000多个先进集体，28个先进市、区、县团委。

1983年12月，中国社会科学院文学研究所当代文学研究室主编的《儿童文学选》（中国文学作品年编·1981）由中国社会科学出版社出版。

1983年12月，湖南少年儿童出版社陆续编辑出版“儿童文学欣赏丛书”，包括《童话欣赏》《寓言欣赏》《儿童小说欣赏》《儿童诗歌欣赏》等。

1983年,江苏少年儿童出版社在江苏南京成立。

1983年,黑龙江少年儿童出版社在黑龙江哈尔滨成立。

1983年,中国少年儿童出版社《八十年代的中学生获奖作文选评》出版,初版印数达100万册。

1983年,新华书店评选的10种发行量较大、最受读者欢迎的书中包括:《闪光的道路》(发行509万册)、《大地的儿子——周恩来的故事》(发行100万册)和《故事大王》(发行32万册)。

1983年,《中国出版年鉴》"中国书展在国外"报道提到:据近几年参加国际书展的调查了解,各书展普遍受欢迎的儿童读物有:《美丽的空想家》《小马过河》《大闹大宫》和《骄傲的小花猫》等。

1983年,低幼读物出现有声读物、立体读物、塑料书、游戏卡、纸板插接玩具等创新形式。包括少年儿童出版社的有声读物《365夜配乐故事》,浙江少年儿童出版社的《会变的孙悟空》(活动游戏卡),广西人民出版社的《动物玩具》(纸板插接),天津人民美术出版社的《童话立体画片》,陕西少年儿童出版社的无文图书《宝宝看图讲故事》(已出版《马戏团里的小猴》《躲躲雨》,书末还有写给妈妈的话,供家长辅导孩子阅读)等。

1984年

本年,全国共出版少年儿童读物4090种(其中初版3318种),比上年增长3.1%;印数为907.54百万册,比上年增长25.8%。其中,连环画2584种,75207万册,占少儿读物种数的63.2%,印数的82.9%。

1984年1月,山东少年儿童出版社在山东济南成立。(1985年2月更名为明天出版社。)

1984年2月17日,少年儿童出版社与中国出版对外贸易公司上海分公司就合作出版《宝船》《神笔》《金瓜儿银瓜儿》和《哪吒闹海》英文版盒装书达成协议并签订合同,由出版外贸公司上海分公司海外发行。

1984年2月,辽宁少年儿童出版社编辑出版"文学少年丛书",推出萧平、邱勋的作品集,之后陆续出版葛翠琳、黄庆云、刘厚明、王路遥、陈模等作家的作品集。

1984年3月,浙江少年儿童出版社丛刊《寓言》出版,该刊为不定期出版。

1984年4月,四川少年儿童出版社出版浦漫汀论著《安徒生简论》。

1984年5月31日,中国科普创作协会、中国科普创作研究所于人民大会堂举行少年儿童科普创作成果汇报会。康克清、严济慈、茅以升，以及科技、教育、文艺、出版、新闻界的领导和专家出席会议。会议公布的数字表明，从1979年到1983年，我国出版少年儿童科普读物达1186种，占建国以来少年儿童科普读物出版总数的46%。

1984年5月，辽宁少年儿童出版社出版《儿童文学讲稿》，此为1982年文化部等部门在沈阳、成都举办东北、华北儿童文学讲习班和西北、西南儿童文学讲习班讲课稿的结集。

1984年5月，中国少年儿童出版社制订《1984—1990年图书出版选题规划》，规划分思想品德教育读物、知识读物、文学读物、中年级读物、低幼读物，7年内拟出40个方面的书(包括23套丛书)，约计900种。

1984年6月16日至29日，文化部在石家庄召开了建国以来首次“全国儿童文学理论座谈会”。文化部少儿文化艺术司司长、全国少儿文化艺术委员会秘书长罗英和少儿司文艺研究室主任陈子君主持会议，中国作家协会书记处书记、著名老作家、翻译家叶君健和著名儿童文学老作家、理论家陈伯吹出席座谈会并讲话。64名来自全国各省、市、自治区的儿童文学理论家、作家和编辑参加会议。

1984年6月21日至27日，文化部在哈尔滨召开全国地方出版社工作会议，正式提出出版社要由单纯的生产型逐步转变为生产经营型；适当扩大出版单位的自主权；出版单位要实行岗位责任制，等等。上述举措推动了出版体制的改革。

1984年7月，中国少年儿童出版社出版《党的一朵小红花——韩余娟》。本书作为团中央、教育部推荐的少儿读物，入选新华书店评选出的“1984年受欢迎的10种书”，发行量高达115万册。

1984年7月，中国少年儿童出版社《儿童文学》编辑部在北戴河举办小说创作笔会。

1984年8月18日，河北少年儿童出版社在河北石家庄成立。

1984年8月，福建少年儿童出版社在福建福州成立。

1984年8月，安徽少年儿童出版社在安徽合肥成立。

1984年9月3日，北方妇女儿童出版社在吉林长春成立。

1984年10月，我国首部《儿童文学辞典》第一次编委会会议在四川灌县召开，会上制订了辞典的编辑方针和工作计划，拟收编4000词条，约100万字，由四川少年儿童出版社出版。

1984年11月24日，《儿童文学》编辑部在北京召开该刊1979—1983年优秀翻译作品授奖大会。有10篇优秀译作获奖。

1984年11月25日至30日，山西省作家协会和山西人民出版社联合举办的山西省第一届儿童文学创作会议在太原召开。洪汛涛等到会作专题发言，70余位儿童文学作者参加。

1984年11月，《当代女作家儿童小说选》由宁夏人民出版社编辑出版，收入张洁、谌容、宗璞、戴晴、王安忆、张抗抗、铁凝、航鹰、程乃珊、黄蓓佳、王小鹰、叶文玲、竹林、庞天舒等14人的作品25篇。

1984年11月，孔海珠编《茅盾和儿童文学》由少年儿童出版社出版，40万字。

1984年12月20日，教育部、中国文字改革委员会、文化部联合下发《教育部、中国文字改革委员会、文化部关于编写、出版、发行儿童拼音读物的联合通知》。《通知》提出：出版部门要同教育部门、文改部门认真重视儿童读物的编写工作，有计划地组织各方面的作者积极编写适合儿童阅读的看图学话，童话故事、连环画以及科学启蒙、思想品德教育等读物，其中适合幼儿和小学低年级学生的读物，要考虑全部采用汉语拼音或汉字与拼音相对照。

1984年，新蕾出版社开始编辑出版上年度《全国儿童短篇小说选》。

1984年，《儿童文学选刊》编辑部开始选编上年度优秀儿童小说，由该刊选编的《1983全国优秀儿童小说选》由贵州人民出版社于12月出版。

1984年，甘肃人民出版社出版了《九色鹿》连环画(全套6册)，包含了26个壁画、佛经故事，书中严格按照敦煌壁画编写，力争靠近壁画风格特色，具有浓郁民族特色与地域特色，获得1986年全国连环画文学脚本二等奖。此后，该社又出版了《敦煌壁画故事》(1-5册)、《敦煌连环壁画精品》等具有较高阅读价值和学术研究价值的读物。

1984年，“全国红领巾读书、读报奖章活动”再次推出《1984年“全国红领巾读书、读报奖章活动”推荐书目》。

1985年

本年，全年共出版少年儿童读物4192种，比上年增长2.5%；印数917.67百万册，比上年增长1.1%。

1985年2月，希望出版社在山西太原成立。

1985年2月，江西少年儿童出版社在江西南昌成立。(1989年更名为二十一世纪出版社。)

1985年3月，经共青团中央书记处批准，中国少年儿童出版社编辑室一级负责人实行聘任制，任期两年。

1985年4月，中国少年儿童出版社购置快速复制录音带的设备，开始制作有声读物。第一批生产的录音带为《小喇叭节目精选》。

1985年4月，中国少年儿童出版社编辑出版的《婴儿画报》(半月刊)在北京创刊。

1985年5月17日，共青团中央、全国少先队工作委员会、中国少年儿童活动中心、北京市少年儿童图书馆和湖南少年儿童出版社在人民大会堂召开“做有理想、有道德、有文化、有纪律的接班人——《鸿雁快快飞》小读者座谈会”。这本张海迪的书信体散文集由湖南少年儿童出版社出版。

1985年5月25日，“儿童文学园丁奖”第四届评奖授奖大会在上海举行。《儿童文学园丁奖集刊(三)：来自异国的孩子》由少年儿童出版社出版。

1985年5月，少年儿童出版社出版了《贺宜文集》(第一卷)。文集共5卷，后陆续出齐。

1985年5月，彭斯远著《儿童文学散论》，由重庆出版社出版。

1985年6月14日，陈伯吹、张乐平荣获第一届“中国福利会妇幼事业樟树奖”。

1985年6月，甘肃少年儿童出版社在甘肃兰州成立。

1985年6月，云南少年儿童出版社在云南昆明成立。(1993年更名为晨光出版社。)

1985年7月20日至26日，文化部在云南昆明召开“全国儿童文学理论研究规划会议”，60余位儿童文学理论家、作家、出版社负责人参加会议。会议决定在今后5年内组织力量编写、出版儿童文学理论书籍60余种，包括《儿童文学辞典》、《中国儿童文学史》(当代部分)、《儿童文学概论》(修订本)等。会议宣布由全国少年儿童文化艺术委员会等联合创办的《儿童文学评论》创刊。

1985年7月28日，中国与联合国儿童基金会儿童读物印刷合作项目在北京中国青年出版社印刷厂举行落成典礼。联合国基金会为该合作项目提供了267万余美元的印刷设备，我国政府投资600万人民币扩建中国青年出版社印刷厂。

1985年8月，浙江少年儿童出版社出版王泉根编《周作人与儿童文学》。

1985年8月，刘守华著《中国民间童话概说》由四川民族出版社出版。

1985年9月，在捷克斯洛伐克布拉迪斯拉发国际青少年读物插图双年展中，中国少年儿童出版社的出版物《盐丁儿》的插图获“荣誉奖”。

1985年10月5日至15日，《儿童文学》编辑部在杭州举办儿童散文创作讨论会。

1985年10月26日，上海市作家协会儿童文学组和中国福利会《儿童时代》社在江苏苏州洞庭东山举办儿童文学笔会。香港儿童文艺协会会长何紫等与会。

1985年10月，浙江师范大学儿童文学研究室编的《中国儿童文学理论年鉴(1983)》，由浙江少年儿童出版社出版。

1985年11月16日至21日，少年儿童出版社和贵州人民出版社在贵阳联合举行儿童小说创作座谈会，陈伯吹、束沛德、刘厚明及17个省、市、自治区的代表近60人参加。

1985年，中国和平出版社(宋庆龄基金会)在北京成立。

1985年，新世纪出版社在广东广州成立。

1985年，新疆青少年出版社在新疆乌鲁木齐成立。(为原新疆青年出版社，1985年更名，确立以青少年为主要服务对象。)

1985年，中国连环画出版社在北京成立。

1985年，新华书店评选的"1985年受读者欢迎的十种书"中，少年儿童出版社出版的《小学生词语手册》(本年发行210万册，累计发行1149万册)、上海教育出版社出版的《幼儿识字》(1-4)(本年发行104万册，累计发行429万册)入选。

1985年，据中国图书进出口总公司和中国国际图书贸易总公司提供的数据显示：该年度中国出版界参加的国际儿童书展有：3月28日至31日意大利波洛尼亚儿童书展，4月22日至27日第二届阿塔图克国际儿童书展。该年度，中国儿童读物对外发行105万册，占整个外文图书对外发行的57%。普遍受到好评的儿童读物有：《小鲤鱼跳龙门》《小马过河》《骄傲的小花猫》《自己的事自己做》《大熊猫来我家》《找妈妈》《老狼请客》《在幼儿园里》《花冠送给象哥哥》等。其中《小鲤鱼跳龙门》自1964年出版以来屡次再版。

1985年，许力以撰文《对一九八五年图书出版工作的回顾和展望》，指出：自从1985年第四季度开始，图书订货量大幅度下降，出版社资金积压，"长期紧张的生产力开始出现了不正常的过剩。"

截至1985年底，全国已有少年儿童读物专业出版社25家。还没有成立少年儿童读物专业出版社的地方，除青海省外，也都设立了少年儿童读物编辑室。

第三章　盘整转型期的童书出版(1986—1989)

1978至1985年间,经历了恢复发展期的全国书业与1977年相比,图书出版物总印数翻了一番,“相当于中华人民共和国成立至1977年这28年中图书增长的总额。如果按出书种数这一统计指标衡量,中国在1985年已进入世界六大出版国的行列。”[①]但是,在全速奔驰了8年后,童书出版在意识形态统领下一路飞奔的局面遇到了瓶颈。虽然童书出版受到了来自出版业政策性的保护,拥有低幼读物的市场需求、拥有教辅图书的出版权力,相对远离了市场与竞争,但是,经济的变革、文化的影响等因素,仍将童书业导入了又一重盘整转型的书业空间。

一、童书数据描述

1986年,全国共出版少年儿童读物3448种(其中初版2862种),比上年下降17.7%;印数204.63百万册,比上年下降77.7%。

1987年,全国出版少年儿童读物3045种,比上年下降11.7%;印数224.07百万册,比上年增长9.5%。

①陈昕,罗靖,杨龙,施林.中国出版业:从卖方市场转向买方市场[A].王育济等.中国文化产业学术年鉴1979-2002年卷[Z].济南:山东大学出版社,2009.12.256.

1988年,全国共出版少年儿童读物3362种(其中初版2211种),比上年增长10.5%;总印数251.21百万册,比上年增长11.7%。

1989年,全国共出版少年儿童读物3598种(其中初版2395种),比上年增长7%;印数226.02百万册,比上年减少10%。

以图表形式呈现1985—1989年全国书业和童书业的发展走势如下(数据主要来源于历年《中国出版年鉴》):

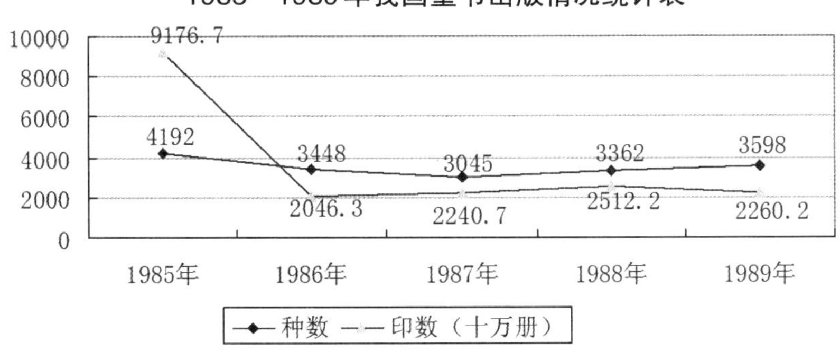

(注:为显示童书发展的阶段性变化,图表重复列出了1985年全国图书出版与童书出版的情况。)

该阶段,全国书业已完成恢复性增长,进入了一个盘整转型的调试阶段。1987年,全国书业迅速扭转了1986年的全面下跌局面,出现了种数、印数全面增长,而童书业却还未能从重创中缓解。步入盘整转型期的童书业,始终没能走出自1986年以来的低迷状态。连环画从1985年的3018种、8.16亿册、16.4亿印张下降到1987年的1286种、0.79亿册、1.49亿印张,分别下降了57.4%、90.3%和90.9%。[①]1988年童书业有所反弹,出现了印数11.7%的增长。但这种反弹并没有后续的支持,到1989年,童书印数随整体书业再次下跌,跌幅达10.0%。

在出版业进入第七个五年计划的五年间,图书消费短缺的问题已经基本缓解,书业的高速增长受到各种因素的遏制,市场经济意识逐步萌芽。童书业也与整个书业一样,面临着卖方市场的盘整与向买方市场的转型。经济利益与文化品质的较量,出版愿望与市场需求的对接,由此日趋清晰。

①唐砥中.1987年全国图书、报刊出版概况.[A].中国出版工作者协会、中国出版发行科学研究所.中国出版年鉴1988[Z].北京:中国书籍出版社,1989.10.19-20.

二、书业背景事件

(一)市场推动出版改革

我国的出版体制改革,从1979年长沙会议提出的"立足本省、面向全国",到"逐步推行社长负责制"等8项措施逐步实行,到1982年提出"一主三多一少"的目标,再到1984年文化部召开的全国地方出版工作会议提出,出版业由计划经济时代的单纯"生产型"向"生产经营型"经济模式转型。为了解决经济生产中暴露的种种问题,1984年10月,党的十二届三中全会通过《中共中央关于经济体制改革的决定》,明确提出:社会主义经济是"在公有制基础上的有计划的商品经济"。"有计划的商品经济"模式,确认了图书的商品属性。

出版部门在进入市场经济的运行轨道之后,显示出了鲜明的两重性:一方面它是文化宣传事业,一方面又有明确的利润指标。在两者之间,如何找到适宜的平衡点,成为摆在书业面前的严峻课题。1985年4月3日,文化部在北京召开的全国出版局(社)长会议上,强调社会主义出版工作要把"社会效果"放在第一位,不能片面追求利润。社会效果和经济效益发生矛盾时,要"首先考虑社会效果"。①在边春光所作的1985年出版工作总结《总结经验　端正思想　繁荣社会主义出版事业》中,再次重申:"在任何时候都要坚持出版方针。""在任何时候都要把有利于社会主义的物质文明建设和精神文明建设作为衡量出版工作方向的一条根本原则。""任何时候出书都要坚持社会效益为最高准则。""任何时候都不能放弃出版工作对社会负责的高度责任感。"②对于童书业的从业者来说,肩负着面向未来、为儿童提供精神食粮的重任,在经济利益面前,出版人的责任意识、业务素质都遭遇了严峻考验。

为了加强对全国出版工作的领导和管理,1986年10月7日,国务院决定恢复国家出版局为国务院直属局。1987年1月13日,国务院发出关于成立中华人民共和国新闻出版署、撤销国家出版局的通知,目的同样是为了加强对全国新闻、出版事业的管理。新闻出版署负责全国新闻、出版事业的管理工作。

1986年,国家出版局连续下发文件,出台政策,推动发行改革。4月下旬,在国家出版局召开的全国图书发行工作会议上,明确规定除中小学课本、大专教材、重要文

①中国出版工作者协会.中国出版年鉴1986[Z].北京:商务印书馆,1986.12.85.

②边春光.总结经验 端正思想 繁荣社会主义出版事业[A].中国出版工作者协会.中国出版年鉴1986[Z].北京:商务印书馆,1986.12.3.

献等出版物继续由新华书店包销外,其他一般图书的总发行权由出版社自行承担(自销或通过其他渠道发行),新华书店实行经销(实际是选销);7月1日,下发《国家出版局关于认真贯彻全国图书发行工作会议精神的通知》,推出"全国新华书店改革试行方案"(国家出版局[86]出发字第571号文件);9月5日,下发《国家出版局〈关于推行图书多种购销形式的试行方案〉的补充规定》(国家出版局[86]出发字第767号文件);9月9日,下发《国家出版局关于发展集体、个体书店和加强管理的原则规定》(国家出版局[86]出发字第783号文件)。郑士德在总结当年的图书发行工作概况时做出如下评价:"30多年来由新华书店独家经营的局面已经被根本打破,多渠道发行已经形成。"①

1988年4月,中共中央宣传部、新闻出版署联合下发《中共中央宣传部、新闻出版署关于当前出版社改革的若干意见》,明确了我国书业经济模式的彻底转变:在发展社会主义有计划的商品经济的条件下,出版社必须由"生产型"向"生产经营型"转变,出版社既是图书的"出版者",又是图书的"经营者"。这一转变,推动出版社对领导体制、经营管理体制、分配体制等各个方面进行改革。同年5月,《中共中央宣传部、新闻出版署关于当前图书发行体制改革的若干意见》(中宣发文[1988]7号、(88)新出办字[422]号)下发,明确了图书的"商品"属性。"图书是精神产品,必须把社会效益放在首位;图书又是商品,必须注重经济效益,它的社会效益要通过经济效益交换才能实现"。《意见》提出了著名的"三放一联"的发行渠道改革思路,即:"放权承包,搞活国营书店;放开批发渠道,搞活图书市场;放开购销形式和发行折扣,搞活购销机制;推行横向经济联合,发展各种出版发行企业群体和企业集团。"②

(二)图书购买力逐步转型

该时段,图书购买者的力量也在发生变化,集团购买力正在逐步减弱,个人购买力逐步成为拉动书业的主体力量。以数据为例:1977年,集团购买额为2.6732亿元,个人购买额为2.6489亿元。前者略高于后者。而至1985年,个人图书购买额上升到15.3264亿元,集团购买额为7.5438亿元③,个人的图书消费量逐步占到图书总销售额的三分之二。据新华书店统计,读者的个人购买力不断上升。1987年全年个人购书

①郑士德.1986年图书发行工作概况[A].中国出版工作者协会,中国出版发行科学研究所.中国出版年鉴1987[Z].北京:中国书籍出版社,1988.6.121.

②中国出版工作者协会,中国出版科学研究所.中国出版年鉴1989[Z].北京:中国书籍出版社,1991.3.36-40.

③陈昕,罗靖,杨龙,施林.中国出版业:从卖方市场转向买方市场[A].王育济等.中国文化产业学术年鉴1979-2002年卷[Z].济南:山东大学出版社,2009.12.260.

的金额比上年增加12.1%;销售给机关团体的金额只增长了4.8%。读者的购书需求向多样化与专业化发展。

相对于集团购买来讲,个人消费显然相对理性,图书的实用性、图书的质量必然成为个人购买的考量项。因此,该时段库存攀升的原因,除了和盲目生产导致图书质量下滑、木材纸张涨价导致图书定价上涨等抑制了部分购买需求有关外,更重要的原因正是集团购买力趋于紧缩。对于童书业来说,国营书店因库存书急剧上涨而被迫压缩订数,大量出版的规模巨大的丛书因公费购书相对减少而订数锐减。盲目出版的童书不能在读者这方得到应有的认可,质量堪忧的童书势必沦为库存。

另外,20世纪80年代末,根据国家教委、新闻出版署局联合通知的精神,为减轻学生负担,各地书店普遍减少或停止了有关中小学课本复习资料、习题解一类书籍的发行。该措施导致减少的销售册数约占总销售册数的2%左右。这也令不少以教辅读物出版为主的少年儿童出版社受到影响。

(三)童书业的保护性政策

直至1988年,全国书业形势依然严峻。在处理加强宏观管理和放开搞活的关系、社会效益与经济效益的关系上,书业还缺乏足够的措施和经验。加之纸张奇缺等无法回避的现实问题,出版社之间的竞争愈发激烈,有的甚至面临“破产倒闭”。

相对而言,童书出版的特殊性得到了凸显。同样在市场的剧烈冲击面前,同样面临发行量大幅下滑的局面,童书出版虽然在种数、尤其是新出种数上显得创新乏力,但是在印数上还是较为粗放,1987年印数增长9.5%,1988年再增长11.7%。考察这段历史,我们也的确发现在经济力量不断增强的书业发展中,童书业受到了来自政策方面的多方扶持,甚至保护。

针对在利益驱动下出版社突破专业分工争抢热门选题的状况,1988年,中共中央宣传部、新闻出版署联合下发《中共中央宣传部、新闻出版署关于当前出版社改革的若干意见》(中共中央宣传部、新闻出版署文件中宣发文[1988]7号)。《意见》中规定:“出版社的专业分工是出版工作发展和进步的需要,应当坚持。为了促进学术理论著作、科技图书的出版,对一些专业较窄的出版社(科技出版社和学术出版社),可以有所放宽,允许出版少量(不超过当年全部选题的3%—5%)相关相近学科的图书。超过专业分工的图书选题,要事前向上级主管部门报批。”专业分工,这个计划经济时代出版业特有的现象为各个出版社划定了出版书籍的范围。这个“人为”的市场划分给出版业自身的发展带来一定的束缚。但是,对于童书出版而言,这项政策在出版市场竞争初露端倪的时代被再次强化,无疑对童书起到了独有的保护作用。这一政令,为专

业少儿社规避了非专业少儿社争抢少儿图书市场的问题。

我国的出版社1978年时为105家，到1988年底已经陆续增加到了502家。针对改革开放10年来出版业“坚持四项基本原则同宣扬资产阶级自由化的尖锐对立；坚持社会效益第一同‘一切向钱看’的尖锐对立”；报刊和出版社发展过急过快导致的“出版物过多过滥，超越了管理能力、编采力量和纸张生产能力”①和出版物质量下降等问题，一场对出版社出版资格的考察和压缩整顿工作在全国展开。1989年6月，中共中央召开了第十三届四中全会，对出版部门提出了三项任务：第一是整顿清理书报刊和音像市场；第二是压缩、整顿报刊和出版社；第三是做好各出版单位的思想建设和组织建设工作。1989年9月15日至20日，中共中央宣传部、新闻出版署在北京专门召开了全国整顿压缩报刊和出版社工作会议。经过整顿压缩，1990年，经新闻出版署核准，33家出版社、两家出版分社(含海豚出版社)予以撤销、停办或合并。②

这对专业少年儿童出版社并没有造成影响，各省分设的专业少儿社和中央专业少儿社都没有被波及。相反，为了加强少年儿童读物出版，1989年7月，又一家专业少年儿童出版社——接力出版社在广西南宁成立。

(四)编辑出版领域的专业力量培育

在中国，对出版的研究受到关注始于20世纪70年代末80年代初。1979年12月20日中国出版工作者协会成立。《章程》中规定协会的任务之一就是“开展出版业务研究和学术活动”。1983年6月6日，《中共中央、国务院关于加强出版工作的决定》确定，“建立出版发行研究所，充实印刷技术研究所，加强出版、印刷、发行的科研工作”。据当时中国出版发行科学研究所副所长邵益文回顾，1985年中国出版发行科学研究所在首都成立，这是我国第一个专门从事出版科学研究的学术机构。1985年到1988年初，该研究所连续召开了四次全国出版科学学术讨论会。另外，天津、湖北、浙江、黑龙江等省市也先后成立了出版研究所(室)，上海、湖南、安徽、河南、广东等地也建立了编辑学会、编辑研究会、出版研究会和图书发行研究会等学术科研团体。一个由初级到高级的出版教育梯形结构初具轮廓。

1986年，有关出版编辑工作的理论研究与经验介绍的书籍开始涌现，国家出版局主办的《出版工作》、中国出版发行科学研究所主办的《出版发行研究》从1987年起改为公开发行。1986年以来，我国还在北京和山西成立了两个出版方面的专业出版社

①方厚枢.新中国出版事业四十年[A].中国出版工作者协会，中国出版科学研究所.中国出版年鉴1990—1991[Z].北京：中国书籍出版社，1993.9.4-18.

②中国出版工作者协会，中国出版科学研究所.中国出版年鉴1990—1991[Z].北京：中国书籍出版社，1993.9.120.

——中国书籍出版社和书海出版社。

在专业培养上，中国的出版专业教育经过近10年的努力，到1989年已相继建立了编辑、出版、印刷、书籍装帧等专业，形成了研究生培养、普通高等教育、中等专业教育等不同层次的专业教育体系。同时，职称管理形式的改革，大大提升了出版人的业务专业化进程。1986年，按照国家职称改革的部署，出版专业人员实行专业技术职务聘任制度。编辑的专业职务由高到低分为编审、副编审、编辑、助理编辑四档。正副编审的任职条件和待遇一般相当于正副教授，编辑一般相当于讲师。这种专业职务聘任制自1986年起实行，大大调动了编辑群体的积极性，也切实促进了出版业人才的专业发展。截至1988年底，整个新闻出版行业的职工有50多万人，其中包含一万多名高级专家，十几万名中级专业技术人员，以及一大批具有高中和中专文化程度的干部、工人。①

（五）逐步健全的图书评奖

随着书业的发展，评奖作为一种有效的筛选、甄别、激励机制逐步健全。20世纪80年代末，与童书密切相关的国家级重要奖项逐次产生。

1. 全国幼儿图书评奖

为检阅我国幼儿图书出版工作取得的成绩，总结、交流、表彰为繁荣幼儿图书出版事业作出贡献的作者和编者，推出精品图书，1987年4月11日至24日，新闻出版署、全国妇女联合会、宋庆龄基金会、全国少年儿童艺术委员会联合在北京举办了全国第一届“幼儿图书评奖”。首次评奖的范围为1982年1月至1986年6月出版的幼儿图书。评奖委员会由4个主办单位的领导和儿童文学作家、儿童美术工作者、老编辑、幼儿心理学家、幼教工作者等组成。新闻出版署副署长刘杲任主任委员。评奖的具体工作由中国出版工作者协会幼儿读物研究会负责。1987年5月，全国第一届“幼儿图书评奖”揭晓，评出优秀奖61种，包括：优秀读物奖（4种）、优秀编著奖（18种，分为一、二、三等）、优秀绘画奖（32种，分为一、二、三等）、编辑工作奖（7种）（具体获奖书目参附录）。②

2. 中国图书奖

“中国图书奖”原由《中国图书评论》杂志社主办，每年评选一次，已经评过两届。

①方厚枢.新中国出版事业四十年[A].中国出版工作者协会，中国出版科学研究所.中国出版年鉴1990—1991[Z].北京：中国书籍出版社，1993.9.4.

②中国出版工作者协会，中国出版发行科学研究所.中国出版年鉴 1988[Z].北京：中国书籍出版社，1989.10.38-40.

1989年4月,中国图书评论学会正式成立后,经理事会讨论,决定自第三届起,“中国图书奖”改由中国图书评论学会主办。为此重新调整了评委会,由中宣部出版局、新闻出版署有关领导和中国图书评论学会部分常务理事组成。从第三届开始,“中国图书奖”的评奖具有了全国性与权威性。

第三届“中国图书奖”评选范围是1988年出版的新书,评奖活动于1989年8月揭晓。浙江少年儿童出版社的《世界童话名著》获奖。自此,专业少儿出版物有了与全国书业同台参与评比、授奖的书业评奖平台。

3. 韬奋出版奖

针对编辑“为人作嫁”的职业特点,为了鼓励这些书本背后的无名英雄,1987年,我国设立了首个面向编辑的全国性大奖——韬奋出版奖。

该奖项的设置意向源于1984年。在北京、上海分别开展活动纪念邹韬奋逝世40周年之际,一些文化界人士提议设立中国韬奋基金会。至1985年10月,在邹韬奋诞辰90周年前夕,由胡愈之、沈慈九、叶圣陶等12人正式倡议成立中国韬奋基金会,到1986年,该倡议获得中宣部批复。1987年6月25日在北京全国政协礼堂召开了中国韬奋基金会成立大会。该基金会为全国性的人民群众团体,宗旨是:继承和发扬韬奋精神,促进我国新闻出版事业的繁荣和发展。韬奋出版奖的设立,让艰辛努力的编辑从幕后走向了前台,也为出版业在编辑人才的选拔、示范、引导等方面发挥了巨大的作用。

1987年9月,全国首届“韬奋出版奖”授奖仪式在北京举行,评出获奖者10位,其中有一位少儿读物编辑——少年儿童出版社编审鲁兵。颁奖词评价了鲁兵的《365夜(故事)》对于幼儿读物出版的开拓意义。

三、童书业重要书事

在书业改革背景下,童书业也迈出了自己的调整步伐。

(一)少儿社的“自办发行”改革

20世纪80年代,书业对图书征订有一个描述性的词汇,叫“隔山买牛”。隔山买牛,形容新华书店征订图书时,仅能凭征订目录上的书名和200字的内容简介确定书的订数,而且下单后通常要在8个月或一年后才能收到书。业内人士将这种盲目的订货方式比作不知道是“健牛、病牛”或“老牛、小牛”,却要“隔山成交、隔山买牛”。这种方式不但无法估计图书的质量,而且难以估计征订的数量。在“自办发行”的改革时

段，“隔山买牛”的订货模式开始改变。

1985年10月30日，少年儿童出版社张瑛文、张瑞松、袁连祥与上海发行所陆云涛等一行去山东、山西、陕西、四川四省调研，了解各地书店库存上升、订数萎缩的原因，并在此基础上交流并征求了举办看样订货会的意见和建议，探讨了召开看样订货会的可能性。山西省店、太原市店、重庆出版社、重庆发行所、重庆市店均表示支持，愿意提供一切方便并承担会务工作。1985年12月5日到18日，少年儿童出版社与上海发行所联合召开全国首次少儿读物看样订货会。订货会上共展出初版、重版图书108种。12月22日订货会再在重庆召开，24日又移师到太原。这种图书看样订货会当时在全国尚属首创。

童书业自此由新华书店包销的模式转向“自办发行”和新华书店“寄销”的双轨模式。“寄销”作为营销手段之一，至今仍然存在。

童书出版业最早关注图书发行改革的是少年儿童出版社。少年儿童出版社从1980年3月起即设立了邮购服务部，开始自办邮购服务业务。开办宗旨是：“为农村和边远地区以及买不到我社出版物的广大读者服务。”①1981年扩大至批发业务，先后与全国700多家图书销售单位建立了业务关系，并发展了50多个特约经销点和两个联营书店。1983年6月24日，少年儿童出版社与中国少年儿童出版社、四川少年儿童出版社、北京出版社和太原市新华书店联合成立了全国第一个社、店联营的“太原市少年儿童书店”（原太原市桥头街少年儿童读物门市部），并签订了资金与利润分成协议。1986年1月，少年儿童出版社在社址大门右侧修建了约140平方米的平房，供经销部和邮购服务部使用。当年的6月1日，少年儿童出版社经销部开业，开始自办发行。

少年儿童出版社周舜培、唐兵回忆了本社当时的发行改革动因：“少年儿童出版社，在初创时期是全国唯一的少儿读物专业出版社，以后虽先后成立了中国少年儿童出版社、新蕾出版社，但长期以来亲若一家，根本不知竞争为何物。20世纪80年代后情况发生剧变，各地少年儿童出版社如雨后春笋般被批准成立，1989年数量将近30家。更严峻的是，其他非专业的各出版社也纷纷出版少儿读物……为了适应不断变化的市场，少年儿童出版社首先所做的是优化选题，努力提高自己的出版物的质量。其次，他们在自办发行上花了大力气，下了大工夫。”②

1986年，中国少年儿童出版社与人民出版社、人民文学出版社、社会科学出版社、

①少年儿童出版社.少年儿童出版社的三十五年[C].上海：少年儿童出版社，1987.253.

②周舜培，唐兵.播种春天 迎来希望[J].中国少儿出版，2008，(3)：12.

世界知识出版社、中国青年出版社分别与南京市、重庆市的新华书店建立联合批发中心,同样扩大了图书销路。此后,童书业的出版部门与发行部门之间、各发行部门之间,开始发展各种形式的横向经济联合。

(二)童书业开启业内交流

1."书展"形式出现

为进一步打开图书市场,书业之间的横向交流也变得迫切。"书展"形式开始入驻我国书业。1986年,全国书业有两件盛事。其一:1986年4月20日至5月5日,国家出版局在北京举办了中华人民共和国成立以来规模最大的一次全国图书展览会。参展单位来自全国的340余家出版社、200余家杂志社,展场面积4500平方米,参展图书达35000余种,其中80%是1978年以来出版的新书。①书展在专题陈列部分,专列了"少年儿童读物"。这次书展如同一个庞大的信息交流平台,不但为作者、编辑、发行、印刷工作者提供了沟通情况、交流经验的机会,而且有意识地听取了来自读者的意见和反馈。其二:1986年9月5日至11日,中华人民共和国成立以来首次国际性图书博览会——北京国际图书博览会在北京展览馆举行。博览会的展览面积为7800平方米,共有361个展台,来自35个国家、地区和国际组织的224个单位代表1055家出版社参展。我国参展的出版社有179家。博览会上,总共收订图书6万多册,总金额为人民币950余万元,相当于中国图书进出口公司半年零星订单的收订数。博览会期间,美国和瑞士等国的出版业专家还为中国读者举办了14次专题讲座。博览会上的对外交流,还引发了我国对版权问题的思索。此后,北京国际图书博览会每两年举办一次。

海飞曾这样描述北京国际图书博览会对童书业的影响:"1986年开始举办的两年一届的北京国际图书博览会吸引了越来越多的国内外出版商,给童书的版权交易和国际交流活动提供了越来越多的机会。这也成为观察国内外版权贸易情况的风向标。"②通过图书博览会的形式,众多出版社的众多产品汇聚一处,无论从选题、编辑质量、装帧设计到印刷技术,都起到了开阔眼界、相互交流、取长补短的效果。童书业内部的联系、合作、交流也从此开展起来。

2.首届全国少年儿童出版社联谊座谈会召开

在首届北京国际图书博览会期间,少年儿童出版社与中国少年儿童出版社、四川

①袁琦.对我国出版工作的盛大检阅——记"全国图书展览"[A].中国出版工作者协会,中国出版发行科学研究所.中国出版年鉴1987[Z].北京:中国书籍出版社,1988.6.34.

②海飞.中国少儿图书的对外开放[J].中国少儿出版,2005,(3):8.

少年儿童出版社、湖南少年儿童出版社、湖北少年儿童出版社、新蕾出版社、重庆出版社、辽宁少年儿童出版社、希望出版社9家出版社的领导联系并召开了一次联谊座谈会。中少社社长杨永源主持联谊会。此次会议上商定，在上海召开一次全国少儿出版社的联谊座谈会，研讨经验，交流信息，以开拓思路，谋求共同的发展。

1986年11月14日至17日，这一提议得以实施。首次全国少年儿童出版社联谊座谈会在上海华山饭店召开。参加会议的有来自全国23家童书出版社的社领导和发行科长共计42人。首届全国少年儿童出版社联谊座谈会达成如下协议：

一、今后每年召开一次全国性的会议，定名为"全国少年儿童出版社联谊会"，会议的宗旨是：加强各出版社之间的横向联系，联络感情，增进友谊，交流信息和经验，共图少儿读物的出版大业。每次会议的地点、时间，由前一届会议做出决定，执行主席由主办单位担任。

二、建议于1987年分别在北京、上海举办全国少儿书市，以扩大少儿读物的影响，竭诚为读者服务。两个书市分别由中国少年儿童出版社和少年儿童出版社负责筹备，各社自愿报名参加。

三、少年儿童出版社、中国少年儿童出版社、四川少年儿童出版社、新蕾出版社、湖北少年儿童出版社五家议定于1987年11月联合召开全国看样订货会。①

3."华东六少"童书业联合体成立

1986年，除了"全国少年儿童出版社联谊会"的召开外，还有一个区域性的童书组织逐步形成，这就是华东少儿出版联合体，因共有6家成员社，亦被简称为"华东六少"。

明天出版社原社长刘海栖回顾了这个在新世纪占据童书销售半壁江山的童书业联合体的形成：②

华东少儿出版联合体的建立应该追溯到1986年4月在烟台开的全国儿童文学创作会议。出席那次会议的主要是作家、理论家，再就是出版社的人比较多了。不过那个时候除了中少、上少、新蕾之外，其他的少儿社大都成立不久，彼此的人都不怎么熟悉。明天社负责承办这次会议……会议当中的一天，我在院子里碰上许局长和江苏少儿社的总编辑张延平在聊天，他们见到我就把我拉住，说可不可以华东几家社的领导一起碰个头，商量一下合作的事情。我说当然好。于是分头找人，定下时间在许评同志房间开了一个会，应该可以算作华东少儿出

①少年儿童出版社.少年儿童出版社的三十五年[C].上海：少年儿童出版社，1987.271-272.
②这些细节来源于刘海栖社长的回忆性文章《关于华东少儿出版社联盟建立的一些记忆》。

版联合体的发起会议吧。

我记得参加那次会议的除了上面说到的我们三人外，还有安徽少儿社的社长吕思贤、二十一世纪社的前身江西少儿社的社长张秋林、浙江和福建是谁参加的记不清了，可以查一下。华东六省全了，独缺一市(上少社)。我记得那会儿上少在我们眼里奇大无比，这些刚成立的社无法望其项背。在那次会议上，大家都表示了合作的意愿，但究竟怎么合作，由于时间比较仓促，没准备，也就没有拿出具体办法，同意专门开一次社长会议研究。许评同志和我就抢着把这个会揽下来，确定年底前在山东开。这就是华东少儿社合作的开始，很值得记一笔。

当年9月，华东少儿出版联合体首次社长年会在青岛召开。参加会议的人员有许评局长、江苏少儿出版社张延平、明天出版社赵镇琬和刘海栖、安徽少儿出版社吕思贤、浙江少儿出版社胡海珍和计策、江西少儿出版社高蕴生，福建少儿出版社白秋吟。自此，各社轮流召开社长年会，一直延续至今。到了20世纪80年代末，又增加了项目，轮流召开订货会。这个少儿书业联合体的成立，正像刘海栖所言："当时谁也没料到会像如今这么火，天下童书半出华东。"

20世纪80年代中期开始的童书业内部的交流与联合，极大地开阔了童书人的视野，促进了协同发展，也形成了行业竞争的意识。

(三)教辅读物促成童书业资本积累

1988年前后童书业出现的大起大伏，均与相关教育政策的出台密切相关。1986年4月12日，第六届全国人民代表大会第四次会议通过《中华人民共和国义务教育法》。义务教育法规定，国家实行九年制义务教育，同年7月1日起施行。义务教育法的实施，使与儿童教育文化相关联的图书拥有了更广阔的市场，受众需求更为强烈。与此同时，标准化考试引入我国，标准化训练的相应教辅书籍大行其道。1987年，该类图书发行量达900万册，1988年增至970万册。文化教育类书籍成为书业竞相争抢的"肥肉"。不同类型的教辅读物印数大、利润高、赚钱快，成为书业追逐的又一个市场热点。"某省有11家出版社，就有10家争出这类书"。[①]各社一拥而上，难免撞车。考试辅导类图书名目繁多：诸如"自测""精编""句解""导读""指南""基础"之类，种数难以计数。至1988年，国家政策出台，要求减少教辅读物出版，减轻学生课业负担。与此同时，教育界发出扩大少年儿童阅读量的倡议，各地均在为提高学生文化素质方

①郑士德.在改革中前进的图书发行工作——1988年全国图书发行工作概述[A].中国出版工作者协会，中国出版科学研究所.中国出版年鉴1989[Z].北京：中国书籍出版社，1991.3.66.

面下了大力气，投资并组织适合学生阅读的读物出版，其中不乏“大手笔”。如1988年12月，北京市教育局为了提高中小学生文化素质，投资450万元选编《儿童文库》《少年文库》《青年文库》，全国30家出版社参加。这套大型文库从1988年始，至1990年2月，三个层次的《文库》已出齐，每套100本。

在此种局面下，1988年的《中共中央宣传部、新闻出版署关于当前出版社改革的若干意见》以政令的形式再次强化了“专业分工”出版。这样，只有教育类出版社和少儿类出版社是拥有这个领域“市场准入”的“正规军”。这种国家政策上的分工，使少儿出版坐拥庞大的受众群体和巨大的市场需求。这也形成了20世纪80年代以来的、大部分少年儿童出版社都在依靠教辅读物赚钱的局面。同时，这也可看做各专业少儿社的资本积累阶段。各专业少儿社在发展初期依靠教辅读物迅速积蓄了资金，壮大了实力。

(四)低幼读物供不应求

1985、1986两年，全国共出版低幼读物600余种，除去连环画，约占当年少儿读物种数的半数。在少儿读物订数萎缩、印数普遍下降的情况下，图书发行部门仍一再反映“低幼读物供不应求”。中国少年儿童出版社的《婴幼儿小百科》(以1–3岁的儿童为对象，共两辑，每辑30册)被新华书店、《光明日报》等单位评为1986年社会科学类图书的十大畅销书之一，上海少年儿童出版社的《365夜(故事)》累计印数已突破700万部。[①]

为适应幼儿读物热销的局势和开展研究的需要，中国出版工作者协会专门设立了幼儿读物研究会。1986年3月23日至27日，中国出版工作者协会幼儿读物研究会在石家庄召开成立大会，国家出版局局长、中国出版工作者协会副主席边春光、中国版协秘书长王业康，37个少儿出版社和其他出版幼儿读物的出版社的代表，同多年从事幼儿教育、研究的专家和学者共79人出席了成立大会。该会的成立，“旨在联系实际从事理论研究，促进幼儿读物的创作和编辑出版工作，为培养社会主义建设的一代新人做出自己的努力。”[②]此次大会，通过了幼儿读物研究会章程，选出了第一届理事会理事14人，会长鲁兵，副会长燕生，秘书长胡建中，副秘书长顾同奋。同年11月，中国出版工作者协会幼儿读物研究会会刊《幼儿读物研究》创刊，不定期出版。幼儿读

①王音.低幼读物出版工作综述[A].中国出版工作者协会，中国出版发行科学研究所.中国出版年鉴1987[Z].北京：中国书籍出版社，1988.6.151.

②中国出版工作者协会，中国出版发行科学研究所.中国出版年鉴 1987[Z].北京：中国书籍出版社，1988.6.115.

物研究会成为中国版协少读工委最早的成员，对全国低幼读物的出版和经验交流、提高幼儿图书的质量起了促进的作用。

低幼读物所展现出的巨大市场，与专业研究的跟进，带动了低幼读物的内容与形式的创新，品种日渐多样。低幼知识读物，如：上海教育出版社的《我看见了什么》、中国少年儿童出版社的《幼儿图画字典》、黑龙江少年儿童出版社的《看图识字学说话》、未来出版社的《儿童看图识字》等；注音读物，如：中国少年儿童出版社的《汉语拼音游戏卡》、安徽少年儿童出版社的《看图学拼音》、上海教育出版社的《汉语注音读物》、浙江少年儿童出版社的《金钥匙·注音读物》等；科普读物，如：北京少年儿童出版社的《娃娃学科学》、四川少年儿童出版社的《婴儿智慧园彩色画丛》、江苏少年儿童出版社的《婴幼儿益智故事》（1–2岁）、天津人民美术出版社的《两岁的小书兜》和《三岁的小书兜》、少年儿童出版社的《滑梯》（2–3岁）等，不但品种丰富，而且显示了鲜明的“分级阅读”的思考。在形式上，低幼读物出版也逐步打开了思路，向“礼品化、玩具化方向发展”[①]，如：北京少年儿童出版社的音响读物《小熊猫过生日》《香味布书》《小小家庭教师》，明天出版社的《西游记立体活动画册》、一变二画册《乖宝宝》和《爸爸妈妈好》，鹭江出版社的《2041个卡通组合故事》，云南少年儿童出版社的《香帕读物》，新世纪出版社的立体书《小白兔讲礼貌》等，都引起了较大的反响。这些低幼读物虽然定价变高了，但是伴随人民日益提高的生活水平，以及当时媒体发展的趋势，受到了广泛欢迎。到1988年，低幼读物出版仍处于上升趋势，出版的低幼读物有700余种。[②]还有大量教低幼儿童学语言、学拼音、看图识字、识数认物类的读物，几乎达到了每社都出的密集程度。

（五）外国儿童文学作品大量翻译出版

在国门大开、文化交流日益频繁的20世纪80年代末，童书出版也步入大量翻译并出版国外优秀儿童文学作品的阶段。1987年9月，中国少年儿童出版社推出了《国际安徒生奖作家作品选》，收入联邦德国、美国、瑞典、意大利和日本等国作家的获奖作品，令童书业眼界大开。从1988年开始，除了延续的各种版本的《格林童话》《安徒生童话》经典翻译读物热之外，五光十色的外国儿童文学读物开始陆续被引进出版，如：广西人民出版社的“获国际安徒生奖图画故事丛书”24册、中国文联出版社的《彩

①王音.低幼读物出版工作综述[A].中国出版工作者协会，中国出版发行科学研究所.中国出版年鉴1987[Z].北京：中国书籍出版社，1988.6.152.

②王音.少年儿童读物出版综述[A].中国出版工作者协会、中国出版科学研究所.中国出版年鉴1989[Z].北京：中国书籍出版社，1991.3.199.

色世界童话全集》、浙江少年儿童出版社的《世界童话名著连环画》"幽默儿童文学名著译丛"、人民美术出版社的"世界童话幼儿版"、华艺出版社的《童话世界》、湖南少年儿童出版社的《世界童话大师丛书》、人民文学出版社的《名作家写的童话故事》《卡里来和笛木乃》《法国童话选》《拉·封丹寓言诗选》《格林童话全集》、中国少年儿童出版社的《世界寓言大师作品精选》、明天出版社的"少男少女丛书"、北京少年儿童出版社的《哈尔罗杰历险记》、四川少年儿童出版社出版的美国唐纳德·苏伯尔的《少年侦探布朗》、少年儿童出版社的"外国儿童文学丛书"中新出了《米凯尔盗马记》、云南少年儿童出版社的《比安基动物故事选》等。还有科普图书,如:北京少年儿童出版社的《人体—— 一个奇妙的世界》、湖南少年儿童出版社的《儿童百科全书》等。同时,国外卡通动画片大量涌入。这一新的形式自此点燃了卡通动漫图书出版的热浪。随着外国动画片在国内的热播,一些卡通图书开始风靡。

1988至1989年,正值改革开放10周年、新中国建国40周年,童书业界开始对自身的发展进行总结与反思。童书业在1979—1988年的10年中,共出版少儿读物32494种,总印数59.64亿册。近10年中的年平均出版数和前30年的年平均数相比,种数增长2.6倍,印数增长5倍。[①]童书出版的发展规模和速度远远高于整体书业。[②]

但是,试图规避经济力量的童书出版业反而呈现出出版生产与发行销售之间的"反差"。1987年,全国共发行图书59.3亿册,比上年增长3.6%,销售金额达43.2亿元,比上年增长11.3%。全国人均购书(除单张图片、年画)4.8册,按购书对象分析,个人读者购书额达20.3亿元,比上年增长12.1%。[③]但是,少儿读物类仍然是下降趋势,《1987年全国图书发行统计简析》中显示,少儿读物发行较去年下降1.4%。[④]1988年,全国共发行图书62.1亿册,较上年增长4.7%。而少年儿童读物销售2.5亿册,较上年减少12.3%。[⑤]

考察当时的童书市场,销量最好的是以下书籍:少年儿童出版社的拳头产品《十

①方厚枢.新中国出版事业四十年[A].中国出版工作者协会,中国出版科学研究所.中国出版年鉴1990—1991[Z].北京:中国书籍出版社,1993.9.13.

②方厚枢.新中国出版事业四十年[A].中国出版工作者协会,中国出版科学研究所.中国出版年鉴1990—1991[Z].北京:中国书籍出版社,1993.9.11.

③郑士德.图书发行体制改革的新进展——1987年全国图书发行工作概述[A].中国出版工作者协会,中国出版发行科学研究所.中国出版年鉴1988[Z].北京:中国书籍出版社,1989.10.127.

④1987年全国图书发行统计简析[A].中国出版工作者协会,中国出版发行科学研究所.中国出版年鉴1988[Z].北京:中国书籍出版社,1989.10.131.

⑤郑士德.在改革中前进的图书发行工作——1988年全国图书发行工作概述[A].中国出版工作者协会,中国出版科学研究所.中国出版年鉴1989[Z].北京:中国书籍出版社,1991.3.66.

万个为什么》《上下五千年》《世界五千年》《365夜(故事)》等;中国少年儿童出版社的《小学生日常行为规范》(三字歌图册),(当年发行100多万册,《考考你自己》,久销不衰,累计印数已超过200万册。)[1]还有,如:《看图识字》(上、下)发行78万册、《幼儿识字课本》(1-4)发行70万册、《小学生用功术》发行48万册[2],也是当年童书业中的“畅销书”。借助当年世界名著热销的书业大趋势,沉寂已久的连环画读物方面,推出了一些以世界名著为内容、装帧印制较为精美的精品连环画,销量可观,如:浙江人民美术出版社出版的《世界文学名著连环画》,每套定价40多元,订数达24万套。除了20世纪80年代末的名著热带动的连环画出版可属于文学读物外,其他畅销的童书,一律都是知识教育类的,畅销品种单调。另外,追随“热点”造成同类型读物过量出版。首先是低幼读物的巨大市场再次引发争相出版潮,有的出版物品种重复过多,如:《蓝精灵》《米老鼠和唐老鸭》《变形金刚》等有关外国动画片的图书,多达四五个或者七八个版本。其次是文化教育类书籍销售成为众相争抢的“肥肉”。学生参考用书印数大、利润高、赚钱快,历来是热门选题。“某省有11家出版社,就有10家争出这类书”。[3]考试辅导书名目繁多,诸如“自测”“精编”“句解”“导读”“指南”“基础”之类,种数难以计数。各社一拥而上,难免撞车。一度畅销的《小学生词语手册》,至1988年已出十几种版本。

四、1986—1989童书出版大事记

1986年

本年,全国共出版少年儿童读物3448种(其中初版2862种),比上年下降17.7%;印数204.63百万册,比上年下降77.7%。

1986年2月,陈伯吹参加由联合国教科文组织主办、印度举办的“在信息时代里的儿童读物”主题会议,并做了题为《儿童读物与儿童文学》的发言。

1986年2月,上海《少年文艺》杂志社举行文学新人陈丹燕、彭懿作品讨论会。3月22日,又举行了文学新人秦文君的小说作品讨论会。

①李洁.1988年全国图书发行统计简析[A].中国出版工作者协会、中国出版科学研究所.中国出版年鉴1989[Z].北京:中国书籍出版社,1991.3.71.

②郑士德.在改革中前进的图书发行工作——1988年全国图书发行工作概述[A].中国出版工作者协会,中国出版科学研究所.中国出版年鉴1989[Z].北京:中国书籍出版社,1991.3.66.

③郑士德.在改革中前进的图书发行工作——1988年全国图书发行工作概述[A].中国出版工作者协会,中国出版科学研究所.中国出版年鉴1989[Z].北京:中国书籍出版社,1991.3.66.

1986年3月23日至27日，中国出版工作者协会幼儿读物研究会在石家庄召开成立大会，国家出版局局长、版协副主席边春光、版协秘书长王业康、37个少儿出版社和其他出版幼儿读物的有关出版社的代表及幼儿教育、研究的专家和学者共79人出席成立大会。会议通过了幼儿读物研究会章程，选出了第一届理事会理事，会长为鲁兵，副会长为燕生。

1986年4月20日至5月5日，国家出版局在北京举办建国以来规模最大的一次“全国图书展览”。少年儿童读物在专题陈列部分展出。这次书展展出的图书中80%是党的十一届三中全会以来出版的新书。

1986年4月，樊发稼著《儿童文学的春天》，由海燕出版社出版。

1986年5月6日至13日，由文化部、中国作家协会联合召开的“全国儿童文学创作会议”在山东烟台举行。参加会议的有来自全国各地的近200位有代表性的老、中、青作家，评论家和编辑。

1986年5月21日，宋庆龄基金会在北京宣布设立“宋庆龄儿童文学奖”，奖励基金为40万元，由文化部、国家教育委员会、广播电影电视部和著名作家巴金、冰心、丁玲以及社会各界提供。

1986年6月14日，中国作协第四届主席团第四次会议通过《中国作家协会关于改进和加强少年儿童文学工作的决议》，号召全体作家协会会员有计划地为少年儿童写作，提出恢复作家协会儿童文学委员会，设立中国作家协会儿童文学奖等建议。

1986年6月，李楚材编《陶行知和儿童文学》，由少年儿童出版社出版。

1986年6月，蒋风主编我国第一部儿童文学史《中国现代儿童文学史》，由河北少年儿童出版社出版。

1986年7月4日至14日，湖南、湖北、江西、陕西四省“革命先辈的故事”丛书第五次协作会议在湖南大庸市召开。这套丛书自1978年到这次会议，已出81种。丛书总印数389万余册，平均印数4.8万余册。

1986年7月，中国作家协会宣布，中国作家协会首届“全国优秀儿童文学奖（1980—1985）”评奖工作由《儿童文学》杂志社负责承办。评委会主任为严文井，副主任为束沛德、王一地。

1986年8月，韦苇主编的63万字的《世界儿童文学史概述》，由浙江少年儿童出版社出版。

1986年8月，宋庆龄基金会、中国作家协会、电视剧创作中心等商定，于1987年举办首届全国少年儿童电视剧优秀剧本评奖活动。

1986年9月5日至11日,中华人民共和国成立以来首次国际性图书博览会——北京国际图书博览会在北京展览馆举行。参加博览会的有来自35个国家、地区和国际组织的224个单位,代表1055家出版社。之后北京国际图书博览会每两年举办一次。

1986年10月7日,国务院决定恢复国家出版局为国务院直属局。向各省、自治区、直辖市人民政府和各部委、各直属机构发出了《关于恢复国家出版局为国务院直属局建制的通知》。

1986年10月22日至29日,中国儿童文学研究会召开的"全国儿童文学新趋势讨论会"在贵州黄果树举行。与会的50多位代表审视了我国近10年的儿童文学,认为这10年是儿童文学的恢复期,下一个10年是儿童文学的探索期。

1986年10月,江西少年儿童出版社邀部分中青年作家在庐山举行会议,讨论当前儿童文学形势,决定编辑出版一套以"新潮"为名的儿童文学创作丛书。

1986年11月14日至17日,中国少年儿童出版社、少年儿童出版社、四川少年儿童出版社、湖南少年儿童出版社、湖北少年儿童出版社、新蕾出版社、辽宁少年儿童出版社、希望出版社、重庆出版社倡议召开的全国少年儿童出版社联谊座谈会在上海华山饭店举行。全国23家少儿社的社领导和发行部门人员共42人参加。会议决定今后每年召开一次全国性的会议,定名为"全国少年儿童出版社联谊会"。

1986年11月,中国作家协会重新成立儿童文学委员会,严文井任主任委员,束沛德、刘厚明任副主任委员,委员有(以姓氏笔画为序):王一地、任大霖、孙幼军、宋汎、邱勋、金波、罗英、高洪波、曹文轩、樊发稼。

1986年11月,中国出版工作者协会幼儿读物研究会会刊《幼儿读物研究》创刊,不定期出版。

1986年12月26日,由光明日报、中国青年报、中央人民广播电台、《博览群书》杂志、新华书店总店、新华书店北京发行所、北京市新华书店等七家单位联合举办的1986年全国社会科学、科学技术优秀畅销书评选活动在北京揭晓。在社会科学10种优秀畅销书中,中国少年儿童出版社的《婴幼儿小百科》入选。

1986年12月,洪汛涛的著作《童话学》,由安徽少年儿童出版社出版。

1986年12月,束沛德的论文《关于儿童文学创新的思考》,发表在《儿童文学研究》第24辑。

1986年,中国加入国际儿童读物联盟The International Board on Books for Young People (IBBY)。

1986年,《儿童文学选刊》从第5期起至1987第2期,连续4期刊出18篇文章,开展

“现代童话创作笔谈”。

1986年，受原国家出版局委托，由东北三省人民出版社少儿读物编辑室(现为辽宁少年儿童出版社、北方妇女儿童出版社、黑龙江少年儿童出版社)协作编辑出版的《小学生文库》出齐。三家出版社从已出版的310余种书中修订再版，配套出书。

1986年，四川少年儿童出版社从1983年开始编辑出版的“小图书馆”丛书已出版120本。这套丛书以文学类读物为主，知识性读物为辅，被评为1986年“优秀畅销书”。四川省政府授予该丛书优秀丛书奖。

1986年，少年儿童出版社出版的《365夜(故事)》，累计印数已突破700万。

1986年，在明天出版社承办的首次儿童文学创作大会上，浙江少年儿童出版社、明天出版社、江西少年儿童出版社、安徽少年儿童出版社、江苏少年儿童出版社、福建少年儿童出版社闽少社发起了华东少儿社“集团”。

1986年，图书发行体制改革逐步推进，《1986年图书发行工作概况》指出：配合“六一”的少年儿童读物，试行了发样书订货，一般均较原订数增长一倍到两倍。

1987年

本年，全国出版少年儿童读物3045种，比上年下降11.7%；印数224.07百万册，比上年增长9.5%。

1987年1月1日，中国标准书号正式实施。

1987年1月1日，《中华人民共和国民法通则》施行。其中规定：“公民、法人享有著作权(版权)。”

1987年1月13日，国务院发出关于成立中华人民共和国新闻出版署，撤销国家出版局的通知。新闻出版署负责全国新闻、出版事业的管理工作。国家版权局仍保留。

1987年1月24日，《文艺报·儿童文学评论》专版第1期出刊，冰心题写刊头。

1987年1月，鲁兵主编的幼儿读物《365夜儿歌》(上、下)，由少年儿童出版社出版。

1987年2月14日，《少年文艺》召开金逸铭作品讨论会。同年，还召开了童话作家郑渊洁、葛冰作品讨论会。

1987年2月，《儿童文学》杂志接待苏联《儿童文学》杂志负责人来访，商定编辑“苏联《儿童文学》中国专号”事宜。

1987年3月，黄庆云编《台湾儿童诗选》，由重庆出版社出版。

1987年4月11日至24日，中华人民共和国新闻出版署、全国妇女联合会、宋庆龄

基金会、全国少年儿童艺术委员会在北京举办第一届幼儿图书评奖活动,对1982年1月至1986年6月出版的幼儿图书进行评奖。5月21日评奖揭晓。评出优秀奖61种,包括:优秀读物奖(4种)、优秀编著奖(18种)、优秀绘画奖(32种)、编辑工作奖(7种)。

1987年4月,中国儿童文学研究会创办《儿童文学评论》,第1至3辑由重庆出版社出版。该刊共出4辑,第4辑由辽宁少年儿童出版社于1989年6月出版。

1987年4月,苏叔迁著《陈伯吹传》,由未来出版社出版。

1987年5月24日,上海出版社首届联合书市、全国少年儿童出版社首届书市在上海展览中心开幕,有16家少儿出版社参加。

1987年6月11日,我国第一套专门为盲童学习盲文用的系列读物开始出版。

1987年6月20日,共青团中央、全国妇联、新闻出版署联合发出关于向全国青少年推荐“革命先辈的故事”丛书的通知。

1987年6月,李达三等编的《胡奇研究专集》(“中国当代文学研究资料丛书”),由解放军文艺出版社出版。

1987年6月25日,中国韬奋基金会成立大会在北京全国政协礼堂召开。它是全国性的人民群众团体,宗旨为:继承和发扬韬奋精神,促进我国新闻出版事业的繁荣和发展。

1987年7月17日,首届中国图书奖颁奖大会在北京举行,10种图书获奖。此后,中国图书奖评奖活动每年举办一次。

1987年9月13日至23日,第二次全国少儿出版社联谊座谈会在四川平武召开。会议建议中国出版工作者协会设立少年儿童出版工作委员会。

1987年9月,全国首届韬奋出版奖授奖仪式在北京举行。此次评出获奖者10位,其中,少年儿童出版社编审鲁兵获奖。

1987年9月,由中国科协、新闻出版署、广播电影电视部和中国科普创作协会联合主办的“第二届全国优秀科普作品奖”评奖在北京揭晓。本届评奖活动从1980年至1985年期间出版的科普图书、短文中评选出306部优秀科普作品。少年儿童出版社的《孙悟空人体历险》、中国少年儿童出版社的《少年科普佳作选》等专业少儿社图书获奖。

1987年9月,王泉根著《现代儿童文学的先驱》,由上海文艺出版社出版。

1987年9月,《国际安徒生奖作家作品选》由中国少年儿童出版社出版。该书收入了联邦德国、美国、瑞典、意大利和日本等国作家的作品。

1987年10月14日,国家教委、新闻出版署组成评选委员会,决定有计划、分期分

批地评选、推荐各出版单位编辑出版的中小学生课外读物。

1987年11月，由中国少年儿童出版社、少年儿童出版社、四川少年儿童出版社、湖北少年儿童出版社与五省市发行所等联合举办的“五社少儿读物首届看样订货会”分别于1日至3日在无锡、武汉，7日至9日在四川峨眉山，13日至15日在天津、长春召开。

1987年11月10日，中国连环画研究会、中国连环画出版社在北京召开座谈会，纪念鲁迅《“连环图画”辩护》发表55周年。

1987年12月，宋庆龄基金会在北京举行首届“宋庆龄儿童文学奖”颁奖仪式，本届评奖对象为1984年以来的儿童电视剧剧本。一等奖空缺，二等奖是：《寻找回来的世界》《一群小好汉》，三等奖是《好爸爸，坏爸爸》《心灵的答案》《彗星》。

1988年

本年，全国共出版少年儿童读物3362种（其中初版2211种），比上年增长10.5%；总印数251.21百万册，比上年增长11.7%。

1988年1月，雷群明等著的《中国古代童谣赏析》，由湖南文艺出版社出版。

1988年1月，少年儿童出版社编辑出版的理论刊物《儿童文学研究》由季刊改为双月刊，大32开本改为16开本。该刊自1957年出版到1987年，已出版43期。

1988年1月，鲍延毅主编的《寓言辞典》由明天出版社出版。

1988年2月16日，著名编辑家、作家、教育家叶圣陶在北京逝世，享年94岁。

1988年3月29日，中国作家协会举办的首届“全国优秀儿童文学奖”揭晓。柯岩的长篇小说《寻找回来的世界》、程玮的中篇小说《来自异国的孩子》，沈石溪的短篇小说《第七条猎狗》，孙幼军的童话《小狗的小房子》、高洪波的诗歌《我想》，陈丹燕的散文《中国少女》等10余种文体的41篇（部）作品获奖。

1988年3月，现代少儿故事《孙敬修演讲故事大全》（笑话歌谣卷）由甘肃人民出版社出版。其中科学故事卷、革命故事卷已于1987年9月和12月出版。

1988年3月，《格林童话全集》（叶文、裴胜利译）由上海译文出版社出版。

1988年4月6日至7日，上海《少年文艺》杂志社、云南省军区政治部新闻中心在昆明联合召开“沈石溪动物小说研讨会”。

1988年4月，中国少年儿童出版社《儿童文学》主编王一地、副主编康文信应苏联作家协会邀请，去莫斯科参加“苏联《儿童文学》中国专号”审稿。专号介绍了42位中国儿童文学作家的作品，中国文化部部长王蒙、苏联作家协会主席米哈尔科夫和中苏

两国专家学者撰写专论，冰心题写前言。

1988年4月，中共中央宣传部、新闻出版署联合下发《中共中央宣传部、新闻出版署关于当前出版社改革的若干意见》和《中共中央宣传部、新闻出版署关于当前图书发行体制改革的若干意见》。提出：“出版社必须由生产型向生产经营型转变。推进‘三放一联’发行改革。”

1988年5月11日，全国少年儿童文化艺术委员会、《少年文艺》编辑部在北京联合召开孙云晓报告文学作品讨论会。

1988年5月，全国少年儿童工作协调委员会、共青团中央、全国妇联、宋庆龄基金会及中国儿童电影制片厂发起的“儿童故事片剧本征集活动”评奖揭晓。一等奖《普莱维梯彻公司》(夏有志)，二等奖《豆蔻年华》(果子、叶子)等8部，另有《妈妈不知道的事情》(楚雪、小帆)等两部获特别奖。

1988年5月，郑光中编著的《幼儿文学ABC》由四川少年儿童出版社出版。

1988年5月，洪汛涛主编的《中国童话界·童话选刊》创刊，第一辑由安徽少年儿童出版社出版。

1988年6月，上海《少年文艺》编辑部与江苏省作家协会、昆山文教所联合举办刘健屏创作的《初涉尘世》作品讨论会。

1988年6月，中国福利会授予冰心和高士其第八届“中国福利会幼妇事业樟树奖”。

1988年7月18日，中国现代文学馆和北京图书馆联合举办“冰心文学创作生涯七十年展览”。当月，中国现代文学馆还建立了“张天翼文库”。

1988年7月20日，中央宣传部、国家教委、中国科协、新闻出版署、共青团中央、中央电视台联合举办专题座谈会，向全国青少年推荐科学普及出版社出版的“中学生丛书”。

1988年8月10日，首届全国少儿出版社优秀少儿读物编辑奖评选揭晓，评选出97名优秀少儿读物编辑。

1988年8月18日，翻译家叶君健被授予丹麦国旗勋章。丹麦驻华使馆临时代办代表丹麦政府赞扬叶君健将安徒生的全部作品译成中文所作出的贡献。

1988年8月，金波选编的《中国小诗人诗选》，由中国少年儿童出版社出版。该书收入9位小诗人的56首诗作。

1988年8月，上海《少年文艺》与黑龙江省作家协会联合举办常新港作品讨论会。

1988年9月20日，为纪念确立国际儿童节40周年，全国少年儿童工作协调委员

会、中华全国妇联儿童工作中心,《儿童文学》杂志社联合举办世界儿童文学创作征文。征文时间为1988年11月15日至1989年5月15日。

1988年10月9日至15日,中国作家协会在山东烟台举行“少年儿童文学发展趋势讨论会”,近百位儿童文学作家、评论家以及少儿读物编辑与会。束沛德在会上以《更贴近大时代,更贴近小读者》为题,致开幕词。

1988年10月,洪汛涛主编的《1976—1986中国儿童文学十年》由海燕出版社出版。编委会撰文《迎接儿童文学的新十年》,描述了“文革”对儿童文学的巨大伤害,将十年浩劫之后的十年,称为儿童文学的“恢复期”。

1988年11月,陈子典主编的《儿童文学大全》由广西人民出版社出版。

1988年12月,北京市教育局为提高中小学生文化素质,投资450万元选编《儿童文库》《少年文库》《青年文库》,全国30家出版社参加。至1990年2月已出齐,每套100本。

1988年,图书出版统计改按《中国标准书号》分类,将各种课本分别列入各类之中,改变了过去书籍、课本分列的办法。

1988年,江苏少年儿童出版社召开笔会,组织中青年儿童文学作家研讨少年儿童中长篇小说创作的形势和任务,并落实了各人的写作计划。第二年即推出10部作品。

1988年,曹文轩著的《中国八十年代文学现象研究》由北京大学出版社出版。第14章专论儿童文学。

1988年,希望出版社出版大型作品集《中国儿童文学大系》,编委会由叶至善、束沛德、蒋风、浦漫汀、樊发稼组成,选编了1919年到1987年间的中国儿童文学重要作品,分为理论、童话、小说、散文、儿童剧、科学文艺等7卷15册。

1988年,少年儿童出版社出版的《贺宜文集》5卷本出齐。

1988年,一批对少年儿童进行革命传统教育、革命理想教育的读物问世。如:中国少年儿童出版社的《中华人物故事全书》(分古代、近代两部分)、少年儿童出版社的《中华爱国先辈故事》(六册)、新蕾出版社的“元帅故事丛书”、海燕出版社的“十大将传记故事丛书”、湖南少年儿童出版社重版的《雷锋少年时代的故事》。

1988年,“华东六少”为了帮助孩子们适应时代变化,认识和接受新观念,约请专家撰写、编辑出版了“少年新思潮丛书”,包括《今天和明天》(安徽少年儿童出版社)等6册。

1988年,大量外国经典儿童文学读物出版。包括:浙江少年儿童出版社的《世界童话名著连环画》、广西人民出版社的“获国际安徒生奖图画故事丛书”、中国文联出

版社的《彩色世界童话全集》、人民美术出版社的《世界童话幼儿版》、华艺出版社的《童话世界》、湖南少年儿童出版社的“世界童话大师丛书”、人民文学出版社的“佳作丛书”和魏以新翻译的《格林童话全集》、中国少年儿童出版社的《世界寓言大师作品精选》、少年儿童出版社的“外国儿童文学丛书”、云南少年儿童出版社的《比安基动物故事选》等。

1989年

本年，全国共出版少年儿童读物3598种(其中初版2395种)，比上年增长7%；印数226.02百万册，比上年减少10%。

1989年2月，王家全、胡青兰编的《全国少年儿童报刊阅读指南》由湖北少年儿童出版社出版。

1989年3月13日，陈伯吹、任大霖等发起的“中日儿童文学交流上海中心”在上海成立。日中儿童文学美术交流中心副会长松居直和理事中由美子参加了成立大会。

1989年3月，二十一世纪出版社的“新潮儿童文学丛书”——《中国少年诗人诗选》(高洪波、白冰选编)、《八十年代诗选》(高洪波选编)、《八十年代小说选》(曹文轩选编)出版。

1989年3月，中国电视艺术家协会编的《中国儿童电视剧论文集》由四川少年儿童出版社出版。

1989年3月，湖北省作家协会、湖北省少年儿童文学会编的《新时期儿童文学优秀作品选》由湖北少年儿童出版社出版。

1989年4月，柯玉生主编的《中国新时期寓言选》(1977—1986)，由浙江少年儿童出版社出版。

1989年5月21日，上海《少年文艺》、武汉市作家协会在武汉联合召开董宏猷作品讨论会。

1989年5月25至6月5日，全国少儿出版社优秀少儿读物展览会在北京举行。

1989年5月31日，藏文少儿低幼读物出版基金会在北京成立。

1989年5月，海燕出版社的“中国儿童文学艺术丛书”出版了赵世洲编的《科幻小说十家》、叶永烈编的《科学童话十家》。6月，出版程逸汝编的《儿童小说十家》、邓连休和冯志华编的《民间故事十家》。7月，出版程式如编的《儿童剧十家》、方仁工编的《童话十家》。

1989年6月，周作人所著的《儿童文学小论》由湖南岳麓书社出版。此书最早曾于

1932年3月由上海儿童书局印行。

1989年7月25日至30日，浙江少年儿童出版社和海燕出版社联合举办的“儿童小说创作研讨会”在浙江莫干山召开。与会者就中国儿童小说的创作现状和发展趋势展开了讨论。

1989年7月，王泉根评选的《中国现代作家儿童文学精选（1902—1949）》由湖南少年儿童出版社出版。本书选编自本世纪初叶至1949年间的116位作家的130件有代表性的儿童文学作品，勾勒了中国现代儿童文学发展的轨迹，也为今天的儿童文学作家和研究者提供了一部珍贵的资料。当月，《中国当代名作家儿童文学作品选》也由湖南少年儿童出版社出版。

1989年7月，接力出版社在广西南宁成立。

1989年8月，王泉根评选的《中国现代儿童文学文论选（1902—1949）》由广西人民出版社出版。全书评选了160余篇重要文论。

1989年8月，陈子君、贺嘉、樊发稼主编的《论童话寓言》和《论儿童诗》分别由新蕾出版社、广西人民出版社出版。

1989年8月，四川外语学院外国儿童文学研究所编的《外国儿童文学研究》由广西人民出版社出版。

1989年8月，由中国图书评论学会主办的第三届“中国图书奖”评奖活动揭晓。该奖原由《中国图书评论》杂志社主办。1989年4月，中国图书评论学会成立后改由该学会主办。评委会主要由中宣部出版局、新闻出版署有关领导和学会部分常务理事组成。浙江少年儿童出版社的《世界童话名著》获第三届中国图书奖。

1989年9月，张美妮等主编的《童话辞典》由黑龙江少年儿童出版社出版。

1989年11月15日，《儿童文学研究》杂志举办文学理论征文评奖，征文内容有：一、对中国儿童文学传统的研讨；二、如何看待儿童文学的教育性；三、如何加强儿童文学的艺术性。

1989年11月，中国少年儿童出版社王一地应苏联作协主席米哈尔科夫邀请，出席莫斯科国际少年文学理论研讨会，做了题为《探索，崛起》的发言，评价了我国新时期青年作家儿童文学创作的艺术理念、特色与成就。

1989年12月8日，彭真致信中国少年儿童出版社，称赞“少年百科丛书”是为青少年提供的一套很好的课外读物。

1989年12月9日，中国少年儿童基金会在北京举行会议，宣布设立中国儿童读物奖励基金。

1989年12月,《陈伯吹文集》(第一集)由少年儿童出版社出版,该文集计划陆续推出童话、小说、散文、诗歌等共4集。

1989年12月,上海举办儿童文学作家进修班,由陈伯吹、任溶溶、任大霖、圣野等作家主讲。

1989年12月,中国少年儿童出版社遇衍宾、王一地接待日本福音馆社长松居直等日本客人的来访,商谈合作出版反映中国抗日战争题材的儿童文学作品的意向。

1989年,张美妮、浦漫汀主编的《世界童话名著文库》(12卷)由新蕾出版社出版。

1989年,中国少年儿童出版社自中华人民共和国成立以来开始编辑、出版的"少年百科丛书"已出齐200种,总印数达5000多万册。出版社还从200种书中精选了120种成套发行,受到各界广泛好评。

1989年,二十一世纪出版社邀请德国蒂奈曼出版社总裁、德国青少年出版社联合会主席访华。双方签订协议,结为兄弟出版社,二十一世纪出版社对他们出版社的作品具有国内出版首选权。

第四章　改革摸索期的童书出版(1990—1995)

经历了盘整转型阶段的童书业面临着实质性的变革。如何提高质量、调整结构、满足读者的需求,成为必须面对的问题。20世纪90年代初的童书业,置身于经济、文化变迁的特定历史背景之中,显示出经济与政治、经济与文化之间的相互角力,并再次进入到一个与书业整体发展既相伴随又相区别的特殊时期。

一、童书数据描述

1990年,全国共出版少年儿童读物3861种(其中新版2475种),比上年增长7.3%;印数171.93百万册,比上年减少23.9%。

1991年,全国共出版少年儿童读物4539种(其中新版2643种),比上年增长17.56%;印数214.74百万册,比上年增长24.9%。

1992年,全国共出版少年儿童读物4605种(其中新版2654种),比上年增长1.45%;印数212.50百万册,比上年下降1.04%。

1993年,全国共出版少年儿童读物4086种(其中新版2184种),比上年下降11.27%;印数186.96百万册,比上年下降12.02%。

1994年,全国共出版少年儿童读物3064种(其中新版1664种),比上年下降

25.01%;印数131.73百万册,比上年下降29.54%。

1995年,全国共出版少年儿童读物2374种(其中新版1394种),比上年下降22.5%;印数118.63百万册,比上年下降9.9%。

由图表可见,童书出版在该阶段显示出莫名的起伏与不断的下跌(数据主要来源于历年《中国出版年鉴》)。

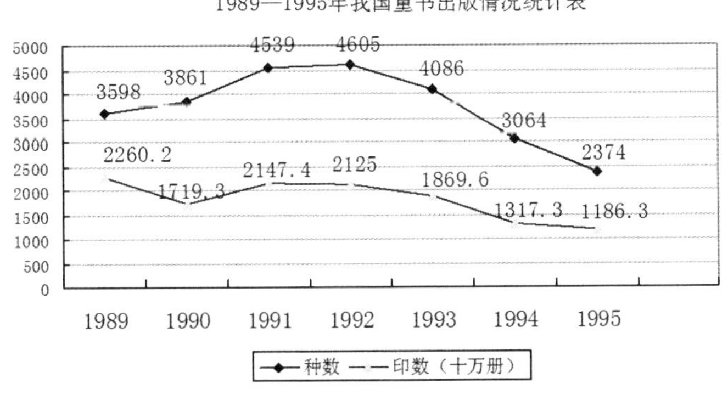

20世纪90年代初期,全国书业整体呈现出种数与印数小幅攀升的局面。然而,在全国书业稳步发展变革的大背景下,童书业除了在1990到1992年间形成了种数的小幅上升以外,无论种数还是印数都呈现为大幅下滑的颓势。至1995年,种数跌至2374种,不及1980年(2446种),印数下跌到了118.63百万册,不及1978年的一半。

二、书业背景事件

(一)出版业步入整顿年

1.相关政令法规颁布

1989年起,出版业步入整顿年。面对初步放开的图书市场出现的种种混乱,文化部、新闻出版署下发了一系列文件:1989年3月8日的《新闻出版署、国家工商行政管理局关于重申内部发行图书有关规定》,1989年5月30日的《文化部、新闻出版署关于加强书刊市场管理工作的通知》,1989年7月11日的《新闻出版署关于检查、整顿书刊市场的紧急通知》,1989年11月25日新闻出版署、国家工商行政管理局联合发布的《关于加强集体、个体、私营书店(摊)管理的暂行规定》等。一系列文件的出台,牵动出版业进一步治理环境、整顿秩序。书业在由生产型向生产经营型转型的阶段,在进一步放开与加强宏观调控的不同取向上反复尝试,摸索前行。

1992年，邓小平南巡讲话加快了改革开放的步伐。全国书业在经营方面进一步简政放权。1991年8月16日，新闻出版署发布《关于图书发行浮动折扣的试行办法》，提出实行"浮动折扣"，出版社或发货店对销货店的批发折扣不得高于七五折和低于七二折。在特殊情况下，幅度可再向下浮，但不得低于七折。1992年8月10日，新闻出版署发出《新闻出版署关于调整部分选题管理规定的通知》，下放对新武侠小说、古旧小说、人体美术图书等的专题审批权，取消对比基尼泳装、港台和外国影星、歌星挂历选题的限制。全国书业在大众文化逐渐登陆、对外交流逐渐广泛的文化背景下，对出版物管理也逐步放开。

2. 宏观调控与出版规划

为了使出版事业健康、稳定、持续、协调地发展，新闻出版署于1990年9月29日向全国各出版社发出《关于编制1991—1995年重点图书选题、出版计划的通知》。这一通知的出台，直接针对的是一直延续到80年代末的图书出版的某些"失控"问题。这项大型工程于1991年底由新闻出版署主持制定完成。这是出版业自中华人民共和国成立以来首次显示了新闻出版署力争通过选题的报送与筛选，加大宏观调控力度，对整个出版工作发挥导向作用的思路。

在国家首次出版规划的少儿专题中，重视思想教育是"主旋律"，这类选题分量较重。还有大量利用图片、连环画的形式，向人们讲解中国的历史发展、灿烂的中华文明成就、伟大的祖国风貌的选题，如：中国连环画出版社的《伟大的祖国画库》、人民美术出版社和中国画报出版社的《20世纪的中国》（历史图集）、河北美术出版社的《中华文明系列画册》、文物出版社的《转变中的近代中国》（历史图集）、明天出版社的《中华五千年画库》等。杨牧之在《繁荣出版事业的宏大工程——国家"八五"重点图书选题、出版计划述评》中这样表述："对青少年进行集体主义、爱国主义、社会主义思想教育和共产主义理想教育的选题得到了加强。"①

（二）出版立法不断完善

随着改革开放的进程加速，随着出版业发展从粗放型数量生产向经营型质量效益的转变，我国出版界与世界出版业的沟通交流变得日益迫切。这在20世纪90年代初期，借助相关出版法规的实施获得了实质性的突破。也正是在90年代初，童书业的对外交流逐步展开。

1. 我国著作权法颁布

①杨牧之.繁荣出版事业的宏大工程——国家"八五"重点图书选题、出版计划述评[A].中国出版年鉴社.中国出版年鉴1992.[Z].北京：中国出版年鉴社，1993.12.65.

20世纪80年代末，横亘在世界出版业与我国出版业之间的贸易阻力是版权问题。在1986年我国首次举办国际图书博览会时，版权成为谈论最多的一个话题。当时世界上140多个国家和地区均已有自己的版权法，有100多个国家分别参加了两个国际版权公约。当时全世界每年出书70万种以上，我国仅1985年就出版4.5万种图书、66亿册，已跻身于世界10个出版大国之列。但是在大国之中，只有我国尚未正式公布版权法，也未参加国际版权组织。我国的国家版权局也是1985年7月25日才成立的。

进入90年代，新闻出版立法工作逐步健全。1990年，除进一步修改了《出版法》和《新闻法》草案外，9月7日，七届全国人大常委会第十五次会议经过认真审议，通过了《中华人民共和国著作权法》。这是中华人民共和国成立以来的第一部著作权法，是对著作权作出规定的法律，是调整作品创作、传播、使用过程中各种社会关系的法律规范，是国家确认、保障智力创作者合法权益和保证精神生产健康发展的重要法律手段。同日，中华人民共和国主席杨尚昆发布了关于《中华人民共和国著作权法》第31号令。《著作权法》自1991年6月1日起实行。《著作权法》的颁布，对于完善我国保护知识产权的法律制度，在平等互利的基础上发展对外经济、文化、科学、技术交流，促进对外开放，繁荣社会主义文化和科学事业，具有重要意义；对当时书业盗版、剽窃之风日烈的局面起到了一定的抑制作用，保护了著译者的正当权益，激发了他们的创作积极性。

2. 加入国际版权公约

1992年以前，我国的版权代理工作，主要限于大陆与港澳台地区之间，也有少量的大陆内部之间的版权代理业务。1988年4月成立的中华版权代理总公司，是我国版权代理制度确立的标志。《中华人民共和国著作权法》的颁布与实施，为我国版权代理工作的开展奠定了法律基础。

1992年1月，《中美双边知识产权谅解备忘录》签署。5月，《中华人民共和国计算机软件登记办法》开始实施。1992年7月1日，第七届全国人民代表大会常务委员会第二十六次会议以115票赞成、2票弃权通过了国务院关于提请审议决定我国加入《保护文学艺术作品伯尔尼公约》和《世界版权公约》的议案。之后，我国向世界知识产权组织总干事鲍格胥递交了《伯尔尼公约》的加入书，向联合国教科文组织总干事马约尔递交了《世界版权公约》的加入书。根据规定，两个公约分别于1992年10月15日和30日在中国正式生效。自此，中国作品将在公约其他成员国受到保护，公约其他成员国的作品也将在中国受到保护。1992年9月，国务院颁布《实施国际著作权条约的规定》;11月,全国人大常委会第二十八次会议决定,中国加入《保护录音制品制作者,防止未经许可复制录音制品公约》。通过上述措施,中国的版权保护走向了国际化。

加入国际版权公约不久,全国出版业掀起引进热潮。1992年9月2日至7日,中国图书进出口总公司主办的第四届北京国际图书博览会在北京举行。据不完全统计,博览会上签订合同、协议440多项,意向书447项。[①]与1986年我国首届北京国际图书博览会时签订的版权贸易、合作出版协议与意向书不足100项的数据对比可见,版权贸易量显著增加。版权贸易自此成为中国出版业的热点和新的增长点。

（三）儿童权利观念逐步提升

20世纪90年代初,我国对待儿童的观念,有了一次极大的提升。1989年11月20日,第44届联合国大会第25号决议通过全世界第一部有关保障儿童权利且具有法律约束力的国际性约定——《儿童权利公约》(Convention on the Rights of the Child),旨在保护儿童权益,为世界各国儿童创建良好的成长环境。1990年9月2日,《公约》在获得20个国家批准加入后正式生效。《公约》明确了凡18周岁以下者均为儿童(除非各国或地区法律有不同的定义),规定了世界各地所有儿童应该享有的数十种权利,其中包括:生存权,每个儿童都有其固有的生命权和健康权;全面发展权,充分发展其全部体能和智能的权利;受保护权,不受危害自身发展影响的、被保护的权利;参与权,全面参与家庭、文化和社会生活的权利,儿童有权对影响他们的一切事项发表自己的意见。《公约》还确立了4项基本原则:无歧视原则,儿童利益最大化原则,确保儿童的生命权、生存权和发展权的完整原则和尊重儿童的意见原则。

《公约》从人权的角度对儿童的人权做出了充分的诠释,通过确立卫生保健、教育以及法律、公民和社会服务等多方面的标准来保护儿童的上述权利。不但强调了保障儿童生存发展的各项条件,而且在儿童的社会地位方面,强调了“任何事情涉及儿童,均应听取儿童的意见”。儿童的地位在现代社会得到了一次突破性的提升,成人对待儿童的观念和态度实现了一次质的飞跃。

1991年,中国政府也加入了《儿童权利公约》。同年,第七届全国人民代表大会常务委员会制定并通过了我国第一部全面保护儿童权益的国家法律——《中华人民共和国未成年人保护法》,1991年9月4日公布,1992年1月1日起实施。童书业作为文化力量的直接介入者,因势利导地在这样的重要事件中获得了对于儿童的社会权利与地位的深刻认识。

（四）突出教育功能的阅读推广

①中国出版年鉴社.中国出版年鉴1993[Z].北京:中国出版年鉴社,1994.6.134.

1989年以后,各地普遍加强了爱国主义、集体主义和社会主义思想教育方面图书的出版。童书业因其肩负的教育儿童的使命,该时段也呈现出鲜明的思想教育特点。教育使命大大推动了童书在1989年至1990年的销售,在《1989—1990年全国图书发行统计简析》中显示:1989年,从销售分类看图书销售结构的变化,少年儿童读物大幅增长,其中,册数增长47.1%,金额增长41.6%。[①]《1989—1990年全国图书发行概况》中描述了当时面向少年儿童的超级畅销书:"为了向广大青少年宣传解放军的丰功伟绩,全国发行《学习当代最可爱的人》815万册,《新时期最可爱的人——北京戒严部队英雄谱》发行量也突破百万册。"[②]

1993年8月,在中宣部、全国妇联、新闻出版署的指导下,中国大百科全书出版社、中国妇女出版社、新华书店总店等8个单位联合发起全国青少年"爱我中华爱我家乡"读书教育活动。活动历时一年,有20多个省、自治区、直辖市的1500多万名青少年参加。国家副主席荣毅仁题词的活动用书《爱我中华爱我家乡》(中、小学生读本)通过全国新华书店发行逾千万册,新疆还发行了维吾尔文、哈萨克文版的活动用书70多万册。[③]作为这次活动的延续,"热爱祖国做四有新人"读书活动随即开展。整个读书活动的主旋律非常突出,童书对于儿童的思想政治教育作用被大大强化。

1995年5月22日,中宣部、国家教委、文化部、新闻出版署和共青团中央决定向全国中小学推荐百种爱国主义教育图书,五部委联合下发了《关于向全国中小学推荐百种爱国主义教育图书的通知》。此项活动的目的是:为深入贯彻落实《中共中央关于进一步加强和改进学校德育工作的若干意见》和《爱国主义教育实施纲要》,进一步加强对中小学生阅读课外图书的指导。所推荐的图书要求以爱国主义教育为主要内容,体裁多样,适合不同年级和学段的中小学生阅读。新闻出版署召开专门会议,研究部署百种爱国主义教育图书的发行工作。从这场声势浩大的读书推荐活动所推荐的书目(具体推荐书目见附录)中可以清晰地看到成人期待阅读对儿童发挥的塑造品德、打造人生观的教育作用。除了思想教育类、知识教育类读物外,文学类读物也基本都是发生在革命战争年代的革命传统教育故事,如:二十一世纪出版社的"革命领袖故事丛书"、辽宁少年儿童出版社的《宋庆龄的故事》、中国少年儿童出版社的《劳动人民的好儿子雷锋》等。中宣部常务副部长徐惟诚在当时的讲话中

①李洁.1989—1990年全国图书发行统计简析[A].中国出版工作者协会,中国出版科学研究所.中国出版年鉴1990—1991[Z].北京:中国书籍出版社,1993.9.37.

②郑士德.1989—1990年全国图书发行概况[A].中国出版工作者协会,中国出版科学研究所.中国出版年鉴1990—1991[Z].北京:中国书籍出版社,1993.9.32.

③中国出版年鉴社.中国出版年鉴1995[Z].北京:中国出版年鉴社,1995.11.193.

谈到："把百种爱国主义教育图书推选出来，只是利用图书对广大青少年进行爱国主义教育迈出的第一步，关键是要使广大青少年爱读这些书。这次五部委推荐的百种书，都是建国以来出版的优秀图书，但由于种种原因，一些书同中小学生有一定距离。怎样缩短这个距离，使青少年爱读？一是靠有关部门开展有益的活动，二是靠报纸、广播、电视、期刊等传播媒介，利用各种形式介绍有关图书撰写经过和一些历史背景，帮助中小学生阅读、读懂。让他们真正爱读，以利于他们树立正确的人生观和世界观。"①

三、童书业重要书事

（一）少儿读物出版工作受到高度重视

1. 全国少儿出版研讨班举行

1992年6月2日至11日，中宣部、新闻出版署在北京举办了全国少儿出版研讨班。来自全国36家中央和地方少儿出版社、期刊社的总编辑（主编）和部分在京的少儿研究、少儿教育工作者参加了研讨。研讨班开办期间，中宣部常务副部长徐惟诚、副部长翟泰丰，新闻出版署副署长刘杲分别讲话，共青团中央少工委、全国妇联少儿部、国家教委基础教育司等负责同志分别作了专题报告。

研讨班针对童书出版工作如何体现党的"一个中心，两个基本点"的基本路线，如何为培养和造就跨世纪接班人服务，以及童书出版面临的形势、任务，所肩负的历史使命等问题展开研讨，强调少儿出版工作对于培养造就"跨世纪的接班人"的光荣使命，提出"少儿出版工作者必须以战略的眼光分析和研究未来世纪的特点，从提高整个民族的素质出发，针对当前我们少儿教育当中存在的弱点，有针对性地扎扎实实地出好影响和造就一代人的读物"②。会上强调了童书出版工作者必须站在这样的历史的高度考虑问题，制订计划，必须坚定不移地把培养和造就跨世纪接班人作为当前和今后的主要任务。

研讨班也触及了童书出版改革、童书出版物的对外开放，以及童书出版的作者队伍和编辑队伍建设等问题。

2. 全国少儿读物出版工作座谈会召开

①中国出版年鉴社.中国出版年鉴 1996[Z].北京：中国出版年鉴社，1996.11.90.

②杨小玫，崔金生.全国少儿出版研讨班在北京举办[A].中国出版年鉴社.中国出版年鉴 1993[Z].北京：中国出版年鉴　社，1994.6.141-142.

面对童书业生产与发行各项数据的全面下跌，1994年8月1日至5日，中宣传部出版局和新闻出版署图书司联合召开全国少儿读物出版工作座谈会。座谈会的重点仍然是："重点研究了少儿读物出版工作弘扬主旋律、为培养跨世纪'四有'接班人服务等问题。"会议认为，"当前存在的问题主要表现为：主旋律不突出，在宣传邓小平同志建设有中国特色社会主义理论和改革开放、经济建设成就，进行爱国主义、集体主义、社会主义教育等方面还未形成规模阵容；缺乏适应形势发展需要的、以培养'四有'新人为根本目标的童书发展战略规划与骨干工程；对少年儿童在当今时代生活、成长过程中的迫切需要研究不够，选题开放不足，相当一批读物脱离少儿生活，缺乏新意和时代感。"[①]这次会议的确触及了童书业存在的问题，比如对少年儿童读者研究不足、选题开放不足的问题。

3.《关于出版少年儿童读物的若干规定》发布

1994年11月15日，新闻出版署发布《关于出版少年儿童读物的若干规定》，进一步加强对童书出版的监管与扶植。具体内容如下：[②]

第一条 本规定所称少年儿童读物是指以少年儿童为主要读者对象的图书。出版少年儿童读物必须遵守国家的法律、法规，符合新闻出版管理规定，不得有害少年儿童的利益和身心健康。

第二条 出版少年儿童读物要弘扬时代主旋律，丰富少年儿童的精神文化生活，培养他们的学习兴趣，增长有益的知识，为培养有理想、有道德、有文化、有纪律的跨世纪社会主义事业的劳动者和接班人服务。

第三条 经新闻出版署核定的少儿专业出版社，在一省、自治区内没有少儿专业出版社的人民出版社，可以出版少年儿童读物；经核定有少年儿童读物出版任务的其他专业出版社，只能出版本专业的适合少年儿童阅读的读物。

第四条 没有少年儿童读物出版任务的出版社(包括师范院校出版社)，不得出版少年儿童读物，更不得违背规定出版中小学生学习参考资料、学习辅导资料(包括练习册、习题集、复习资料等)。

第五条 出版少年儿童读物，凡涉及党和国家主要领导人，涉及民族、宗教、统战、党史等按规定需要专题报批的内容，必须按有关规定向新闻出版署专题报批。

第六条 出版由外国文学作品改编的少年儿童读物，要适合中国国情，要有利

①中国出版年鉴社.中国出版年鉴1995[Z].北京：中国出版年鉴社，1995.11.128-129.

②中国出版年鉴社.中国出版年鉴1995[Z].北京：中国出版年鉴社，1995.11.234.

于少年儿童的身心健康，不得夹杂淫秽色情内容，不得宣扬封建迷信和伪科学，不得宣扬凶杀暴力。

第七条 出版从国外和港澳台地区引进的连环画、连环漫画，以及根据国外、港澳台地区影视片、卡通片翻拍、改编的连环画，出版社应将选题及书稿报主管部门。主管部门审读书稿提出意见后，报新闻出版署审批。

第八条 严格禁止买卖书号、以书号出刊或以协作出版的形式出版少年儿童读物。

第九条 违反以上规定，以及图书质量不合格的，视情节轻重，根据有关规定，对出版社给予行政处罚。

《规定》强调了出版物有利于儿童精神成长、弘扬主旋律、发挥教育功能等出版工作信条；加强了对童书出版物的内容审批，尤其是对境外读物的审批管理；严格了书号的管理；加强了图书质量管理。尤其值得注意的是，《规定》第三条和第四条再次指向了一个童书出版的"资格准入"问题。《规定》的颁布，再次在市场冲击下充满竞争的书业领域中撑起一把强大的保护伞。

（二）中国出版工作者协会少年儿童读物出版工作委员会成立

1994年8月，中国出版工作者协会少年儿童读物出版工作委员会（简称"版协少读工委"）成立。该工作委员会由中国版协领导，由全国33家专业童书出版社和部分未建专业童书出版社的省人民出版社少儿读物编辑室组成，形成统一的少年儿童读物出版行业协会。

中国版协少读工委成为童书业发挥交流与领导效力的重要组织。1995年，面对童书发展的大势，为"加强全国少儿读物出版社的内在联系，形成一个强有力的少儿读物出版工作网络"[①]，少读工委逐步健全组织机构，把系统内原有的从属各种协会领导的各类少儿读物研究会全部统一收归旗下，作为中国版协的三级机构，归类并新建了7个研究会，分别是：

低幼读物研究会

知识读物研究会

文学读物研究会

少儿报刊研究会

出版研究会

发行研究会（亦称全国少儿社发行集团）

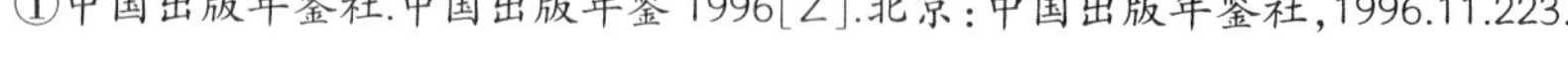

①中国出版年鉴社.中国出版年鉴 1996[Z].北京：中国出版年鉴社，1996.11.223.

美术装帧研究会

为了加强行业内的交流,少读工委还在1995年创办了版协通讯录。

为了促进图书业的发行,对内,少读工委自1995年9月中旬开始举办全国少儿出版社看样订货会。首届看样订货会在北京和上海分南北两片同时举行,共有26家出版社参加,展出图书3981种,订货码洋5971.35万元。[①]订货会的举办,突破了长期以来全国童书出版社没有统一的图书看样订货市场、各自为战的局面。

1996年6月24日,中国版协少读工委发行专业委员会亦即全国少儿社发行集团正式在上海宣告成立,少年儿童出版社社长周舜培任主任。发行专业委员会的成立,进一步巩固了全国少儿社的联合。9月11日,天津的新蕾出版社牵头举办北方片看样订货会;9月16日,杭州的浙江少年儿童出版社牵头举办南方片看样订货会。29家出版社、300多家新华书店、1000多位代表参加看样订货会,订货会展出图书品种5000多种,其中新品种占40%。北方片订货码洋2200万,南方片订货码洋5800万,订货码洋超过200万的有10多家少儿社。[②]

少读工委以所搭建的行业平台,积极开展童书业对外交流,参与主办了1995年北京国际儿童图书博览会,博览会期间还举办了国际儿童图书与插图研讨会、小松树儿童画评奖颁奖活动以及中国儿童图书如何走向世界的讲座。

(三)国际儿童读物联盟中国分会(CBBY)成立

国际儿童读物联盟IBBY(The International Board on Books for Young People),1953年创立于瑞士的苏黎世,是一个推动儿童读物创作,鼓励优秀儿童读物出版、传播,促进儿童读物事业发展的非营利的国际组织。多年来,IBBY致力于把全世界图书和儿童联系在一起,把通过儿童图书促进国际间相互了解、使世界各地儿童都有机会接触到具有高文学水准和高艺术水准的图书等作为自己的使命,素有“小联合国”之称。IBBY设立了“国际安徒生奖”的奖项,以童话大师安徒生的名字命名,每两年评选一次,以奖励世界范围内优秀的儿童图书作家和插图画家。该奖项被称为“儿童文学的诺贝尔奖”。我国是于1986年正式宣布加入该组织的。

1990年6月6日,国际儿童读物联盟中国分会(CBBY)在北京正式成立。来自中国作家协会、出版社、图书发行机构、新闻媒介、图书馆协会、儿童文学研究机构等单位的会员代表100余人参加了会议。来自美国、瑞典、挪威、奥地利、日本、泰国、尼泊尔、斯里兰卡等国的10多位外宾参加了成立大会,外交部、文化部、新闻出版署、宋庆

①中国出版年鉴社.中国出版年鉴1996[Z].北京:中国出版年鉴社,1996.11.223.

②中国出版年鉴社.中国出版年鉴1997[Z].北京:中国出版年鉴社,1997.11.239.

龄基金会、中国少年儿童基金会、全国妇联、共青团中央等有关部门的代表和少年儿童代表近200人出席会议。大会通过了《国际儿童读物联盟中国分会章程》,著名儿童文学作家严文井当选为第一任主任委员,中国少儿读物奖励基金领导小组组长刘杲、宋庆龄基金会副秘书长吴克良当选为副主任委员。

20世纪90年代初,刚成立的CBBY迅速展开了与IBBY的沟通交流。自1990年开始,我国代表每两年出席一次在世界各地轮流召开的IBBY代表大会以及每年4月2日(安徒生诞生日)举办的国际儿童图书节活动。1990年,我国作家孙幼军和画家裘兆明获国际安徒生奖提名。1992年,作家金波和画家杨永青再次获得国际安徒生奖提名。中国童书业、中国儿童文学作家从此开始了与世界的沟通交流。1990年6月7日至11日,宋庆龄基金会与国际儿童读物联盟中国分会联合在北京举办"国际儿童图书与插图研讨会"。来自中国各地(包括香港和台湾)和来自奥地利、日本、美国等国家的100多位代表参加了研讨会。研讨会的主题是"为了友谊,为了未来"。主办宗旨是:"通过这次会议促进各国儿童文学作家、插图画家、出版家、教育家之间的交流与合作,介绍和展示中国改革开放以来在儿童读物的创作和出版方面所取得的成果,繁荣中国儿童读物的创作和出版。"①

通过CBBY开启的通向世界儿童读物的童书之门,一些经典的外国儿童读物被翻译引进。在1990年的第一届全国优秀少年儿童读物评奖中,专门设置了翻译读物奖。广西人民出版社的"国际安徒生奖图画故事丛书"、湖南少年儿童出版社的林格伦套书——《小飞人》《长袜子皮皮》《大侦探小卡莱》和北京少年儿童出版社的《人体——一个奇妙的世界》三种翻译读物获奖。童书业反复翻译旧作、重复出版安徒生童话、格林童话等经典童话的局面得以改善。《人体——一个奇妙的世界》更为我国科普知识读物的创作与出版提供了一个令人耳目一新的样本。至1993年第二届评奖时,外文翻译作品获奖品种已由上届的3部增加到6部。随着国外优秀儿童文学读物的引进出版,随着童书业对外交流带来的观念转变,我国童书出版物在"内容和装帧设计、印刷质量上都有明显改进"。②90年代童书业的引进热潮也由此开启。

(四)首届北京国际儿童图书博览会举行

1992年6月1日至5日,国际儿童读物联盟中国分会与中国出版对外贸易总公司

①钟和.国际儿童图书与插图研讨会[A].中国出版工作者协会,中国出版科学研究所.中国出版年鉴1990—1991[Z].北京:中国书籍出版社,1993.9.207.

②洪清.第二届全国优秀少年儿童读物评奖综述[A].中国出版年鉴社.中国出版年鉴1994[Z].北京:中国出版年鉴社,1994.12.172.

联合举办了首届北京国际儿童图书博览会。这次博览会在中国国际贸易中心举行，参展单位包括国内专业少儿读物出版社和部分教育、美术、综合性出版社44家，海外美、英、德、法、日等十几个国家及我国港台地区的童书出版社和版权机构共59家，参展的少儿读物、期刊、音像制品近万种。博览会一方面集中展示了我国少儿读物已取得的成绩，如：中国少年儿童出版社的《少年百科丛书精选本》、少年儿童出版社的“故事大观系列”“科普读物系列”“十万个为什么系列”、浙江少年儿童出版社的《彩绘本中国民间故事》、辽宁少年儿童出版社的《彩绘本中国历史》，还有明天出版社、江苏少年儿童出版社、福建少年儿童出版社、二十一世纪出版社、浙江少年儿童出版社、安徽少年儿童出版社与台湾人类文化公司联合出版的《中华民间故事大画库》等；另一方面为国内的广大童书业从业人员提供了一次专业的学习机会。海外出版社送展的儿童读物不仅装帧设计精美，而且极富儿童特色，还有设计巧妙的音响书、立体书等，让我国童书业大开眼界。童书业在对比中找到了差距，尤其是在充满童趣的内容与精美的制作方面，更新了观念。

博览会期间还举办了儿童文学创作、插图、出版现状及展望研讨会，为海内外童书业人员搭建了思想交流的平台。国际儿童读物联盟主席罗纳德·A·约伯博士总结了目前全球儿童读物存在的共性问题：

1. 天才的问题，即作家、艺术家为儿童创作、插图的天才；

2. 钱的问题，即如何生产价格低廉的读物；

3. 图书的生产问题，包括印刷、装订等；

4. 图书的发行问题，即如何告诉家长、教师、社会教育者哪些是好书，并让孩子得到这些好书。[①]

（五）“发展我国新闻出版事业作出突出贡献”专家评选

1991年，为鼓励书业专业人才，经国务院批准的“发展我国新闻出版事业作出突出贡献”的专家名单公布。童书出版界有4位德高望重的出版专家入选。他们是：

历任开明书店编辑，《中学生》杂志主编，中国少年儿童出版社社长兼总编辑的叶至善；

历任少年儿童出版社编辑，上海文艺出版社编辑、编辑室主任、编审，少年儿童出版社总编辑的任大霖；

历任中宣部文艺处副处长，《人民文学》杂志副总编辑，中国作家协会党组副书

①中国出版年鉴社.中国出版年鉴1993[Z].北京：中国出版年鉴社，1994.6.136.

记、书记处书记兼作家出版社社长，人民文学出版社社长，亚非作家会议中国委员会副主席，国家出版委员会副主任委员的严文井；

历任华东师范大学、北京师范大学教授，人民教育出版社编审，少年儿童出版社副社长的陈伯吹。

这四位童书业的前辈，都是建国以来始终坚持在出版第一线的资深少儿编辑，从事少儿读物编辑40余年。他们的编辑业绩、他们对于儿童读物作者的帮助与扶植，使他们成为童书界的典范。

这四位童书业出版专家还有一个共同点：都是童书编、创、研的全才。

他们不但是资深的少儿读物编辑，还是优秀的少儿读物创作者。叶至善著有《失踪的哥哥》等大量优秀的科普作品，任大霖有《蟋蟀》《少先队员的心灵》《老法师的绝招》《风筝》《渡口》等儿童文学佳作，严文井有《唐小西在下次开船港》《小溪流的歌》等经典儿童文学作品，陈伯吹有《一只想飞的猫》《卡拉奇之夜》等儿童文学作品和《绿野仙踪》《小夏蒂》《兽医历险记》等优秀的翻译作品，这些作品都具有极高的文学史价值。

他们同时又是优秀的儿童出版专家、儿童文学理论研究者。叶至善有《我是编辑》等著作；任大霖有《儿童小说创作论》《我的儿童文学观》《我这样写小说》等文艺理论著作；严文井有收录儿童文学评论文章的《严文井童话寓言集》；陈伯吹更是现代儿童文学理论研究的大家，他的《儿童文学简论》《作家与儿童文学》等论著贡献突出。

在他们身上也充分显示出，身为童书业这个针对儿童受众群体的书业从业人员，具备编、创、研全面素养，将对能否更好地完成童书编辑工作起到至关重要的作用。四位童书业专家也引领了童书业编、创、研全面素养的人才模式，为童书业从业者努力提高专业素养树立了楷模。

（六）童书出版的“选学”热

该时期，选学热在童书业开始呈现。这其中，最具规模的，当数希望出版社出版的《中国儿童文学大系》。希望出版社邀请了著名的儿童文学理论家、出版家叶至善、束沛德、蒋风、浦漫汀、樊发稼等组成编委会，选编1919年到1987年间的中国儿童文学重要作品，分为理论、童话、小说、散文、儿童剧、科学文艺等7卷15种。1988年，《中国儿童文学大系》问世。《大系》在儿童文学类总结性出版物中可谓蔚为壮观的大手笔。

该阶段，同类型的选学出版理念大量付诸实践，1988年10月，洪汛涛主编的《1976—1986中国儿童文学十年》由海燕出版社出版。1989年3月，湖北省作家协会、湖北省少年儿童文学会编的《新时期儿童文学优秀作品选》由湖北少年儿童出版社出

版;4月,柯玉生主编的《中国新时期寓言选》(1977—1986)由浙江少年儿童出版社出版;5月,"中国儿童文学艺术丛书"中赵世洲编的《科幻小说十家》和叶永烈编的《科学童话十家》由海燕出版社出版;6月,张锡昌、盛巽昌主编的"中国儿童文学艺术丛书"由新蕾出版社出版;程逸汝编的《儿童小说十家》、邓连休和冯志华编的《民间故事十家》由海燕出版社出版;7月,程式如编的《儿童剧十家》、方仁工编的《童话十家》也由海燕出版社出版,王泉根选评的《中国现代作家儿童文学精选(1902—1949)》由湖南少年儿童出版社出版,《中国当代名作家儿童文学作品选》也由湖南少年儿童出版社出版,张美妮、浦漫汀主编的《世界童话名著文库》12卷由新蕾出版社出版。

1991年6月,鲁兵主编的《中国幼儿文学集成》由重庆出版社出版,收录1919至1980年70余年间中国幼儿文学的重要作品,共10卷,近300万字。1994年12月,中国少年儿童出版社于1979年开始启动的"中国著名作家儿童文学作品选"丛书,先后出版了鲁迅、严文井、贺宜、金近、叶君健、张天翼、冰心、柯岩、孙幼军、叶圣陶、陈伯吹、葛翠琳等20余位作家的作品。各种体裁、地域的作品集更是数不胜数。

童书业多部大部头的具有重要的总结梳理作用的出版物不断问世,自我国儿童文学的萌发期,直至儿童文学的当代创作,都形成了一条贯穿梳理的脉络,为儿童文学的实质性研究积累了大量的、全面的资料。

(七)童书出版的"理论"热

在全国书业为利益所驱陷入理论书籍出版困境的年代里,儿童文学理论书籍的出版却渐入佳境。自1978年至1985年的8年间,我国出版儿童文学理论书籍共计63部,而1986年至1989年的短短4年间,出版的儿童文学理论书籍就达66部。其中,1986年6月,蒋风主编的我国第一部儿童文学史——《中国现代儿童文学史》由河北少年儿童出版社出版;4月,樊发稼著的《儿童文学的春天》由海燕出版社出版;6月,李楚材编的《陶行知和儿童文学》由少年儿童出版社出版;8月,韦苇主编的《世界儿童文学史概述》由浙江少年儿童出版社出版;12月,洪汛涛著的《童话学》由安徽少年儿童出版社出版。理论书籍的出版涵盖儿童文学的历史探讨、中外儿童文学研究、儿童文学的本质研究、儿童文学的各种体裁、儿童文学的编辑者与创作者等,涉及面极广。

进入20世纪90年代,更是有大批儿童文学理论新老学者的著作集中勃发。如:1990年2月,"儿童文学新论丛书"由湖北少年儿童出版社出版,丛书汇聚了汤锐著《比较儿童文学初探》、班马著《中国儿童文学理论批评与构想》、孙建江著《童话艺术空间论》。该丛书又陆续出版了王泉根著《儿童文学的审美指令》、彭斯远著《异彩纷呈的多元格局》、梅子涵著《儿童小说叙事式论》、方卫平著《儿童文学接受之维》等当时新锐儿童文学理论家的著作；2月，张锦贻选编的《中国少数民族儿童小说选》由海燕出版社出版；7月，蒋风主编的《世界著名童话鉴赏辞典》由江苏少年儿童出版社出版。1991年5月，《中国儿童文学论文选（1949—1989）》由浙江少年儿童出版社编辑出版；6月，我国第一部《儿童文学辞典》由四川少年儿童出版社出版，共收词条1730余条，87万字；12月，韦苇著的《外国童话史》由江苏少年儿童出版社出版。1992年8月，蒋风主编的《世界儿童文学事典》由希望出版社出版，这是我国第一部涵盖古今中外儿童文学专业知识的知识性专业工具书，共190万字。全书分为儿童文学理论及相关知识、儿童文学作家、儿童文学作品及形象、儿童文学概貌、儿童文学学术团体研究机构、儿童文学奖、儿童读物出版者及机构、儿童报刊杂志丛书文库选本、儿童文学史料拾零；10月，王泉根著的《中国儿童文学现象研究》由湖南少年儿童出版社出版。1993年8月，方卫平著的《中国儿童文学理论批评史》由江苏少年儿童出版社出版。1994年10月，《中国当代中青年学者与儿童文学论丛》由甘肃少年儿童出版社出版，等等。

1990年一年出版儿童文学理论性书籍与总结性出版物28本，1991年24本，1992年21本，1993年22本，1994年23本……上述理论性书籍约90%都是由专业少儿出版社出资出版的。在学术著作出版难上加难的20世纪90年代初，童书业为儿童文学理论研究提供了强有力的出版支持，聚拢了儿童文学创作界、理论界和出版界的各方力量。该阶段出版的很多儿童文学理论出版物至今仍然发挥着巨大的学术作用，或成为研究探讨儿童文学绕不开的精品书籍，或成为至今仍堪瞩目的出版工程。

20世纪90年代前半期，在全国书业已明确面对市场经济做出结构性调整，由数量增长型向质量效益型转变的背景下，依着惯性一路驶来的童书业，还没有来得及向市场转型。市场逐渐逼停了童书业热情洋溢的主观扩张态势。考察该时期的图书发行、销售的相关记录，可以看到一对矛盾：

一方面，童书有很大的市场需求。1993年2月2日至7日，由中国版协主办、中共中央党校出版社协办的第六届首都图书交易会上反映出的购书趋向是："少儿类、中外古典名著均好销。"[①]在交易会上，订货额排列在前面的出版社是：中共中央党校出版社、少年儿童出版社、中国青年出版社、海天出版社、中国广播电视出版社、浙江少年儿童出版社。前六家中就有两家为专业少儿出版社。在1994年2月18日至21日第七届首都图书交易会上也显示，"订货量较大的图书中有不少少儿类读物的畅销品种、生活用书"。[②]少儿类图书市场同样呈现了较大的需求量。另一方面，进入20世

①中国出版年鉴社.中国出版年鉴 1994[Z].北京：中国出版年鉴社，1994.12.192.

②中国出版年鉴社.中国出版年鉴 1995.[Z].北京：中国出版年鉴社，1995.11.192.

纪90年代，童书的发行出现了危机。《1989—1990年全国图书发行统计简析》数据显示：少儿读物类册数减少22.4%，金额增长11.2%。各类图书销售占总销售的比重中，少儿读物类册数占3.5%，金额占3.7%。[①]1989年的发行册数增长47.1%的辉煌已然不在。到1993年，全国图书发行状况逐步恢复，全行业销售图书710572万册，1439073万元，比上年册数增长2.3%，金额增长24.5%。但是少儿类读物仍然没能走出下跌的态势，比上年册数再减少1.8%，金额增长16.5%，面向3亿多少年儿童读者的少儿类读物销售的册数仅占图书总销售量的3.7%，金额的3.9%。[②]从80年代末直至90年代的一大段时间里，不少少儿出版社因为文学读物编辑室的效益问题，一度撤销或合并社内的文学编辑室。知识读物出版占据主体地位的时代还未能转变。

在《1994年全国图书选题评析》中，新闻出版署图书管理司司长杨牧之指出，将各类选题种数的分类情况由高到低排列为科技类、社科类、文艺类、教育类、少儿类。少儿类位列最后，为3580种，仅占选题总数的6%。[③]同时，选题存在的老问题更加突出，即丛书、套书过多过滥。1994年，几乎每个童书出版社都安排了大部头的丛书、套书，尤其是少儿百科方面的套书、丛书。这类选题约占整个选题量的40%，如果不算教材、课本类选题，比例竟高达90%以上。[④]从20世纪80年代蔓延而来的大部头出版风愈演愈烈，大部头套书、豪华本丛书越来越豪华，越来越高档。据统计，在申报的选题中叫“全集”“大系”“大全”“集成”之类名称的选题超过100种。虽然少儿出版社资金雄厚，敢于投资，虽然这样出版的图书漂亮、美观、成系统、有气势，但显然缺乏从小读者角度的考虑、从购买能力角度的考虑。在翻译引进方面，缺乏出版主体思考的、简单化的低层次重复出版相当严重。文学译著集中在古典名著上，一些国外童话选题的安排过于重复，几乎每社都安排。当代优秀作品则少得可怜。这样的重复出版，势必造成巨大的书业浪费。与之相对的，是创作类选题的严重不足。1994年，文化积累类选题在整个童书选题中约占85%，创作类仅有10%。1994年少儿选题中，“成人化”现象仍旧严重，在《1994年全国图书选题评析》中，用官方的声音发出警示：“童书还是应该‘小’一点，‘薄’一点，实用一点。第一，让孩子们拿得动；第二，使孩子们买得起；第三，孩子们看一会儿就可以看完。”[⑤]

①李洁.1989—1990年全国图书发行统计简析[A].中国出版工作者协会，中国出版科学研究所.中国出版年鉴1990—1991[Z].北京：中国书籍出版社，1993.9.38.

②中国出版年鉴社.中国出版年鉴1994[Z].北京：中国出版年鉴社，1994.12.25.

③中国出版年鉴社.中国出版年鉴1995[Z].北京：中国出版年鉴社，1995.11.22.

④中国出版年鉴社.中国出版年鉴1995[Z].北京：中国出版年鉴社，1995.11.25.

⑤中国出版年鉴社.中国出版年鉴1995[Z].北京：中国出版年鉴社，1995.11.25.

四、1990—1995童书出版大事记

1990年

本年，全国共出版少年儿童读物3861种（其中初版2475种），比上年增长7.3%；印数171.93百万册，比上年减少23.9%。

1990年2月7日，中宣部教育局、光明日报教育部、中国少年儿童出版社在北京联合举办中小学生课外读物出版工作研讨会。

1990年2月，湖北少年儿童出版社出版了“儿童文学新论丛书”。推出汤锐的《比较儿童文学初探》、班马的《中国儿童文学理论批评与构想》、孙建江的《童话艺术空间论》。之后陆续出版王泉根的《儿童文学的审美指令》、彭斯远的《异彩纷呈的多元格局》、梅子涵的《儿童小说叙事式论》、方卫平的《儿童文学接受之维》。

1990年2月，张锦贻选编的《中国少数民族儿童小说选》由海燕出版社出版。

1990年3月中旬至4月上旬，新闻出版署、中国少年儿童基金会、国家教委、文化部、广播电影电视部、共青团中央、中国少年先锋队全国委员会、全国妇联联合举办“1982—1988年全国优秀少年儿童读物评奖”，由8个主办单位组成的中国少儿读物奖励基金小组成立。5月21日在北京举行了颁奖大会。8家单位自1990年起，每三年对少年儿童读物进行一次评选。

1990年3月，任溶溶主编的“幽默儿童文学名著译丛”由浙江少年儿童出版社出版。丛书包括《大盗霍震波》（联邦德国）、《小不点儿狗》（日本）、《罗珊珊和机器人》（英国）等6册。

1990年4月19日至25日，由湖北少年儿童出版社、湖南少年儿童出版社联合举办的“儿童文学三峡笔会”在湖北宜昌召开。来自全国的30多位中青年作家和著名老作家叶君健、谢璞参加了会议。会议就如何繁荣当今中、长篇童话和小说创作诸问题提出建设性意见。

1990年5月8日至14日，由湖南省作家协会、《小溪流》杂志社等承办的“首届世界华文儿童文学笔会”在湖南长沙和衡山召开。来自北京、天津、上海、重庆、河南、台湾等地及美国、新加坡等国的60多位华文儿童文学作家、评论家参加研讨。

1990年5月18日至19日，中国作家协会儿童文学委员会、中国少年儿童出版社联合召开翻译研讨会，总结近年儿童文学翻译出版情况，探讨提高儿童文学翻译质量的新途径。

1990年5月26日，“冰心儿童图书奖”在北京正式设立。

1990年5月29日,由《儿童文学》编辑部发起、全国少年儿童协调工作会主办、全国妇联少儿工作部协办的“世界儿童文学和平友谊奖”在北京举行颁奖仪式。中国沈石溪的小说《圣火》、澳大利亚艾伦·贝利的小说《魔术家》、联邦德国托巴兹的散文《安雅和神秘的影子》、苏联约瑟夫维奇的童话《山羊科玛兹的故事》获奖。

1990年5月,张黛芬、文秀明选编的《陈伯吹研究专集》(“中国当代文学研究资料丛书”)由少年儿童出版社出版。

1990年5月,上海《少年文艺》、陕西省作家协会联合举办的“王宜振诗歌讨论会”在西安召开。

1990年6月6日,国际儿童读物联盟中国分会(简称CBBY)在北京正式成立。来自日本、美国、瑞典等国的10多位外宾与来自中国作家协会、出版社、图书发行机构、新闻媒介、图书馆协会、儿童文学研究机构等单位的会员代表100余人参加了成立大会。外交部、文化部、新闻出版署、宋庆龄基金会、中国少年儿童基金会、全国妇联、共青团中央等有关部门的代表和少年儿童代表近200人出席会议。大会通过了《国际儿童读物联盟中国分会章程》,著名儿童文学作家严文井当选为第一任主任委员。

1990年6月7日至11日,由宋庆龄基金会与国际儿童读物联盟中国分会联合举办的“国际儿童图书与插图研讨会”在北京举行。研讨会主题是“为了友谊,为了未来”。10个国家和地区的100多位专家、学者出席。

1990年6月14日,第五届中国福利会妇幼事业“樟树奖”颁奖大会在北京举行。严文井、任德耀、万籁鸣等8人获奖。

1990年6月15日,国家版权局下发《关于适当提高书籍稿酬的通知》,对1984年10月颁发使用至今的书籍稿酬试行规定作出调整,将著作稿由每千字6到20元,提高到每千字10到30元;对确有重要学术价值的科学著作可适当提高标准,但不超过每千字40元。翻译稿每千字由4到14元,提高到每千字8到24元,对特别难译而质量优秀的译稿可适当提高,但不超过每千字35元。《书籍稿酬暂行规定》自1990年7月1日起实行。

1990年6月,少年儿童出版社和上海出版工作者协会联合举办全国少儿读物编辑培训班。

1990年6月,汪习麟著的《浙江籍儿童文学作家作品评论集》由浙江少年儿童出版社出版。

1990年7月22日至30日,由浙江少年儿童出版社和《少年儿童故事报》报社联合举办的浙江省儿童文学年会在浙江南浔召开。

1990年7月，蒋风主编的《世界著名童话鉴赏辞典》由江苏少年儿童出版社出版。

1990年8月29日，中国常驻联合国大使代表中华人民共和国政府签署了《儿童权利公约》，中国成为第105个签约国。

1990年8月，由中国图书评论学会主办的第四届“中国图书奖”评奖活动揭晓。少儿读物参评和获奖较第三届增幅明显。中国少年儿童出版社“少年百科丛书（精选本）”、海燕出版社“中国儿童文学艺术丛书”获一等奖，另有5部专业少儿社出版的图书获二等奖，1部获评委提名表扬。

1990年8月，李泱编的《柯岩研究专集》（“中国当代文学研究资料丛书”）由少年儿童出版社出版。

1990年9月2日至6日，作家孙幼军、画家裘兆明获1990年国际安徒生奖提名，应邀参加国际儿童读物联盟（IBBY）在美国威廉斯堡举行的第22次代表大会。

1990年9月7日，第七届全国人大常委会第十五次会议审议通过了我国第一部著作权法《中华人民共和国著作权法》。自1991年6月1日起实行。

1990年9月9日，接力出版社在广西南宁成立。

1990年9月29日至30日，“世界儿童问题首脑会议”在美国纽约联合国总部召开。《中国少年报》、《中国妇女报》报社等单位联合举办了北京各界人士及少年儿童代表千余人的集会，庆祝会议召开。

1990年9月29日，新闻出版署向全国各出版社发出《关于编制1991—1995年重点图书选题、出版计划的通知》。首次编制五年重点选题、出版计划。

1990年9月中、下旬，由中国少年儿童出版社、北京少年儿童出版社、少年儿童出版社、新蕾出版社、辽宁少年儿童出版社、湖南少年儿童出版社、湖北少年儿童出版社、四川少年儿童出版社、云南少年儿童出版社、未来出版社等10家专业少儿出版社，新华书店总店北京发行所、上海发行所、天津发行所，以及辽宁、湖南等省新华书店，联合举办第四届全国少儿读物看样订货会，先后在太原、衡阳、西安、上海、沈阳、昆明等六地召开订货会。

1990年9月，柯岩主编的“古今中外文学名著拔萃丛书”由青岛出版社出版，其中儿童文学部分有:《中国儿童小说卷》《外国儿童小说卷》《中国儿童诗卷》《外国儿童诗卷》《中国童话卷》《外国童话卷》。

1990年9月，辽宁少年儿童出版社在大连举办中长篇儿童小说创作笔会。

1990年9月，卓如编的《冰心和儿童文学》由少年儿童出版社出版。

1990年10月27日至30日，中国作家协会儿童文学委员会、《儿童文学》杂志社和

浙江省作家协会在杭州联合举办金近作品研讨会,并在浙江上虞举行了金近墓碑揭幕式。冰心为金近墓碑题词——“你为小苗洒上泉水”。

1990年10月27日至11月3日,中国出版工作者协会幼儿读物研究会在桂林举行第二次代表大会。

1990年10月30日,首届“冰心儿童图书奖”在人民大会堂举行颁奖大会。该奖项由葛翠琳发起,得到旅美女作家韩素音的支持。韩素音任名誉主席,全国人大常委会副委员长雷洁琼任主席,胡絜青、萧淑芳、杨沫、叶君健、吴全衡等任副主席。奖状上有冰心亲笔题词——“青年人啊,为着后来的回忆,小心着意地描绘你的现在图画。”“中国民间传说画丛”和《江南风情》散文丛书等28种图书获奖。

1990年11月11日至16日,少年儿童出版社与中日儿童文学交流中心在上海召开“90上海儿童文学研讨会”。中国大陆、香港、台湾的80余位儿童文学作家、理论家和来自日本、德国、捷克和斯洛伐克等国的20余位同行参加。

1990年11月,为繁荣少年儿童中、长篇小说的创作,少年儿童出版社设立“少年儿童文学奖”。拟在少年儿童出版社1992年建社40周年时举办首次评奖,以后每两年举办一次。

1990年11月,韦商编的《叶圣陶和儿童文学》、盛巽昌编的《郭沫若和儿童文学》、张耀辉编的《巴金和儿童文学》由少年儿童出版社出版。

1990年12月,马力的《世界童话史》由辽宁少年儿童出版社出版。

1990年12月,任大霖的《儿童文学创作论》由少年儿童出版社出版。

1990年12月,“陈伯吹儿童文学奖”(原名“儿童文学园丁奖”)评选了1988年、1989年两年的优秀作品。获奖的有:任大霖的《龙风》、江英的《她刚刚满十岁》等18篇作品。

1990年,为配合在青少年中开展的爱党、爱国、爱军“三热爱”活动,湖南少年儿童出版社与《中国少年报》报社联合举办了全国红领巾“爱党、爱国、爱军,从小学做人”读书读报大奖赛活动。湖南少年儿童出版社为此活动专门出版了活动用书《从小学做人》。活动历时半年,50万儿童参赛。

1991年

本年,全国共出版少年儿童读物4539种(其中初版2643种),比上年增长17.56%;印数214.74百万册,比上年增长24.9%。

1991年1月15日至16日,山东省作协、《文学评论家》编辑部、济南出版社联合召

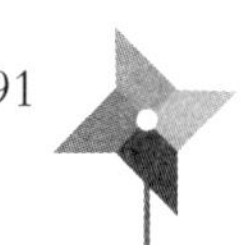

开了刘海栖作品讨论会。

1991年1月，中宣部要求各省（自治区、直辖市）党委宣传部在全面抓好精神产品生产的同时，重点抓好图书、理论文章、戏剧、电影、电视剧的拳头产品，年底从上述五个种类中各评选、推荐一部作品参加全国评选。

1991年2月，陈子君主编的《中国当代儿童文学史》由明天出版社出版。

1991年2月，吴秋林的《寓言文学概论》由辽宁少年儿童出版社出版。

1991年2月，陈克明、季大方翻译的《世界著名寓言精选》由二十一世纪出版社出版。

1991年3月20日，全国少年儿童文化艺术委员会、海燕出版社与《少年报》报社等单位联合举办了“中华少儿海峡两地书”征文。

1991年3月27日，北京市作家协会儿童文学委员会、《东方少年》编辑部联合主办的“孙幼军作品讨论会”在北京召开。

1991年4月25日，中国少年儿童出版社、中国作家协会创联部等在北京联合举办“张之路长篇小说《第三军团》座谈会”。

1991年4月，叶永烈主编的《中外科学幻想小说欣赏辞典》由明天出版社出版。

1991年4月，陈伯吹主编的《世界童话宝库》由黑龙江少年儿童出版社出版。

1991年4月，《柯岩儿童文学论集》由浙江少年儿童出版社出版。

1991年5月14日至28日，中国出版工作者协会幼儿读物研究会与上海出版工作者协会在上海联合举办“幼儿读物编辑培训班”，17个省、市、自治区的36位编辑参加培训。

1991年5月23日，全国30家少儿出版社联合举办的第二届“全国优秀少年儿童读物编辑奖”颁奖大会在北京举行。

1991年5月31日，中共中央在北京召开儿童工作座谈会，李瑞环代表党中央在会上发表讲话。

1991年5月，湖南少年儿童出版社在成都、峨眉山、重庆召开“全国童话作家笔会”，20余人参加。

1991年5月，《中国儿童文学论文选（1949—1989）》由浙江少年儿童出版社编辑出版。

1991年5月，张美妮主编的《世界儿童文学名著大典》由中国文史出版社出版。全书分两卷，上卷为外国部分，61万字；下卷为中国部分，56万字。

1991年5月，杜立主编的《世界著名儿童戏剧电影故事集》由湖南少年儿童出版社

出版。

1991年5月,由中央电视台少儿节目主持人鞠萍主编的鞠萍故事系列《中国童话卷》《外国童话卷》《笑话故事卷》由甘肃少年儿童出版社出版。

1991年5月,少年儿童出版社为上海老作家与资深编辑陆续选编出版了“骆驼丛书”,包括:《方轶群作品选》《圣野诗选》《任大星:我的童年女友》《任大霖作品选》《任溶溶:给我的巨人朋友》等,还有《陈伯吹文集》4卷。

1991年5月,浦漫汀主编的《儿童文学教程》由山东文艺出版社出版。

1991年6月,《眼中有孩子,心中有未来——90上海儿童文学研讨会论文集》由少年儿童出版社出版。

1991年6月,梅志编著的《听来的童话:中国童话百家》由中国少年儿童出版社出版。

1991年6月,鲁兵主编的《中国幼儿文学集成》由重庆出版社出版。全书收录1919—1980年70余年间中国幼儿文学的重要作品,共10卷,分为理论编两卷、童话编两卷、儿歌编三卷、儿童诗(含散文)编一卷、故事编一卷、戏剧编一卷,近300万字。

1991年6月,我国第一部《儿童文学辞典》由四川少年儿童出版社出版。共收词条1730余条,87万字。

1991年7月23日至26日,国际儿童读物联盟中国分会(CBBY)与中国版协幼儿读物研究会联合举办的“幼儿图书研讨班”在北京举行,来自全国各地41家出版社120多位编辑出席,日本绘本收藏家岛多代、绘本作家加古里子、松居直等作了演讲。

1991年8月,蒋风主编的《中国当代儿童文学史》由河北少年儿童出版社出版。

1991年8月,《樊发稼儿童文学评论集》由明天出版社出版。

1991年9月4日,第七届全国人民代表大会常务委员会制定并通过的第一部全面保护儿童权益的国家法律——《中华人民共和国未成年人保护法》公布,自1992年1月1日起实施。

1991年10月26日至31日,少年儿童出版社举办“九寨沟金秋笔会”,来自全国的29位儿童文学作家与会。

1991年10月,樊发稼选编的《林焕彰儿童诗选》由安徽少年儿童出版社出版。

1991年11月20日,新闻出版署向署直单位第一批享受政府特殊津贴的27位有突出贡献的专家颁发证书。少儿书业入选专家包括:叶至善,任大霖,严文井,陈伯吹。

1991年11月26日,第五届“中国图书奖”评选揭晓。专业少儿社获奖作品有:新蕾出版社《历史的启示》(丛书)、浙江少年儿童出版社《彩绘本中国民间故事》、辽宁少年儿童出版社《中华少年风采录》、希望出版社《中国儿童文学大系》等。

1991年11月30日，上海《少年文艺》杂志社与宁波市作协、文联联合召开“儿童小说创作研讨会”，研讨宁波地区4位儿童文学作家李建树、余通化、李燕昌、王申浩的作品。

1991年12月，陈子君选编的《儿童文学探讨》由河北少年儿童出版社出版。本书收入1984年6月河北石家庄全国儿童文学理论座谈会论文28篇，和1991年在河北承德儿童文学创作分析会上的论文33篇。

1991年12月，韦苇著的《外国童话史》由江苏少年儿童出版社出版。

1991年12月，西南师范大学出版社出版美国布鲁诺·贝特尔海姆著的《童话世界与童心世界》(舒伟等译)。

1991年，首届“中国优秀美术图书奖”获奖名单中，浙江人民美术出版社出版的《世界文学名著》连环画继在第五届“中国图书奖”评奖获得一等奖后，再次获得特别金奖。截至1990年底，该书欧美部分(10册)重版4次，累计发行量达40余万套；亚非部分(5册)印2次，累计发行量达40余万套。

1991年，由新闻出版署主持制订的“八五”国家重点图书选题、出版规划于年底完成。在少儿专题中，对青少年进行集体主义、爱国主义、社会主义思想教育和共产主义理想教育的选题被加强。

1992年

本年，全国共出版少年儿童读物4605种(其中初版2654种)，比上年增长1.45%；印数212.50百万册，比上年下降1.04%。

1992年1月，樊发稼、林焕彰、何紫合编的《中国当代儿童文学作家小传》由湖南少年儿童出版社出版。

1992年1月，张美妮、刘振宇主编的《中国幼儿文学精华》由海燕出版社出版。

1992年3月7日至13日，湖南少年儿童出版社、海南出版社在海口联合举办“华文幼儿文学研讨会”，中国台湾地区、新加坡等地的儿童文学作家也应邀与会。

1992年3月，范奇龙主编的《中外动物小说大观》由少年儿童出版社出版。

1992年4月1日，上海《少年文艺》杂志社、武汉市作家协会、湖北少年儿童出版社在武汉联合召开湖北儿童文学作家韩辉光、徐鲁、叶大春作品研讨会。

1992年4月3日至9日，中国出版工作者协会幼儿读物研究会在江苏扬州召开“第二次幼儿文学研讨会”。

1992年4月21日至24日，少年儿童出版社在上海举办“少年报告文学创作研讨

会”,14个省市的作家与会。

1992年4月,为庆祝《小朋友》杂志创刊70周年,《小朋友》编辑部特编《长长的列车——〈小朋友〉七十年》纪念文集,由少年儿童出版社出版。

1992年4月,“当代中国校园文学丛书”由北京教育科学出版社出版。该丛书包括杨福庆、罗辰生、张之路、陈丹燕、刘健屏、曹文轩等作家的获奖作品。

1992年4月,《中学生小说文库》5卷本(徐莉萍主编)由北京少年儿童出版社出版。

1992年4月,《1949—1989吉林省获奖儿童文学作品选》由北方妇女儿童出版社出版。

1992年5月6日,中国社会科学院文学所当代室、台湾室,中国儿童文学研究会和安徽少年儿童出版社在京联合召开“林焕彰儿童诗研讨会”。

1992年5月20日,中宣部在北京举行1991年度“五个一工程”奖颁奖大会,10种优秀图书获奖。这是中宣部主办的第一届“五个一工程”奖评选。首届无少儿图书获奖。

1992年5月28日,陈丹燕在德国举办“中国儿童文学之夜”,向欧洲出版社介绍中国少年儿童文学作品。

1992年5月29日,首届全国优秀幼儿读物评选在北京举行。81种优秀幼儿读物、挂图和音像制品入选。

1992年6月1日至5日,由国际儿童读物联盟中国分会与中国出版对外贸易总公司联合举办的首届北京国际儿童图书博览会在中国国际贸易中心举行。国内专业少儿读物出版社和部分教育、美术、综合性出版社44家和海外美、英、德等十几个国家和地区及港台的少儿出版社和版权机构共59家参展,展出少儿读物、期刊、音像制品近万种。

1992年6月2日,首届北京国际儿童图书博览会举办“儿童文学创作、插图、出版现状及展望研讨会”。国际儿童读物联盟主席罗纳德·乔布博士、印度尼西亚分会主席、印度分会秘书长、日本分会主席等参加研讨。我国有110余人参加。

1992年6月1日至10日,由国际儿童读物联盟中国分会、中日儿童文学美术交流上海中心等单位在北京主办“中日现代儿童读物原画展览”,并于21日至28日在上海展出。

1992年6月2日至11日,中宣部、新闻出版署在北京举办了全国少儿出版研讨班。来自全国36家中央和地方少儿出版社、期刊社的总编辑(主编)和部分在京的学者参加研讨。

1992年6月7日,中国海峡两岸儿童文学研究会在台北成立,林焕彰为理事长,帅崇义为秘书长。7月25日,中国海峡两岸儿童文学研究会在台北中央图书馆举办“两岸儿童文学闻见思座谈会”,展出200余种大陆儿童文学读物、期刊。

1992年6月,叶君健翻译、评注的《新注全本安徒生童话》,由辽宁少年儿童出版社出版。

1992年6月,圣野选编的《中国当代优秀幼儿诗歌选》(4册)由新蕾出版社出版。

1992年7月1日,第七届全国人民代表大会常务委员会第26次会议通过了国务院关于提请审议决定我国加入《保护文学艺术作品伯尔尼公约》和《世界版权公约》的议案。两个公约分别于1992年10月15日和30日在中国正式生效。

1992年7月26日至31日,首届全国少儿出版社发行工作研讨会在大连举行。

1992年7月,金燕玉的《中国童话史》由江苏少年儿童出版社出版。

1992年7月,新蕾出版社出版的《童话》季刊总第26期推出“台湾童话专辑”,刊登黄基博等31位台湾作家的36篇作品。

1992年8月,蒋风主编的《世界儿童文学事典》由希望出版社出版。全书分为儿童文学理论及相关知识、儿童文学作家、儿童文学作品及形象、儿童文学概貌、儿童文学学术团体研究机构、儿童文学奖、儿童读物出版者及机构、儿童报刊杂志丛书文库选本、儿童文学史料拾零、古今中外有关儿童文学及儿童读物的知识等,共190万字。

1992年8月11日至14日,由广州师范学院儿童文学研究所、广东省作家协会儿童文学委员会等主办的“中国儿童文学研讨会”在广州召开,来自我国大陆、香港、台湾以及新加坡的90多位儿童文学作家、评论家与会。会议论文集《走向世界:华文儿童文学的审视与展望》由新世纪出版社于1993年12月出版。

1992年8月24日至31日,湖南少年儿童出版社组织的儿童文学研讨会在长沙与张家界召开,着重探讨当代世界儿童文学与我国儿童文学现状,并与到会的儿童文学评论家商定编写出版《世界儿童文学研究丛书》。

1992年8月,吴其南的《中国童话史》由河北少年儿童出版社出版。

1992年9月,丁芳、徐鲁选编的《诺贝尔文学奖获得者儿童诗选》由深圳海天出版社出版。

1992年10月10日,为了鼓励和表彰优秀图书的出版,新闻出版署决定设立“国家图书奖”,制订并颁布了《国家图书奖评奖办法》,决定每两年举办一次。评奖按9个门类进行,其中专设少儿类。

1992年10月13日至14日,中国编辑学会成立大会在京举行。来自各省、自治区、直辖市的新闻出版局、出版社、杂志社、高校编辑学专业、科研机构、学术团体和编辑专业刊物的代表100余人出席了大会。会议讨论通过《中国编辑学会章程》(草案),选举产生中国编辑学会第一届理事会,刘杲当选为会长,王子野为名誉会长,叶至善等为顾问。

1992年10月,王泉根的《中国儿童文学现象研究》由湖南少年儿童出版社出版。

1992年11月2日,中国作家协会第二届(1986—1991)"全国优秀儿童文学奖"初评读书班开始举办,来自11个省、市、自治区的20位熟悉儿童文学现状的评论工作者和编辑投入工作。

1992年11月13日,由台湾《民生报》、海燕出版社、北京《东方少年》杂志社联合主办的"1992年海峡两岸少年小说童话征文"活动在北京公布评奖结果,曹文轩的小说《田螺》、杨红樱的童话《寻找快活林》等38篇作品分获优秀奖、佳作奖,获奖作品由两岸同时结集出版。

1992年11月20日至25日,少年儿童出版社在建社40周年之际召开了"92上海儿童读物出版研讨会",主题为:为孩子提供更多的好书。国内外100多位人士参加了会议。12月,《为孩子们提供更多的好书:92上海儿童读物出版研讨会论文集》由少年儿童出版社出版。

1992年12月30日,由中宣部、新闻出版署领导,中国图书评论学会主办的第六届"中国图书奖"颁奖大会在深圳举行。浙江少年儿童出版社的《绘画本中国通史》、浙江教育出版社的《中国少年儿童百科全书》、中国少年儿童出版社的《第三军团》获一等奖,另有三部少儿图书获二等奖。

1992年12月,由《新闻出版报》《博览群书》《中国出版》等单位联合主办的第六届全国图书"金钥匙"奖评奖揭晓。新蕾出版社的《九大元帅的故事》、福建少年儿童出版社的《袖珍十万个为什么》分获二等奖,明天出版社的《中国古代寓言大观》(上、中、下)、浙江教育出版社的《中国少年儿童百科全书》分获三等奖。

1992年,儿童文学作家金波获国际安徒生奖提名。

1992年,儿童文学作家张之路被载入国际儿童读物联盟(IBBY)荣誉名册。

1993年

本年,全国共出版少年儿童读物4086种(其中新版2184种),比上年下降11.27%;印数186.96百万册,比上年下降12.02%。

1993年2月14日，中国作家协会第二届(1986—1991)“全国优秀儿童文学奖”评选揭晓。3月，《文艺报》邀请参加第二届“全国优秀儿童文学奖”的在京评委，座谈如何进一步促进儿童文学创作的繁荣。

1993年2月2日至7日，由中国版协主办、中共中央党校出版社协办的第六届首都图书交易会在北京举行。交易会反映出少儿类、中外古典名著均好销的购书趋向，订货额在前的出版社是：中共中央党校出版社、少年儿童出版社、中国青年出版社、海天出版社、中国广播电视出版社、浙江少年儿童出版社。

1993年3月，中国福利会、上海市作家协会以及香港儿童文艺协会联合策划的沪港儿童文学研讨会在上海召开。与会者就“儿童文学如何贴近时代、贴近生活”的主题进行研讨。

1993年4月21日至5月3日，第八届野间国际儿童图书插图大奖赛评选在日本东京揭晓。我国作家刘雍的《贵州少数民族民间故事》获佳作奖；人民美术出版社的李老十和于水分别获鼓励奖。

1993年4月30日，国际童话节在郑州开幕。

1993年5月24日至25日，中宣部在北京召开1992年度“五个一工程”表彰大会。其中少儿社有3种图书获奖：江苏少年儿童出版社的《爱我中华》(丛书)、河北少年儿童出版社的《早陨的将星》(丛书)，安徽少年儿童出版社的《百将传奇》。

1993年5月27日，由新闻出版署、中国儿童少年基金会、国家教委、文化部、广播电影电视部、共青团中央、全国少工委、全国妇联联合主办的“1989—1991年全国优秀少年儿童读物奖”颁奖仪式在广州举行。此次共评出获奖图书106种，其中一等奖10种，二等奖30种，三等奖60种，翻译奖6种。

1993年6月，《少年报告文学要有震撼力：少年报告文学论文集》由少年儿童出版社出版。

1993年7月，北京师范大学苏联文学研究所译的《苏联时期儿童文学精选》由中国少年儿童出版社出版。

1993年7月23日，《光明日报》发表黄志坚的文章，文章指出：据中国青少年研究中心等单位1992年末至1993年初的联合调查表明，虽然我国的经济发展了，人们的收入提高了，但当今青年人的购书欲却下降了。

1993年8月11日至19日，由四川省作家协会、四川少年儿童出版社等主办的“海峡两岸儿童文学交流会”在四川温江举行，来自台湾的16位作家和大陆的35位同行，以“海峡两岸儿童文学之比较”为议题交换了意见。会前，四川少年儿童出版社与台

湾《民生报》在两岸同步出版了《海峡两岸儿童文学选集》丛书。

1993年8月，方卫平的《中国儿童文学理论批评史》由江苏少年儿童出版社出版。

1993年8月，滕云的《寻觅童年：新时期儿童文学的一束思绪》由中国少年儿童出版社出版。

1993年10月30日，第七届“中国图书奖”在广西南宁颁奖。少儿社获奖图书包括海燕出版社的“神奇的南极丛书”等8种。

1993年10月10日至31日，第14届BIBF93布拉迪斯拉发国际儿童图书插图展在斯洛伐克布拉迪斯拉发举行。湖南少年儿童出版社美术编辑、儿童图书插图画家蔡皋为《荒园狐精》所画的插图获“金苹果”奖。

1993年11月7日至14日，首届少儿读物印刷质量评比在长沙揭晓，29种图书获一等奖。

1993年11月19日，第四届“冰心儿童图书奖”、首届“冰心儿童文学新作奖”颁奖大会在北京举行。35种图书、22位作者分获“冰心儿童图书奖”及“冰心儿童文学新作奖”。

1993年12月17日，少年儿童出版社、上海市作家协会、《少年报》报社、《儿童时代》杂志社在上海联合举行“陈伯吹先生创作生涯70周年研讨会”，儿童文学工作者百余人与会。

1993年，儿童文学作家秦文君创作的长篇校园小说《男生贾里》由少年儿童出版社出版、《女生贾梅》由安徽少年儿童出版社出版。

1993年，在首届全国配书出版音像制品评奖中，少年儿童出版社出版的《幼儿十万个为什么》和《365夜新故事》获奖。这两种图书还获得了国产音像制品“双向奖”和“3—6岁幼儿全国优秀音像读物奖”。

1994年

本年，全国共出版少年儿童读物3064种(其中新版1664种)，比上年下降25.01%；印数131.73百万册，比上年下降29.54%。

1994年1月24日至29日，全国新闻出版局局长会议在北京举行。新闻出版署署长于友先在报告中提出：新闻出版业的发展要从以规模数量增长为主要特征的阶段向以优质高效为主要特征的阶段转移。

1994年1月30日，新闻出版署首届“国家图书奖”在人民大会堂颁奖。本届国家图书奖少儿组评委为：叶至善、任大霖、茅于燕、胡建中、赵镇琬、浦漫汀、樊发稼。获首届“国家图书奖”的少儿读物有：少年儿童出版社的《365夜故事（上、下）》、中国少年儿童出版社的《大地的儿子——周恩来的故事》、明天出版社的“幼学启蒙丛书（20册）”，另外，希望出版社的《中国儿童文学大系》等8种获国家图书奖提名奖。

1994年2月21日，由宋庆龄基金会、文化部、国家教委等11个单位共同主办的第四届“宋庆龄儿童文学奖”颁奖大会在北京举行。本届评奖对象为童话，9部童话获奖。孙幼军的《怪老头儿》获一等奖，《郑渊洁童话选》等3部作品获二等奖，金波的《小树叶童话》等5部作品获三等奖。

1994年3月，少年儿童出版社第一届“巨人中长篇儿童文学奖”揭晓，秦文君的《男生贾里》、李子玉的《古猿人北征》等获二等奖，范锡林的《秘道》、李小海的《最后一个地球人》、沈石溪的《残狼灰满》等获三等奖。

1994年3月，《金近纪念文集》由浙江少年儿童出版社出版。

1994年4月8日，中国联合国教科文组织全国委员会和中国少年儿童出版社在北京联合举行赠书仪式，向全国80所少年儿童图书馆和北京市教科文组织俱乐部协会联系的学校赠送1000册童话故事集《给我讲一个故事》。该书由联合国教科文亚洲文化中心（ACCU）编辑出版，由中国少年儿童出版社翻译出版。

1994年4月，谷斯涌的《金近传》由海燕出版社出版。

1994年4月，共青团中央、文化部、广播电影电视部、新闻出版署联合发出通知，决定于1994年联合开展以爱国主义为主题，以向青年提供高品位的思想文化精品为主要内容的“三评一展”活动。

1994年5月3日至9日，第八届日内瓦国际图书沙龙在日内瓦湖畔展览馆举行。43个国家和地区的出版界人士、500多家出版社参加。中国首次作为主宾国参加该活动，参展图书中，少儿读物与书法、国画、文物古迹、神话传说、中国古典哲学、中医类的图书最受欢迎。

1994年5月28日至6月7日，应台湾“海峡两岸儿童文学研究会”的邀请，大陆儿童文学界金波、孙幼军、樊发稼等14人赴台湾参加交流。

1994年5月，张锡昌、朱自强著的《日本儿童文学面面观》、韦苇的《俄罗斯儿童文学论坛》由湖南少年儿童出版社出版。

1994年7月8日，中宣部1993年度精神文明建设“五个一工程”组织工作奖和入选作品在北京揭晓，少儿类获奖图书包括：新蕾出版社的“中华五千年美德丛书”、江西人民出版社的《中国有个毛泽东（青年版、少年版）》、安徽少年儿童出版社的《跨世纪

的丰碑——中国希望工程纪实》。

1994年8月1日至5日，中宣部出版局和新闻出版署图书司在天津联合举办全国少儿读物出版工作座谈会。全国28家少儿出版社和有少儿读物出版任务的其他出版社、部分少儿报刊社的负责人参加座谈会，国家教委、共青团中央等有关部门负责同志和部分其他少儿工作者也应邀出席会议。

1994年8月，中国版协少年儿童读物出版工作委员会成立，成员社34家，形成了中国版协领导的、全国统一的少年儿童读物出版行业协会。

1994年9月1日至6日，第五届北京国际图书博览会在中国国际展览中心举行。本届博览会上，江苏少年儿童出版社作为单一出版社版权贸易最为活跃，与马来西亚等国及我国台湾、香港地区的出版商签订48种图书的合同、协议。

1994年10月8日至17日，第六届全国书市于武汉举行。本届书市组委会根据销售统计，评出10本畅销单本图书和10种畅销多卷本套书(丛书)，其中少儿类图书有：《中国少年儿童百科全书》(浙江教育版)、《绘画文学故事系列》(上海辞书版)。

1994年10月，甘肃少年儿童出版社出版"中国当代中青年学者与儿童文学论丛"，其中包括：班马的《游戏精神与文化基因》、王泉根的《人学尺度和美学批判》、吴其南的《代际冲突与文化选择》、方卫平的《流浪与寻梦》、孙建江的《文化的启蒙与传承》、汤锐的《酒神的困惑》。

1994年10月，美国儿童文学与语言艺术访华团访问中国少年儿童出版社。

1994年11月7日，中宣部和新闻出版署联合表彰了15家出版单位。受表彰的少儿社为浙江少年儿童出版社。

1994年11月15日，新闻出版署发布《关于出版少年儿童读物的若干规定》，对于少儿读物的出版范围、内容、报批的选题等做出明确规定。

1994年11月26日至28日，由马来西亚文化艺术旅游部、亚洲华文作家协会马来西亚分会和亚洲华文作家基金会联合举办的"亚洲华文儿童文学研讨会"在马来西亚首都吉隆坡举行。中国儿童文学工作者班马、孙建江参加会议。

1994年12月21日，第八届中国图书奖评奖在北京颁奖。浙江教育出版社的"儿童青少年心理学丛书"等8部少儿类图书获奖。

1994年12月，中国少年儿童出版社于1979年开始启动的《中国著名作家儿童文学作品选》丛书出齐。该丛书先后出版了鲁迅、严文井、贺宜等20余位作家的作品。

1994年12月，中国少年儿童出版社在人民大会堂召开首届"为少儿出版事业和中少社发展作出突出贡献的金作(画)家表彰会"。中宣部常务副部长徐惟诚，共青团中央书记处常务书记刘鹏、书记姜大明,政协常委叶至善等出席。

1994年,由中国大百科全书出版社、中国妇女出版社、新华书店总店等8个单位联合发起的全国青少年“爱我中华爱我家乡”读书教育活动,历时一年。全国有20多个省、自治区、直辖市1500多万青少年参加。由国家副主席荣毅仁题词的活动用书《爱我中华爱我家乡》(中、小学生读本),发行逾千万册,新疆还发行了维吾尔文、哈萨克文版活动用书70多万册。

1994年,在新闻出版署图书管理司司长杨牧之所作《1994年全国图书选题评析》中指出:少儿类选题3580种,位列最后,仅占选题总数的6%。且存在选题分布不均的问题;丛书、套书蔚为壮观;文化积累性图书比例高达85%,创作类选题仅占10%。

1995年

本年,全国共出版少年儿童读物2374种(其中初版1394种),比上年下降22.5%;印数118.63百万册,比上年下降9.9%。

1995年2月,孙建江的《二十世纪中国儿童文学导论》由江苏少年儿童出版社出版。

1995年3月15日,新闻出版署发布《关于制订“九五”期间国家重点图书出版规划的通知》,在“需要特别重视的内容”中提到了“有利于促进儿童健康成长的优秀少儿读物”,在重点图书出版规划的结构中专列“少儿读物的出版规划”子系统。

1995年3月,束沛德的《儿童文苑漫步》由江苏少年儿童出版社出版。

1995年4月12日,浙江省委宣传部、浙江省出版总社和浙江少年儿童出版社在京召开迎接国外卡通读物挑战研讨会。新闻出版署、中宣部等领导参加,束沛德、樊发稼、葛翠琳、缪印堂、周宪彻等著名儿童文学专家、画家出席研讨。

1995年5月5日,上海《少年文艺》、四川省作家协会儿童文学委员会联合举办的“钟代华儿童诗研讨会”在重庆市永川召开。

1995年5月22日,为贯彻落实《中共中央关于进一步加强和改进学校德育工作的若干意见》和《爱国主义教育实施纲要》,中宣部、国家教委、文化部、新闻出版署和共青团中央五部委联合下发了《关于向全国中小学推荐百种爱国主义教育图书的通知》。

1995年5月23日,明天出版社每年出资50万元设立“儿童文学创作出版奖励基金”,资助优秀儿童文学作品、低幼文学作品及儿童文学论著的出版。

1995年5月29日,陕西省作家协会、未来出版社、陕西省儿童文学研究会联合颁

发了首届“未来杯”儿童文学奖。似田、李沙玲获特别奖;李凤杰的《水祥和他的三只耳朵》获一等奖。

1995年6月30日,新闻出版署召开专门会议研究部署向全国中小学推荐的百种爱国主义教育图书的发行工作,中宣部副部长刘云山提出,出版发行百种爱国主义图书要“快速、优质、廉价”。来自全国各地的36家出版部门负责人、有关出版局长,有关发行、物资供应等部门的负责人参加会议。

1995年6月,江西省作家协会召集12位儿童文学作家、编辑在南昌举行全省少儿文学创作座谈会,贯彻落实中央领导同志关于繁荣少儿文学的指示精神。

1995年8月28日,江泽民总书记致信上海美术电影制片厂,评价:“你们选取古今中外著名少年英雄的事迹拍摄系列动画片,是一件十分有意义的工作。”并提出“希望广大动画艺术工作者在党的文艺方针指引下,不断推出自己的动画英雄形象成为广大少年儿童的楷模和朋友”。

1995年8月,浙江省作家协会、浙江少年儿童出版社、《少儿故事报》报社联合举办“1995浙江省儿童文学笔会”,贯彻落实中央领导关于繁荣儿童文学创作的指示精神,交流创作经验。浙江省儿童文学笔会自1980年起,至今已办14届。

1995年8月,中国作家协会儿童文学委员会与《文艺报》报社邀请来自北京、上海等地的20余位儿童文学作家在北戴河中国作家协会创作之家举行研讨。9月6日,《文艺报》以《为跨世纪的新一代创作更多的儿童文学精品》为题报道这次会议。

1995年8月,为繁荣儿童文学理论,少年儿童出版社决定在“九五”期间出版一套富有新意的儿童文学理论丛书。为此,邀请了十余位中青年评论家在上海商讨出版选题。

1995年8月,汤锐的《现代儿童文学本体论》由江苏少年儿童出版社出版。

1995年9月20日至24日,由国际儿童读物联盟中国分会、中国出版对外贸易总公司、中国少年儿童读物出版工作委员会联合举办的第二届北京国际儿童图书博览会在京举行。博览会主题是“知识、世界、未来”,汇集展出来自十几个国家和港台地区100多家出版单位的最新版图书近万种。期间还举办了国际儿童图书与插图研讨会及小松树儿童画评奖颁奖等活动。该博览会此后每两年举办一次。

1995年9月22日,《新闻出版报》与中国版协少读工委在京联合召开“中国儿童读物走向世界研讨会”,出席第二届国际儿童图书博览会的全国30余家少儿出版社负责人参加了研讨,新闻出版署署长于友先出席并讲话。会议提出,“中国童书走天下”的条件已经具备。

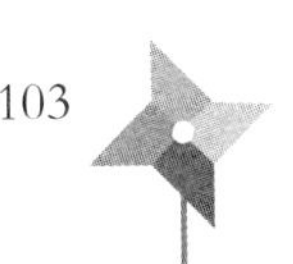

1995年9月，1994年度精神文明建设“五个一工程”奖入选作品揭晓。少儿类获奖图书有：未来出版社的“跨世纪的一代——中国少年‘五自’丛书”、希望出版社的“托起明天的辉煌——当代中国十大杰出青年丛书”、海南出版社和湖南少年儿童出版社的“黑眼睛丛书”、中国少年儿童出版社《我们的母亲叫中国》。

1995年10月26日，中共中央宣传部“关于繁荣长篇小说、影视文学和儿童文学”的座谈会在上海召开。中宣部副部长翟泰丰主持会议，全国各地党委宣传部负责人及文艺界代表参加了座谈。

1995年10月26日至29日，由中宣部和新闻出版署联合组织召开的“九五”全国重点少儿读物出版规划会议在广西北海市举行，来自全国30家少年儿童出版社的社长、总编辑出席了会议。

1995年10月，方卫平选评的《中华幽默儿童文学作品精粹》由湖南少年儿童出版社出版。

1995年11月3日至7日，第三届亚洲儿童文学大会在上海龙华宾馆隆重举行。会议由中日儿童文学美术交流上海中心、上海文化发展基金会、《少年报》报社、少年儿童出版社等单位共同举办。来自日本、韩国等国家和中国大陆、台湾、香港地区的130多名儿童文学工作者出席会议。

1995年11月9日至13日，中国编辑学会少年儿童读物编辑研究委员会在沈阳召开编辑经验和编辑工作论文交流会，来自全国各地20余家少儿出版社近30位编辑工作者到会交流了论文。

1995年11月，少年儿童出版社三大期刊《儿童文学选刊》《巨人》《少年文艺》联合召开创作研讨会，贯彻落实江泽民主席关于繁荣儿童文学的重要指示，讨论如何提高儿童文学刊物的质量，促进更多的精品问世。

1995年12月9日，李鹏总理看到《中华少年奇才》一书后，致信浙江人民美术出版社，提出：“衷心希望你们和其他文艺工作者，继续关心少年儿童的健康成长，创作出更多能鼓舞他们奋发向上的好作品。”

1995年12月14日，中宣部、新闻出版署、浙江省委宣传部、浙江省新闻出版局联合在北京召开“中国儿童动画图书出版工程”启动暨《中华少年奇才》出版座谈会。

1995年12月20日，第二届国家图书奖在北京揭晓。本届评选出国家图书奖（少儿类）2部，国家图书奖提名奖（少儿类）7部。

1995年12月21日，第九届中国图书奖颁奖仪式在北京举行。88种图书赢得奖项，其中，少儿类获奖8部。

1995年12月,《中国儿童文学作家成名作》(儿童小说卷,童话卷,童诗、寓言、散文卷,科学文艺卷)由安徽少年儿童出版社出版。

1995年12月,马力、吴庆先、姜育文合著的《东北儿童文学史》由辽宁少年儿童出版社出版。

1995年12月,由国际儿童读物联盟中国分会主办,中国少年儿童读物工作委员会、中日儿童文学美术交流上海中心等单位联合承办的首届"小松树"儿童图画书奖评选揭晓。首届评选出的《贝加的樱桃班》《小兔小小兔当了大侦探》《袋猫妈妈》《贝贝流浪记》等4部获奖作品均出自湖南少年儿童出版社。

1995年,中国版协少年儿童读物出版工作委员会把系统内原有的从属各种协会领导的各类少儿读物研究会,全部统一在中国版协少读工委的领导下,归类并新建了低幼读物研究会、知识读物研究会、文学读物研究会、少儿报刊研究会、出版研究会、发行研究会(亦称全国少儿社发行集团)、美术装帧研究会7个研究会。为加强交流,创办了《中国版协少年儿童读物出版工作委员会通讯》。

1995年,中国少年儿童出版社在北京召开"儿童文学创作研讨会",文化部部长刘德忠、共青团中央书记姜大明和有关方面负责人、理论家、作家等36人到会,贯彻落实"三大件"的讲话精神。

第五章　步入市场期的童书出版(1996—2000)

1995年,是我国“八五”计划的最后一年。对于童书业来讲,1995年是一个种数与印数创改革开放以来历史最低点的特殊敏感时期。经济形态的转变使得童书出版终于直面市场竞争,由此开始了经济体制逐步转型。

一、童书数据描述

1996年,全国共出版少年儿童读物3053种(其中初版1588种),比上年增长28.6%;印数143.87百万册,比上年增长21.28%。

1997年,全国共出版少年儿童读物5772种(其中初版2999种),比上年增长89.06%;印数243.41百万册,比上年增长69.19%。

1998年,全国共出版少年儿童读物6293种(其中初版3407种),比上年增长9.03%;印数243.07百万册,比上年下降0.14%。

1999年,全国共出版少年儿童读物6111种(其中初版3421种),比上年下降2.89%;印数215.08百万册,比上年下降11.52%。

2000年,全国共出版少年儿童读物7004种(其中初版4276种),比上年增长14.61%;印数168.90百万册,比上年下降21.47%。

1995年至2000年间童书业的发展情况走势如下(数据主要来源于历年的《中国出版年鉴》):

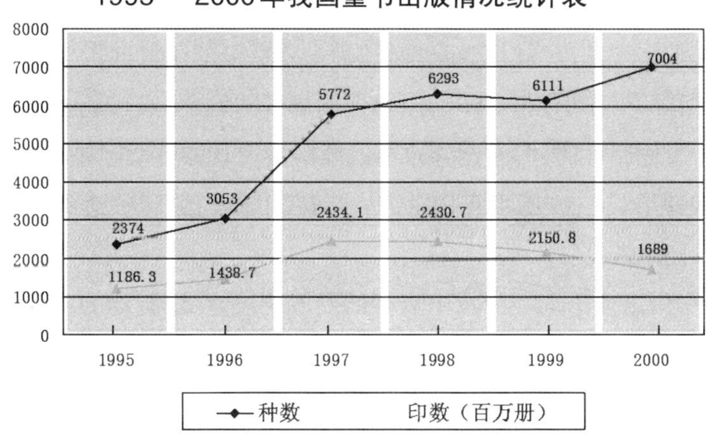

通过图表清晰可见,1995年,童书业呈现了一个"拐点"的态势,一举扭转了自20世纪80年代中期开始的负增长态势,且再次显示出较之于全国书业幅度大得多的起伏变化。在1995年至1997年间,童书业呈现出一种火箭式的发展速度,1996年较上年种数增长28.6%,印数增长21.28%;1997年较上年种数与印数的增长分别攀高到令人咂舌的89.06%和69.19%。势头之迅猛,堪比恢复性增长期那段政令驱动下的"飞跃"。而到1999年之后再次呈现出较大起伏。1999年种数与印数双双下降。2000年又忽然呈现种数14.61%的增长和印数21.47%的下跌。

二、书业背景事件

(一)社会主义市场经济体制的转变

1995年9月25日至28日,中共十四届五中全会通过了《中共中央关于制定国民经济和社会发展"九五"计划和2010年远景目标的建议》。《建议》提出,实现"九五"计划和2010年远景目标的关键是实行两个具有全局意义的根本性转变:一是经济体制从传统的计划经济体制向社会主义市场经济体制转变;二是经济增长方式从粗放型向集约型转变。从"计划经济"到"有计划的商品经济"再到"市场经济",经济模式发生了根本性的转变。这一切标志着:我国的经济体制已然转变为社会主义市场经济体制。

（二）出版的“产业”之变

1. 书业的“阶段性转移”战略

20世纪90年代初的发行困境表明，在生产短缺被生产过剩所取代的生产背景下，出版业必须面对市场经济做出结构性调整。1994年初，新闻出版署党组明确提出：推动我国出版产业实现从以“规模数量增长”为主要特征的阶段向以“优质高效”为主要特征的阶段转移的工作思路。1995年，书业明确了“社会主义市场经济”的概念，由此真正进入了一个体制性的、大刀阔斧改革的新阶段。1995年，全国书业首次控制住了品种的连年快速增长。1996年实物量进一步持续增长，总印数达到71.58亿册，总印张达到360.45亿印张。

1996年，全国书业进入一个承上启下的发展阶段，在出版物的实物量和重版率方面有了重大突破。实物量和重版率体现了出版物的市场接受程度，是反映图书出版效益和质量的重要指标。新闻出版署图书司司长阎晓宏在其《1996年图书出版概述》中指出：“1979年到1984年图书的总印张由150多亿印张达到260亿印张，实物量大幅度上升，这一段的发展，被称为图书出版的黄金时代，然而这又是不正常的，它的快速发展，只表明‘文革’十年后的特殊社会需求和由此迸发出来的活力与能量。”至20世纪90年代，出版社扩张到540多家（1993年），出书品种也由1978年的1.5万种上升到10万种，然而图书的实物量并没有显著提高，而是从1984年即开始以60亿册和280亿印张为曲线上下波动。究其原因，“根子还在图书出版的传统经营方式，主要表现为：以扩大生产要素为主要手段来实现增长，这是比较典型的粗放型经营的特征”[①]。

2. 出版社内部的改革和出版集团的组建

1997年，改革的步伐进一步加大。新闻出版署党组于1997年9月19日组织召开了“出版界学习宣传贯彻‘十五大’座谈会”。于友先署长在座谈会上强调：出版事业要更新观念，继续推进“阶段性转移”[②]。书业改革的实践已触及体制上的问题。不少出版社的内部改革全面展开，引入激励与竞争机制，确立以质量与效益为目标的各项制度，按照实际需求调整出版社内部结构等。1998年，图书出版改革以“出版社内部的改革和出版集团的组建”[③]为着力点，上海、广东、辽宁、四川、湖北等地区出版集团、发行集团的组建已进入操作阶段。1999年，于友先在《回顾辉煌岁月，继续高歌奋进》

①阎晓宏.1996年图书出版概述[A].中国出版年鉴社.中国出版年鉴1997[Z].北京：中国出版年鉴社，1997.11.22.

②中国出版年鉴社.中国出版年鉴1998[Z].北京：中国出版年鉴社，1998.9.87.

③阎晓宏.1998年图书出版工作概述[A].中国出版年鉴社.中国出版年鉴1999[Z].北京：中国出版年鉴社，1999.9.70-71.

中明确提出:“必须实施不均衡发展战略,通过对出版产业的战略性整合,较大幅度地提高整个产业的集约化水平。”[①]“产业化步伐”“不均衡发展”与“集约化水平”都为我们昭示了出版业的市场化改革的不可动摇。

这一切对于童书业来说,步伐都显得稍稍快了一些。我国童书业长期受计划经济影响,享受“专业分工”政策保护的政令层面的优越性,在市场经济的大力推动进程中,这反而成为牵制童书业转型发展的根源所在。时至1998年,行业保护已经不能适应新的出版形势,各出版社在市场大潮的推动下追求经济效益的现实目标,超分工范围已成必然。

3. 书业新焦点——利润

在《中国出版年鉴(1997)》的“1997年全国出版概况”中,除了惯例的种数、新版、印数、印张数统计之外,首次出现了“利润”一栏,汇总1997年至2000年的出版利润如下(数据来源于新闻出版署计划财务司的统计公布数据):

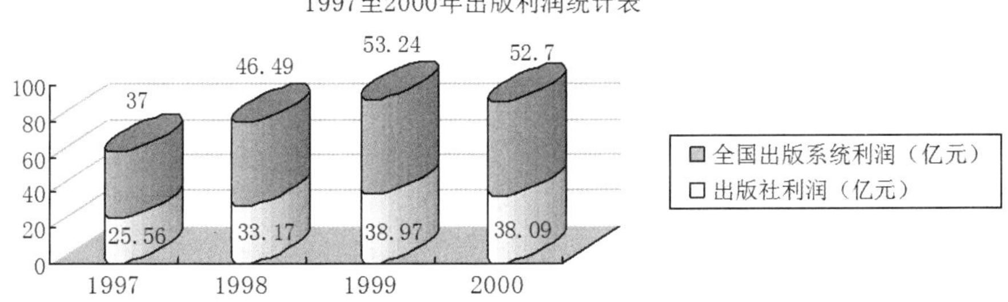

从这组利润变化数据中,我们可以发现,1997年全国出版系统利润总额为37.0027亿元,其中出版社利润总额为25.5597亿元,与上年相比,出版系统利润增长34%,出版社利润增长43.36%;1998年全国出版系统利润比上年增长25.65%,出版社利润增长29.77%;1999年全国出版系统利润比上年增长14.52%,出版社利润增长17.49%;2000年全国出版系统利润与上年相比,下降1.01%。利润空间的逐渐缩小,预示着图书业的竞争日趋激烈。面对这样巨大的来自市场的竞争,面对图书日益明确其商品属性的市场时代,“不好不坏,又多又快”和“广种薄收”的经营方式已经为“精耕细作”所取代,把有限的人力、财力、物力集中投放到要“双效”、出精品、争市场、创效益的实力之战,是适应经济体制和经济增长方式的转变、实现从数量增长向优质高效型转移的重要途径。

①于友先.回顾辉煌岁月,继续高歌奋进[A].中国出版年鉴社.中国出版年鉴1999[Z].北京:中国出版年鉴社,1999.9.1-3.

1997年6月4日,《中国文化报》报道了礼品书仓库积压严重的情况。这是出版社多年走“精品得奖路线”的后果,书籍被定位成摆放显耀的“礼品”,而不是捧在手里阅读的书册。计划经济体制下的“社会购买力的畸形弓张”“出版单位经济利益的驱动”和“图书评奖倾向的误导”[①]导致大量此类大部头书籍充斥市场。

4. 编辑工作范围膨胀

在市场经济大潮下,编辑的分工、概念、价值追求也相应发生转变。为了追求经济效益,出版社要求编辑不能再只盯着书稿,而要兼顾多重身份。童书编辑们首先必须精通编辑业务,其次必须既具备广博的童书视野,又具有精深的儿童教育学、心理学、儿童文学专业知识,同时还必须具备对外宣传、策划、交际、沟通等“业务”能力。有的学者甚至这样界定:“学者与商人,青年编辑的双重角色。”[②]编辑就这样被市场与时代推着,变成了一种复合型人才岗位,各少儿社开始出现编务,甚至建立编务室。

学者汪华提出的选题策划制概念,明确选题的全程策划需要包括:1. 一般情况;2. 出版意图;3. 编辑计划;4. 整体设计;5. 市场分析;6. 宣传方案;7. 营销策略;8. 成本预算;9. 结果预测。[③]不少少儿社的编辑都感慨自己简直是被出版任务逼成了“多面手”。

(三)教育改革转变图书出版重心

过度依赖教材教辅图书,是我国书业存在的普遍性问题。资料表明,1998年我国出版的12万种图书中,学生课本占20710种,教辅读物占4000多种,两项相加的利润占整个图书出版利润的80%。[④]刘杲曾在《出版业改革和发展二十年》中指出:“一般图书和教学用书的比例值得注意。一般图书在图书种数中占八成以上,在总印数中只占大约五成,应当争取一般图书印数和印张数的增长。”[⑤]这个问题在各专业少儿社中更加突出。教材教辅读物一贯是专业少儿社的经济靠山,效益来源。很多少儿社的教材教辅读物出版比例高达80%。

1999年被称为“教育年”。一系列教育政策颁布。其中素质教育的大力提倡和教

①张力勇.礼品书热:图书出版的误区[J].编辑学刊,1996,(6):37.

② 戴兵.学者与商人:青年编辑的双重角色[J].河南师范大学学报,1994,(1):105.

③出版工作论点摘编[A].中国出版年鉴社.中国出版年鉴1997[Z].北京:中国出版年鉴社,1997.11.345.

④纪秀荣.也谈21世纪的少儿出版[J].中国少儿出版,2000,(1):10.

⑤刘杲.出版业改革和发展二十年[A].中国出版年鉴社.中国出版年鉴1999[Z].北京:中国出版年鉴社,1999.9.1.

辅读物的大量压缩(减负政策和减负效应),致使不少出版社被迫丢掉了教辅读物的"铁饭碗"。针对中小学生的减负措施明确规定,教材教辅专有出版权的获得,将由行政管理部门授予改为竞争,并上教学用书目录,向学校推荐选用。这对于教材教辅生产占极大比重的专业少儿社来讲,可谓冲击力巨大。随着减负措施的逐步落实到位,教辅读物的发行量直线下跌,这种形势直接导致了1999年童书出版物种数下降2.89%,印数下降11.52%,印张数下降20.09%的局面。[①]而更为重要的是,这一政策直接导致了各少儿社出版格局的重大变革。

与此同时,儿童阅读问题也受到关注。语文新课程标准对儿童文学阅读提出了明确的要求:第一学段(1~2年级),课外阅读总量不少于5万字;第二学段(3~4年级),养成读书看报的习惯,收藏并与同学交流图书资料,课外阅读总量不少于40万字;第三学段(5~6年级),利用图书馆、网络等信息渠道尝试进行探究性阅读,扩展自己的阅读面,课外阅读总量不少于100万字;初中阶段,学会制订自己的阅读计划,广泛阅读各种类型的读物,课外阅读总量不少于260万字,每学年阅读两三部名著;高中阶段,要求一年内课外自读5部以上文学名著及其他读物,课外阅读总量不少于150万字。

新课标是学校教育实施教育改革的纲领,其中对儿童文学阅读的大力呼吁,直接促进了教育界对儿童文学阅读的关注。这样具体的规定与引导,可谓对童书业的受众扩容起到了助推作用,使得语文读本、世界名著青少版等选题成为新的出版热点、新的需求。一些出版社迅速作出反应,大力推出套系庞大的中外名著青少版,并标明"语文新课标推荐读物"的字样。如2001年广西教育出版社迅速推出的《新语文读本》,敏锐地抓住了教育改革带来的新商机,之后又推出《新语文读本(修订版)》,广受读者欢迎。至2007年的6年间,该系列图书已畅销8000多万册[②]。这些与新课标阅读相呼应的读物,销路极大,发行量直追传统的教辅读物,被书业内部戏称为"一般读物中的教辅"。

三、童书业重要书事

(一)基于政府号召的童书工程

1."三大件"工程

①中国出版年鉴社.中国出版年鉴2000[Z].北京:中国出版年鉴社,2000.10.66.

②《新语文读本》畅销8000万册[J].中国少儿出版,2008,(1):63.

1995年，党的十四届五中全会规划了今后15年我国国民经济和社会发展的宏伟蓝图，在强调集中力量发展经济的同时，对社会主义精神文明建设提出了新的要求。强调必须坚持物质文明和精神文明共同进步，经济和社会协调发展。将社会主义精神文明建设提到了更加突出的地位。1996年10月7日至10日，党的十四届六中全会审议并通过《中共中央关于加强社会主义精神文明建设若干重要问题的决议》。《决议》强调：

> 根据党在社会主义初级阶段的历史任务，根据建国以来特别是改革开放以来的历史经验，我国社会主义精神文明建设，必须以马克思列宁主义、毛泽东思想和邓小平建设有中国特色社会主义理论为指导，坚持党的基本路线和基本方针，加强思想道德建设，发展教育科学文化，以科学的理论武装人，以正确的舆论引导人，以高尚的精神塑造人，以优秀的作品鼓舞人，培育有理想、有道德、有文化、有纪律的社会主义公民，提高全民族的思想道德素质和科学文化素质，团结和动员各族人民，把我国建设成为富强、民主、文明的社会主义现代化国家。

《决议》强调了精神文明建设的根本任务，特别是把提高青少年素质作为工作重点，为书业整体发展再次明确了精神文明建设的使命。其中，“以科学的理论武装人，以正确的舆论引导人，以高尚的精神塑造人，以优秀的作品鼓舞人”成为童书业发展的精神信条。江泽民同志提出的要推动电影、长篇小说和少儿作品的创作，被称为文学创作的“三大件”工程。童书业在市场经济的大背景下，再次进入一个政令引领、群策群力的发展阶段。

2. “5155”动画工程

20世纪90年代的童书市场上，卡通动漫图书因鲜明的视觉冲击力、富有时代感的形象和内容、富有现代感的节奏和语言，贴合了当代少年儿童的阅读心理和趣味，成为少年儿童的热点读物之一。但是，市场上几乎看不到我国原创动漫产品。据统计，1992年至1994年的两年时间里，我国出版的日本连环画达100多种，超过5500万册（未包括大量非法印刷出版的此类图书）。①大量的引进，泥沙俱下，其中一些动漫内容并不利于少年儿童的健康成长。引进版卡通动漫充斥我国市场的问题引起中宣部高度重视，并实施了行政性的干预。

1995年，浙江人民美术出版社推出本土原创卡通连环画《中华少年奇才》，引起广泛关注。1995年8月28日，江泽民总书记致信上海美术电影制片厂。信中说：

> “你们选取古今中外著名少年英雄的事迹拍摄系列动画片，是一件十分有意

①何俊.试论中国卡通连环画发展的几个问题[J].中国少儿出版，1997(2)：13.

义的工作。

用优秀的作品鼓舞人,是文化战线的重要任务。少年儿童是中华民族的希望和未来。实现我国社会主义现代化建设第三步战略目标的历史重任,最终将落在这一代少年儿童身上。帮助他们从小树立起为中华民族全面振兴建功立业的远大志向,把他们培养成为有理想、有道德、有文化、有纪律的社会主义新人,是文艺工作者的历史责任。希望广大动画艺术工作者在党的文艺方针指引下,不断推出自己的动画英雄形象,成为广大少年儿童的楷模和朋友。"①

1995年12月9日,李鹏总理看到《中华少年奇才》一书后,致信浙江人民美术出版社,评价道:

"这部作品的意义在于,通过卡通连环画的艺术形式,生动描绘了数十名中国古代杰出的人物少年时代奋发向上的精神,以教育我们当今少年儿童努力学习,为建设祖国掌握更多的本领。你们的工作很有意义。

我衷心希望你们和其他文艺工作者,继续关心少年儿童的健康成长,创作出更多能鼓舞他们奋发向上的好作品。"②

1995年12月14日,中宣部、新闻出版署、浙江省委宣传部、浙江省新闻出版局联合在北京召开"中国儿童动画图书出版工程"启动暨《中华少年奇才》出版座谈会。1996年6月24日,中宣部、新闻出版署联合发出《关于制定和实施中国儿童动画出版工程的通知》(中宣部、新闻出版署 新出联[1996]16号)。《通知》指出:

为落实江泽民总书记、李鹏总理关于繁荣儿童动画作品创作、出版的重要指示精神,创造中国自己的儿童动画形象,推出思想性、艺术性、可读性高度统一的动画图书精品,给少年儿童提供更多的精神食粮,中央宣传部和新闻出版署决定制定中国儿童动画出版工程。

中国儿童动画出版工程的主要内容是:

力争在二三年内,通过调动和集中全国的创作、编辑、出版、销售力量,建立5个儿童动画出版基地,重点出版15套大型系列儿童动画图书,办好5个儿童动画(漫画)刊物,以此推动全国的儿童动画读物出版的繁荣,满足中国少年儿童的阅读需求。③

5个儿童动画出版基地分别为:华东基地(少年儿童出版社为牵头单位)、华北基

①中国出版年鉴社.中国出版年鉴 1996[Z].北京:中国出版年鉴社,1996.11.91.

②中国出版年鉴社.中国出版年鉴 1996[Z].北京:中国出版年鉴社,1996.11.92.

③中国出版年鉴社.中国出版年鉴 1997[Z].北京:中国出版年鉴社,1997.11.277.

地(中国少年儿童出版社为牵头单位)、中南基地(广西接力出版社为牵头单位)、东北基地(辽宁少年儿童出版社为牵头单位)、西部基地(四川少年儿童出版社为牵头单位)。

5个动画(漫画)刊物分别为:北京出版社的《北京卡通》、中国连环画出版社的《少年漫画》、中国少年儿童出版社的《中国卡通》、人民美术出版社的《漫画大王》、少年儿童出版社的《卡通先锋》。

15套大型系列儿童动画图书选题已确定4种,分别是:接力出版社的《神脑聪仔卡通系列丛书》(100集)、浙江人民美术出版社的彩色卡通连环画《中华少年奇才》、人民教育出版社的《中华五千年历史故事》(260集)、新蕾出版社的《地球保卫战》(10集)。

5个基地、15套动画图书、5个动画刊物,该工程因此被简称为"5155"动画工程。工程预期达到的目标为:至"九五"后期,使中国儿童动画图书的创作、出版接近或达到国际先进水平,实现同国际市场的接轨,使具有中国特色的儿童动画图书,不仅占领中国市场,而且全面走向世界。①

为使工程顺利实施,《通知》还强调采取建立中国儿童动画发展中心,加强培训,提供资金保证,加强调研、领导和管理等保障措施。

在政策力量的引导下,1996年,15套大型系列儿童动画图书选题已有两个进入出版、销售流程,它们是:接力出版社的《神脑聪仔卡通系列丛书》、浙江人民美术出版社的彩色卡通连环画《中华少年奇才》。新蕾出版社反映环境保护的《地球保卫战》和人民教育出版社的《中华五千年历史故事》也将出版。另据初步统计,其他出版社自行安排的儿童动画图书还将有10套至20套出版。

(二)"九五"全国重点少儿读物出版规划会议

上述童书工程,受到文教宣传等部门的纷纷响应。在出版领域,1995年3月15日,新闻出版署发布《关于制定"九五"期间国家重点图书出版规划的通知》。在1996—2000年的国家重点图书出版规划"需要特别重视的内容"中专门列入了"有利于促进儿童健康成长的优秀少儿读物"②。1995年10月26日至29日,中宣部和新闻出版署还专门组织召开了"九五"全国重点少儿读物出版规划会议。来自全国30家少年儿童出版社的社长、总编辑出席了在广西北海市举行的会议。

中宣部常务副部长徐惟诚就制定重点少儿读物规划的指导思想和方法提出具体要求:

①中国出版年鉴社.中国出版年鉴1996[Z].北京:中国出版年鉴社,1996.11.93.

②中国出版年鉴社.中国出版年鉴1996[Z].北京:中国出版年鉴社,1996.11.261.

一是要解放思想,拓宽思路,避免选题的重复和相似,要用我们千变万化的出版物和不变的价值导向,反映色彩缤纷的世界;

二是要以当代少年儿童的实践和视角来思考问题,让他们喜闻乐见;

三是要有当代性,出版的读物应该和我国"三步走"的发展战略结合起来,和当代的科技进步结合起来,和现代生活结合起来;

四是要在选题上多样化,要深入到当代生活的各个领域和角落,特别是少儿生活的各个方面;

五是要把说教式的教育方式变成对孩子的帮助和支持,要生动活泼;

六是要在少儿读物的样式上有所突破,特别是电子读物、音像读物,为新时代的少儿提供更多、更好的精神食粮。[①]

新闻出版署署长于友先明确提出要处理好下述几个关系:

一、选题重复与编著创新的关系;

二、豪华本大部头与普通小册子的关系;

三、图书面向城市与面向农村的关系;

四、长远打算与当前目标的关系。[②]

童书业上一阶段发展中存在的大部分问题,都在此次会议上得到了应有的重视,并得到了针对性的建议。

(三)出版资源竞争加剧

1. 成人出版社介入童书出版

市场经济大势所趋,使计划经济体制下的专业分工名存实亡。童书圈外,突破专业分工、争抢优秀出版资源的事件已经屡屡发生。这不但包括对国内出版资源的慧眼发掘,更包括对国外出版资源的强势引进。

对于国内原创儿童文学出版资源的发现方面,非专业少儿社更早就开始"关注当下"。郑渊洁的代表作《皮皮鲁传》与《鲁西西传》诞生于学苑出版社;郁秀的《花季·雨季》诞生于海天出版社;孙幼军新时期的代表作《怪老头》,虽然1991年曾由湖北少年儿童出版社出版,但在1998年却成为春风文艺出版社"小布老虎丛书"的当家之作;杨红樱的成名作品《女生日记》诞生于作家出版社……许多儿童文学领域的当代选题都是由非专业少儿社率先出版的。

在国外出版资源方面,1997年5月,人民文学出版社出版奥地利当代著名童话作

①中国出版年鉴社.中国出版年鉴 1996[Z].北京:中国出版年鉴社,1996.11.92.

②中国出版年鉴社.中国出版年鉴 1996[Z].北京:中国出版年鉴社,1996.11.92.

家福耐克·泰格特霍夫的童话《美丽的龙》(高年生译),收录52篇童话。以当代著名童话作家这样的时代性,挑战了在经典童话里反复炒冷饭的惯性思维;1999年11月,清华大学出版社出版《英汉对照安徒生童话全集》,收录安徒生童话164篇,采用牛津大学英译本与叶君健的中译本两个权威译本,作为一家学术性出版社,将经典童话运作出了学术新意;1999年,译林出版社引进出版了英国著名的幻想小说《魔戒》,在国内图书排行榜行中名列前茅。

2. 新运作机制下产生的出版单位

20世纪90年代末,随着出版改革的大力推进,童书业继一省一社的专业分工时代建立的出版社之外,再次拥有了新成员。分别是:宁夏少年儿童出版社(宁夏银川)、朝花少年儿童出版社(北京)、童趣出版有限公司(北京)、海豚出版社(北京)。这其中有突破分工转型童书业的出版社,如海豚出版社。该社成立于1986年,隶属于中国外文出版发行事业局(中国国际出版集团),是以出版英文、法文、德文、日文、西班牙文等多语种童书的专业外文童书出版社。自1996年以来,海豚出版社突破外文分工,开始出版中文版童书,在市场上的影响力不断提升。1999年,中美合资出版公司也开始出现。美国迪斯尼公司与中国邮电出版社合办童趣出版有限公司,外资的挑战已然呈现,外商所具有的资金实力、营销水平和管理方式都对童书业生存状态构成了威胁。国内一些老牌的出版社则凭借其品牌、人力、资金等方面的优势进军少儿读物出版市场,如:东北师范大学出版社、外语教学与研究出版社,辽宁教育出版社等为代表的大学出版社、教育出版社纷纷设立少儿读物编辑室。个体书商也开始觊觎童书出版领域,其在组织策划等方面的灵活程度,也对专业少儿社构成了新的威胁。为了进一步促进发行,1997年,中国书刊发行业协会少儿专业委员会在上海筹建。由全国16个少儿社的发行联合体和“华东六少”联合而成。

海飞曾撰文称此时的少儿书业已然进入了“四狼夺子”的严峻局面。“子”,指的是少年儿童。“四狼”则分别指:“少狼”,国内的专业少儿社;“老狼”,国内老牌出版社;“独狼”,个体书商;“洋狼”,进入中国市场的外国出版社或传媒巨头。国内专业少儿社内部,也由早期的协作局面转为激烈的竞争,“克隆”选题、“挖版权”等现象层出不穷。

3. 出版社对作家版权的竞争

出于对市场的逐渐认识,优秀的出版资源成为童书业重点关注的问题。1997年,中国出版界曾爆出一大新闻:1997年6月,江苏少年儿童出版社与沈石溪签约,以6位数字的价码买断沈石溪未来10年动物小说作品的出版权,并出版了囊括沈石溪前期

所有动物小说的《中国动物小说大王沈石溪文集》（10卷本）。一次性买断一位作家10年的创作版权，而且是儿童文学作家，这在中国出版界尚属首次。作家资源首次以如此鲜明的价值概念呈现在童书业面前，对作家个体的重视超越了大部头精品书的惯性热情。此项童书出版事件，具有开拓性意义。

1996年，深圳市高中女学生郁秀创作的33万字的长篇小说《花季·雨季》由海天出版社出版。一时间畅销大江南北，成为1996年度儿童文学创作出版的热点。这部图书不但在销售上创出了惊人的成绩，而且受到学界的大力赞赏，为儿童文学的创作打开了一扇别样的窗。正是这样一部作品，使少年写作者受到众多出版社的青睐，比如北京少年儿童出版社出版的"自画青春"系列。但同时，这一少年作者写书带来的良好社会效应，引发了少年创作热，甚至发展到了各出版社之间盲目炒作和争抢的局面。1998年6月26日，辽宁少年儿童出版社买断两位未成年小作者朱星辰和李佳今后4年的著作版权。少年儿童创作者的年龄成为炒作的第一武器，甚至出现了6岁儿童出书的现象。之后，少年作者出书热的问题愈演愈烈，在《2002年全国图书出版工作》综述中专门提到："2002年，各级新闻出版管理部门加强依法审读工作，并重点对以'反腐'为名的'官场小说热''少年作者出书热'等现象进行了研究与有效疏导。"①

在激烈的竞争之下，童书业内的每个出版单位都必须努力寻找自己的发展定位，寻求立足的空间，并在此过程中逐步建立品牌，或生存、发展、壮大，或遭到淘汰。

20世纪90年代末，随着出版业各项改革的推进，童书业的格局发生了微妙的变化。80年代，是少年儿童出版社与中国少年儿童出版社两家独大的局面。到了90年代，《中国图书出版资源基础数据库》课题组《"九五"期间中国图书出版社市场竞争评估初探》中，根据全国图书出版社市场竞争数据序次，综合了"九五"期间整个过程的表现，按照就近优先的加权办法，排列出"九五"期间（1996—2000年）全国图书出版社竞争分值及其序次。在前百位市场竞争数据序次中，少儿类出版社位列其中的有：

"九五"期间全国图书出版社（少儿社）市场竞争数据序次

加权全国序次	出版社	加权平均的竞争分值
20	江苏少年儿童出版社	306.0
26	湖北少年儿童出版社	277.9
27	海燕出版社	269.5

①辛广伟.2002年全国图书出版工作[A].中国出版年鉴社.中国出版年鉴2003[Z].北京：中国出版年鉴社，2003.9.80.

42	四川少年儿童出版社	215.2
59	中国少年儿童出版社	171.8
60	接力出版社	170.9
61	未来出版社	167.5
66	少年儿童出版社	153.1
75	湖南少年儿童出版社	143.6
80	安徽少年儿童出版社	138.5
88	明天出版社	132.1
91	晨光出版社	130.4
97	浙江少年儿童出版社	122.6

排名中，各专业少儿社的次序发生了极大改变。在市场竞争机制下，新社与老社站在了同一起跑线上，比如成立于1989年的接力出版社，虽然社龄排在专业少儿社中的倒数位置，但是在短短的10年间，累计出版图书3000余种，总印数超过3亿册，共有350多种(次)图书获国家图书奖、“五个一工程”奖、中国图书奖、冰心儿童图书奖等各级各类奖项，其中有10种获国家图书“三大奖”。该社1996年被评为全国新闻出版系统先进集体，1997年被评为全国良好出版社，1998年获得“全国优秀出版社”称号。社长李元君获第六届韬奋出版奖。1998年12月15日，中宣部、新闻出版署联合发文(新出联[1998]35号)①，对商务印书馆等14家优秀出版单位予以表彰，受表彰单位中，接力出版社是唯一在列的少儿社。优胜劣汰的法则严酷却现实，新的童书出版格局正在逐步呈现。

还有一个值得重视的数据，“九五”期间，全国少儿类出版社市场竞争数据前十位序次，占同类出版的37.04%，占同类市场份额的61.70%。我们可以清晰地看到，图书业的“二八定律”②已然显现。专业童书出版社一省一社的地区平衡已经被效益、竞争力彻底打破，地域的不平衡，社与社之间的不平衡，各类图书效益的不平衡日渐显现。

(四)首次“中国少儿出版物成就展”③

①中国出版年鉴社.中国出版年鉴1999[Z].北京：中国出版年鉴社，1999.9.181.

②二八定律，也叫巴莱多定律，是19世纪末20世纪初意大利经济学家巴莱多发现的。他认为，在任何事物中，最重要的、起决定性作用的只占其中一小部分，约20%；其余80%的尽管是多数，却是次要的、非决定性，又称“二八法则”。

③卢云.中国出版成就展在北京隆重举办[A].中国出版年鉴社.中国出版年鉴1997[Z].北京：中国出版年鉴社，1997.11.102.

1996年,“中国少儿出版物成就展”在北京举办。此次少儿出版物成就展起因于1996年举办的“中国出版物成就展”。

1996年7月13日至17日,“中国出版物成就展”在北京举办,综合展示改革开放以来,特别是“八五”期间,我国图书、期刊、报纸、电子音像出版等方面所取得的成就。江泽民总书记在参观成就展后提到:“为了满足广大干部群众特别是青少年一代的求知欲,我们要千方百计多出好书,为他们创造良好的学习条件,提供丰富的精神食粮。青少年一代接受新知识很快,新闻出版工作者在把优秀的作品推荐给他们的同时,也要过滤掉不健康的东西,使广大青少年茁壮成长。这是全社会都应该关心的大事。”1996年“六一”前夕,江泽民总书记还专门为中国少年儿童出版社建社40周年题词——“出版更多优秀作品,鼓舞少年儿童奋发向上”。

1996年10月2日至5日,中宣部、新闻出版署在北京展览馆共同举办“中国少儿出版物成就展”。成就展旨在“以实际行动贯彻落实江泽民总书记和李鹏总理的重要指示。”[①]江泽民总书记的题词“出版更多优秀作品,鼓舞少年儿童奋发向上”和李鹏总理在1996年9月15日专门为这次成就展题的词“繁荣童书出版事业,培养祖国四有新人”悬挂在展览大厅。全国26家童书出版社、近80家有童书出版业务的综合出版社、100多家少儿报刊、100多家音像电子出版单位参展,共展出“八五”期间出版的少儿图书、少儿类报纸、期刊、音像制品及电子出版物两万余种。[②]除北京外,上海、天津、武汉、西安、广州、沈阳、成都七大城市在10月2日同时举行了“中国少儿出版物成就展”的分展。

10月6日至9日,中宣部和新闻出版署联合在京召开第三次全国少儿读物出版工作会议。会议对成就展作出总结:“这表明少儿读物出版工作已进入一个新的发展时期,站在一个新的起点上。当前,少儿读物出版工作总体态势是好的,结构趋于合理,题材更加广泛,出版物的形式及载体样式呈现出多样化的格局,并逐步贴近儿童心理、适合儿童阅读,尤其是动画书刊努力探索‘中国特色’并初见成效。”[③]为进一步提高少儿读物整体质量,会议提出当前要抓好的几个方面:坚持正确的出版导向;认真组织出版面向农村少年儿童的读物;认真落实“九五”国家重点图书出版规划少儿读物出版子规划;各地党委宣传部、新闻出版管理部门和各社会群众团体都要重视和支持少儿读物出版工作等,并明确提出加大对少儿文学创作与出版的引导力度。

①中国出版年鉴社.中国出版年鉴1997[Z].北京:中国出版年鉴社,1997.11.105.

②中国出版年鉴社.中国出版年鉴1997[Z].北京:中国出版年鉴社,1997.11.106.

③中国出版年鉴社.中国出版年鉴1997[Z].北京:中国出版年鉴社,1997.11.129.

(五)文学、科普、动漫类图书出版增多

政令效应鲜明的童书工程启动,冲破了单调、低迷的童书出版局面。自20世纪90年代中期,文学、科普、动漫类图书出版逐步升温。出版政策、评奖政策等给予的倾斜,宏观政策的推动力进一步加速了这一升温过程,童书出版逐步呈现出原创读物异彩纷呈的局面。

1. 国家"九五"重点图书出版规划少儿读物子规划

在政策基调的推动下,从国家"九五"重点图书出版规划少儿读物子规划中可以看出相应的变化。此次国家"九五"重点图书出版规划(因列入重点项目1200个,亦称"1200工程"),首先将学科部分作为基础部分,规定这一部分选题占规划的80%左右,保证了各学科项目的覆盖面。在此基础上,特别突出了重大项目以及通俗读物、科普读物、长篇小说和少儿读物。在1200种重点图书规划中,少儿读物子规划共列入选题86种,在科普读物中,也有7种少儿类选题,比例达到7.7%。[①]少儿读物子规划中,儿童文学读物受到前所未有的高度重视,所列入选题中,儿童文学作品类读物多达23种,其中经典童话类读物仅两种,当代原创儿童文学作品显著增多,且题材多样,体裁多样。其次,科幻文学这种曾经在20世纪80年代备受争议的文学样式终于在90年代中期再次受到关注。儿童文学类读物中,有7种是科幻文学读物。科普读物也再次迎来生机,多达19种。再次,卡通动漫读物受到重视,选题中有7种入列,显示了"5155"动画工程对国产动漫图书的扶持。

2. 全国性评奖发挥导向功能

进入20世纪90年代中期,在童书业所涉及的各项全国性评奖中,也呈现出了鲜明的时代印记。全国图书评奖中的最高奖——国家图书奖,自1992年10月10日制定并颁布《国家图书奖评奖办法》为起点,每两年举办一次。评奖的9个门类中专设了少儿类。随着"三大件"工程、"5155"动画工程等对儿童读物当代性价值的关注,第三届国家图书奖评奖(以1995年1月至1996年12月新出版图书为评选范围)中,儿童读物强调了"特别关注优秀长篇小说和少儿读物的评选","积极扶持高质量的科普读物"[②],"参评的童书更贴近了少年儿童,为少儿服务的意识更加强烈"[③]。此次获国家图书

①中国出版年鉴社.中国出版年鉴1997[Z].北京:中国出版年鉴社,1997.11.239.

②中国出版年鉴社.中国出版年鉴1998[Z].北京:中国出版年鉴社,1998.9.140.

③吴尚之.第三届国家图书奖述评[A].中国出版年鉴社.中国出版年鉴1998[Z].北京:中国出版年鉴社,1998.9.109.

奖的两部儿童文学图书分别是接力出版社的“神脑聪仔卡通系列丛书”和海燕出版社的“小鳄鱼丛书”(孙幼军等著),一部卡通和一部原创文学,导向鲜明。而且在获提名奖的8种图书中,有6种是儿童文学图书。

在由中宣部、新闻出版署领导,中国图书评论学会具体承办的全国综合性图书奖——“中国图书奖”评选中,也可以看到“三大件”所发挥的导向作用。在1994年12月21日揭晓的第八届中国图书奖92种获奖图书中,少儿类获奖的8种图书均是知识类图书与思想教育类图书;而在1995年12月21日第九届中国图书奖评出的88种图书中,少儿类8种获奖图书中,湖南少年儿童出版社的图画书《黑眼睛丛书》、安徽少年儿童出版社的“青春口哨文学丛书”和四川少年儿童出版社的《小作家丛书》等均出现在获奖书目中。

在中宣部举办的“五个一工程”评奖中,政令的导向性则更加鲜明。这项始于1991年的精神产品评奖,下设图书、理论文章、戏剧、电影、电视剧五项评奖。1992年5月,正值《在延安文艺座谈会上的讲话》发表50周年之际,首届评选的10种图书中无少儿类图书入选。到1992年度、1993年度和1994年度评选中,少儿类图书每年均有三四种获奖(具体获奖书目见附录),不但所占比例较小,同时主旋律鲜明,突出了教育儿童为使命的宗旨。而到1995年度,中宣部专为此次评奖下发了《关于改进精神文明建设“五个一工程”评选工作的通知》(中宣办发[1996]1号,1996年2月9日),其中不但放宽了各省报送作品的名额,而且专门强调“对少儿文艺作品,还要附上一定数量的少儿观众、儿童文学专家、教师和辅导员的意见”[①],对儿童图书的受众对象给予了充分的重视。此次评奖,少儿类图书受到高度重视,获奖的41种图书中,少儿类占到15种,获奖比例竟超过了30%。至1996年度“五个一工程”奖评选,儿童文学作品入选比例不断加大,在15种获奖少儿类图书中,儿童文学占到了8种。深受儿童喜爱的原创动漫图书也有2种登榜。少儿科普热也再次兴起,在5个最高奖项“荣誉奖”中占据了3项。[②]

3. 出版人主导文学丛书出版

自1995年起,又一轮丛书热在童书业酝酿。该时段的丛书,不再是简单的大全式的汇聚,也不再是大批量的知识丛书,而是以某个主题、某种艺术追求为特色的儿童文学类丛书。伴随20世纪80年代末多元文艺思潮的文学思索与20世纪90年代中期“三大件”工程的催化,加之经过20世纪90年代初专业少儿社引进国外优秀儿童文

①中国出版年鉴社.中国出版年鉴1997[Z].北京:中国出版年鉴社,1997.11.271.

②中国出版年鉴社.中国出版年鉴1997[Z].北京:中国出版年鉴社,1997.11.162-163.

学书籍的预热，儿童文学类丛书的出版于1996年集中喷发。据不完全统计，1996年至2000年，童书业连续推出有影响的儿童文学丛书近30种。

1996年1月，少年儿童出版社出版“巨人丛书”第三辑，汇集8部中长篇作品，包括校园小说《缭乱青春》（赵立中）、科幻小说《长毛巨人》（苗虎）、历史小说《赤色小子》（张品成）、动物小说《疯羊血顶儿》（沈石溪）等多种题材；1月，湖北少年儿童出版社出版韩作黎主编的大型报告文学丛书《师魂》（8卷），300余万字；5月，湖南少年儿童出版社出版儿童文学新作“风铃丛书”（8种）；8月，江苏少年儿童出版社出版“中华当代童话新作丛书”第三辑（5种）；12月，河北少年儿童出版社出版肖复兴主编的《露珠丛书》、北京少年儿童出版社出版“自画青春丛书”（9册）、海燕出版社出版“中国当代儿童文学精品丛书”。北京少年儿童出版社陆续出版《世界少年文学精选丛书》，对世界文学名著进行改写，因封面设计为绿色，被市场通称为“绿皮书”，发行量较大。此外，还有甘肃少年儿童出版社汪晓军策划的“少年绝境自救故事丛书”（10册），被赞为“一次整体策动作家、读者、媒体（刊物）、编辑操作以及后期效应的特色企划型出版行为。”①

1997年12月，梅子涵主编的“花季小说丛书”（8册）由福建少年儿童出版社出版。丛书收入儿童文学文坛崭露头角的新人新作；12月，明天出版社邀请一批著名的成人文学作家，创作出版“金犀牛丛书”与“猎豹丛书”，之后又推出了“金犀牛丛书”的散文卷。

1998年1月，安波舜主编的“小布老虎丛书”由春风文艺出版社出版，湖北少年儿童出版社推出长篇儿童小说“鸽子树丛书”；2月，湖北少年儿童出版社推出“中国最新动物小说丛书”（8种）；9月，金波主编的“红帆船诗丛”由浙江少年儿童出版社出版；11月，二十一世纪出版社的“大幻想文学·中国小说丛书”已推出作品《幽秘花园》等11种。该年，辽宁少年儿童出版社还出版了“当代香港儿童文学极品屋丛书”（10种）。

1999年3月，浙江少年儿童出版社出版“寄小读者散文丛书”（8册）；5月，董宏猷、陈深主编的“红蜻蜓少年随笔丛书”（15册）由湖北少年儿童出版社出版。1999年浦漫汀主编的“小霞客游记丛书”（10册）由晨光出版社出版，叶永烈主编的“中国科幻小说世纪回眸丛书”（6册）和“中国当代寓言精品丛书”（10册）由福建少年儿童出版社出版。

2000年6月至10月，由束沛德主编、高洪波副主编的“中华鲟儿童文学新作丛

①班马.10位作家与1000位小读者共创一套奇书——观照一次成功的少年文学丛书策划与出版行为[J].中国少儿出版，1998，(2)：38.

书"儿童系列(40册)、少年系列(7册)由安徽教育出版社出版;10月,视角独特的"生命状态丛书"(5册),由湖南少年儿童出版社出版。

与20世纪80年代相比,90年代末的丛书热其质的改变在于:由20世纪80年代的大型综合性丛书转为中小型的主题性丛书。主题性丛书显示了出版人的强烈的主体策划意识,建立在对图书市场发展方向与热点的把握和对读者对象的定位之上,标志着童书业丛书出版进入逐步成熟的新阶段。

(六)专业研究刊物《中国少儿出版》创刊

随着童书业开始面对市场经济的结构性调整、由数量增长型向质量效益型转变,出版体制改革逐步推进等一系列外部环境的变化,童书业的发展日益多元,形势日益复杂,对童书业自身的理论研究也日益变得迫切,童书业的理论刊物《中国少儿出版》应运而生。

1997年1月,中国出版工作者协会少年儿童读物出版工作委员会、中国书刊发行行业协会少年儿童读物专业委员会、国际儿童读物联盟中国分会联合主办的综合性应用理论刊物《中国少儿出版》在北京创刊。该刊物初为半年刊,到1998年起改为季刊。刊物挂靠在中国少年儿童出版社,主编为中国出版工作者协会少儿读物工作委员会主任、中国少年儿童出版社社长海飞。该刊办刊宗旨为:"贯彻党和国家的出版方针政策,提升少儿出版理论,交流少儿出版经验,传递少儿出版信息,开拓少儿出版视野,加强少儿出版国际交往。"[①]《中国少儿出版》的创刊,"拉开了少儿出版理论研究的序幕,开启了少儿出版理论研究的序幕,开启了一个少儿出版的自觉时代。"[②]在1997年之后的十余年内,《中国少儿出版》成功地扮演了童书业理论研究、资讯交流的"专属平台"角色,极大地带动了对童书业开展理论研究的热情,促进了童书业从业人员的业务成长,同时成为儿童文学理论研究者对当下童书业各种现象展开反思、研讨的主渠道之一。十余年间,《中国少儿出版》为业界与儿童文学研究界提供各类少儿出版信息1372条,[③]保存了诸多珍贵的童书发展资料和数百万字的研究文章。并紧跟童书出版、创作与阅读的动态推出畅销书点评、海外畅销榜、儿童阅读专栏、研讨会专栏、历年中国少儿出版十件大事评选等时效性、针对性极强的栏目,搭建了我国少儿出版领域唯一的少儿出版专业理论研究平台,显示了童书出版人热切的出版文化价

①发刊词[J].中国少儿出版,1997,(1):1.

②韩进.中国少儿出版的一面旗帜——《中国少儿出版》10周年感念[J].中国少儿出版,2007,(3):14.

③海飞.童话般美丽的探索与追求——写在《中国少儿出版》创刊10周年之际[J].中国少儿出版,2007,(3):8.

值诉求。王泉根曾评价该刊为“一面高扬在中国少儿出版界的旗帜”“一座连结中外少儿出版领域的桥梁”“一支吹响激励中国少儿出版事业前进的号角”“中国出版文化的一份宝贵财富与研究资源”。[①]

回顾该时段,政令驱动的童书繁荣仅仅短暂维持至1997年,书业的商业属性日渐被认可,经济的力量取代了政令的力量。自1998年开始,童书业显现出单纯数量增长与市场发行不畅的典型的不对接问题。1998年全国少儿图书订货会上暴露出多年来存在的问题:一方面图书滞销生意清淡,另一面却是“注水”的订货数字连创新高,“为了不至于订货量太落后,脸上无光彩,便在数字上‘扩大战果’,掺杂水分多了,数据膨胀失真,无法对客观形势作出科学准确的判断。”[②]1998年的全国少儿图书订货会上,干脆取消了弄虚作假的订货会码洋排行,提出:“自1999年开始,全国少儿社图书看样订货会不再以订数为衡量依据和分摊费用依据,改为与国际接轨,一步到位,将订数作为商业机密不予公布,并以展位费为依据分摊费用,以更利于图书品种和质量的竞争。”[③]新闻出版署图书司选题审读小组《1998年全国出版社选题审读分析》中指出:根据已经报来的20家少儿专业出版社的报表统计,选题总量上升,平均每社183种(1997年153种),比1997年增长约20%。[④]但存在的问题诸如汇集、改编多,创作少;辅导性读物多,引导生活读物少;知识读物多,有针对性的读物少等不合理的图书结构仍未转变;“出版思路上仍然尚待突破性的进展”;“全国每年最少要推出同类型读物六七百种,重复出版的图书多达六七十种”。[⑤]应景跟风、重复出版、图书选题开拓不足等问题,直接导致了童书出版缺乏生机。到1999年,在全国书业种数增长的局面下,“不同门类的图书发展不均衡。科技、法律、经济等类图书的发行量稳步上升,文学、少儿类图书下滑明显”,[⑥]童书种数再次下降2.89%,印数再次下降11.52%。

当全国书业从1978年的3774百万册的印数逐步攀升到6000百万册以上,实现了近一倍的增长,并已经在1996年开始向优质高效转型时,童书业的实物量却从1986年以来始终在倒退。即使1997年在一系列重大措施的推动下实现了种数89.06%、印

①王泉根.新世纪中国少儿出版的号角——贺《中国少儿出版》创刊10周年[J].中国少儿出版,2007,(3):10-11.

②郑骏.对图书订货会的重新审视[J].图书发行研究,1999,(4):51.

③尚万春.拒绝浮夸——少儿图书订货会取消码洋排行榜[N].中华读书报,1998-08-05.

④新闻出版署图书司选题审读小组.1998年全国出版社选题审读分析[A].中国出版年鉴社.中国出版年鉴 1999[Z].北京:中国出版年鉴社,1999.9.370—373.

⑤周祥雄.少儿图书结构失衡的原因与校正[J].中国出版,1997,(6):20.

⑥王泉根.坚定不移地建设统一开放、竞争有序的出版物大市场——1999年图书发行工作综述[A].中国出版年鉴社.中国出版年鉴 2000[Z].北京:中国出版年鉴社,2000.10.87.

数68.75%的短暂、大幅增长，但这个243百万册的实物量，仍然没恢复到1978年的水平。将全国书业的实物量走势和童书业的实物量（印数）走势曲线图并行显示，会呈现这样的面貌：

1978至2000年我国历年出版物印数统计

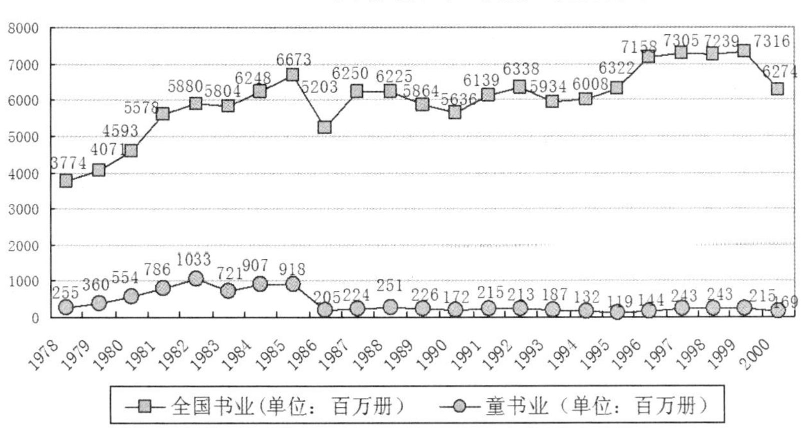

再来考察童书的重版率。1996年，全国图书重版率提高到了46%，童书重版率已经高达52%，[①]高于整体书业6个百分点。这恰恰与多次订货会上童书热销的现象相呼应。这说明，童书业从1978年以来的近20年间，出版了许多堪称经典、受到社会广泛认可的图书，且历经多年而不衰。但高重版率与低印数同时存在时，暴露出来的问题就是，除了这些经受了时间考验的重版书在热销以外，大量新出品种的图书印数极低，它们在书业生产发行流程中，仅仅是昙花一现，几个月不到，就由新书转变成库存、转化成废纸。当童书出版出现供大于求、供求不相适应的局面时，就昭示出一个问题，童书业还未从粗放经营的模式中真正转型，童书出版“无效供给过剩”“有效供给不足”的时代来临了。它催促童书业转入思考，如何适应市场，开拓市场，满足小读者的精神需求，出版童书精品，用精品引导市场、培育市场。

也正是从1996年起，童书出版物实现了由知识读物为主向文学读物为主的转型，出版人也得以借助出版行为展示出版的文化价值诉求。

①阎晓宏.1996年图书出版概述[A].中国出版年鉴社.中国出版年鉴1997[Z].北京：中国出版年鉴社，1997.11.22.

四、1996—2000童书出版大事记

1996年

本年，全国共出版少年儿童读物3053种(其中初版1588种)，比上年增长28.6%；印数143.87百万册，比上年增长21.28%。

1996年1月，少年儿童出版社出版"巨人丛书"第三辑，汇集8部中长篇作品，包括校园小说《缭乱青春》、科幻小说《长毛巨人》、历史小说《赤色小子》、动物小说《疯羊血顶儿》等。

1996年1月，湖北少年儿童出版社出版韩作黎主编的大型报告文学丛书"师魂"，共分8卷，约300余万字。

1996年1月，吉林省作家协会和北方妇女儿童出版社在长春联合召开儿童文学创作规划会，共商落实重点出版选题。

1996年2月9日，中宣部办公厅下发《关于改进精神文明建设"五个一工程"评选工作的通知》，放宽了参评数量，强调了作品的实际效应，并提出，对少儿文艺作品，还要附上一定数量的少儿观众、儿童文学专家、教师和辅导员的意见。

1996年2月，黎泽雄编的《黎锦晖和儿童文学》由少年儿童出版社出版。

1996年2月，汪晓军策划的"少年绝境自救故事丛书"(10册)，由甘肃少年儿童出版社出版，每本书由一位作家创作的一个原创故事和100位小读者参与的100则"自救方案"构成。

1996年3月，吴其南著的《德国儿童文学纵横》由湖南少年儿童出版社出版。

1996年3月，班马的论文《缺失本体根基的浮游与无奈靠泊》发表在本年度少年儿童出版社《儿童文学研究》第一期上。该刊先后发表了刘绪源、方卫平、王泉根、梅子涵的文章，对此展开争论。

1996年4月25日，第八届全国图书"金钥匙"奖颁奖大会在京举行。本次评奖吸收北京地区的10所大专院校和10家新华书店组织投票，并分为社科、文艺、科技、少儿、综合等五大类展开评选。获奖书目中少儿类入选作品有所增加。

1996年4月29日，中国科协、国家广电部、新闻出版署、中国科普作协联合在京召开第三届全国优秀科普作品奖发奖大会。在5项"荣誉奖"中，少儿类入选3项，分别是：安徽少年儿童出版社的《高士其全集》《奔向金色的明天——茅以升科普作品精选》、少年儿童出版社的《竖鸡蛋和别的故事——叶至善科普文选》。在12项"一等奖"

中，少儿类也占有6项。

1996年5月29日，中国作家协会第三届(1992-1994)全国优秀儿童文学评奖活动颁奖。小说《男生贾里》、散文《我们的母亲叫中国》、诗集《到你的远山去》、童话《狼蝙蝠》等19部作品获奖。

1996年5月，经新闻出版署批准，中国西部儿童动画图书出版基地宣告诞生。由四川少年儿童出版社牵头，骨干单位包括湖北少年儿童出版社、未来出版社、晨光出版社、四川峨眉电影制片厂。

1996年5月，湖南少年儿童出版社出版儿童文学新作"风铃丛书"，包括邓湘子的《雪魂》、徐鲁的《你的快乐在远方》、谢乐军的《挨打保险公司历险记》等小说、诗歌、散文、童话集8册。

1996年6月1日，中国少年儿童出版社建社40周年。江泽民为中国少年儿童出版社题词："出版更多优秀作品，鼓舞少年儿童奋发向上。"李鹏题词："少年儿童的良师益友。"

1996年6月9日，重庆市作家协会和重庆出版社为儿童文学老作家张继楼举行活动，祝贺张继楼从事儿童文学创作40周年。

1996年6月24日，中宣部、新闻出版署联合发出《关于制定和实施中国儿童动画出版工程的通知》。中国儿童动画工程(简称"5155工程")的主要内容是：力争在两三年内，通过调动和集中全国的创作、编辑、出版、销售力量，建立5个儿童动画出版基地，重点出版15套大型系列儿童动画图书，办好5个儿童动画(漫画)刊物，以此推动全国的儿童动画读物出版的繁荣，满足中国少年儿童的阅读需求。

1996年6月24日，中国出版工作者协会少年儿童读物出版工作委员会发行专业委员会亦即全国少儿出版社发行集团在上海宣告成立，少年儿童出版社社长周舜培任主任。

1996年6月，由中国作家协会、上海市委宣传部以及上海市作家协会、少年儿童出版社、安徽少年儿童出版社联合举办的"秦文君作品研讨会"在北京召开，80多人与会。

1996年6月，"鲁兵儿童文学创作50周年研讨会"在上海举行。研讨会上同时揭晓了第15届"陈伯吹儿童文学奖"获奖名单。

1996年7月30日，中宣部、新闻出版署发出《关于做好首届"全国百佳出版工作者"评选工作的通知》，委托中国出版工作者协会开展"全国百佳出版工作者"评选表彰活动。该活动每两年举办一次，每次评选出100名优秀出版工作者。第一届受表彰的优秀少儿出版工作者有：中国少年儿童出版社庄之明、新蕾出版社顾传菁(女)、希

望出版社王素馨(女)等9人。

1996年7月,王泉根评选的《中国当代儿童文学文论选》由接力出版社出版。

1996年7月,樊发稼主编的《金江寓言评论集》由海燕出版社出版。

1996年8月,江苏少年儿童出版社出版“中华当代童话新作丛书”(第三辑),包括彭懿的《疯狂的绿刺猬》、班马的《绿人》、戴达的《怪鼠与割影刀》等5种。

1996年9月,1995年度全国“五个一工程”评选揭晓。本次入选“一本好书”的图书中,少儿类达15种,超过入选图书总量的30%。包括浙江人民美术出版社的《中华少年奇才》、接力出版社的《神脑聪仔》等国产动漫图书,江苏少年儿童出版社的“中华当代少年小说丛书”、安徽少年儿童出版社的“青春风景创作丛书”等原创儿童文学图书。

1996年9月9日至12日,《儿童文学》杂志社主办的“96儿童文学创作研讨会”在北京举行。

1996年9月,金燕玉著的《美国儿童文学初探》由湖南少年儿童出版社出版。

1996年9月,中国少年儿童出版社推出“中国新科幻小说系列·天狼星丛书”(8册),收入我国老中青三代作家的科幻新作。

1996年10月2日至5日,中宣部、新闻出版署在北京展览馆共同举办“中国少儿出版物成就展”,集中展示十一届三中全会以来,特别是“八五”期间我国少儿读物出版成就。全国26家少儿出版社、近80家有少儿出版业务的综合出版社、100多家少儿报刊、100多家音像电子出版单位参展。上海、天津、武汉、西安、广州、沈阳、成都等七大城市在10月2日同时举行了分展。

1996年10月6日至9日,中宣部和新闻出版署联合在京召开第三次全国少儿读物出版工作会议。全国33家少儿读物出版社、10家少儿期刊社的负责人、部分省区市党委宣传部、新闻出版局的负责同志及在京有关单位负责人共60多人参加了会议。

1996年10月7日至10日,中共十四届六中全会在北京举行。全会审议并通过《中共中央关于加强社会主义精神文明建设若干重要问题的决议》。

1996年10月23日,中央办公厅、国务院办公厅发布的《中央办公厅、国务院办公厅关于加强全国性文艺新闻出版评奖管理工作的通知》,指出了近年来全国性文艺、新闻、出版评奖奖项过多、重复设置,以及评奖不规范、不公正、质量不高、乱收费等问题。

1996年10月,班马著的《前艺术思想:中国当代少年文学艺术论》由福建少年儿童出版社出版。

1996年10月,《浦漫汀儿童文学评论集》由海燕出版社出版。

1996年11月8日至18日,第七届全国书市在深圳举办。据书市组委会零售分类统计显示,少儿读物数量为89867册,占总数的9.58%;码洋1196496元,占总额的6.26%。销售码洋排名前40名的出版社中,少年儿童出版社的码洋150015.12元,排名14;江苏少年儿童出版社码洋105345.80,排名27。

1996年11月11日至17日,第十一届全国少儿出版社社长年会在海南省海口市召开。出席会议的有各社社长、总编辑、少儿编辑部主任等正式代表34人。中宣部出版局局长高明光、图书处副处长孟祥林应邀出席。会议还同意吸收海豚出版社加入少读工委。至此,少读工委会员单位发展到35家。

1996年11月,深圳市高中女学生郁秀创作的33万字的长篇小说《花季·雨季》由海天出版社出版,该书成为本年度儿童文学创作与出版的热点。

1996年11月,《陈模与儿童文学》由北京少年儿童出版社出版。

1996年12月18日,第十届中国图书奖颁奖。百种图书获奖,其中获奖少儿类图书有:中国少年儿童出版社的《中华人物故事全书近代部分》、新蕾出版社的"手拉手奔向新世纪丛书"、浙江少年儿童出版社的《老外公的故事》等5种。该奖从第十一届开始,改为由中宣部、新闻出版署直接领导,中国出版工作者协会主办,中国图书评论学会承办,每两年一次,与国家图书奖评选交替进行。

1996年12月,浦漫汀主编的《中国当代儿童文学国际性主题作品选》由希望出版社出版。

1996年12月,北京少年儿童出版社开始陆续出版"世界少年文学精选丛书",此套书是从台湾引进版权,对世界文学名著进行改写而成的。丛书共54册,总计706万字。因封面设计为绿色,市场称其为"绿皮书"。

1996年12月,肖复兴主编的"露珠丛书"由河北少年儿童出版社出版。丛书收录郭风、宗璞、柳萌、韩少华、许淇、肖复兴、陆星儿、张抗抗、赵丽宏、铁凝等12位散文名家的作品。

1996年12月,海燕出版社出版"小鳄鱼丛书",该丛书为金波、孙幼军、赵冰波、常瑞等知名作家创作的中篇童话新作,共10册。海燕出版社分别约请10位儿童文学评论家对该丛书进行了评论。

1996年12月,以宣传环境保护为主题的科幻动画丛书"地球保卫战"由新蕾出版社推出。全套丛书编辑出版历时2年多,共10册。丛书为"中国少儿动画工程"重点图书之一,获1996年度"五个一工程"奖。

1996年，由冰心主编、樊发稼执行主编的《新时期儿童文学名家作品选》丛书由福建少年儿童出版社出版。全书精选张之路、曹文轩等14位作家的作品，共300万字。

1996年，海燕出版社出版“中国当代儿童文学精品丛书”，分为小说卷（浦漫汀选编）、童话卷（张美妮选编）、寓言卷（金江选编）、散文卷（汤锐选编），诗歌卷（金波选编），共400万字。

1996年，海豚出版社开始出版中文版儿童图书。

1996年，国家“九五”重点图书出版规划制订并实施，因列入重点项目1200个，亦称“1200工程”。规划将学科部分作为基础部分，在此基础上特别突出重大项目以及通俗读物、科普读物、长篇小说和少儿读物。少儿读物子规划列入选题86种。

1997年

本年，全国共出版少年儿童读物5772种（其中初版2999种），比上年增长89.06%；印数243.41百万册，比上年增长68.75%。

1997年1月，国际儿童读物联盟中国分会（CBBY）由新闻出版署外事司划归中国版协少读工委管理。

1997年1月，希望出版社推出《20世纪中国儿童歌曲经典作品》，全书汇集了从1912年到1995年近百年来的中国儿童歌曲127首。

1997年2月4日，丹麦王国驻华大使白慕申在北京代表丹麦女王玛格丽特二世陛下向中国《安徒生童话故事全集》的译者林桦教授颁发丹麦王国骑士勋章。丹麦童话作家安徒生作品插图展览于3月3日至16日在北京举行。

1997年2月，明天出版社出版“彭懿童话文集”四卷本。

1997年3月，《童话梦——葛翠琳和她的创作》由浙江少年儿童出版社出版。

1997年4月10日至13日，第34届博洛尼亚国际儿童书展在意大利博洛尼亚举行，“少年文学图书金奖”颁奖大会同时举行。我国《有一个女孩》获该项金奖。

1997年4月，第三届“全国优秀少儿读物奖”评选揭晓。40家出版社的412种少儿读物参加评选，评出一等奖10种（册）、二等奖31种（册）、三等奖64种（册）。

1997年4月，沈阳出版社“棒槌鸟儿童文学丛书”研讨会在沈阳召开。丛书收录了辽宁省6位青年作家的小说与童话，包括肖显志的《北方有热血》、董恒波的《天机不可泄露》等。

1997年4月，“世界童话经典”（共8卷）由春风文艺出版社出版。

1997年4月，《中华读书报》报道获奖少儿图书购书难问题。

1997年5月15日至21日，中国出版工作者协会少年儿童读物出版工作委员会少儿文学读物研究会第五届年会在福建省武夷山召开。

1997年5月30日，人事部、新闻出版署联合下发《关于评选全国新闻出版系统先进集体和先进个人的通知》，1998年1月18日在北京召开表彰会。专业少儿社获“全国新闻出版系统先进集体”的有：希望出版社、内蒙古少年儿童出版社《纳荷芽》编辑部、黑龙江少年儿童出版社、少年儿童出版社、明天出版社、接力出版社、未来出版社、甘肃少年儿童出版社8家；获“全国新闻出版系统先进工作者”的有：王素馨(希望出版社)、刘建屏(江苏少年儿童出版社)、温源(安徽少年儿童出版社)、史俊(二十一世纪出版社)、郭玉洁(海燕出版社)、刘道清(湖北少年儿童出版社)6人。

1997年5月，人民文学出版社出版奥地利当代著名童话作家福耐克·泰格特霍夫的童话《美丽的龙》(高年生译)，该书收入该作家52篇童话。

1997年6月12日至14日，中国版协幼儿读物研究委员会、宋庆龄基金会《动画世界》杂志社在歌德学院北京分院联合举办“中德儿童书籍插图研讨会”。中德画家即兴创作的作品，由德国专家汇编成书《孩子需要什么》，用中德两国文字印制出版。

1997年6月27日，由新闻出版署署长于友先签发署长令，批准实施《图书质量保障体系》。

1997年6月，江苏少年儿童出版社与沈石溪签约，以6位数字的价码买断沈石溪未来10年动物小说作品的出版权，并出版了囊括沈石溪前期所有动物小说的《中国动物小说大王——沈石溪文集》(10卷)。

1997年6月，根据《中央办公厅、国务院办公厅关于加强全国性文艺新闻出版评奖管理工作的通知》，全国出版评奖项目审批工作结束，12项常设全国性出版方面的评奖项目获准立项。这些奖项有：国家图书奖、中国图书奖、全国优秀科普读物奖、中国韬奋出版奖、全国优秀中青年图书编辑奖、全国“百佳出版工作者”奖等。

1997年7月1日，中国出版工作者协会少年儿童读物出版工作委员会、中国书刊发行行业协会少年儿童读物专业委员会、国际儿童读物联盟中国分会联合主办的《中国少儿出版》理论刊物在北京创刊。该刊挂靠在中国少年儿童出版社，主编为海飞。初为半年刊，到1998年改为季刊。

1997年7月13日至19日，由中国版协少年儿童读物出版工作委员会主持的第十二届全国少儿出版社社长年会在西藏拉萨召开，全国32家少儿出版社和人民出版社少儿室的代表50余人出席会议。会议还举行了少读工委向“西藏希望工程文库”捐款的捐赠仪式和少读工委新创办的理论刊物《中国少儿出版》的首发式。

1997年7月21日至22日，新组建的中国作家协会儿童文学委员会第一次全体会议在京举行。新一届儿童文学委员会由21人组成，束沛德任主任委员，高洪波、樊发稼任副主任委员。委员有王泉根、尹世霖、白冰等19人。

1997年7月21日，由中国作家协会儿童文学委员会、鲁迅文学院、《儿童文学》杂志社联合举办的第一届儿童文学青年作家班在鲁迅文学院开班，来自全国各地的30位青年作者参加了为期半个月的学习。

1997年7月，北京少年儿童出版社出版"自画青春丛书"(9册)，作者均系在校大中学生，特邀肖复兴、陈建功、张之路、夏有志、曹文轩、毕淑敏等作家担任文学指导。

1997年8月1日，中国出版工作者协会少儿读物工作委员会全国少儿读物插画装帧设计研究会在山东青岛成立并召开研讨会。会议由明天出版社和新蕾出版社承办，22家少儿出版社的美术编辑人员共39人参加研讨。

1997年8月4日至9日，"世界儿童文学大会暨第四届亚洲儿童文学大会"在韩国汉城召开。中国各地20余人赴会，蒋风、秦文君、孙建江、李仁晓等在大会上发言。会上成立了亚洲儿童文学学会，李在彻、四方晨、陈子君、蒋风、林焕彰等9人为会长和副会长。

1997年8月25日，第三届国家图书奖评选揭晓。接力出版社的"神脑聪仔卡通系列丛书"和海燕出版社的"小鳄鱼丛书"获得国家图书奖，中国青年出版社的"刘先平大自然探险长篇系列"和海天出版社的《花季·雨季》等8种获国家图书奖提名奖。

1997年8月，由中国书刊发行业协会组织的1996—1997年度全国文艺、文教、少儿类优秀畅销书评选活动启动。以"在畅销基础上的优秀，在优秀前提下的畅销"为评选原则。

1997年9月19日，中共新闻出版署党组根据十五大代表、署党组书记、署长于友先的意见，组织召开了"出版界学习宣传贯彻十五大座谈会"。

1997年9月，第六届"五个一工程"评选揭晓。49种图书入选"一本好书奖"。少儿类获奖图书共计15种，包括江苏少年儿童出版社的《我要做好孩子》、湖南少年儿童出版社的《精神之火——中华民族精神与当代青少年使命》、广东海天出版社的《花季·雨季》等。

1997年10月5日至11日，二十一世纪出版社在江西三清山举办"跨世纪中国少年小说创作研讨会"。会议提出"大幻想文学"的创作与出版理念。

1997年10月31日，《中国图书商报》发表《1991—1996年中国输出图书版权状况》，指出版权输出的地区差异，其中提到输出版权较多的十几家出版社中，包括江苏

少年儿童出版社、浙江少年儿童出版社、辽宁少年儿童出版、未来出版社4家少儿社。

1997年10月，中国少年儿童出版社推出我国第一套中英文对照的《西游记立体画册》。画册采用中国画技法，选入“金猴出世”“大闹天宫”“火焰山”“三打白骨精”等故事。

1997年11月12日至14日，由全国少儿读物工作委员会主办、少年儿童出版社承办的“97上海儿童文学创作、出版研讨会”在上海召开。中宣部、新闻出版署、中国作协、上海市委宣传部的有关领导及全国各地少儿出版社文学出版负责人、全国著名儿童文学作家和评论家等60余人出席大会。

1997年11月27日至28日，中国出版工作者协会少儿读物出版工作委员会第六次主任委员会议在山东济南召开。会议由明天出版社承办。

1997年11月，少年儿童出版社出版了“跨世纪儿童文学论丛”。先期出版的有：黄云生著《人之初文学解析》、朱自强著《儿童文学的本质》、彭懿著《西方现代幻想文学论》、刘绪源著《儿童文学的三大母题》、竺洪波著《智慧的觉醒》、吴其南著《转型期少儿文学思潮论》等6种。

1997年12月26日至28日，少年儿童出版社庆祝建社45周年，在上海图书馆举办图书回顾展，展出建社以来各个时期的中外图书、音像制品千余种。

1997年12月，曹文轩的长篇小说《草房子》由江苏少年儿童出版社出版，此书成为该年儿童文学创作、出版、评论的热点。

1997年12月，张章(张天翼之女)执编的《张天翼儿童文学作品全集》由湖南少年儿童出版社出版。文集收录了张天翼的全部儿童文学作品，按童话、小说、剧本、寓言和有关儿童文学的序言分为五个栏目。

1997年12月，束沛德主编的“中国当代儿童诗丛”(共8本)由湖南少年儿童出版社出版。

1997年12月，梅子涵主编的“花季小说丛书”(8册)由福建少年儿童出版社出版。丛书收录了殷健灵、张洁、萧萍、曾小春、简平、王蔚、章红、老臣等新人的新作。

1997年12月，明天出版社邀请著名的成人文学作家创作出版了“金犀牛丛书”与“猎豹丛书”。“金犀牛丛书”包括王安忆的《一个故事的三种讲法》、池莉的《黑鸽子》、毕淑敏的《雪山的少女》、张炜的《远河远山》、刘毅然的《奔逃》、迟子建的《热鸟》等6种。“猎豹丛书”包括沈石溪、周大新、阎连科、简嘉、陶纯、于波、苗长水等7位军旅作家的作品。

1997年，中共辽宁省委、省政府召开的辽宁文艺创作会议确定设立“辽宁省优秀儿童文学奖”，由辽宁省作家协会承办。首届评奖中，郭全的长篇小说《阿娟和她的丹顶鹤》、常星儿的长篇儿童小说《走向棕榈树》获奖，老作家吴梦起的《吴梦起童话选》获荣誉奖。

1997年，中国书刊发行业协会少儿专业委员会在上海筹建，由全国“少儿16社”发行联合体和“华东6社”联合而成。

1997年，福建少年儿童出版社推出美国著名科幻小说家詹姆斯·冈恩的《科幻之路》(4卷)。并同时推出了“中国科幻列车丛书”，由刘兴诗主编，丛书每辑6册，每册10万字，该丛书被新闻出版署列为国家九五规划重点图书。

1998年

本年，全国共出版少年儿童读物6293种(其中初版3407种)，比上年增长9.03%；印数243.07百万册，比上年下降0.14%。

1998年1月，由中国书刊发行业协会组织的1996—1997年度全国文艺、文教、少儿类优秀畅销书评选活动揭晓，少儿类入选75种。少年儿童出版社的《三毛流浪记》、浙江人民美术出版社的《中华少年奇才》、人民教育出版社的《中华五千年卡通故事》等名列前十。

1998年1月26日，“全国出版物信息网络”正式启动。全国出版物信息网络以北京为中心，8个省市为分中心，共有百家网员单位。

1998年1月，《巨人》1997年“最受读者欢迎的作品”揭晓。秦文君的《男生贾里新传》、刘兴诗的《祖母绿女神》、张品成的《北斗当空》等6篇作品入选。

1998年1月，安波舜主编的“小布老虎丛书”由春风文艺出版社出版。推出的首批作品包括秦文君的《调皮的日子》和陈丹燕的《我的妈妈是精灵》。

1998年1月，湖北少年儿童出版社推出一套长篇儿童小说“鸽子树丛书”，收入方方、竹林、赵玫、蒋子丹、蒋韵、林白、唐敏等著名女作家的作品。

1998年1月，《曹文轩儿童文学论集》由二十一世纪出版社出版。

1998年1月，中国少年儿童出版社推出“纽伯瑞儿童文学奖丛书”，将该奖项历年获奖作品进行筛选汇编，首批推出20余种，分为亲情、友爱，探险、奇遇，童话、幻想，动物、自然4个系列。该丛书是中国少年儿童出版社“地球村”图书系列的一部分。

1998年2月，湖北少年儿童出版社推出一套“中国最新动物小说丛书”，共8种。作者有：沈石溪、金曾豪、朱新望、车培晶、崔晓勇。

1998年2月，河北省作协、河北少年儿童出版社在石家庄联合召开“河北儿童长篇

小说创作出版座谈会”。

1998年3月20日，中国作家协会儿童文学委员会与二十一世纪出版社在北京联合召开董宏猷重新修订的《一百个中国孩子的梦》出版座谈会。

1998年3月20日至23日，由海峡两岸儿童文学研究会、民生报社共同主办的“1998年海峡两岸童话学术研讨会”在台北举行。25日至27日，台东师范学院在台东举办“台湾地区(1945年以来)现代童话学术研讨会”。大陆学者、出版人金燕玉、王泉根、汤锐、方卫平、孙建江以及作家张秋生、赵冰波、葛竞应邀参加了这两次会议。

1998年3月23日，中国作家协会儿童文学委员会与吉林省新闻出版局、吉林省作家协会在北京联合召开金叶长篇小说《都市少年》三部曲(《太阳桥》《月亮河》《星星河》)研讨会。

1998年3月25日，中国作家协会儿童文学委员会召开在京委员会议，讨论了《全国优秀儿童文学奖评奖条例》(征求意见稿)和《关于举办中国作家协会第四届(1995—1997)全国优秀儿童文学奖的评奖方案》(草案)，并就编辑《50年儿童文学精选》进行商讨。

1998年3月26日，中宣部出版局、广西区党委宣传部和区新闻出版局、接力出版社等单位在京联合召开“动画故事丛书《一个中国孩子的英雄喜剧》出版研讨会”。该书由中宣部出版局策划、接力出版社出版，是动画丛书“神脑聪仔”的姊妹篇。

1998年3月27日，中国作家协会儿童文学委员会与福建少年儿童出版社在京联合召开“花季小说丛书”暨长篇少年小说创作研讨会。

1998年3月30日，中国作家协会儿童文学委员会、中共江苏省委宣传部、江苏省新闻出版局在京共同举办曹文轩长篇新作《草房子》研讨会。

1998年3月31日，新闻出版署根据《关于1997年出版社年检登记的通知》和《关于考核优秀和良好图书出版单位的通知》规定，评出150家良好出版社，并发布《关于表彰中国大百科全书出版社等150家良好出版社的决定》。地方出版社中，新蕾出版社、河北少年儿童出版社、希望出版社等17家专业少儿社入选。

1998年3月，张美妮、巢扬主编的《中国新时期幼儿文学大系》由未来出版社出版。全书分为幼儿童话、故事、散文、儿歌、诗歌、理论等6卷，共7册，200万字。

1998年4月2日至5日，国际儿童读物联盟中国分会组团参加意大利博洛尼亚书展。

1998年4月7日至11日，中宣部出版局、国家新闻出版署图书司委托中国社会科学院新闻研究所媒介传播与青少年发展研究中心和《中国图书商报》联合开展“我国

儿童阅读状况和市场趋势调查”。

1998年4月10日，中国作家协会儿童文学委员会、诗刊社、湖北少年儿童出版社在京联合召开了“中国当代儿童诗丛”研讨会。

1998年4月，根据新闻出版署将CBBY归属中国出版工作者协会少儿读物工作委员会（简称中国版协少读工委）管理的指示精神，版协少读工委第七次主任委员会议研究决定，成立名誉会长、会长、理事、秘书长等组成的新一届CBBY领导机构。名誉会长为于友先、刘杲、严文井，会长为海飞（中国少年儿童出版社社长），副会长为赵镇琬（明天出版社社长）、周舜培（少年儿童出版社社长）。郭占魁、李元君等9人任理事。

1998年4月，中国版协少读工委和《中华读书报》联合开展“中国少儿读物状况调查”，并刊布《关注孩子们的精神食粮》调查报告。

1998年4月，叶至善先生著的《我是编辑》由中国少年儿童出版社出版。

1998年5月18日，我国标志性大型图书商厦——北京图书大厦在北京正式开业。

1998年5月26日至6月1日，由中国关心下一代专家委员会和中国版协幼儿读物研究委员会联合举办的“98幼儿读物展暨幼儿读物出版研讨会”在深圳市博物馆举行，展出40多家出版社选送的400多种、1500多册幼儿读物，还有我国古代、“五四”时期的儿童读物，和香港地区、台湾地区以及德国、法国、捷克等国家的近百种幼儿读物。

1998年6月26日，辽宁少年儿童出版社买断两位未成年小作者朱星辰和李佳今后4年的著作版权。

1998年6月，《秦文君文集》由安徽少年儿童出版社出版。全书分为长篇、中短篇小说与散文随笔等5卷。

1998年7月27日至31日，第十三届全国少儿出版社社长年会在贵阳召开。31家少儿出版社和人民出版社少儿室的代表50余人出席。

1998年7月，江西省作家协会及儿童文学委员会与赣州地区文联、石城县政府在石城县联合召开“曾小春儿童文学作品研讨会”。

1998年8月10日至20日，中国作家协会儿童文学委员会、《儿童文学》杂志社和鲁迅文学院在北戴河“创作之家”联合举办第二届儿童文学作家讲习班暨《儿童文学》夏令营。

1998年9月22日，中国版权保护中心在北京成立。

1998年9月，任大星著的《儿童小说创作艺术谈》由少年儿童出版社出版。

1998年9月，金波主编的“红帆船诗丛”由浙江少年儿童出版社出版。其中包括金

波的十四行儿童诗《我们去看海》、雷抒雁的少年朗诵诗《青春的声音》以及朱效文、徐鲁、东达、宁珍志的诗作共6部。

1998年9月,"国际格林奖"改组评委会,蒋风接替已故的陈伯吹入选由9人组成的评委会。该奖由国际儿童文学馆(日本大阪)成立财团设立,用来奖励世界上从事儿童文学研究、对促进国际儿童文学事业作出杰出贡献者。

1998年9月,CBBY组团赴新德里参加IBBY第26届世界大会。

1998年10月28日至30日,中宣部和新闻出版署联合在郑州召开第五次全国少儿读物出版工作座谈会。会议分析了当前面临的形势和问题,提出建立并完善多出优秀少儿读物的工作机制、做好农村少儿读物出版工作的问题。

1998年11月,二十一世纪出版社的"大幻想文学·中国小说丛书"推出作品《幽秘花园》《太阳照不亮的脸》《老房子里小人精》《月光电车》等11种。本月,该社出版了彭懿的《世界幻想文学导读》。

本月,德国当代最著名的儿童文学作家、国际安徒生奖提名奖得主奥德弗雷特·普鲁士勒创作的幻想文学《鬼磨坊》由二十一世纪出版社出版。

1998年12月15日,中宣部、新闻出版署联合发文(新出联〔1998〕35号),对商务印书馆、接力出版社等第三批优秀出版单位共14家予以表彰。

1998年12月,德国蒂奈曼出版社社长汉斯于尔格·威特布莱特先生应二十一世纪出版社邀请,来中国考察青少年文学出版情况。中德出版界拟联手推进幻想文学的发展。

1998年12月,中国图书奖评选揭晓,139种优秀图书获奖,翻译图书也首次参加评选。少年儿童出版社的《三毛大世界》、接力出版社的《一个中国孩子的英雄喜剧》等17部少儿类图书获奖。

1998年12月,新闻出版署批准广东省出版集团和上海世纪出版集团成立,作为全国出版改革试点单位。此后又批准了辽宁出版集团、中国科协出版集团、北京出版社出版集团和山东出版集团等成立。

1998年,文化部制订的《蒲公英评奖办法》正式出台。"蒲公英计划",即《90年代中国儿童文学文化艺术事业发展纲要》。"蒲公英奖"每年一届,每届评选一至两个门类,三年为一个周期,是全国文化领域少儿业余文化艺术的最高奖。

1998年,希望出版社陆续推出"中国现代儿童文学名家评传丛书",包括巢扬著的《严文井评传》等。

1998年,《秦牧儿童文学全集》由新世纪出版社出版。

1998年，辽宁少年儿童出版社出版“当代香港儿童文学极品屋丛书”，作者均为香港作家，包括《说不完的故事》《奇怪的圣诞包裹》《美丽1993》《宿营万岁》等10种。

1998年，贵州人民出版社的“校园朗诵诗丛”首批推出《我们的祖国》《我们的节日》等五种，由尹世霖主编，选入金波、樊发稼、柯岩、尹世霖等数十位作家的上百首儿童朗诵诗和抒情诗。

1998年，希望出版社开始推出“中华儿童文学名家名作书系”，选入多位名家的短篇小说与短篇童话，中英文对照，图文并茂。

1998年，甘肃少年儿童出版社推出“敦煌童话”丛书，以敦煌壁画故事为素材再创作而成。全套共10册。

1998年，新闻出版署图书司选题审读小组的《1998年全国出版社选题审读分析》对少儿类选题作出分析：“少儿类原创作品增多，质量稳步提高”，但“儿童动画读物中新创作的、能够广泛流传、为广大少年儿童所喜爱的读物仍不多见，题材仍大多停留在古典文学名著、外国童话名著上”，“儿童文学选题在出版思路上仍然尚待突破性的进展”。另外，“1998年推广名著、评介作家、探索理论等方面成系列、成规模的选题有所增加”。文化积累建设方面的选题得到重视。

1999年

本年，全国共出版少年儿童读物6111种（其中初版3421种），比上年下降2.89%；印数215.08百万册，比上年下降11.52%。

1999年1月7日，科学技术部在北京公布1998年度国家技术发明奖、国家科技进步奖及国际科技合作奖评审结果，出版界有一个项目、20种图书获奖。其中，少年儿童出版社的科普作品《十万个为什么》获国家科技进步奖二等奖。

1999年1月，叶君健著的《我与儿童文学》由中国妇女出版社出版。

1999年2月，明天出版社继“金犀牛丛书”小说卷出版后推出该丛书的散文卷，创作者有：毕淑敏、迟子建、徐坤、蒋子丹、方方、铁凝6位女作家。

1999年3月3日至7日，中国版协少读工委会第一届第八次主任委员会议在江苏省南京市召开。会上对少读工委主任委员会进行换届，并对CBBY人员作出调整，会长为海飞，副会长为周舜培、刘海栖。

1999年3月9日，北京图书大厦网上书店正式开业，设有网上购书、图书销售排行榜、签名售书、推荐新书、新闻报道、大厦介绍、顾客留言等基本网页信息以及相关导航模块。

1999年3月,中国少年儿童出版社出版了《冰心儿童文学全集》(上下集)。该书是中少社“儿童文学大师全集书系”的第一部。

1999年3月,束沛德主编的《人与自然的颂歌:刘先平大自然探险文学评论集》由安徽少年儿童出版社出版。

1999年3月,重庆出版社出版“蒲公英儿童文学丛书·重庆作家专辑”其中包括谭小乔的长篇小说《小船飘摇》、李小海的童话集《鲸王洛洛》、钟代华的诗集《让我们远行》、王文顺的散文诗集《红鱼》4种。

1999年3月,“寄小读者散文丛书”由浙江少年儿童出版社出版。丛书分8册,由林斤澜、高洪波、陈丹燕等创作。

1999年4月8日至11日,CBBY组团参加意大利博洛尼亚书展。

1999年4月,湖南少年儿童出版社推出由9位成人文学家创作的“‘红辣椒’少儿长篇小说丛书”,作者均为湖南的中青年作家。

1999年4月,张美妮著的《英国儿童文学概略》,汤锐著的《北欧儿童文学述略》、孙建江著的《意大利儿童文学概述》、方卫平著的《法国儿童文学导论》,由湖南少年儿童出版社出版。

1999年4月,中国作家协会主办的“第四届(1995—1997)全国优秀儿童文学奖”评奖揭晓,长篇小说表现突出。

1999年4月,尹世霖主编的少年长篇小说“蓝宝石丛书”由晨光出版社出版。该丛书由6位中学教师创作,包括王小民的《成长岁月》、仝慧铭的《绿草地金太阳》等6册。

1999年5月,由新闻出版署和中国少年儿童基金会联合发起举办的第四届全国优秀少儿图书奖评奖结束。本次评奖范围为1996—1998年间出版的少儿图书,少儿思想教育读物、少儿文学、少儿艺术、少儿科普、低幼读物和引进版少儿图书等6个门类的103种图书获奖。

1999年5月,《董宏猷文集》(4卷本)由明天出版社出版。

1999年5月,董宏猷、陈深主编的“红蜻蜓少年随笔丛书”(15册)由湖北少年儿童出版社出版。

1999年7月13日,中国作家协会儿童文学委员会、河北少年儿童出版社、《文艺报》在北京联合举办“金太阳丛书”研讨会。该丛书有:肖复兴的《放学后容易发生的故事》、冯苓植的《雪驹》、蒋韵的《谁在屋檐下唱歌》和蒋成一的《回家的路》等。

1999年7月18日至26日,二十一世纪出版社举办的“大幻想文学研讨会”在我国港澳地区及泰国进行，近20位作家和评论家参加会议。

1999年7月25日，第十四届全国少儿出版社社长年会在大连召开。

1999年7月，我国第一部以纸质媒体和电子媒体互动阅读的双媒互动小说《你好，花脸道》由朝花少年儿童出版社出版。

1999年8月17日，中国作家协会儿童文学委员会、安徽省新闻出版局、安徽少年儿童出版社在北京联合举办《秦文君文集》(5卷)创作出版研讨会。与会者充分肯定了秦文君的创作成就，并探讨了"秦文君现象"。

1999年8月，第二届图画书"小松树"奖评奖揭晓，《爱忘事的熊爷爷》《小熊先生的生日》《牙印儿》和《当心小妖精》荣获"小松树"奖。

1999年8月，第十届冰心奖揭晓，《百年巨变》《爱心教育》等70种少儿图书荣获"冰心图书奖"；《麦子，麦子》等24篇作品荣获"冰心新作奖"。

1999年8月，中国少年儿童出版社出版与中央电视台52集动画系列片《西游记》同步的电视卡通系列丛书《西游记》。

1999年8月，全国少儿读物看样订货会在上海举行，这是首次将原有分片订货会合二为一。200多家书店、34家少儿出版社、712名代表参加订货会，订货码洋7611.50万元，比1998年增加了86.2%。

1999年9月6日，中宣部、文化部、广电总局、新闻出版署、中国文联、中国作家协会在北京联合推出向中华人民共和国成立50周年献礼的50个重点文艺项目。入选的10部长篇小说中，曹文轩的《草房子》和秦文君的《男生贾里全传》在列。

1999年9月15日，中共中央宣传部在京召开"五个一工程"工作暨表彰会议。本届"一本好书奖"评选，青少年读物入选比例提高了10%左右，长篇小说和科普读物入选比例最高。江苏少年儿童出版社的《草房子》、辽宁教育出版社的《中国读本》(成人版、小学版)、接力出版社的《一个中国孩子的英雄喜剧》等多部优秀儿童文学作品入选。

1999年9月20日，第四届国家图书奖颁奖大会在京举行。本届少儿类评奖由新闻出版署主办的全国优秀少儿读物奖专业优秀图书评奖作为初评入围图书，直接进入复评。本届有江苏少年儿童出版社的《草房子》等4种获国家图书奖，另有9种少儿类图书获提名奖。

1999年9月，为庆祝中华人民共和国成立50周年，作家出版社出版多卷本《中华人民共和国五十年文学名作文库》，其中的《儿童文学卷》由严文井主编，收录了儿童文学各类文体的短篇作品，共68万字。

1999年9月，北京出版社出版8卷12册的《中国当代文学作品精选(1949—1999)》，其中的《儿童文学卷》由冰心、樊发稼主编，收录了儿童文学各类文体的短篇作品，共76万字。

1999年9月，孙建江著的《光荣与梦想：孙建江华文儿童文学论文集》由明天出版社出版。

1999年9月，新蕾出版社庆祝建社20周年，召开社内干部及老编辑等座谈会。

1999年9月，美国国际人民交流协会、美国儿童文学代表团一行12人到京，访问中国少年儿童出版社。

1999年10月，晨光出版社出版浦漫汀主编的“少年旅游小说——小霞客游记丛书”(10册)。

1999年11月1日至6日，由中国版协少读工委文学读物研究会主办的“迎接新世纪中国儿童文学出版学术研讨会”在浙江淳安召开。会议主题是“中国儿童文学的现状与未来”“中国儿童文学读物的使命及其对策”。

1999年11月16日，由中国出版工作者协会与中国韬奋基金会联合主办的第六届中国韬奋出版奖评选揭晓。11位获奖同志中包括：中国少年儿童出版社原社长、总编辑遇衍滨，接力出版社社长李元君。

1999年11月，第18届陈伯吹儿童文学奖颁奖大会在上海举行。从下一届起，将改变由专家确定获奖名单的惯例，吸收小读者共同参与评选。

1999年11月，《英汉对照安徒生童话全集》由清华大学出版社出版。全书收录安徒生童话164篇，采用了牛津大学英译本与叶君健的中译本两个权威译本。

1999年12月22日，1998—1999年度全国文艺、文教、少儿类优秀畅销图书评选揭晓。少儿类入选63种。前十位中，文学类入选图书为学苑出版社的《皮皮鲁传》。

1999年12月25日，中国少年儿童出版社在北京人民大会堂召开跨世纪十大“金作家”“金画家”颁奖大会，马铭、王晓明、卞毓麟、冰波、李之义、陈晋、吴冠英、孟祥才、金涛等获奖。

1999年12月，未来出版社举行建社15周年社庆典礼。

1999年12月，河北少年儿童出版社“黑头发丛书”新书发布会暨赠书仪式在石家庄举行。

1999年12月，山东教育出版社出版了由张炯主编的《新中国文学五十年》。其中儿童文学部分有6万字，由王泉根撰写。

1999年12月，少年儿童出版社编辑出版了《儿童文学研究》《儿童文学选刊》终

刊。2000年,两刊将合刊为《中国儿童文学》。

1999年12月,在吉隆坡举办的马来西亚国际书展上,我国儿童文学专家樊发稼主持了“世界华文少儿文学系列”丛书的推介典礼。丛书由马来西亚华文作家马汉主编,马来西亚彩虹出版有限公司出版,分小说卷、童话寓言卷、童诗散文卷,共30册。中国大陆秦文君、樊发稼、孙幼军、吴珵、孙建江等作家作品入选。

1999年12月,中国老教授协会邀请中国科学院和中国工程院的院士们,以及老教授、老专家为青少年撰写《科学家爷爷讲故事》,由安徽科学技术出版社出版。

1999年12月,大型图书《中国少儿科普精品文库》由中国科普作家协会少儿委员会和大象出版社编辑出版,共10卷,500多万字,收集了李四光、茅以升、华罗庚等老一辈科学家和陈伯吹、叶永烈、郑渊洁等作家的作品。

1999年,福建少年儿童出版社科幻图书形成特色工程。本年度出版叶永烈主编的“中国科幻小说世纪回眸丛书”6册、“中国当代寓言精品丛书”10册和“科幻探险队”丛书等。

1999年8月,人民邮电出版社和童趣出版有限公司共同出版系列卡通图书《宝莲灯》。

1999年,由作家苏叔阳执笔、辽宁教育出版社出版的《中国读本》在全国发行突破1000万册,创造该年度国内单本图书发行量最高纪录。该书荣获1999年度中宣部“五个一工程”奖。

1999年,朝花少年儿童出版社在北京成立。

1999年,宁夏少年儿童出版社在宁夏银川成立。

1999年,美国迪斯尼公司与中国邮电出版社合办的童趣出版有限公司在北京成立。

1999年,二十一世纪出版社在开发玩具书方面已形成17个系列、87个品种。该社还采取了将图书产品进超市卖场的销售模式。

1999年,中国作家协会儿童文学委员会与浙江少年儿童出版社在北京举办“中国幽默儿童文学创作丛书”座谈会。与会者认为,我国当代儿童文学创作从总体格局来说,幽默成分太少,这套丛书顺应了儿童文学发展的趋势。

1999年,少儿社版权引进贸易升温。中国少年儿童出版社从美国时代公司引进“青少年科普经典丛书”、德国希区柯克“三个问号系列”;少年儿童出版社从美国引进“男孩女孩新概念丛书”,从日本引进“椋鸠十动物故事”;明天出版社从德国引进凯斯特纳“漂流瓶丛书”;湖南少年儿童出版社开展了外版书系列引进工程,等等。

2000年

本年,全国共出版少年儿童读物7004种(其中初版4276种),比上年增长14.61%;印数168.90百万册,比上年下降21.47%。

2000年1月6日至9日,由中国版协连环画艺委会、中国美协连环画艺术委员会、上海鲁迅纪念馆及上海大可堂文化有限公司联合举办的首届中国连环画事业稳步发展研讨会,在上海鲁迅纪念馆举行。

2000年1月24日至25日,中国出版工作者协会在北京举行第四次会员代表大会,进行换届选举,同时纪念中国版协成立20周年。根据中共新闻出版署党组批示意见,确定中国版协为代表出版全行业主干社团的牵头单位,各有关出版专业协会、学会作为团体会员加入中国版协。

2000年1月,少年儿童出版社创刊的《中国儿童文学》季刊出版,秦文君任主编。

2000年1月,未来出版社出版了《中国少年儿童图书插画封面作品选》,填补了我国少儿图书插画封面作品专著的空白。

2000年1月,10家少儿社启动"红孩子书展"捐赠活动。

2000年2月,第五届宋庆龄儿童文学奖评选在北京揭晓。宋庆龄基金会副主席荣高棠任本届组委会主任,严文井任评奖委员会主任。本届首次推出新人奖评选,向民胜、薛涛、张洁、郁秀、杨鹏5人获奖。

2000年5月22日,新闻出版署批文(新出图〔2000〕575号),同意在中国少年报社和中国少年儿童出版社的基础上组建共青团中央中国少年儿童新闻出版总社,实行事业单位企业管理。5月23日,中国少年儿童新闻出版总社在人民大会堂隆重成立。

2000年5月26日至27日,中国作家协会儿童文学委员会、中国作家协会对外文化交流委员会、河北少年儿童出版社在北京联合举办"国际安徒生奖获奖作家书系"出版座谈会与世界儿童文学座谈会。河北少年儿童出版社经过6年努力引进版权,一次性出版国际获奖作家的作品26种。

2000年5月28日至30日,全国儿童文学创作会议在北京举行。来自全国各地的120余位儿童文学理论家、作家、出版人与会。会议围绕"迎接中国儿童文学的新世纪"主题,从"20世纪90年代儿童文学创作的回望与思考""迈向新世纪的儿童文学发展趋势""理论批评、编辑出版与繁荣迈向新世纪的儿童文学创作"展开研讨。

2000年6月,上海"巨人"中长篇儿童文学奖评选揭晓。该奖项评选每3年一届,自1994年开始,已经举办了3届。

2000年6月至10月，束沛德主编、高洪波副主编的“中华鲟儿童文学新作丛书”（儿童系列40册、少年系列7册）由安徽教育出版社出版。

2000年7月19日至25日，中国版协少读工委第15届全国少年儿童出版社社长年会在重庆召开。28家少儿出版社和人民出版社少儿读物编辑室近50名代表出席会议。

2000年7月，韦苇主编的《世界经典童话全集》20卷，由明天出版社出版。分为北欧2卷半、西欧9卷半、南欧1卷、东欧3卷、美洲1卷、亚洲2卷、中国1卷，共约880万字。

2000年8月25日，全国少儿读物订货会在成都举行，由四川少年儿童出版社承办，30家少儿社9000余种图书参展。

2000年8月，人民文学出版社取得了“哈利·波特”前三集的中国出版权。9月出版了“哈利·波特系列”前三集:《哈利·波特与魔法石》《哈利·波特与密室》《哈利·波特与阿兹卡班的囚徒》。

2000年8月30日至9月3日，第八届北京国际图书博览会在北京中国国际展览中心举行。本届博览会首次举办了中国图书版权贸易成就展，首次开设了电子网络展区。

2000年9月18日，新闻出版署表彰中国大百科全书出版社等139家单位为1997—1998年度全国良好图书出版社。其中，新蕾出版社、希望出版社、辽宁少年儿童出版社、江苏少年儿童出版社、明天出版社等12家少儿社受到表彰。

2000年9月，海飞一行6人组成代表团出席IBBY第27届世界大会。本次大会在哥伦比亚卡地亚那召开，主题是“新千年的儿童图书”。

2000年10月15日至21日，安徽省儿童文学委员会成立了“大自然文学研究中心”，并邀请中国作家协会儿童文学委员会多位在京委员赴合肥、黄山参加安徽儿童文学研究会。

2000年10月24日至26日，由中国作家协会儿童文学委员会、海燕出版社、中国少年儿童出版社等共同主办的“太行山儿童诗会”在郑州和安阳市林县举行。

2000年10月起，《中国儿童文学》改由中国作家协会儿童文学委员会与少年儿童出版社联合主办。

2000年10月，《金曾豪文集》(4卷本)由江苏少年儿童出版社出版。

2000年10月，“生命状态丛书”(共5册)由湖南少年儿童出版社出版。

2000年11月7日，由江苏省委宣传部、常熟市人民政府、常熟市委宣传部、中国作

家协会联合举办的“金曾豪少年小说研讨会”在南京召开,来自全国8个省市的作家、评论家以及有关领导参加会议。

2000年12月下旬,第12届中国图书奖评选揭晓。少儿类有13种获奖,包括:四川少年儿童出版社的《走进心灵——民主教育手记》(李镇西)、中国少年儿童出版社的《我是编辑》(叶至善)、明天出版社的“中国文化名人与读书丛书”(杨牧之主编)等。

2000年,浙江出版联合集团《中国图书出版资源基础数据库》课题组的《“九五”期间中国图书出版社市场竞争评估初探》,根据全国图书出版社市场竞争数据序次,排列出“九五”期间(1996—2000年)全国图书出版社竞争分值及其序次。在前百位市场竞争数据序次中,有多家少儿类出版社位列其中。

2000年,由未来出版社等全国10家革命老区所在地的少儿出版社联合建立的500家“红孩子书屋”在10省区广大革命老区内的学校相继挂牌。未来出版社、四川少年儿童出版社、安徽少年儿童出版社、河北少年儿童出版社、湖南少年儿童出版社、湖北少年儿童出版社、福建少年儿童出版社、二十一世纪出版社、希望出版社、明天出版社每社赠书30万码洋,每省选取50个学校作为书屋的建立点。

第六章 畅销书引领期的童书出版(2001—2004)

进入21世纪,多层次文化消费局面逐步显现,图书市场理性、自主的消费群体稳步增长。我国的童书市场在步入新世纪以来,真正开启了商业化的转型。市场的力量推动童书业不断向调整结构、优化选题、精品化和品牌化方向迈进。

一、童书数据描述

2001年,全国共出版少年儿童读物7254种(其中初版4433种),比上年增长3.57%;总印数228.75百万册(张),比上年增长34.67%。

2002年,全国共出版少年儿童读物7393种(其中初版4193种),比上年增长1.92%,总印数230.42百万册(张),比上年增长0.7%。

2003年,全国共出版少年儿童读物7588种(其中初版4646种),比上年增长2.64%;总印数198.95百万册(张),比上年下降13.66%。

2004年,全国共出版少年儿童读物7989种(其中初版5055种),比上年增长5.28%;总印数179.92百万册(张),比上年下降9.57%。

2000年至2004年,童书业的走势见下表(数据主要来源于历年《中国出版年鉴》):

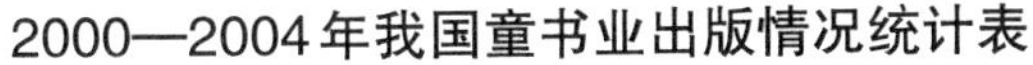
2000—2004年我国童书业出版情况统计表

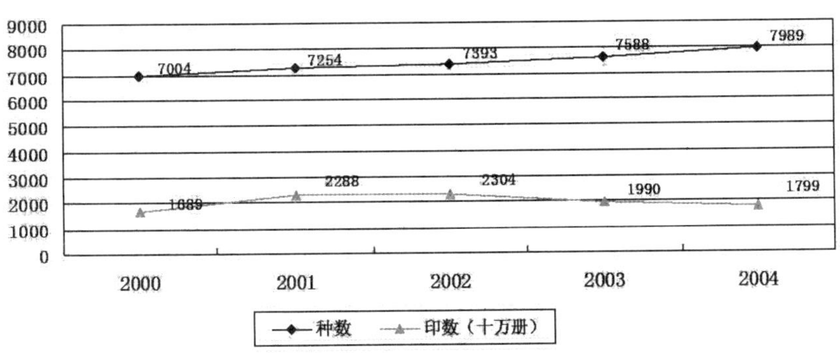

这五年间的童书业呈现出罕见的小于整体书业的谨慎增长，年出版7000多种图书，并逐年小幅攀升。但在印数方面，2001年曾经实现了印数35.46%的巨幅增长，印数突破200百万册大关。2002年延续了230.4百万册的印数之后，在2003年与2004年再次呈现13.66%和9.57%的大幅下滑。

二、书业背景事件

(一)中国加入世贸组织

20世纪90年代，我国书业版权贸易整体不够活跃。虽然2000年的版权引进图书由1990年的不足1000种提高到超过7000种，但这个数字仅相当于发达国家20世纪80年代中期的水平，[①]加快推进中外版权贸易，扭转引进与输出之间的不平衡态势，是书业的当务之急。

2001年11月11日，我国政府接受《中国加入世贸组织议定书》，议定书于12月11日生效，我国正式成为世贸组织(WTO)第143个成员。WTO对版权保护的基本要求主要体现在TRIPS第二部分"有关知识产权的效力、范围及利用标准"和第三部分"知识产权执法"中。[②]基于书业所保有的意识形态属性和发展现状，针对"入世"可能带来的国际出版资本的进入问题，我国对出版市场准入采取了逐步放开的谨慎态度。2003年3月17日，新闻出版总署与对外贸易经济合作部联合颁布中华人民共和国新闻出版总署、中华人民共和国对外贸易经济合作部第18号令《外商投资图书、报纸、期

①杨雪梅.版权贸易 重塑中国出版格局[A].中国出版年鉴社.中国出版年鉴2003[Z].北京:中国出版年鉴社,2003.9.144.

②中国出版年鉴社.中国出版年鉴2001[Z].北京:中国出版年鉴社,2001.10.60.

刊分销企业管理办法》,[①]明确从5月1日起书报刊分销市场对外开放。管理办法颁行后,外商陆续向新闻出版总署申报在中国大陆设立书报刊分销企业。截至11月底,共8家申报,已批准5家。[②]"入世"拉开了国外资本进入我国书业的帷幕,来自于国际书业的强劲竞争已然露出端倪。

(二)事业单位企业化管理改革

2001年1月,在全国新闻出版局局长会议上,新闻出版署根据国家"十五"规划的精神和总体要求,修订《新闻出版业"十五"计划和10年规划》,石宗源署长在主题报告中明确:"十五"期间新闻出版业发展的主线就是结构调整,布局上,要根据"不均衡发展的战略",优化资源配置,推进国有资产流动和重组,逐步形成既能立足国内又能走向世界的产业格局。体制上,要求按照"现代企业制度的要求,根据出版行业的特点",[③]逐步建立具有现代企业特征的微观组织和运行结构,建立竞争机制,激励机制,完善管理机制和监督机制等。2003年,中国出版业之间的并购也已呈现。2003年4月18日,高等教育出版社与中山大学、天津大学、吉林大学就重组大学出版社和共同筹建"高等教育出版集团"签订合作协议,高教社出资51%,合作方出资49%,组成董事会管理重组社,实行董事会领导下的社长负责制。[④]在政策引导下,书业也进一步放宽了图书发行市场的准入。2003年7月29日,新闻出版总署颁布《出版物市场管理规定》,并于9月1日起开始施行。与原暂行规定相比,该《规定》最大的变化是对出版物发行市场准入资质条件的确定。如对从事出版物总发行业务的企业,不再规定必须是"具有法人资格的国有出版物发行单位或国家核准的国有资本控股的出版物发行公司",对从事出版物批发业务的单位不再限定必须是"国有、集体所有制企事业单位,依法设立的公司"。该《规定》标志着"我国出版物发行业进入全面开放时代"。[⑤]进入21世纪,童书出版业中既出现了不断扩充专业实力做大做强的集团化出版单位,又同时出现了各种形式的个人工作室、民营出版单位。

(三)《中国儿童发展纲要(2001—2010年)》发布

21世纪,童书出版的发展延续了来自政策领域的助力。2001年5月22日,国务院发布《中国儿童发展纲要(2001—2010年)》。早在1992年,我国参照世界儿童问题首

①中国出版年鉴社.中国出版年鉴2004[Z].北京:中国出版年鉴社,2004.9.328.

②2003中国书业十大新闻[N].中国图书商报,2003-12-26(2).

③石宗源.坚持先进文化的前进方向 推动新闻出版业在新世纪的更大发展[J].中国少儿出版,2001,(1):7.

④2003中国书业十大新闻[N].中国图书商报,2003-12-26(2).

⑤2003中国书业十大新闻[N].中国图书商报,2003-12-26(2).

脑会议提出的全球目标和《儿童权利公约》,从中国国情出发,发布了《90年代中国儿童发展规划纲要》,该纲要成为我国第一部以儿童为主体、促进儿童发展的国家行动计划,10年来基本得到实现。新颁布的十年发展《纲要》强调了在新科技革命迅猛发展、经济全球化趋势增强、综合国力竞争日趋激烈的局势下,“必须从儿童早期着手,培养、造就适应新世纪需要的高素质人才队伍”。

《纲要》在“主要目标与策略措施”中不但明确了要保障儿童受教育权利,提高儿童受教育水平,而且明确要“优化儿童发展的社会环境”,“为儿童提供健康向上的精神产品,净化儿童成长的文化环境”;“扩大儿童工作领域的国际交流与合作,积极参与全球和区域性的国际交流和合作。”在“策略措施”中提出,在“制定相关法律法规和政策时要体现‘儿童优先’原则”。新纲要的发布,将儿童的文化生活需求提到了更加重要的高度,也同时再次提升了全国对“儿童优先”原则的认识,儿童参与文化的主体地位得到尊重与认识。

对儿童地位和儿童文化生活产品认识的提升,强调了童书出版为儿童提供健康向上的精神产品的崇高使命,对新世纪童书业的发展,再次形成了有效的推动力。2001年1月,第一部反映中国儿童和儿童事业百年发展的大型图书——《百年中国儿童》,由新世纪出版社(广东)出版发行。《百年中国儿童》由中国青少年研究中心主编,新世纪出版社共同参与策划,由几十位儿童工作各领域的专家、学者历时3年合作完成。内容涵盖了我国儿童的人口、生活、卫生与保健、学校教育、家庭教育、校外教育、组织及活动、对外交往、人物、传媒、文学、艺术、游戏、玩具、权益法规、权益保护、服务与工作机构等17个分卷。[①]中国自此有了百年儿童发展史专著。

2001年,为庆祝建党八十周年,出版界精心策划的“庆祝建党八十周年图书”的献礼活动,收录少年儿童读物多达30种,[②]汇聚了近年来童书出版物中的精品,动漫图书、思想教育图书、知识图书、儿童文学图书均得到了兼顾。具体书目如下:[③]

书名	作者	出版社	获奖情况
漫画金头脑丛书	张开逊主编	北京少年儿童出版社	2001年第八届“五个一工程”奖、第五届国家图书奖

① 莱茵.百年中国儿童出版[A].中国出版年鉴社.中国出版年鉴2002[Z].北京:中国出版年鉴社,2002.10.146.

②中国出版年鉴社.中国出版年鉴2002[Z].北京:中国出版年鉴社,2002.10.189-191.

③中国出版年鉴社.中国出版年鉴2002[Z].北京:中国出版年鉴社,2002.10.189-191.

书名	作者	出版社	获奖情况
绿色未来丛书	石山等编著	天津教育出版社	2001年第八届“五个一工程”奖
共和国的脊梁——两弹一星功勋谱	李迅等编著	黑龙江教育出版社	2001年第八届“五个一工程”奖、第五届国家图书奖
蛙鸣	陈玉谦、曲小平著	黑龙江少年儿童出版社	2001年第八届“五个一工程”奖、黑龙江省第九届优秀图书一等奖
今天我是升旗手	黄蓓佳著	江苏少年儿童出版社	2001年第八届“五个一工程”奖
好阿姨新童话丛书	金波主编	福建少年儿童出版社	2001年第五届国家图书奖
动物日记	孙学刚等著	中国少年儿童出版社	2001年第五届国家图书奖提名奖
大头儿子和小头爸爸(全集)	郑春华著	少年儿童出版社	2001年第五届国家图书奖提名奖、第十二届冰心儿童图书奖
世界经典童话全集(20卷)	韦苇主编	明天出版社	2001年第五届国家图书奖提名奖、山东省第八届优秀图书奖
现代中国儿童文学主潮	王泉根著	重庆出版社	2001年第五届国家图书奖提名奖
在党旗下成长丛书	任宝阳等著	新蕾出版社	2001年天津市“五个一工程”提名奖
小仓鼠毛姆日记(1、2)	〔日〕小俣卓子著	新蕾出版社	2001年第六届天津市优秀图书一等奖
探险家丛书·亲历者故事(第二辑)	张彬彬等著	新蕾出版社	2001年第十二届冰心儿童图书奖
儿童启蒙益智丛书	崔勇谋主编	辽宁少年儿童出版社	2001年辽宁省优秀图书一等奖
史努比黄金50年	〔美〕查尔斯·舒尔茨著，陈一榕译	希望出版社	2001年山西省第十四届优秀图书一等奖
七色草文学丛书	王蒙主编	辽宁少年儿童出版社	2001年辽宁省第八届“五个一工程”奖
幼儿学识数·拼音·识字	望海编著	黑龙江少年儿童出版社	2001年第十二届冰心儿童图书奖

书名	作者	出版社	获奖情况
阿西莫夫少年宇宙丛书(11册)	李广宇等译	江苏科学技术出版社	2001年第八届江苏省优秀图书一等奖
世界文化与自然遗产(6册,附D-ROM)	本书编委会编著	江苏少年儿童出版社	2001年江苏省第八届优秀图书奖特别奖
芝麻开门	祈智著	江苏少年儿童出版社	2001年江苏省第八届优秀图书一等奖
天堂街3号	秦文君著	江苏少年儿童出版社	2001年第十二届冰心儿童图书奖
中华上下五千年(上部)	徐鲁燕主编	济南出版社	2001年山东省第六届"精品工程"入选作品奖
童话佳作上榜丛书(3册)	张秋生、徐建华主编	青岛出版社	2001年山东省第八届优秀图书奖
中国通史(少年彩图版)(10册)	戴逸、龚书铎主编	海燕出版社	2001年河南省第五届"五个一工程"奖
神奇的太空丛书	中国空间科学学会组织编写	海燕出版社	2001年河南省第五届"五个一工程"奖
蓝猫淘气3000问优秀剧本选	湖南三辰影库卡通节目发展有限公司编著	湖南少年儿童出版社	2001年湖南省第七届"五个一工程"奖
小口袋大世界丛书	卢瑞斯著文,罗紫尔绘画	湖南少年儿童出版社	2001年第十二届冰心儿童图书奖
珠穆朗玛之魂	张健著	四川少年儿童出版社	2001年四川省第八届"五个一工程"奖
撑起生命的蓝天——空难与我	王嘉鹏著	宁夏人民出版社	2001年宁夏回族自治区第四届"五个一工程"奖
美德故事丛书(20种)	薛晓红编著	宁夏少年儿童出版社	2001年宁夏回族自治区第四届"五个一工程"奖

（四）营销手段下诞生超级畅销童书“哈利·波特”系列

为了使图书畅销，出版人的工作范围再次扩张，除了发现作者、发现选题、出版图书之外，如何宣传、如何造势、如何促销、如何让畅销转化为长销，长长的经营链条逐渐占据了出版人工作中愈来愈多的时间和精力。

2000年，书业因畅销书而震荡、洗牌。最具有风暴效应的，是一次引进行为——人民文学出版社参与当代英美炙手可热的畅销书“哈利·波特”系列的引进工作，并于2000年8月争取到前三集的简体中文版出版权。9月，“哈利·波特”系列的前三集——《哈利·波特与魔法石》《哈利·波特与密室》《哈利·波特与阿兹卡班囚徒》的热销将人民文学出版社推至少儿图书零售份额排行榜的榜首。据开卷公司的调查统计显示，人民文学出版社成为2001年我国少儿图书零售市场中份额最大的出版社，“在过去的21个月里，人文版“哈利·波特”系列目前出版的4卷共销售118万套平装本、7万套精装本，按照国际上的统计办法，总册数是500万册，码洋为1.5亿多人民币”。[①]“哈利·波特”是一个世界童书业的“传奇”。它的出现，改变了美国大众出版社市场排位的传统格局，同样改变了我国少儿图书零售市场份额的格局。它以巨大的市场效应使得自20世纪90年代中期开始的以政令促动的儿童文学读物创作与出版由边缘回归主流。

“哈利·波特”的成功销售，除了人民文学出版社的编辑重视信息搜集工作，较早发现了这样一部在美国引起轰动的畅销童书之外，还得益于他们为这部童书展开的全程性的营销策划。

由图书短缺时代进入图书过剩时代，由传统媒介时代进入信息量铺天盖地的大众传播时代，图书的营销成为图书生命力的一个具有决定作用的要素，是出版人必须掌握的一门做书之外的“技能”。少数大社、名社的超强运作能力，一批对市场有着准确把握并拥有成熟操作能力的出版社，已经形成了对畅销书生产的产业化流程。强大的资金投入，强大的运作班子，和引进版畅销图书天文数字的版权，不但制造了书业在新世纪开局的新闻轰动效应，也掀起了童书市场巨大的波动，动辄几十万册、上百万册的销售量，让童书人既看到了除了教辅读物外，蕴含在小读者群中的强大购买力，也看到了大制作带来的大收益。畅销的、甚至超级畅销的童书在世纪之初接连出版，整个童书出版印数高达228.8百万册，较上年增长34.67%。

①聂震宁.一部超级畅销书的“生命工程”——《哈利·波特》的整体开发与营销[J].中国编辑研究，2004，(1)：233.

三、童书业重要书事

(一)童书业的格局变化

1.出版集团出现

虽然业界对集团化问题产生了诸多争议,但是,随着入世的脚步,“造大船”抵御入世风险的思路变得更加清晰。童书业也出现了报、刊、书出版单位合并的案例。2000年5月22日,新闻出版署批文(新出图〔2000〕575号),同意在中国少年报社和中国少年儿童出版社的基础上组建共青团中央中国少年儿童新闻出版总社,实行事业单位企业化管理。

中国少年儿童新闻出版总社成为共青团中央推出的首家跨行业的多媒体新闻出版集团。其中,中国少年儿童出版社拥有较强的专业出版实力,20世纪90年代以来发行码洋不断攀升,1999年突破3亿元,位列全国童书出版社之首。经过集团化合并的总社还拥有五报、十刊、一网、一栏的传媒实力。

经过这样的实力联合,中国少年儿童新闻出版总社形成了一支由300多人组成的少儿专业新闻出版队伍,资产总值4亿元,注册资金1亿元。新成立的中国少年儿童新闻出版总社制定了四大发展战略:一是“大少儿文化产业发展战略”,以少儿新闻、少儿期刊、童书、少儿多媒体读物、少儿网站为主体,逐步形成以新闻出版业为主体、多元化经营的大少儿文化产业集团。二是“现代企业发展战略”,推行现代企业制度,真正成为自主经营、自负盈亏、自我约束的法人实体和市场竞争主体。三是“超常规发展战略”,充分发挥品牌效应,强强联合优势,集团化集约化经营功能快速发展。四是“跨国发展战略”,努力创建海外分支机构,实现全球化运作。[①]新世纪以来,中国少年儿童新闻出版总社依靠这样的联合,稳居专业少儿社出版实力第一方阵。

2.个人工作室诞生

“工作室”概念早在20世纪80年代末就已出现。当时中国图书市场上出现了一种特别的图书生产组织,名为“工作室”。“最初他是某些出版社为追逐利润的快速增长而设置的社外编辑室,被严令取缔后,造就了这种没有出版社合法身份却具有出版社实际功能的行业力量……另有一批工作室主要是市场策划者、选题制作者和书稿加工者。”[②]90年代末出现的工作室,主要是指后者。在《1998年图书出版工作概述》中

①署文,倪轶.团中央中国少年儿童新闻出版总社成立[A].中国出版年鉴社.中国出版年鉴2001[Z].北京:中国出版年鉴社,2001.10.175.

②月球车.文化工作室现象浅窥[J].出版发行研究,2000,(10):5.

这样概括工作室:“以策划选题或组稿、设计为名的各类工作室活跃。”[①] 一个更具市场意味的现象是,童书业除了“苏少工作室”(在江苏少年儿童出版社麾下专门从事动漫图书生产的一个组织)之外,也出现了专门从事童书创作与出版的个体民营工作室。这里首推新生代儿童幻想文学作家杨鹏的个人工作室——杨鹏工作室。

杨鹏工作室成立于2002年,是国内首个以流水线方式创作儿童文学和科幻作品的作家工作室。对于自己工作室的思路和文学商业化的理念,杨鹏坦言是受文化工业理论的启发。同时,杨鹏在国外系列作品的运作中看到了这种文化生产的可行性,例如美国经典科幻作品《超人》《蝙蝠侠》,迪斯尼的米老鼠、唐老鸭的故事,日本卡通的流水线制作方式等。2004年,该工作室继续扩张,成立北京杨鹏原创文化发展有限公司,以“全数字化运作”“SOHO办公”“流水线写作”等现代企业管理理念打造文化产品。短短3年的时间,这个完全凭借个人力量筹办的公司已制作儿童文学和科幻图书100多本,计1000万字。

无论是书报合并的大集团,还是个人独立的工作室,新世纪来临,这些新鲜的组织方式,给书业带来的气象也是令人耳目一新的。也正因为有这样的公私兼有、大小并存、优势互补、相互竞争,童书市场日渐活跃起来。海飞先生在《新世纪出版的新趋势——关于21世纪初中国出版发展的思考》中明确提出:“经过改革‘质变’后的中国出版,将彻底打破现有的以500多家出版社为主体的、省省有自己的人民社、省省有自己的教育社、省省有自己的少儿社、大学院校有自己的大学社;社社门类齐全,社社规模相当的‘行政定势’格局,将出现以市场为纽带的、以公有制为主体的多种实现形式、‘市场定势’的出版格局。”[②]2001年,在广州召开的第十六届全国少年儿童出版社社长年会上,与会者专就童书出版行业如何面对新形势下教材限价及减负、入世、二渠道以及非少儿专业出版社进入童书市场的挑战,深化改革,加强联合等问题进行了研讨。

(二)超级畅销书的领跑效应

2000年开始,超级畅销书开始领跑全国书业。畅销书不折不扣地成为书业、包括童书业的出版追求。在登榜的畅销书排行榜中,少儿文学类图书十分抢眼。是否能够敏锐地捕捉到受众的文化动向、制造运作出成功登榜的畅销书,不但主导了某个出版社的效益,其码洋贡献也常常主导了整个书业的阶段性繁荣。2001年,全年动销品

①聂震宁.一部超级畅销书的“生命工程”——《哈利·波特》的整体开发与营销[J].中国编辑研究,2004,(1):233.

②海飞.新世纪出版的新趋势——关于21世纪初中国出版发展的思考[J].中国少儿出版,2000,(1):7.

种前5%的图书创造了49.99%的销售额;2002年,全年动销品种前5%的图书创造了51.99%的销售额;2003年,全年动销品种前5%的图书创造了50.31%的销售额。[①]2002年初,“开卷”孙庆国提出,中国图书零售市场进入了畅销书时代。

对待畅销书,《中国少儿出版》自1997年第2期以来专门开列了“畅销书榜”专栏,首次刊出的内容是“美国畅销儿童图书一览表(1997.7)”,内容包括“最畅销的儿童画册”“最畅销的儿童小说”“最畅销的儿童平装书”“最畅销的儿童散文”。栏目从畅销书的角度展现了美国儿童读物的面貌、出版取向与受众趋向。

不过,这个阶段,专业少儿社还没能从这场儿童文学畅销书的竞争中胜出。无论是《三重门》《女生日记》《皮皮鲁传》《怪老头儿》等国内原创畅销书,还是引进版的“哈利·波特”系列和《魔戒》,都不是出自专业少儿社之手。有备而来的非专业少儿社已经以敏锐的嗅觉和开阔的国际视野,捕捉到了儿童文学的巨大市场潜力,看到了商机,看到了童书业发展中存在的空当,并且开始了有针对性的运作开发。人民文学出版社在1999年就确定了经营上的两个策略,“一个叫作‘蛙跳战术’,一个叫作‘突出重点’”。少儿读物就是蛙跳项目之一。

1. 追逐利益掀起的引进潮

计划经济时代,童书业的版权贸易处于较为前列的水平。在《1991—1996年中国输出图书版权状况》中提到:“输出版权较多的出版社主要集中在十几家中,包括外文出版社、新世界出版社、北京出版社、机械工业出版社、外语教学与研究出版社、江苏少儿出版社、浙江少儿出版社、辽宁少儿出版社、未来出版社、天津科技出版社等。”[②]其中就有四家专业少儿社在列。但是,随着时代的发展,童书业的版权贸易显示出人才欠缺、信息不畅、观念更新不足等问题。在第36届博洛尼亚国际儿童读物展上,国内购买的主要类型,依旧是百科知识、低幼认知、婴幼保健以及游戏、童话等,明显是以国内旧有的模式去选择图书。在达成合同和意向的图书中,“百科知识几乎占半数以上”。[③]而书展上显示出的国际童书业对于儿童文学的重视,对于图画书的重视,“对于儿童文学、美学欣赏的重视几乎成为一种新的趋势潮流”[④]的趋势,并未引起童书人的重视,对国际流行的精美的16开图画书也由于认为国人不能接受而没有达成意向。

①伍钚.对儿童文学读物出版的思考[J].中国少儿出版,2005,(1):43.

②光韦.中国图书版权输出现状[N].中国图书商报,1997-10-31(12).

③陈晓梅.走向博洛尼亚——1999年第36届博洛尼亚国际儿童读物展巡礼[J].中国少儿出版,1999,(3):57.

④陈晓梅.走向博洛尼亚——1999年第36届博洛尼亚国际儿童读物展巡礼[J].中国少儿出版,1999,(3):57.

自2000年“哈利·波特热”登陆以来，引进版图书所具有的巨大商机令全国书业振奋。据国家版权局统计，图书版权引进数量前10名的出版社经济状况普遍较好，其中有五家销售额超过1亿元，有七家出版社的利润超过1000万元，有五家出版社的资产总额在1亿元以上。[①]开展版权贸易较早的出版社已经在版权贸易中大大获益。接力出版社在1998年前11个月内的海外版权图书发行码洋达到580多万元，比本土的低幼图书还高50多万元，在他们社1998年码洋最高的前10本畅销书中，海外版占到了6本，并且位列前4的都是海外版图书。[②]中国少年儿童新闻出版总社2001年引进的《丁丁历险记》两年间发行55万套，超过千万册；《丁丁历险记》《长袜子皮皮》《安徒生童话》等三种引进版图书均列入该社2000年的十大畅销书。[③]浙江少年儿童出版社2001年引进的《冒险小虎队》，到2003年已经在少儿类畅销书榜单上全面超越“哈利·波特”。这些成功引进版权的图书，更加激发了国内童书界向海外寻求畅销书资源的愿望，也找到了自身版权贸易的差距。“入世”以来，中国童书业与国际童书业广泛交流的时代在新世纪全面开启，大面积的引进潮与激烈的竞争相伴而生。业界分析，“随着中国出版走向国际化、产业化，中国出版界走出了求稳、保本的小制作水平，开始角逐大投入——大制作——大产出的版权项目”。[④]

少儿畅销书榜单上，引进版图书频频登榜。2001年和2002年，开卷年度畅销书榜少儿类TOP30中的引进版品种均不超过10种。而到2003年，在TOP10中，除《中国少年儿童百科全书》以外，全部是引进版图书；在TOP30中，引进版品种更是占了23种。[⑤]2003年，于友先在第18届全国少年儿童出版社社长年会上专门强调这一现象：“今年上半年少儿畅销书排行榜显示，2003年上半年前30种畅销书中，引进版图书保持在22种以上，近三个月来更是达到26种以上，其中前10种畅销书全是引进版图书。”[⑥]

①翁昌寿.大投入—大制作—大产出 版权贸易打响三“大”战役[A].中国出版年鉴社.中国出版年鉴2003[Z].北京：中国出版年鉴社，2003.9.146.

②陈晓梅.走向博洛尼亚——1999年第36届博洛尼亚国际儿童读物展巡礼[J].中国少儿出版，1999，(3)：56.

③翁昌寿.大投入—大制作—大产出 版权贸易打响三“大”战役[A].中国出版年鉴社.中国出版年鉴2003[Z].北京：中国出版年鉴社，2003.9.145.

④翁昌寿.大投入—大制作—大产出 版权贸易打响三“大”战役[A].中国出版年鉴社.中国出版年鉴2003[Z].北京：中国出版年鉴社，2003.9.145.

⑤杨毅.畅销书十年回顾：少儿，畅销书时代的先锋[EB/OL].http://www.openbook.com.cn/北京开卷信息技术有限公司，2010-06-03.

⑥于友先.创造原创精品，推动我国少儿出版走向世界——在第18届全国少年儿童出版社社长年会上的讲话[J].中国少儿出版，2003，(3)：5.

英国J·K罗琳的“哈利·波特”系列、美国R·L·斯坦的“鸡皮疙瘩”系列、奥地利托马斯·布热齐纳的“冒险小虎队”系列等引进版童书在少儿类图书市场中展现出了强大的实力,在畅销书中占据了主导的地位。

2003年,全国引进版图书少儿选题282种,占总数的4%,希望出版社、新蕾出版社、接力出版社、吉林美术出版社、人民文学出版社、浙江少年儿童出版社等都在20种以上,①增幅明显。大量的引进版童书,成就了不少出版社,但也出现了不少问题。其一,同质化问题逐步显现,诚如辛广伟作《2003年全国图书出版管理工作》概述中的描述:“童书依然‘惊险’与‘魔幻’”。②其二,大量的引进行为中,部分出版社缺乏足够的资讯与专业的辨识能力,导致不少版权贸易呈现出“拾到篮里就是菜”的状况,质量参差不齐。加之盲目跟风,对外国作品本土化的问题考虑不足,质量方面、翻译方面的问题伴随而生。同时,由于大量引进版童书充斥市场,导致本土图书遭遇了出版“冷遇”,尤其是科普读物。国外科普图书精美的制作和创意都令本土科普读物望尘莫及。

2. 日渐重要的营销活动

步入竞争激烈的市场,图书业的二八定律已然越来越明显。20%的企业占据80%的市场份额;20%的产品创造企业80%的利润。童书业也开始在营销方面不断翻新。

少儿书业中令人瞩目的畅销书运营团队,当属接力出版社。2001年,原作家出版社副总编白冰受接力出版社李元君之邀,转入接力出版社任总编辑。出版业内第一位职业策划人的“转会”行为,引起了出版业的广泛关注。而进入接力出版社的白冰,很快就显示出了职业出版人的价值与能量。他带领自己的团队,在畅销书领域创造了惊人的业绩,先是引进畅销书“鸡皮疙瘩”系列、“麦兜麦唛”系列并迅速占据少儿图书畅销榜,之后又成功开发本土原创畅销书“淘气包马小跳”系列,引领本土原创畅销书潮流。

专业少儿社中较早具有营销意识与能力的是浙江少年儿童出版社。在营销模式上,与“鸡皮疙瘩”系列和“哈利波特”系列不同,浙江少年儿童出版社的超级畅销书

①新闻出版总署图书出版管理司选题审读小组.唱响主旋律 展现多样化 精品促繁荣——2003年全国图书选题审读分析报告[A].中国出版年鉴社.中国出版年鉴2004[Z].北京:中国出版年鉴社,2004.9.612.

②辛广伟.2003年全国图书出版管理工作[A].中国出版年鉴社.中国出版年鉴2004[Z].北京:中国出版年鉴社,2004.9.42.

《冒险小虎队》2002年频繁使用了短信营销的手段，并在推出之前召开专门的经销商会议，在市场开发节奏上采用了区域市场重点铺货的模式，按照华东—中南—西南—东北—华北的顺序①，以点带面，逐步推进。这套引进版少儿探案小说，在宣传上突出了图书最大的亮点：每本书附有互动的小工具光学"解密卡"帮助"破案"。为了给新鲜的图书阅读模式的推广造势，浙江少年儿童出版社首批即推出了13本，第二批跟进推出17本，形成了强大的声势。2003年9月北京国际图书博览会期间，浙江少年儿童出版社还邀请作者托马斯·布热齐纳来华，抢在《哈利·波特与凤凰社》首发之前召开了"世界冒险小说大师托马斯·布热齐纳中国媒体见面会"，并在北京图书大厦、王府井书店等地组织了互动性"冒险"游戏……一系列环环相扣的营销活动，使得《冒险小虎队》跻身少儿类畅销书排行榜，并以"带工具"和"冒险"两大特色运作引领了儿童阅读的新"时尚"。

中国少年儿童出版总社则依托大投资开展大型营销，例如，2001年5月中国少年儿童出版社引进的《丁丁历险记》。该书中文版画册首发式在比利时驻华大使馆举行，文化部部长孙家正、比利时王国副首相路易·米歇尔等200人出席。中国少年儿童出版社对引进版《丁丁历险记》打造的营销宣传计划包括了丁丁电视卡通片、形象、玩具等涉及多个产业的版权、生产权、开发权的整套引进方案。中国少年儿童出版社为此投入"天文数字"的版权费用。

少年儿童出版社则推出了品牌书系的策略。《十万个为什么》是少年儿童出版社的传统经典读物，该社以经典品牌为起点，1999年推出《十万个为什么》(新世纪版)，之后进一步延伸品牌书系，后续推出《十万个为什么》的新世纪儿童版、儿童版CD-ROM、新世纪精读本、新世纪修订版等，形成了一个"十万"系列读物群。少年儿童出版社还对20世纪70年代末红遍全国的童书《小灵通漫游未来》的品牌进行新的开发，于2001年9月推出了向青少年介绍西部大开发的综合性少儿知识读物——《小灵通西部行》，以老品牌推动市场。

开拓本土地域特有文化也可以形成一个书系的品牌。比如甘肃人民出版社大打"敦煌"品牌，挖掘在敦煌莫高窟壁画故事中具有童话元素的故事。1984年，该社曾出版《九色鹿》连环画(全套6册)，此后又推出过《敦煌壁画故事》(全套5册)、《敦煌连环壁画精品》等读物。新世纪，甘肃少年儿童出版社接着打响"敦煌"牌，推出了一套彩图注音读物"敦煌童话丛书"，包括《刘水父子救万鱼》《金毛狮子》《九色鹿的故事》《囚禁的公主》《五百壮士建王城》等，具有浓郁的民族和地域特色。

①伍旭升.30年中国畅销书史[M].北京：中国对外翻译出版公司，2009.1.69.

同时,知名作家也可以形成一种营销品牌,比如世纪之交少年儿童出版社对秦文君作品、江苏少年儿童出版社对曹文轩作品和作家出版社对杨红樱作品的系列开发,都是借助优秀儿童文学作家,培养忠实小读者,进而占领更大的销售市场。

(三)儿童文学图书展现市场潜力

在儿童读物市场上,连环画、低幼读物和知识读物都曾经走过自己最辉煌的时代。21世纪初,儿童文学类畅销书的兴盛彻底改变了童书出版的格局。

回顾童书业的畅销书,20世纪80年代,少年儿童出版社于1961年出版的科普读物《十万个为什么》畅销不衰,代表了当时国人购买儿童读物的取向,之后少年儿童出版社的《365夜》推出,带动低幼读物成为80年代的畅销主旋律。90年代,大量百科知识类"实用""耐用"的读物仍然是市场销售榜上的常客。直至世纪末,在"开卷"1998年和1999年对图书市场的动销品种监控中显示,少儿科普仍是少儿类畅销书最主要的组成部分。浙江教育出版社1991年出版的《中国少年儿童百科全书》与少年儿童出版社长销不衰的《十万个为什么》都是那个阶段少儿类畅销书的代表。1997年,这两种知识读物还被评为"全国最受少年儿童欢迎"的图书。图书销售呈现出鲜明的实用性需求占据主导地位和以家长为主体的购书态势。20世纪末,在大力倡导儿童文学创作的舆论导向下,这种态势有所转变,90年代后期可以零星见到孙幼军的《怪老头儿》、郑渊洁的《皮皮鲁传》《鲁西西传》和秦文君的《男生贾里》《女生贾梅》等少数几种儿童原创文学。但是,作为休闲、审美娱乐性质的阅读产品,诸如儿童文学、卡通动漫读物,都不能在销售排行榜上成为主流。

21世纪初,曾经边缘的儿童文学图书转而成为新的出版热点。"开卷"统计显示,2000年,少儿类畅销书排行榜中,有三本图书从众多的"百科全书""唐诗三百首""低幼启蒙"中脱颖而出,排到了畅销榜的前五名,这三本书就是仅上市4个月的"哈利·波特"系列前三册。接下来的一年,"哈利·波特"系列第四册上市,该系列稳居少儿类畅销书排行榜的前四位。[①]到了2002年,接力出版社引进的美国著名惊险小说作家R·L·斯坦的"鸡皮疙瘩"系列、浙江少年儿童出版社引进的奥地利冒险小说作家托马斯·布热齐纳的"冒险小虎队"系列等纷纷进入了畅销书排行榜的行列。

2003年,少儿类选题结构明显变化:文化教育类约13820种,占少儿类选题总数的78%;文学类紧随其后,约1230种,占总数的6.9%;艺术类约960种,占总数的5.4%;自然科学类约670种,占总数的3.8%;语言类约520种,占总数的2.9%;综合类约240

①杨毅.畅销书十年回顾:少儿,畅销书时代的先锋[EB/OL].http://www.openbook.com.cn/北京开卷信息技术有限公司,2010-06-03.

种，占总数的1.4%；社会科学类（含政治、法律、军事、经济等）约170种，占总数的0.96%；历史地理类约90种，占总数的0.5%。[①]儿童文学开始成为孩子们自主阅读取向中的焦点，少儿类图书市场宣告进入了一个新时代。

一方面，儿童文学接二连三成为少儿类图书中的畅销书，让童书人看到了原创儿童文学的潜力。另一方面，伴随着惊险与魔幻的海外畅销童书对少儿图书市场的洗礼，“寻找国内原创儿童文学新亮点”不但成为令儿童文学创作界焦虑的问题，更成为书业急需思考的问题。一些有远见的出版社开始抓原创儿童文学读物出版工程，发现培养新人，下大力气推出新作。2002年，本土儿童文学作品另辟蹊径，贴近孩子们生活的校园文学作品逐步开始畅销，包括秦文君的《男生贾里全传》《女生贾梅全传》、杨红樱的《五·三班的坏小子》《女生日记》《男生日记》等。2003年，浙江少年儿童出版社自上世纪末即开始打造的“中国幽默儿童文学创作丛书”逐步扩大了影响，受到了认可。“周锐系列”“秦文君系列”等新作不断跟进。童书创作的幽默风扑面而来，湖南少年儿童出版社的《著名人物幽默故事》，甘肃少年儿童出版社的《幽默科幻——网络少林》，接力出版社的《淘气包马小跑系列》（杨红樱）、“五个小怪物系列丛书”（冰波）等，都令人眼前一亮。儿童文学借助这种书业的力量从出版边缘走向了中心。

（四）科普读物受到重视

随着科教兴国战略和上世纪末对儿童进行素质教育的大力倡导，开展科普教育的呼声再次高涨。这一呼声，将科普读物的重要性再次提到了全社会重视的地位。

1999年1月7日，科学技术部在北京公布1998年度国家技术发明奖、国家科技进步奖及国际科技合作奖的评审结果，在国家科技进步奖中，出版界有1个项目、20种图书获奖。少年儿童出版社的传统科普读物《十万个为什么》以唯一的一部科普作品首次获国家科技进步奖二等奖。[②]这无疑对科普作品的出版产生了巨大的导向作用。中国老教授协会于1999年12月邀请中国科学院和中国工程院的院士们以及老教授、老专家为青少年撰写的小说《科学家爷爷讲故事》（安徽科学技术出版社）出版。同年12月，大型图书“中国少儿科普精品文库”出版。该丛书由中国科普

①新闻出版总署图书出版管理司选题审读小组.唱响主旋律 展现多样化精品促繁荣——2003年全国图书选题审读分析报告[A].中国出版年鉴社.中国出版年鉴2004[Z].北京：中国出版年鉴社，2004.9.618.

②中国出版年鉴社.中国出版年鉴1999[Z].北京：中国出版年鉴社，1999.9.189.

作家协会少儿委员会编写，由大象出版社编辑出版，共10卷，500多万字，3000多幅科普图画，收集了李四光、茅以升、华罗庚等老一辈科学家和陈伯吹、叶永烈、郑渊洁等作家的作品。

在2000年，新闻出版署图书出版管理司副司长吴尚之所作的《2000年图书出版发展概述》中明确强调，根据“十五”期间国民经济发展形势的需要，确定“十五”规划的重点包括：“有利于促进儿童健康成长的优秀少儿读物”和“适合我国需要的各类高质量、高品位的翻译图书，尤其是主要引进国外优秀的科技科普著作”。[①]在1999年至2000年的国家级重大图书奖项评比中，科普读物的身影无处不在。1999年9月15日，中共中央宣传部第七届精神文明建设“五个一工程一本好书奖”中有63种图书获奖。评选总结显示：“就门类而言，本届政治类图书入选比例有所下降，经济类、文艺类和青少年类入选比例分别提高了10%左右；就品种而言，本届长篇小说和科普读物入选比例最高，均为9种，在历届评奖中数目最多。”[②]获奖的少儿科普读物有：湖南少年儿童出版社的《大科学家讲的小故事》、中国少年儿童出版社的《不知道的世界》、新蕾出版社的《漫游新科技世界》等。在1999年9月20日，获第四届“国家图书奖”的4种少儿类图书中，湖南少年儿童出版社的《大科学家讲的小故事》和中国少年儿童出版社的《不知道的世界》这两种科普读物再次获奖。杨牧之在《第四届国家图书奖评选特点》中同样明确提到“重视科普读物，倡导科学精神，强调社会主义精神文明建设”[③]的宗旨。在2000年12月第12届“中国图书奖”评选中，入选的13种少儿类图书中，就有4种为科普读物，包括广西师范大学出版社的《科学家爷爷谈科学》、湖南少年儿童出版社的“科学之门丛书”等。

2001年，由中国科学技术协会、新闻出版总署、国家自然科学基金委员会、中国作家协会主办，中国科普作家协会承办的第四届“全国优秀科普作品奖”评选中，评出一等奖9名，二等奖20名，三等奖100名，其中少儿类科普读物获1项一等奖、5项二等奖、2项三等奖，数量显著增加。[④]时隔两年，在第五届“全国优秀科普作品奖”评选中，获奖的55种科普图书中，少儿类作品比例极高，数量达14种。[⑤]

进入21世纪，书业本身的商业属性日渐明晰。被称为“图书市场寒暑表”的北京

①中国出版年鉴社. 中国出版年鉴 2001[Z].北京：中国出版年鉴社，2001.10.85.

②杨为民，丰 捷.63种优秀图书获第七届“五个一工程”奖[A].中国出版年鉴社.中国出版年鉴 2000[Z].北京：中国出版年鉴社，2000.10.162.

③中国出版年鉴社.中国出版年鉴 2000[Z].北京：中国出版年鉴社，2000.10.165.

④中国出版年鉴社.中国出版年鉴 2002[Z].北京：中国出版年鉴社，2002.10.326.

⑤中国出版年鉴社.中国出版年鉴 2004[Z].北京：中国出版年鉴社，2004.9.123-124.

图书大厦数据显示，1998年大厦开业时，专业少儿社的图书销售额占整个少儿图书的51%，而2001年则下降到28%。[①]2003年各社报送的选题总量显示，2003年面向少年儿童、中小学生的选题总量为17700余种，占当年新书选题总数的17.6%，共有282家出版社安排了这一类选题。其中，30家专业少儿出版社共安排选题4433种，仅占少儿选题总量的25%，[②]平均每社安排148种。由数字统计可见，越来越多的出版社参与进童书市场的竞争之中。

“开卷”统计的数据显示，童书市场自2001年开始连续三年成长性低于整体的图书市场，而到2004年出现了14%左右的成长速度，超过了整体图书市场的发展速度。[③]这与童书领域涌现出的令成人书业咂舌的超级畅销书关系密切。“资本向高回报区涌动”的商业原则牵动各种资本注入童书业，少儿畅销书成为众出版社趋之若鹜的对象，各种营销炒作令人眼花缭乱。但一片繁荣的同时，也再次出现了跟风、同质化等问题，产生了“快销书”概念。据“开卷”2003年图书市场的调查显示，在少儿类投入市场的10000多种图书中，43.18%的销售量不足50本，20.31%的销售量不足20本，10.58%的销售量不足10本，只有20%左右的图书产生效益。[④]

四、2001—2004童书出版大事记

2001年

本年，全国共出版少年儿童读物7254种（其中新出4433种），比上年增长3.57%；总印数合计228.75百万册，比上年增长35.46%。

2001年1月13日，中国作家协会召开第五届主席团第八次会议，会上讨论通过《中国作家协会关于进一步加强儿童文学工作的决议》。决议包括加强作家队伍建设，大力培养新人；加强作家与小读者和校园文学社团的联系；加强儿童文学与影视、网络等现代传媒的联姻互动等10条。

2001年1月，第一部反映中国儿童和儿童事业百年发展的大型图书——《百年中

①金伦.重要的是提高少儿出版门槛[J].中国少儿出版，2002，(2)：1.

②新闻出版总署图书出版管理司选题审读小组.唱响主旋律 展现多样化 精品促繁荣——2003年全国图书选题审读分析报告[A].中国出版年鉴社.中国出版年鉴2004[Z].北京：中国出版年鉴社，2004.9.616-617.

③蒋晞亮.童书市场的现状和发展[A].中国出版年鉴社.中国出版年鉴2006[Z].北京：中国出版年鉴社，2006.9.450.(原载《中国新闻出版报》2005-06-08)

④侯颖.中国原创少儿读物的出版困境[J].中国少儿出版，2007.4：(24).

国儿童》由新世纪出版社(广东)出版发行。该书由中国青少年研究中心主编,新世纪出版社参与策划,几十位与儿童相关的各领域的专家、学者历时3年合作完成。

2001年1月,中国作家协会儿童文学委员会与漓江出版社签订合同,从该年起,由中国作家协会儿童文学委员会选编年度最佳儿童文学选本《2000中国年度最佳儿童文学》由漓江出版社出版。

2001年2月10日,新闻出版总署、国家版权局、中国版协、中国版权研究会公布"首届中国图书版权贸易成就展"及"全国图书版权贸易先进单位"评选结果。少年儿童出版社、江苏少年儿童出版社、明天出版社被评为"全国图书版权贸易先进单位"。

2001年2月12日至15日,中国版协少读工委会第10次主任委员会议暨国际儿童读物联盟中国分会(CBBY)理事会在浙江绍兴召开。

2001年2月22日,中国版协第三届全国百佳出版工作者评选颁奖。在这次的百名获奖名单中,少儿社入选者为江苏少年儿童出版社颜煦之。

2001年2月,"世界华文儿童文学书系"由浙江少年儿童出版社出版。

2001年2月,美国国际人民交流协会"民间大使项目"组织的美国儿童文学代表团参观访问中国少年儿童出版社,并就中美少儿图书的出版、课外阅读等进行交流和研讨。

2001年3月,明天出版社在北京注册成立"北京火狐文化艺术有限责任公司"。

2001年5月,广西接力出版社实行跨地区经营,成立《中外少年》杂志社,并在深圳建立杂志编辑发行基地。10月,接力出版社在南宁建立接力培训学校,并在北京建立第二出版中心。

2001年3月,中华环境文化促进会、湖南少年儿童出版社在北京联合主办"生命状态文学作品研讨会"。

2001年3月,中国作家协会儿童文学委员会、北京市作家协会、北京少年儿童出版社联合召开"张之路长篇校园科幻小说《非法智慧》座谈会"。

2001年4月,《少年文艺》(上海)2000年度"好作品奖"由读者投票选出,沈石溪的小说《青春流星》、李志伟的童话《时光邮箱》、周晴的散文《问题女孩》、黄虹的诗歌《花季雨季》等19篇作品获奖。

2001年4月至5月,台湾著名儿童文学作家管家琪系列作品15种,由浙江少年儿童出版社出版,并在全国7大城市举行签名售书活动。管家琪作为台湾儿童文学作家成功进入中国童书市场。

2001年5月22日,国务院发布《中国儿童发展纲要(2001—2010年)》。《纲要》的总

目标表述为:坚持儿童优先原则,保障儿童生存、发展、受保护和参与的权利,提高儿童整体素质,促进儿童身心健康发展。

2001年5月,中国科学技术协会、新闻出版总署、国家自然科学基金委员会、中国作家协会主办,中国科普作家协会承办的第四届“全国优秀科普作品奖”在北京颁奖。少儿类获奖图书中,北京少年儿童出版社的“漫画金头脑丛书(6册)”获一等奖。

2001年5月,中国少年儿童新闻出版总社引进的《丁丁历险记》中文版画册首发式在比利时驻华大使馆举行。文化部部长孙家正、比利时王国副首相路易·米歇尔等200人出席。

2001年5月,关注生态环保的“中国少年环境文学创作丛书”由花山文艺出版社出版。

2001年6月,“秦文君小说《天堂街3号》研讨会”在北京举行。该书由江苏少年儿童出版社出版。

2001年7月19日至21日,新闻出版总署举办的第五届全国优秀少儿图书奖评审会议在山东威海举行。中国少年儿童出版社《动物日记》和《看不见的世界》、少年儿童出版社《大头儿子和小头爸爸》、明天出版社《世界经典童话集》等16种图书获一等奖。

2001年7月31日,由中国版协少读工委和少读工委插图装帧设计研究会主办的“首届中国少年儿童读物插图艺术作品展”在中国美术馆(北京)举行开幕式。展期自7月31日至8月5日。

2001年7月,接力出版社聘请原作家出版社副社长白冰为总编辑。

2001年7月,教育部规划教材《幼儿文学》及配套使用的《幼儿文学作品选读》,由人民教育出版社出版。

2001年8月,全国少儿读物订货会在河南郑州举行,海燕出版社承办。

2001年9月20日至21日,中共中央宣传部在北京召开精神文明建设第八届“五个一工程”工作暨表彰大会。少儿类获奖图书包括:《做人与做事——我和爸爸妈妈共同的话题》、“漫画金头脑丛书”、《今天我是升旗手》等。

2001年9月20日至25日,由新世纪出版社承办的第十六届全国少年儿童出版社社长年会在广州召开。年会就新形势下教材限价及“减负”“入世”“二渠道”以及非少儿专业出版社进入少儿图书市场的三大挑战、深化改革等问题进行了研讨。

2001年9月23日至25日,由少年儿童出版社承办的中国作家协会儿童文学委员会(作协儿委会)2001年年会在上海与浙江天目山召开,会上讨论了高洪波所作的《儿

委会2001年1—3季度工作总结和2002年儿委会工作要点》,并就儿童文学理论批评现状,儿童文学图书、期刊的出版等进行研讨。

2001年9月,向青少年介绍西部大开发的少儿知识读物——《小灵通西部行》由少年儿童出版社出版。

2001年9月,中国版协少读工委在成都举办“中国儿童文学出版研讨会”,会上就国际出版资源的利用、中国儿童文学读物能否畅销等问题进行了讨论。

2001年9月,海飞所著的少儿出版理论著作《童书海论》由明天出版社出版。

2001年9月,新蕾出版社推出儿童文学作家兼理论家曹文轩、梅子涵、朱自强、彭懿、方卫平合著的《中国儿童文学五人谈》。

2001年10月,由辽宁省作家协会、少年儿童出版社、辽宁省儿童文学委员会等主办的“薛涛儿童文学创作研讨会”在辽宁营口召开。

2001年11月,由中国作协儿委会、湖南教育报刊社《小学生导刊》《中外童话画刊》、湖南省童话寓言文学研究会主办的第二届“张天翼童话寓言奖”在湖南长沙举行颁奖典礼。安武林、张秋生等获奖。

2001年11月下旬,由中国版协少读工委主办,明天出版社、四川少年儿童出版社承办的新世纪首次“中国儿童文学出版研讨会”在成都召开。来自全国的学者、作家、出版家、编辑家40余人参加了会议。

2001年12月11日,中国正式成为世贸组织成员。

2001年12月27日,第五届国家图书奖在北京颁奖。北京少年儿童出版社的“漫画金头脑丛书”获国家图书奖(科技类);福建少年儿童出版社的“好阿姨新童话系列丛书”和黑龙江少年儿童出版社的《共和国的脊梁——“两弹一星”功勋谱》获国家图书奖(少儿类)。另外,《大头儿子和小头爸爸全集》“生命状态文学丛书”、《现代中国儿童文学主潮》等7种图书获国家图书奖提名奖。

2001年,由中国出版工作者协会、中国编辑学会举办的第四届全国优秀中青年(图书)编辑评选活动结束。77名获奖编辑中包括:中国少年儿童出版社的张继凌、少年儿童出版社的裘树平和海燕出版社的王舒妹。

2001年,《中国出版年鉴2002》中登载了“庆祝建党八十周年图书”,入选的少年儿童读物有北京少年儿童出版社的“漫画金头脑丛书”、江苏少年儿童出版社的《今天我是升旗手》等30种。

2001年,吴尚之在《2001年图书出版发展概述》中指出:“值得关注的是,少年儿童读物总印数增长35.44%,总定价增长26.93%,这是近几年来增幅较大的一年。”

2002年

本年，全国共出版少年儿童读物7393种(其中新出4193种)，比上年增长1.92%，印数230.42百万册(张)，比上年增长0.7%。

2002年1月18日，“刘先平《大自然探险系列》作品专题研讨会”在北京召开。会议就大自然文学在文学界的兴起，进行了讨论。

2002年1月，曹文轩选编的《21世纪中国文学大系：2001年儿童文学》由春风文艺出版社出版。

2002年1月，由少年儿童出版社《娃娃画报》杂志社主办的“童话名家奖”揭晓。保冬妮的《睡婆的魔杖》获一等奖。

2002年2月26日，由中国科普研究所主办，科学时报报社与中国少年儿童出版社协办的“科学与文学科普高级论坛”在北京科技会堂举行。

2002年2月，山东设立“齐鲁文学奖”。该奖项设有：文学创作奖、文学评论奖、文学编辑奖和特别奖4个奖项。每3年评选一次。文学创作奖中，包括儿童文学奖。

2002年4月9日至14日，中国版协少读工委第11次主任委员会议在安徽黄山召开，由安徽少年儿童出版社承办。会上举行了“直面挑战、锐意改革、与时俱进、走向繁荣”的中国少儿出版高层论坛。

2002年5月8日，新闻出版总署发出《关于“十五”国家重点图书出版规划“自上而下”项目出版单位落实情况的通知》。在129个“自上而下”项目中，包括9个少儿社项目，如：浙江少年儿童出版社的“红帆船校园美文文丛”。

2002年5月8日，为迎接党的第十六次全国代表大会，新闻出版总署发出《关于做好迎接党的十六大重点图书选题出版工作的通知》，其中少儿社入选9项选题。

2002年5月17日，中国出版科学研究所在北京召开新闻发布会，公布第二届“全国国民阅读与购买倾向抽样调查”中由读者投票产生的“读者最喜爱的八家出版社”，中国少年儿童出版社榜上有名。

2002年5月，上海《少年文艺》杂志社和安徽省作家协会联合在合肥举办“伍美珍校园文学作品研讨会”。

2002年5月，中国大百科全书出版社出版《中国儿童百科全书》，该书由国内百余名专家参与编写，历时近5年，分“地球家园”“人类社会”“文化生活”“科学技术”4卷，包括400个门类的2405个知识点。

2002年8月22日至25日，由宋庆龄基金会和中国作家协会主办，辽宁省儿童文学

学会、大连市文学艺术界联合会承办的“第六届亚洲儿童文学大会”在大连举行。来自日本、韩国等国家或地区的200多位儿童文学作家、评论家、儿童教育工作者、出版工作者参加会议。大会主题为“和平、发展与新世纪的儿童文学”。大会论文集《当代儿童文学的精神指向》(赵郁秀主编)由辽宁少年儿童出版社出版。

2002年8月,经中国作家协会书记处研究,中国作家协会主席团批准,新一届中国作家协会儿童文学委员会作出调整:主任委员为束沛德、高洪波,副主任委员为樊发稼、张之路。委员有(以姓氏笔画为序):方卫平、王泉根、王宜振、白冰、刘先平、刘海栖、刘健屏、孙云晓、孙幼军、沈石溪、张明照、金波、秦文君、徐德霞、海飞、曹文轩、董宏猷、薛为民,秘书为李东华。

2002年8月,中国作家协会开始选编出版儿童文学年鉴,《2001中国儿童文学年鉴》由江苏少年儿童出版社出版。

2002年8月,“《林格伦作品集》中文版座谈会”在瑞典王国驻华大使馆举行。

2002年8月,中国作家协会儿童文学委员会和辽宁省作家协会儿童文学委员会在大连共同举办“王立春诗集《骑扁马的扁人》讨论会”。

2002年8月,全国少儿读物订货会在杭州举行,由浙江少年儿童出版社承办。

2002年9月28日至10月4日,以海飞为团长的国际儿童读物联盟中国分会代表团一行14人,赴欧洲参加国际儿童读物联盟50年庆典暨第28届年会。年会主题为“儿童读物与全球性的挑战”。在IBBY领导机构执行委员会选举中,中国福建少年儿童出版社社长黄建斌入选执行委员会,进入考核委员会和基金委员会。2002年度安徒生奖的颁奖典礼同时在瑞士巴塞尔举行,秦文君、吴带生分别获安徒生作品奖提名奖、插图奖提名奖。

2002年10月20日至25日,第17届全国少儿出版社社长年会在上海举行,由少年儿童出版社承办。年会同时庆祝少年儿童出版社建社50周年,并举行了“中国少儿出版理论体系建设暨《童书海论》出版研讨会。”会议确定2003年为少读工委“理论提升年”,并成立少读工委少儿出版理论研究室,设立少儿出版理论研究基金。

2002年10月,浙江少年儿童出版社与娃哈哈集团合作,推出首批冠名“娃哈哈”的三大系列图书共计18个品种。

2002年12月,第13届中国图书奖揭晓。其中少儿类的获奖书有:河北少年儿童出版社的“两弹一星功勋科学家(10册)”、湖北少年儿童出版社的“校园三剑客科幻小说系列(第一辑)”、明天出版社的《童书海论》等14种。

2002年,《2001中国年度最佳儿童文学》和《2001中国年度最佳童话》,由漓江

出版社出版。

2002年,“我真棒”幼儿成长图画书(第一辑)由江苏少年儿童出版社出版,包括《你还小》《奇妙伞》《小狼灰灰》《杂毛猫》《调皮鬼恐怖心》5册原创幼儿图画书。

2002年,春风文艺出版社的“小布老虎丛书”累计出版18种,累计销售61.3万册,成为少儿原创文学品牌图书之一。

2003年

本年,全国共出版少年儿童读物7588种(其中初版4646种),比上年增长2.64%;总印数198.95百万册(张),比上年下降13.66%。

2003年1月11日,作家出版社在北京万圣书园举行“《曹文轩文集》首发式暨研讨会”。王蒙、陈建功、高洪波等著名作家、学者出席。与会者积极评价了《曹文轩文集》的出版对中国当代文学的意义。

2003年1月,中国作家协会儿童文学委员会选编的《2002中国年度最佳儿童文学》《2002中国年度最佳童话》由漓江出版社出版。

2003年1月,韦苇著的《外国童话史》由河北少年儿童出版社出版。

2003年2月16日至22日,中国版协少读工委第12次主任委员会议暨国际儿童读物联盟中国分会理事会在昆明举行。

2003年2月至5月,少读工委课题组调研32家专业少儿社原创儿童文学重点图书的情况。

2003年3月6日,中国版协少读工委决定于本年度举办首届“叶圣陶编辑奖”评选活动。

2003年3月16日,《中国儿童文学五人谈》研讨会在北京举行。来自京、津、沪等地的儿童文学专家和学者50余人出席研讨。

2003年3月17日,新闻出版总署与对外贸易经济合作部联合颁布中华人民共和国新闻出版总署、中华人民共和国对外贸易经济合作部第18号令《外商投资图书、报纸、期刊分销企业管理办法》。从5月1日起,我国书报刊分销市场对外开放。

2003年3月24日至26日,中国版协少读工委暨CBBY工作会议在北京召开。会议举行“中国安徒生奖(文学、插画)”“叶圣陶编辑奖”等评选活动。曹文轩、王晓明分别荣获文学奖和插图奖,并被推荐为2004年IBBY“安徒生奖(文学、插图)”候选人。

2003年4月7日,新闻出版总署颁布《关于下发〈国家图书奖评奖办法〉(修订)的通知》。提出参评图书必须符合“质量优秀,贡献突出”,并具备“内容健康向上,深受

读者喜爱”等五项条件之一。

2003年4月18日，高等教育出版社在北京人民大会堂分别与中山大学、天津大学、吉林大学就重组大学社和共同筹建“高等教育出版集团”签订合作协议，拉开中国出版业并购序幕。

2003年4月，安徽省委宣传部和安徽省文联举办的“刘先平大自然探险系列作品研讨会”在合肥召开。会议研讨了由湖北少年儿童出版社出版的“东方之子刘先平大自然探险”系列丛书。11月，安徽省委宣传部、安徽省作家协会和安徽省儿童文艺家协会在黄山联合主办“大自然文学研讨会”。与会专家、学者50余人。

2003年5月20日，中国出版交易网举行了少儿图书网上订货会，中国少年儿童出版社、少年儿童出版社、人民美术出版社、江苏少年儿童出版社、童趣出版有限公司、二十一世纪出版社、明天出版社等8家少儿社出版的1000余个品种参加网上订货会。

2003年6月，人民邮电出版社出版根据中央电视台52集同名动画片改编而成的国产儿童动画图书《哪吒传奇》，共10册。该书一经推出，连续十余周位于北京图书大厦销售排行榜首位。

2003年7月28日，第20届陈伯吹儿童文学奖揭晓。从本届起，陈伯吹儿童文学奖设立了“杰出贡献奖”，奖励终身从事儿童文学事业并作出突出贡献的老作家。本届杰出贡献奖的得主是著名儿童文学作家、翻译家任溶溶。

2003年7月29日，新闻出版总署颁布《出版物市场管理规定》，并于9月1日起开始施行。该文件的出台标志着我国出版物发行业进入全面开放时代。

2003年8月，中国作家协会儿童文学委员会选编的《2002中国儿童文学年鉴》，由江苏少年儿童出版社出版。

2003年9月1日，中国少年儿童出版社、少年儿童出版社、福建少年儿童出版社等向河南信阳大别山老区捐献图书12251册，近14万码洋。

2003年9月10日，由中宣部、科技部、广电总局、新闻出版总署、中国科协、国家自然科学基金委员会和中国作协联合主办的第五届全国优秀科普作品奖评奖揭晓。在获奖的55种科普图书中，少儿类获一等奖1种，二等奖2种，三等奖10种。

2003年9月12日至16日，全国少儿读物订货会在济南举行，31家专业少儿社参加，211家书店到会订货，总人数超过800人。订货会总订货码洋2.08亿元，较上年的1.3亿上涨了0.78亿，涨幅达60%。

2003年9月13日至15日，第18届全国少年儿童出版社社长年会在济南召开，该会由明天出版社承办。会上启动2006年中国IBBY第30届大会的筹备工作。

2003年9月15日，河北少年儿童出版社在北京举行"《浦漫汀儿童文学论稿》出版座谈会"。

2003年9月18日，国际儿童读物联盟中国分会CBBY网站开通仪式暨筹办2006年中国IBBY第30届世界大会新闻发布会在北京展览馆第十届国际图书博览会上举行。海飞会长宣布，国际儿童读物联盟中国分会网站开通，网址为：http://www.cbby.org。

2003年9月，作家出版社安排了为期一周的"儿童文学绿色草原行"活动，北京20多名书迷和杨红樱一起，向内蒙古锡林郭勒市4所草原希望小学和蒙古包的孩子赠送"杨红樱校园系列"图书。

2003年10月19日，第六届宋庆龄儿童文学奖在北京揭晓。本届共评出大奖3种，佳作奖16种，"新人奖"3人。自本届增设的"特殊贡献奖"，授予了任溶溶、束沛德、蒋风和浦漫汀4位前辈。

2003年10月22日，中国作家协会儿童文学委员会、《儿童文学》杂志和中国少儿报刊协会在北京召开"当代儿童诗研讨会"，就如何提升儿童诗的艺术品位，如何加强少年儿童的诗歌教育等问题进行讨论。

2003年10月，"《儿童文学》杂志创刊40周年座谈会"在北京举行，高洪波等60人出席。

2003年10月，第六届国家图书奖评选揭晓。湖南少年儿童出版社的《无人区科学探险系列》和二十一世纪出版社的《中华文明大视野》获国家图书奖（少儿类），另有8种图书获国家图书奖提名奖（少儿类）。

2003年11月7日，华东六省少儿社在南昌达成协议，共同投资在北京筹建新的股份制公司。

2003年11月13日，由中国版协少读工委主办，江苏少年儿童出版社承办的"第二届中国少年儿童读物优秀装帧插图作品双年展"在南京江苏美术馆隆重开幕。

2003年11月，第九届"五个一工程·一本好书"奖在北京揭晓。河北少年儿童出版社的《五星红旗》、北京少年儿童出版社的"解读生命丛书"等少儿类图书获奖。

2003年12月21日，中国作家协会儿童文学委员会发表呼吁书，呼吁全社会关注儿童文学教学这一重大现实问题。

2003年12月23日，中国作家协会、山东省作家协会和明天出版社在山东济南举办"邱勋文学创作50年研讨会"。

2003年12月，束沛德的儿童文学评论集《守望与期待》由接力出版社出版。

2003年,明天出版社从美国引进瑞士画家Monique Felix的无字书系列,包括《字母》《小船》《颜色》等8册,受到理论界广泛关注。

2003年初,中国书刊发行业协会组织的2002年度全国优秀畅销书评选在北京揭晓。其中少儿读物有58种。位居少儿类图书排行榜前3位是《哈利·波特与魔法石》、《小学生必背古诗词》和《上下五千年》。

2003年,接力出版社策划出版"淘气包马小跳系列"4辑12册。该系列自2003年出版发行以来,截至2004年7月,已销售了225万册。

2003年,新闻出版总署图书出版管理司《2003年全国图书选题审读分析报告》显示:2003年面向少年儿童、中小学生的选题总量为17700余种,占该年新书选题总数的17.6%,共有282家出版社安排了这一类选题。专业少儿出版社约占少儿类总选题量的25%。

2003年,全国图书总销售中显示:少儿读物类卖出5.94亿册,销售金额38.61亿元,占销售数量的3.8%,销售金额的3.6%。与上年相比,册数增长14.15%,金额增长16.39%。

2004年

本年,全国共出版少年儿童读物7989种(其中初版5055种),比上年增长5.28%;印数179.92百万册(张),比上年下降9.57%。

2004年1月10日,"第六届全国优秀少儿图书奖"颁奖大会在北京国际展览中心举行。本届参评图书共计260种(套),1161册。共评出获奖图书95种,其中一等奖15名,二等奖30名,三等奖50名。

2004年2月19日至22日,中国版协少读工委第13次主任委员会议暨国际儿童读物联盟中国分会(CBBY)理事会会议在厦门举行。会议评审并通过曹文轩荣获"中国安徒生文学奖"、王晓明荣获"中国安徒生插图奖";孙建江(浙江少年儿童出版社)、汤素兰(湖南少年儿童出版社)、郭玉婷(接力出版社)、曾敏(未来出版社)、薛晓哲(中国少年儿童出版社)荣获首届"叶圣陶编辑奖"。

2004年2月26日,《中共中央国务院关于进一步加强和改进未成年人思想道德建设的若干意见》发布。《意见》要求:"要充分考虑未成年人成长进步的需求,精心策划选题,创作、编辑、出版并积极推荐一批知识性、趣味性、科学性强的图书、报刊、音像制品和电子出版物等未成年人读物和视听产品。有关部门要继续做好面向未成年人的优秀影片、歌曲和图书的展演、展播、推介工作,使他们在学习娱乐中受到先进思想

文化的熏陶。”

2004年2月27日晚,“安徒生和中国”活动发布会在人民大会堂举行。由汉斯克里斯蒂安·安徒生2005基金会(HCA2005)、中国文化部和丹麦王国驻中国大使馆共同承办的旨在纪念安徒生诞辰200周年的系列活动由此拉开帷幕。

2004年3月25日,经国务院批准,全国文化体制改革试点单位中国出版集团转制为中国出版集团公司。新闻出版总署依法对中国出版集团公司实行行业管理。

2004年4月13日,中国儿童文学研究中心在北京师范大学成立,王泉根任中心主任,高洪波、束沛德、蒋风等儿童文学作家、评论家被聘为中心兼职研究员。

2004年4月28日至30日,在中宣部、新闻出版总署提议下,原定于6月在宁夏召开的第19届全国少儿出版社社长年会暨CBBY理事会提前在北京举行。会议认真学习了《中共中央国务院关于进一步加强和改进未成年人思想道德建设的若干意见》。

2004年4月,CBBY组团出访意大利,参加博洛尼亚书展。

2004年5月22日至29日,应国际儿童读物联盟中国分会邀请,以国际儿童读物联盟主席彼特·施耐克为团长的代表团一行3人访问中国,考察落实北京2006年国际儿童读物联盟第30届大会筹备工作。

2004年5月28日,“杨红樱作品研讨会”在成都举行。研讨会由成都市委宣传部、成都市精神文明办、成都市文联、成都市教育局和中国作家出版集团公司联合举办。

2004年5月30日,新闻出版总署“向青少年推荐优秀书目”启动。百种优秀图书包括人物传记、爱国主义思想品德教育、知识、文学、科普5大类。从2004年起每年推荐一次并将长期坚持。

2004年“六一”前夕,季羡林、王蒙、铁凝、陈建功、高洪波等55位著名作家联名向全国文学界和全社会发出倡议,为西部等贫困地区中小学筹建育才图书室,捐献儿童文学等优秀读物。6月1日,温家宝总理亲笔复信,对这一活动给予充分肯定,对作家们的倡议表示支持。

2004年6月5日,“新童谣征集与讨论会”在北京少年儿童出版社召开。该活动由北京市精神文明办、团市委、市教委等单位共同主办,北京少年儿童出版社具体负责。

2004年6月15日,由中国少年儿童新闻出版总社、北京师范大学中国儿童文学研究中心和辽宁省儿童文学学会联合举办的“刘东报告文学《轰然作响的记忆》研讨会”在中国少年儿童新闻出版总社举行。

2004年6月15日,由北京作家协会主办,杨鹏工作室制作与维护的“国际华文儿童文学网”问世。

2004年6月22日,北京少年儿童出版社和北京有路图书公司在北京召开了"'男孩女孩成长文学丛书'研讨会"。

2004年6月28日,中国作家协会召开第六届主席团第六次会议。会议提出,要推进少儿文学的繁荣,加大少儿文学作品创作的力度,鼓励广大作家创作出更多集思想性、娱乐性、趣味性、教育性于一体的,为未成年人所喜闻乐见的优秀少儿文学作品。

2004年6月20日至10月30日,国际儿童读物联盟中国分会在全国30余家少儿出版社调研统计安徒生童话图书的出版情况。结果显示,从1955年11月至2004年10月,少儿出版界共出版安徒生童话图书、传记、研究著作等共计159种版本,发行量超过686万册,其中23种版本荣获22种奖项。

2004年6月,北京少年儿童出版社于1998年开始出版的"男孩女孩成长文学丛书"推出新作:《那一年我们有约》《相识在花开季节》《曾经和你去流浪》,均为当地中学生的作品合集。本年内,该系列已出版40多种。

2004年7月,CBBY主席海飞、副主席周舜培分别在北京和上海召开儿童文学作家、出版家、教授、图书馆员、著名儿童网站负责同志会议,讨论2006年中国IBBY第30届世界大会的主题和分会场议题。

2004年8月2日至5日,《儿童文学》杂志社和中国作家协会儿童文学委员会在河北省唐山市坨岛风景区召开"当代儿童小说研讨会"。

2004年8月26日,中国版协少读工委、CBBY理事会在太原召开,会议由希望出版社承办。会上为孙建江、汤素兰、郭玉婷、曾敏、薛晓哲5人颁发首届"叶圣陶奖"。

2004年8月26日至28日,全国少儿读物订货会在太原举行,由希望出版社承办,35家少儿出版社参展。

2004年9月2日下午2:00—6:00,搜狐网社区召开儿童文学作家网上作品研讨会——"《青色雨》(谢倩霓)作品研讨会"。

2004年9月2日至18日,应国际儿童读物联盟邀请,以海飞为团长的国际儿童读物联盟中国分会代表团,全国19家少儿出版社一行25人,出席在南非举办的IBBY第29届大会。

2004年9月,亲近母语儿童阅读研究中心创办"中国儿童阅读论坛",发布《中国儿童阅读宣言和行动纲领》。论坛旨在促进小学语文教育界、儿童文学创作界、评论界、阅读理论研究界、出版界的沟通和交流。

2004年10月20日,《儿童文学》杂志社在中国少年儿童新闻出版总社举办了"海峡两岸儿童文学创作交流座谈会"。儿童文学作家、评论家、学者——金波、马景贤、林文宝等出席座谈会并发言。

2004年10月29日至11月1日,“全国儿童文学创作会议暨第六届(2001—2003)全国优秀儿童文学颁奖会”在深圳举行。本届增设“青年作者短篇佳作”奖。会议的论文集《光荣与使命》由明天出版社出版。

2004年10月,昆明市文联、昆明儿童文学研究会在昆明召开“关注未成年人,守望童心世界”研讨会。北京《儿童文学》主编徐德霞,江苏南京《少年文艺》主编章红,上海《上海少年报》主编唐小峰等少儿编辑,云南、昆明的儿童文学家、儿童文学工作者,30余人参加了会议。

2004年11月7日,冰心儿童图书奖暨儿童文学新作奖在北京中国现代文学馆颁奖。韩青辰的小说《我们之间》、黑鹤的小说《雪域格桑》、邢思杰的散文《下河铺的那场电影》获大奖。另有17人获佳作奖。

2004年11月29日,安徽省文联召开“苏平凡《希望的文学》作品研讨会”。安徽少年儿童出版社出版的《希望的文学》收录了苏平凡从20世纪60年代开始创作的科幻小说、科学童话、科学故事、科学小品及儿童小说等。

2004年12月7日,第14届中国图书奖评选结果公布,共有139种图书获奖。王宜振的《21世纪校园朗诵诗》、郭大森的《写真童话故事集》、孙云晓的《唤醒巨人:成功教育启示录》等5种少儿类图书入选。

2004年12月15日,为纪念中国第一部科幻小说《月球殖民地小说》发表100周年,北京市科协科普工作委员会和北京市科普作家协会联合举办的“科普创作论坛——2004科幻百年回顾与新趋势研讨会”在北京科技活动中心举行。

2004年12月21日,第五届全国百佳出版工作者获奖人员名单公布。少儿出版社入选的有:海飞(中国少年儿童新闻出版总社)、董素山(河北少年儿童出版社)、胡光清(湖北少年儿童出版社)、崔寒韦(晨光出版社)。

2004年12月23日,中国作协重点作品扶持办公室发布2004年重点作品扶持篇目。其中有3部儿童文学作品,分别为:河南省作协推荐的蓝蓝的《风媒花,虫媒花》、上海市作家协会推荐的秦文君的《乡土少年》、安徽省作协推荐的刘先平的《大漠的召唤——走向帕米尔高原》。

2004年,辽宁少年儿童出版社随辽宁出版集团进入文化体制改革试点。

2004年,中国少年儿童出版社引进出版了英国女作家阿特丽克斯·波特童话书《彼得兔的世界》,年初出版了23册精装盒装版,5月份又出版了5册一套的平装版。

2004年,河北少年儿童出版社出版大型研究专著《中国新时期儿童文学研究》。

该书是教育部人文社会科学研究规划项目,全书120万字,由王泉根主编,数十位儿童文学专家、教授与博士生、硕士生合力完成。

2004年,本土原创儿童小说《淘气包马小跳》热销300万册,引起很大社会反响,入选中国版协少读工委“2004年中国少儿出版10件大事”,被誉为“国产原创儿童文学图书畅销的重大突破。”

第七章　蓬勃多元期的童书出版(2005—2007)

经历了畅销书,尤其是海外儿童文学畅销书冲击的童书出版,在承受着巨大书业压力的同时,也感受到了巨大的市场动力。2004年以来,童书业经历了一个令人惊讶的迅猛增长与急速转型的时期,步入蓬勃发展、多元发展的新阶段。

一、童书数据描述

2005年,全国共出版少年儿童读物9583种(其中初版5803种),比上年增长19.95%;印数229.26百万册(张),比上年增长27.42%。

2006年,全国共出版少年儿童读物9376种(其中初版5630种),比上年下降2.16%;印数199.75百万册(张),比上年下降12.87%。

2007年,全国共出版少年儿童读物10460种(其中初版6122种),比上年增长11.56%;印数24445万册(张),比上年增长22.38%。

2004至2007年童书出版走势见下表(数据主要来源于历年的《中国出版年鉴》):

2004—2007年我国童书业出版情况统计表

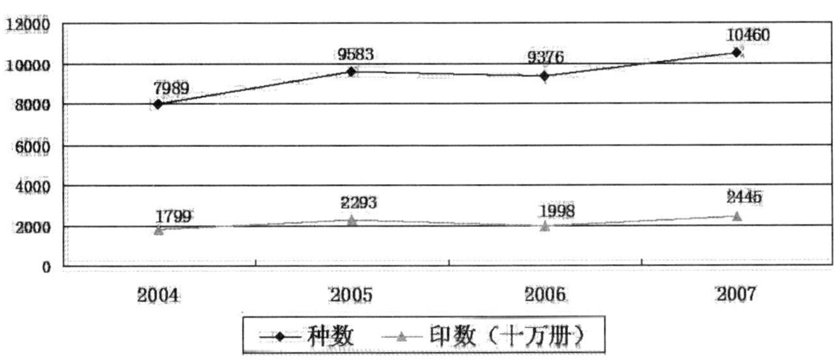

数据显示，童书业进入了新千年以来的一个自身调试阶段。2003至2004年间，童书业继2001年各项数据的增长之后，印数与定价均开始下滑。而后以2004年为转折点，2005年开始反弹，种数与印数都大幅飙升，涨幅接近或超过20%；2006年种数、印数再次同时下跌。直至2007年，童书业似乎终于找到了自己的轨道，种数突破10000种，印数收复200百万册大关。

除此而外，来自全国新华书店系统、出版社自办发行单位的库存统计显示：2006年，全国新华书店系统、出版社自办发行单位年末库存44.59亿（册/张/份/盒）、524.97亿元，与上年相比，数量增长4.98%，金额增长8.71%。[①]数据显示，童书业呈现过剩出版，大批的图书积压，只有极少数能够在市场上立足。

二、书业背景事件

(一)《关于深化文化体制改革的若干意见》等文件出台

2005年底，中共中央、国务院发布了《关于深化文化体制改革的若干意见》，明确做出公益性出版社和经营性出版社的分类，仅保留人民出版社、民族出版社、中国盲文出版社等中央一级的图书出版单位为公益性出版社。公益性出版社主要承担政治性、公益性出版任务。公益性和经营性的出版分离，体现了市场化大背景下出版产业做出的大幅调试。大批出版单位由事业单位“转企”。2005年，继辽宁少年儿童出版社随辽宁出版集团进行文化体制改革试点后，北京少年儿童出版社、新疆青少年出版社、浙江少年儿童出版社、少年儿童出版社、海燕出版社、希望出版社、安徽少年儿童

①中国出版年鉴社.中国出版年鉴2007[Z].北京：中国出版年鉴社，2007.9.787.

出版社相继进入文化体制改革试点。书业的竞争力再次得到了极大的释放与调动。

同年的4月13日，国务院进一步放开图书市场，下发了《国务院关于非公有资本进入文化产业的若干决定》(国发〔2005〕10号)。《决定》意在“进一步引导和规范非公有资本进入文化产业，逐步形成以公有制为主体、多种所有制经济共同发展的文化产业格局，提高我国文化产业的整体实力和竞争力”，[①]鼓励和支持非公有资本从事文化产品和文化服务出口业务；允许非公有资本进入出版物印刷、可录类光盘生产、只读类光盘复制等文化行业和领域；非公有资本可以投资参股出版物印刷、发行，新闻出版单位的广告、发行，广播电台和电视台的音乐、科技、体育、娱乐方面的节目制作，电影制作发行放映，但国有资本须控股51%以上。民营资本进入书业，也获得了相对自由的空间。

出版社事业单位转企，非国有资本介入，彻底打破了童书业的行业门槛。面对童书市场巨大的利润空间，国内570多家出版社中有520多家均参与出版少儿读物，民营工作室也纷纷介入这一领域，专业少儿出版社的销售份额已从21世纪初的50%下滑到2008年的32%。童书业的市场竞争日趋白热化。

(二)“十一五”新闻出版规划出台

2006年12月31日，新闻出版总署发布《新闻出版业“十一五”发展规划》，2007年1月10日正式印发。规划概括了“十五”期间的发展情况：我国新闻出版业从容应对了加入世界贸易组织、开放书报刊分销市场等新变化，克服了国民阅读率持续下降等不利因素，保持了平稳增长。截至2005年，我国已有图书出版单位573家，报刊社11399家，音像出版单位328家，电子出版物出版单位170家，网络出版机构50家，印刷单位18万余家，复制单位313家，出版物经营单位15.9万家，构成了初具规模的产业群。2005年全国新闻出版业实现增加值1900余亿元，约占当年全国GDP的1%，占第三产业增加值的2.6%，已经成为重要的产业部门。[②]

《规划》中指出，新闻出版业发展的指导思想是坚持社会效益第一的原则，提出：“十一五”期间图书出版预期目标为：到2010年，图书出版预期达到600亿印张、70亿册，种数控制在25.5万种，出版重点图书1370种……预期实现国民百万人均年拥有图书192种，人均年消费图书5.3册。[③]

随着体制改革与结构调整的推进，各类社会资本投入印刷、发行业，国有、民营、

①中国出版年鉴社.中国出版年鉴2006[Z].北京：中国出版年鉴社，2006.9.293.
②中国出版年鉴社.中国出版年鉴2007[Z].北京：中国出版年鉴社，2007.9.380.
③中国出版年鉴社.中国出版年鉴2007[Z].北京：中国出版年鉴社，2007.9.382.

外资等多种所有制共同竞争发展,集团化建设也在不断推进,但《规划》同时指出了存在的主要问题,并提出了"促进新闻出版业发展的政策措施":

第一,坚持社会效益第一,确保正确导向。

第二,调整优化结构,转变增长方式。

一是打破均衡式发展的思路和模式,积极推进产业地区布局调整;二是打破条块分割的国有资产管理体制和行政管理体制约束,积极推进产业结构调整;三是打破单一资本结构模式,积极推进投资结构调整;四是打破对传统出版媒体和教材教辅的过度依赖,积极推进产品结构调整;五是打破过度依赖规模、数量扩张的粗放式经营模式,积极推进增长方式的转变。

第三,推进出版发行体制改革,解放和发展新闻出版生产力。

一是改革出版管理体制和管理模式;二是推动新闻出版单位深化改革。

《规划》提出"十一五"末,国有独资的出版企业应基本完成规范的公司制改造。以集团建设为龙头,培养一批具有国际竞争力和市场控制力的企业集团,使之成为市场的引领者和产业发展的战略投资者。对出版社的发展实施分流,一方面培育一批内涵式发展的大社名社,形成市场中坚力量,另一方面引导中小报刊社和出版单位走小而专的专业化服务道路。①

(三)网络成为重要媒介力量

新的世纪,中国各种媒体迅猛发展,已经形成拥有2119种报纸、9038种杂志,568家图书出版社、290家音像出版社、1969家新闻广播电视机构、150多家新闻网站和遍布全球的通讯网,年发送短信1000亿条。②一系列数据,标志我国已经成为世界上的传媒大国。多种媒介之间的交流互动,越来越成为主流。但与此同时,影视、网络也带来了文化消费方式的变化。2000年第五次全国人口普查显示,互联网已经开始改变儿童的阅读接受习惯。虽然在新千年来临之际,网站普遍遭受了一个阶段的"滑铁卢",但是到2006年7月19日,中国互联网络信息中心(CNNIC)在北京发布了《第十八次中国互联网络发展状况统计报告》。报告显示,截至2006年6月30日,中国网民人数达到了1.23亿人,比去年同期增长了19.4%。在两亿中小学生中,上网学生已达3000万,中小学生互联网渗透率达到15.4%。在国家统计局颁布的《中华人民共和国2006年国民经济和社会发展统计公报》中,自2007年的公报起,加入了互联网使用人数的统计。《中华人民共和国2007年国民经济和社会发展统计公报》(2008年2月28日

①中国出版年鉴社.中国出版年鉴2007[Z].北京:中国出版年鉴社,2007.9.383.

②柳斌杰.现代媒体的社会职能和公共责任[J].中国少儿出版,2003,(4):5.

发布)中显示,我国的互联网上网人数有2.1亿人,较去年增长70.7%;宽带上网人数1.63亿人,较去年猛增111.7%;时隔仅一年,互联网上网人数已达到3亿人,较去年又增长42.9%,其中宽带上网人数2.7亿人,较去年再增长65.6%。互联网上的交流平台用户数量也呈现飞速增长,2007年1月10日,中国互联网协会发布的《2007中国互联网调查报告》显示,2006年底,中国博客作者规模达到2080万,博客访问量达1.01亿。[①]而到2007年12月26日,互联网信息中心发布的《2007年中国博客调查报告》显示,截至2007年11月底,我国博客作者人数达4700万,平均近4个网民中就有1个博客作者。[②]

对于书业来讲,网络同样产生了巨大的变革力。首先是通过建立网站、开通博客、建立"群"、登录网络在线做节目等等沟通形式上的创新,开展作家与读者之间的互动。例如2004年6月15日,由北京作家协会主办、杨鹏工作室制作与维护的"国际华文儿童文学网"问世;2004年9月2日下午,搜狐网社区召开我国儿童文学作家的第一个网上作品研讨会——"《青色雨》(谢倩霓)作品研讨会";2006年6月5日,google(谷歌)公司宣布,清华大学出版社和少年儿童出版社成为google图书搜索首批中国合作伙伴。[③]这使全球用户都能方便地定位,找到更多中文图书。儿童文学作家的博客也纷纷建立,成为发布新作,与读者交流互动、沟通信息的主要渠道。2008年,明天出版社富有创意地推出了校园博客小说——《我们班的博客》,以网络互动的形式将作品呈现在小读者面前。

2006年10月13日,在由新闻出版总署主办、中国出版科学研究所承办的2006中国数字出版年会上,新闻出版总署副署长柳斌杰以《用数字化带动我国出版业的现代化》为题,在开幕仪式上作了主题演讲,对数字出版的地位、重要性以及国家扶植政策进行了阐释,希望出版单位及时跟上这股科技浪潮,努力实现向出版数字化发展的跨越。[④]

随着B2C电子商务的逐步普及,网上购书的方便快捷和价格的低廉,以及所能提供的强大搜索功能、互动功能,使得网上销售图书的新渠道正在占据着越来越多的市场份额。

①中国出版年鉴社.中国出版年鉴2008[Z].北京:中国出版年鉴社,2008.9.112.

②中国出版年鉴社.中国出版年鉴[Z].2008北京:中国出版年鉴社,2008.9.120.

③中国出版年鉴社.中国出版年鉴2007[Z].北京:中国出版年鉴社,2007.9.87.

④ 中国出版年鉴社.中国出版年鉴2007[Z].北京:中国出版年鉴社,2007.9.100.

三、童书业重要书事

(一)版协少读工委成员社出版实力变化

中国版协少读工委秘书处2009年12月的统计显示,加入少读工委的成员社有37家。具体如下:

主任:海飞

委员社:

中国少年儿童新闻出版总社	上海世纪出版股份有限公司少年儿童出版社
新蕾出版社	湖南少年儿童出版社有限责任公司
希望出版社	浙江少年儿童出版有限公司
明天出版社	辽宁少年儿童出版社有限责任公司
未来出版社	海燕出版社有限公司
晨光出版社	黑龙江少年儿童出版社有限公司
接力出版社	广东新世纪出版社有限公司
四川少年儿童出版社	读者出版集团有限公司甘肃少年儿童出版社
湖北少年儿童出版社	童趣出版有限公司
安徽少年儿童出版社	重庆出版集团少儿出版中心
江苏少年儿童出版社	新疆青少年出版社
福建少年儿童出版社	中国美术出版总社——连环画出版社
河北少年儿童出版社	中国和平出版社
北方妇女儿童出版社	中国福利会出版社
北京少年儿童出版社	科学普及出版社
内蒙古少年儿童出版社	贵州人民出版社
二十一世纪出版社	阳光出版社
天天出版社	海南出版社
海豚出版社	

20世纪80年代至今的童书业,各出版社的实力与排名始终在发生着变化。80年代,是少年儿童出版社与中国少年儿童出版社两家独大的局面。到了90年代,在1996年第七届全国书市上,据书市组委会提供的数据,本届书市零售汇总表销售码洋排名前40名的出版社中,有两家少儿社,分别是少年儿童出版社,码洋150015.12元,排名

14；江苏少年儿童出版社，码洋105345.80元，排名27。[①]成立于1989年的接力出版社，虽然社龄排在专业少儿社中的末位，但是在短短的10年间，累计出版图书3000余种，总印数超过3亿册，1996年被评为全国新闻出版系统先进集体，1997年被评为全国良好出版社。1998年，中宣部、新闻出版署联合发文（新出联〔1998〕35号）[②]对商务印书馆等14家优秀出版单位予以表彰，接力出版社是唯一受表彰的少儿社。进入新世纪，各专业少儿社的市场实力再次发生变化。“开卷”数据分析显示，1999年和2000年，还是以少年儿童出版社为代表的专业少儿社位居五强。到2001年，首次有非专业少儿社进入童书出版五强；2002年人民文学出版社凭借“哈利·波特”系列和“新课标少儿读本”位列少儿零售市场之首；2003年再次发生变化，浙江少年儿童出版社上升到第一位；2004年，除表现稳定的浙江少年儿童出版社外，接力出版社异军突起；[③]2006年，在全国新闻出版系统先进集体（100个）中，地方出版社获奖名单中仅有4家专业少儿社，分别是：安徽少年儿童出版社，明天出版社，接力出版社和四川少年儿童出版社。[④]

统计数据显示，专业少儿出版社一省一社的地区平衡已经被效益、竞争力彻底打破，地域的不平衡、社与社之间的不平衡、各类图书效益的不平衡日渐显现。2004年以来，按照中图分类号分类考察各少儿成员社的出版物数量与实力，分类图书排行榜上榜少儿社统计如下：[⑤]

G类（文化、科学、教育、体育）图书前100名中，成员社历年入围情况

出版社	出版G类图书数量（在前100名中的排序）					
	2004年	2005年	2006年	2007年	2008年	2009年
中国少年儿童出版社	847（3）	1177（1）	1262（2）	2104（1）	1367（1）	583（7）
明天出版社	266（30）	151（54）	318（25）	270（39）	403（18）	340（20）
海燕出版社	218（37）	140（60）	149（63）	443（16）	233（36）	162（63）
浙江少年儿童出版社	212（39）	229（30）	231（37）	208（56）	146（65）	282（32）

①中国出版年鉴社.中国出版年鉴1997[Z].北京：中国出版年鉴社，1997.11.126.

②中国出版年鉴社.中国出版年鉴1999[Z].北京：中国出版年鉴社，1999.9.181.

③蒋晞亮.童书市场的现状和发展[A].中国出版年鉴社.中国出版年鉴2006[Z].北京：中国出版年鉴社，2006.9.452.(原载《中国新闻出版报》2005-06-08)

④中国出版年鉴社.中国出版年鉴2007[Z].北京：中国出版年鉴社，2007.9.119-120.

⑤数据来源：新闻出版总署信息中心（中国版本图书馆）.《全国总书目电子版使用手册》(2004—2009)全国总书目编辑部编辑出版.

出版社	出版G类图书数量(在前100名中的排序)					
	2004年	2005年	2006年	2007年	2008年	2009年
二十一世纪出版社	144(62)	261(23)	335(23)	159(76)	177(50)	162(63)
新疆青少年出版社	677(6)	358(17)	310(26)		386(22)	1232(2)
四川少年儿童出版社	225(36)	120(76)	124(80)	171(71)	142(66)	
晨光出版社	150(60)		302(27)	261(41)	469(10)	332(22)
黑龙江少年儿童出版社	395(18)		178(50)	218(53)	487(9)	459(11)
科学普及出版社	136(66)	114(81)	105(100)	134(95)	114(95)	
福建少年儿童出版社	110(88)			181(67)	110(100)	151(74)
内蒙古少年儿童出版社			610(4)	386(21)	607(4)	210(48)
新世纪出版社	128(76)				295(32)	135(77)
辽宁少年儿童出版社	101(94)			140(88)		135(77)
新蕾出版社			123(81)		180(49)	208(49)
未来出版社	241(33)				123(87)	
湖北少年儿童出版社	166(53)			238(51)		
安徽少年儿童出版社		142(58)		139(90)		
接力出版社			301(28)	252(43)		
少年儿童出版社	203(41)					
海南出版社	532(11)					
希望出版社	100(96)					
湖南少年儿童出版社						214(45)

I类(文学)图书前50名中,成员社历年入围情况

出版社	出版I类图书数量(在前50名中的排序)					
	2004年	2005年	2006年	2007年	2008年	2009年
浙江少年儿童出版社	149(8)	67(46)	150(9)	134(21)	148(21)	344(4)
二十一世纪出版社	114(19)	137(10)	146(10)	216(5)	216(7)	320(5)
少年儿童出版社	102(27)	148(9)	90(24)	135(20)	155(15)	145(27)
中国少年儿童出版社	110(24)	105(19)	192(5)	161(11)		259(10)
新疆青少年出版社	331(2)	136(11)	93(22)		93(46)	208(15)
接力出版社		128(13)	84(31)	98(39)	116(32)	124(34)
四川少年儿童出版社	93(33)	74(37)	85(30)			118(42)
湖南少年儿童出版社			73(43)		156(14)	232(12)
明天出版社			67(47)		100(38)	177(19)
北京少年儿童出版社		95(24)				
湖北少年儿童出版社			84(32)	96(44)		
新世纪出版社					114(33)	
海燕出版社					107(35)	

H类(语言、文字)图书前30名中,成员社历年入围情况

出版社	出版H类图书数量(在前50名中的排序)					
	2004年	2005年	2006年	2007年	2008年	2009年
湖南少年儿童出版社		54(22)			79(23)	47(48)
浙江少年儿童出版社			51(28)		51(43)	58(36)
新疆青少年出版社	51(28)					66(30)
海燕出版社	71(18)					
北京少年儿童出版社			54(26)			
北方妇女儿童出版社					59(35)	
二十一世纪出版社						67(29)
福建少年儿童出版社						51(43)

J类(艺术)图书前30名中,成员社历年入围情况

出版社	出版J类图书数量(在前50名中的排序)					
	2004年	2005年	2006年	2007年	2008年	2009年
二十一世纪出版社		65(24)			96(27)	186(8)
新世纪出版社					96(27)	108(19)
北方妇女儿童出版社		121(14)				
海豚出版社				125(20)		
浙江少年儿童出版社					98(25)	

N类(自然科学总论)图书前10名中,成员社历年入围情况

出版社	出版N类图书数量(在前50名中的排序)					
	2004年	2005年	2006年	2007年	2008年	2009年
北京少年儿童出版社	31(2)	14(2)	10(5)	12(4)		
科学普及出版社	9(7)	7(9)			13(5)	17(2)
北方妇女儿童出版社	7(10)					
湖北少年儿童出版社			7(9)			
中国少年儿童出版社						9(8)

O类(数理科学、化学)图书前30中,成员社历年入围情况

出版社	出版O类图书数量(在前50名中的排序)					
	2004年	2005年	2006年	2007年	2008年	2009年
北京少年儿童出版社	13(28)					
辽宁少年儿童出版社					15(30)	
湖南少年儿童出版社						22(22)

P类(天文学、地球科学)图书前20名中,成员社历年入围情况

出版社	出版P类图书数量(在前50名中的排序)					
	2004年	2005年	2006年	2007年	2008年	2009年
北京少年儿童出版社	14(9)		9(10)	11(17)		
四川少年儿童出版社		7(21)				
北方妇女儿童出版社					14(17)	

Q类(生物科学)图书前30名中,成员社历年入围情况

出版社	出版Q类图书数量(在前50名中的排序)					
	2004年	2005年	2006年	2007年	2008年	2009年
明天出版社	19(6)	7(22)	16(7)			
甘肃少年儿童出版社	11(11)					
北京少年儿童出版社	9(14)		17(6)	34(6)		
北方妇女儿童出版社	6(29)	10(13)			20(9)	
四川少年儿童出版社		12(11)			13(13)	
接力出版社		6(28)	6(30)			
新疆青少年出版社					13(13)	15(13)
河北少年儿童出版社	8(20)					
晨光出版社	7(23)					
海南出版社	6(27)					
黑龙江少年儿童出版社	6(30)					
少年儿童出版社			8(18)			
安徽少年儿童出版社				11(17)		
科学普及出版社				10(20)		
江苏少年儿童出版社						16(11)

V类(航空、航天)图书前10名中,成员社历年入围情况

出版社	出版V类图书数量(在前50名中的排序)					
	2004年	2005年	2006年	2007年	2008年	2009年
浙江少年儿童出版社			2(10)			
科学普及出版社						7(7)

X类(环境科学)图书前10名中,成员社历年入围情况

出版社	出版X类图书数量(在前50名中的排序)					
	2004年	2005年	2006年	2007年	2008年	2009年
北京少年儿童出版社			16(7)			

Z类(综合性图书)图书前10名中,成员社历年入围情况

出版社	出版Z类图书数量(在前50名中的排序)					
	2004年	2005年	2006年	2007年	2008年	2009年
北京少年儿童出版社		17(7)	24(4)			
新疆青少年出版社	20(2)					
少年儿童出版社	20(4)					
北方妇女儿童出版社	17(7)					
湖北少年儿童出版社		18(6)				
中国少年儿童出版社		14(9)				
四川少年儿童出版社					26(9)	
二十一世纪出版社						51(5)
接力出版社						42(7)

在一个完全开放竞争的大市场下,童书业的品牌建设进入了一个新的洗牌阶段。细分市场的时代,出版社的特色和定位问题,越来越显示出其重要的意义。

(二)少读工委与CBBY主办国际儿童读物联盟第30届大会

在童书走向世界的过程中,中国版协少读工委与国际儿童读物联盟中国分会CBBY的合作,显示出较强的凝聚力。CBBY以各出版社为纽带,形成出版人、作家与儿童文学研究者共谋童书对外交流的局面。在1998年,国际儿童读物联盟中国分会组成新一届领导机构,由海飞(中国少年儿童出版社社长)任会长;赵镇琬(明天出版社社长)、周舜培(少年儿童出版社社长)任副会长;郭占魁、李元君等9人任理事。借助少读工委与CBBY联合所形成的平台,中国童书业参与并开展了大量国际性童书交流活动。

2006年,在出版人的多方努力下,CBBY首次争取到了IBBY大会在中国的举办权。少读工委与CBBY对此活动倾注了极大的热情。在《中国澳门2006国际儿童读物联盟(IBBY)第30届世界大会资助光荣榜》[①]上,23家赞助单位中有11家少儿社在列,分别是:中国少年儿童新闻出版总社、明天出版社、辽宁少年儿童出版社、接力出版社、四川少年儿童出版社、浙江少年儿童出版社、湖北少年儿童出版社、希望出版

①中国澳门2006国际儿童读物联盟(IBBY)第30届世界大会资助光荣榜[J].中国少儿出版,2006,(3):64.

社、海燕出版社、福建少年儿童出版社、重庆出版集团少儿图书出版中心。

2006年9月20日至23日，由国际儿童读物联盟(IBBY)主办，国际儿童读物联盟中国分会(CBBY)、澳门学生联合总会、澳门出版协会共同承办的“国际儿童读物联盟第30届世界大会”在澳门举行。来自全世界54个国家和地区的500多名儿童文学作家、画家、出版家、翻译家等出席大会。大会以“儿童文学与社会发展”为主题，并特设由儿童自己主持的“我们的文学——儿童论坛”。

除成功申办并成功举办IBBY大会外，CBBY还以各种形式力促童书文化交流。2004年2月19日至22日，中国版协少读工委第13次主任委员会议暨国际儿童读物联盟中国分会(CBBY)理事会会议在厦门举行。该会议评审并通过曹文轩荣获“中国安徒生文学奖”、王晓明荣获“中国安徒生插图奖”，孙建江(浙江少年儿童出版社)、汤素兰(湖南少年儿童出版社)、郭玉婷(接力出版社)、曾敏(未来出版社)、薛晓哲(中国少年儿童出版社总社)5位同志荣获首届“叶圣陶编辑奖”。2007年11月4日至8日，国际儿童读物联盟安徒生奖评审委员会主席佐拉·甘尼应CBBY常务副主席刘海栖所在的明天出版社邀请，访问北京、济南、上海。2007年11月4日，中国作家协会儿童文学委员会在京委员等与佐拉·甘尼座谈，就有关国际安徒生奖与中国儿童文学进行了交谈。

(三)“马小跳”带动本土原创校园文学出版热

新世纪之初，引进版儿童文学图书屡屡登上儿童畅销书排行榜。在经历近3年的引进版图书主打畅销榜的局面后，童书业终于呈现出本土原创作品的强劲打榜势头。除借助影视互动效应短暂登榜的影视同期书《哪吒传奇》外，本土原创儿童文学作品打榜的起点当属以杨红樱为代表的、面向小学生群体的校园小说。

2004年，少儿类畅销书排行榜的格局因“马小跳”而改变。这一年，“开卷”少儿类畅销书TOP30中，引进版图书减少至6种，而像“淘气包马小跳”系列这样的本土图书入列11种。一年时间里，杨红樱的原创儿童文学“淘气包马小跳”系列销量达到了300万册。杨红樱和她的“马小跳”一举打破了2000年以来的引进版童书长期雄霸中国少儿畅销书排行榜的局面。由此开始，杨红樱屡屡登上少儿畅销书排行榜，形成少儿畅销书第一品牌。至2007年1月5日，接力出版社在其2007年销售商新春联谊会上透露，杨红樱的“淘气包马小跳”系列丛书(全16册)总销售量已突破1000万册。2007年，杨红樱与她的“马小跳”还走出了国门，哈珀·柯林斯出版集团获得了杨红樱“淘气包马小跳”系列其中8册的全球版权。

《中国少儿出版》一年一度的“中国少儿出版十件大事”中，杨红樱与她的“马小跳”凭借前所未有的销售业绩在2003年、2004年、2007年三年入选。《2004年中国少儿

出版十件大事》中这样描述:“淘气、贪玩、调皮的马小跳和他的快乐同学的生活引领了2004年少儿阅读风潮。”[①]《中国出版年鉴2008》对该系列作品评价如下:“‘淘气包马小跳’系列丛书诙谐幽默,通过描写一群调皮孩子的快乐生活以及他们和家长、老师、同学的有趣故事,映射当代儿童的生活现实与心理现实,深情呼唤张扬孩子的天性,舒展童心和童趣,探析成人世界与儿童世界之间的隔膜和误区。该丛书自面世以来,一直雄踞全国少儿类畅销书排行榜前列。”[②]

2004年,童书市场就此转入本土儿童文学飞速发展的时代,少儿图书市场“要畅销,靠引进”的局面明显改变,上榜的原创儿童文学作品越来越多,儿童文学、青春文学、动漫图书均成为原创儿童文学作品中的畅销主力。快乐校园小说大量涌现,除杨红樱本人继续在接力出版社推出“淘气包马小跳”系列、在二十一世纪出版社推出《非常男生》《非常女生》《非常老师》等一系列新作外,北京少年儿童出版社推出了赵静的《老妈你真烦》、周志勇的“男生派幽默小说”和肖定莉的六本幽默小说,中国少年儿童出版社推出了彭皓的“女生小小系列”,湖南少年儿童出版社推出了“小虎娃儿童文学精品丛书”,江苏少年儿童出版社推出郝月梅“搞笑鬼王闹”系列,少年儿童出版社推出了黄春华的儿童麻辣故事系列《开皮豆快乐秘笈》和“花衣裳”组合饶雪漫的《双鱼记》、郁雨君的《吻醒我》、伍美珍的《愿望树》,湖北少年儿童出版社推出了宋别离的《精灵女生》,二十一世纪出版社推出了晓玲叮当的“魔法小仙子系列”和“花衣裳”组合饶雪漫的《若即若离》、郁雨君的《提拉米苏带我走》、伍美珍的《最美的夏天》等。

一些优秀本土儿童文学作品,像曹文轩、沈石溪、秦文君等儿童文学名家20世纪90年代创作的经典作品的再版,和新世纪推出的新品力作,成为本土少儿类畅销书排行榜上瞩目的在榜作家、作品。20世纪80年代末畅销的郑渊洁的儿童文学作品也被二十一世纪出版社重新包装,以《皮皮鲁总动员》丛书(30册)形式浩浩荡荡上市。还有一大批儿童文学名家推出的新作,例如金波推出的《乌丢丢的奇遇》(江苏少年儿童出版社),冰波的新作《阿笨猫全传》(接力出版社),常新港的新作《天王猫》(接力出版社),浙江少年儿童出版社潜心经营的“中国幽默儿童文学创作丛书”再次推出了秦文君的《小杜齐:地下室里本多事》《小杜齐:和阿莫一起探宝》,任溶溶作品的最新本《没头脑和不高兴》《土土的故事》,张之路的“张之路系列”,周锐的《幽默水浒》《幽默三国》《幽默西游》《幽默红楼》等;还有汤素兰的新作《阁楼精灵》(接力出版社),葛竞的新作《飞熊号魔法船》(接力出版社),张品成的战争题材《不能说话的十二岁》(接力出

① 2004年中国少儿出版十件大事[J].中国少儿出版,2005,(1):61.

②中国出版年鉴社.中国出版年鉴2008[Z].北京:中国出版年鉴社,2008.9.126.

版社)，刘东的报告文学《中学生的口述实录——轰然作响的记忆》(中国少年儿童出版社)等。儿童文学的创作与出版空前繁荣。[①]

据“开卷”2004年少儿图书零售市场调查显示，少儿文学增长率为121.17%，[②]位列少儿图书各品种之首。之后，少儿文学板块逐步扩张，在童书板块中占据三分之一的巨大空间。至2005年，在书业整体零售市场同比增长率为7.43%的局面下，少儿类图书零售市场的同比增长率高达18.35%。[③]全国发行量在500万册以上的儿童畅销书有10多种，50万册到100万册的有几十种。[④]童书业呈现出前所未有的儿童文学图书销售的壮观景象，令成人文学出版望洋兴叹。

(四)多方聚力儿童阅读推广

2004年以来，虽然在全国书业图书品种、印数、印张、定价总金额全面增长的业界背景下，童书出版物也出现了种数增长19.95%，印数增长27.42%，印张增长39.47%，定价增长24.31%的局面，[⑤]但是至2006年再次下跌，与上年相比，种数下降2.16%，初版下降2.98%，总印数下降12.87%，总印张增长1.82%，总定价下降1.73%。[⑥]如何打开市场，如何将童书送到儿童手中，成为书业必须思考的问题。同时，虽然在出版物数量方面，我国已经跻身出版大国行列，但在图书的阅读与消费方面还有很大差距。对于儿童读者来讲，我国儿童的图书阅读量处于较低水平，以3亿6千万的少年儿童计算，平均每个孩子阅读的儿童文学作品不足0.01册，而欧美发达国家一个孩子平均拥有5至6部儿童文学作品。[⑦]另一个来自阅读本身的问题在2004年间受到广泛关注。在全媒体逼近的新世纪，儿童阅读趣味的单一化，阅读行为的“浅阅读”倾向，令文化界、教育界对儿童的阅读状况产生忧虑。大量优秀的、丰富多彩的儿童读物没有能进入小读者视野，阅读空间亟需开拓。正是在这样的来自书业市场和文化界的双重忧虑，交汇出了新世纪大力度的儿童阅读推广活动。

1. 官方举措助推童书业阅读推广

2004年5月30日，新闻出版总署为努力加强未成年人读物出版发行工作，启动向

①2003年中国少儿出版十件大事[J]. 中国少儿出版，2004，(1)：63.

②侯颖.中国原创少儿读物的出版困境[J]. 中国少儿出版，2007，(4)：25.

③刘昶.少儿出版5大悬念，2006谁领风骚[J].出版商务导报，2006，(9).

④海飞.愿中国少儿出版的明天更美好——在“第21届全国少年儿童出版社社长年会”上的讲话[J]. 中国少儿出版，2006，(3)：46.

⑤新闻出版总署计划财务司.2005年全国新闻出版业基本情况[A].中国出版年鉴社.中国出版年鉴2006.北京：中国出版年鉴社，2006.9.728-729.

⑥中国出版年鉴社.中国出版年鉴2007[Z].北京：中国出版年鉴社，2007.9.782-784.

⑦侯颖.散谈中国儿童阅读现状[J].中国少儿出版，2006，(2)：57.

青少年推荐优秀书目活动，总署组织青少年教育研究者、少年儿童文学作家、出版界专家以及市场营销人员组成推荐团，向全国青少年推荐百种优秀图书。与20世纪80年代的红领巾阅读推荐书目不同，新世纪的这次图书推荐，力求兼顾思想教育、科学与文学素养的多重价值。百种图书包括：人物传记、爱国主义思想品德教育、知识、文学、科普5大类，其中还选入了15种有代表性的外国优秀儿童读物。此项活动自2004年起，受到社会各界的关注和好评，之后每年推荐一次，并长期坚持了下去。

2004年"六一"前夕，季羡林、王蒙、铁凝、陈建功、高洪波、柯岩、王安忆、贾平凹等55位著名作家联名向全国文学界和全社会发出倡议，为西部等贫困地区中小学筹建"育才图书室"，捐献儿童文学等优秀读物。该活动得到中央的关心与支持。6月1日，温家宝总理亲笔为该活动复信，对这一活动给予充分肯定，对作家们的倡议表示支持。至2005年，儿童阅读已经受到越来越多的社会关注，各种社会力量纷纷发力。2005年4月，《文艺报》推出《少儿文艺》双周刊，以"给孩子的最优秀的"为创办宗旨，致力于成为"少儿阅读与视听的指引者，少儿文学创作与出版的观察者"。

2006年4月5日，中共中央宣传部、中央文明办、新闻出版总署、文化部、教育部、解放军总政治部宣传部、中华全国总工会、共青团中央、中华全国妇女联合会、中国科学技术协会、中国作家协会等11家部委共同向全国发出《关于开展全民阅读活动的倡议书》，提出在2006年4月23日"世界读书日"前后，开展"爱读书、读好书"的全民阅读活动，同时倡议在"世界读书日"当天，各地图书馆开展读书宣传，书店、书城开展优惠售书，有关部门开展"向困难群众赠书"等专项活动，鼓励读者参与"我最喜爱的一本书"征文活动。①4月23日，中宣部、新闻出版总署和共青团中央在北京联合推出"健康口袋本在行动"活动。中国少年儿童出版社、接力出版社、浙江少年儿童出版社等全国10家专业少儿出版社响应号召，首批推出了百余种"口袋本"图书。中宣部出版局局长张小影强调，要坚持原创，坚持高质量、低价格，切实满足青少年的阅读需求，用孩子们喜闻乐见的形式打开"健康口袋本"的市场。②

2007年，阅读推广加速发展。全民阅读活动成为"促进出版业繁荣和发展的一项根本性工作，也是新闻出版总署的一项重点工作"。③我国在该年首次设立了"中国儿童阅读日"。为配合2007年的全民阅读活动，中宣部要求新闻出版总署、中国作协、中

---

①中国出版年鉴社.中国出版年鉴 2007[Z].北京：中国出版年鉴社，2007.9.71.

②中国出版年鉴社.中国出版年鉴 2007[Z].北京：中国出版年鉴社，2007.9.85.

③马国仓.2001年全国图书出版管理工作[A].中国出版年鉴社.中国出版年鉴 2008[Z].北京：中国出版年鉴社，2008.9.38.

国科协分别向社会推荐10部优秀少儿读物、10部长篇小说、10部科普图书；3月，新闻出版总署下发了《关于向青少年推荐百种优秀图书、百种优秀音像制品、百种优秀电子出版物的通知》，第四次向青少年推荐百种优秀读物。并选择在北京、上海、广州、武汉等大中城市中小学建立阅读示范点，在青少年中推广阅读。[①]在新闻出版总署与中宣部等11个部委联合发起的"多读书、读好书"全民阅读活动中，新闻出版总署图书司经过认真论证，在听取专家学者意见的基础上，最终选出向社会推荐的10部优秀少儿读物，分别是：浙江教育出版社的《中国少年儿童百科全书》、人民文学出版社的《中国经典童话》、接力出版社的《大头儿子和小头爸爸》、中国大百科全书出版社的《中国儿童百科全书·上学就看》、人民文学出版社和中华书局的《诵读中国》、北京少年儿童出版社的《新童谣》、二十一世纪出版社的《皮皮鲁总动员》、接力出版社的《淘气包马小跳》、学习出版社的《永远的丰碑》、农村读物出版社的《科技馆里的奥秘》。"经新华社4月24日通稿报道宣传，这些图书进入新一轮热销。"[②]

各少儿出版社对阅读推广更是不遗余力。2005年11月，中国少年儿童出版社主办"中国儿童文学新主流阅读趋势探讨"研讨会。2007年10月，二十一世纪出版社出资成立"中国儿童阅读推广人论坛"，海燕社创办"海燕爱心书屋"，福建少年儿童出版社创办"红孩子书屋"、江苏少年儿童出版社创办"凤凰读书会"，接力出版社的"接力儿童分级阅读研究中心"也进入筹备。

2. 民间阅读推广繁盛

怀着不同的目的或理想、来自民间与半民间学术团体的阅读推广活动，起始于新世纪，到中期也已逐渐受到社会认可。民间的阅读推广中，开展最早、最有名气的当属"红泥巴读书俱乐部"。2000年，阿甲与"萝卜探长"在网上创建了一个童话部落——红泥巴网站，致力于向家长推广优秀童书。零零年代中期，阿甲又创建了红泥巴读书俱乐部，针对不同年龄段儿童开展阅读指导，定期公布优秀童书排行榜，举行儿童阅读讲座，社会影响力逐步增大，也引起儿童研究专家的关注。大量经典的童书、尤其是国外精美的图画书，借助这样的阅读推广方式逐渐为我国读者所接受。

民间阅读推广团体中影响力较大还有"书香中国"原创童书排行榜评选活动。此项活动始于2004年，由亲近母语儿童阅读教育研究中心发起。此项评选倡导"童书谁最棒，孩子说了算"，参与评选的图书先由各个出版单位自荐，然后再由专家从中选出

①新闻出版总署图书出版管理司.2007年"全民阅读活动"开展情况[A].中国出版年鉴社.中国出版年鉴2008[Z].北京：中国出版年鉴社，2008.9.249.

②马国仓.2007年全国图书出版管理工作[A].中国出版年鉴社.中国出版年鉴2008[Z].北京：中国出版年鉴社，2008.9.38-39.

80本入围图书,最后由孩子投票选出自己喜爱的30本书,再由专家根据孩子的评选选择最后的10本书。从2005年开始,该中心还开始举办“中国儿童阅读论坛暨亲近母语教育研讨会”,形成了具有一定社会影响和学术影响的儿童阅读推广平台。

这段时间内,此类的民间阅读推广机构、亲子阅读读者俱乐部等如雨后春笋在各大城市蓬勃兴起,比如小书房、红袋鼠广场等。这种机构散落于各大中型城市,为童书走进家庭、走近儿童,尤其是低幼图画书走进市场发挥了不可低估的作用。“儿童阅读推广人”——一个描述致力于童书阅读推广并以此为职业的人群的新称谓逐步被确立。

(五)“绘本热”与图画书出版的本土关注

新世纪,图画书是以舶来品的形式出现在我国书业的。由于本土图画书的长期被忽视和历史发展过程中存在的与时代发展、儿童审美情趣的断裂,本土图画书创作与引进版图画书已经形成了巨大差距。国外图画书的引进,在世纪之交已经开始。学界还为图画书选择了日译版的新名词“绘本”,以与“图画书”相区别。从20世纪90年代末开始,许多出版社开始了对图画书的关注。1999年春风文艺出版社出版了德国雅诺什编绘、皮皮翻译的绘本10册,首印数量大约在一万册左右。当时没有引起来自销售市场的反应。2000年,二十一世纪出版社引进出版德国米切尔·恩德图画书6本和“彩乌鸦”系列等15本图画书,同样没有引起轰动。到了零零年代中期,其不菲的价格终于与国内的文化消费水平对接,“绘本”引进出版逐渐升温。“开卷”少儿类畅销书排行榜上,也开始出现图画书的身影。

少儿社中,除了二十一世纪出版社的引进行为外,明天出版社在这方面也属于开风气之先,自2000年开始,该社陆续从欧美引进出版了《彩绘世界童话名著珍藏版》《小公主幼儿成长图画书》《兔子帕西一家的奇妙故事》等10余套图画书。尤其是从美国引进的著名图画书大师莫尼克·弗里克斯的《无字书》,为国人带来了新鲜独特的阅读体验。短短几年间,许多出版社都瞄准了图画书的引进,加大了开发和引进力度。希望出版社出版了《绘本世界经典童话》《绘本中国故事宝库》,新蕾出版社出版了《世界经典音乐童话绘本》,中国少年儿童出版社出版了《彼得兔的世界》和“小熊布迪系列”,浙江少年儿童出版社出版了“大师绘本系列”,少年儿童出版社出版了“钻石花园绘本系列”和“花格子达象艾玛系列”,接力出版社引进了“阿罗系列”和《活了100万次的猫》,北京少年儿童出版社引进了“日本经典启蒙系列”,二十一世纪出版社从法国引进了《不一样的卡梅拉》(6册),自2006年10月推出以来,成为当当网上的常销品种。还有童趣出版公司引进的经典绘本“米菲故事系列”等,也均成为常销品种。

一方面，图画书引进版的资源开发逐渐成为自觉的出版行为，规模也不断壮大；另一方面，引进版图画书“在一点一点地塑造着我们对于图画书的感受器官和欣赏趣味，在一点一点地拓展着我们对图画书的理解能力和想象空间”。[①]童书人开始思索本土原创图画书的创作与出版。2008年5月13日至15日，明天出版社承办了由中国作家协会儿童文学委员会主办的首届“中国原创图画书发展论坛”，对于认识本土图画书创作的现状，推动本土原创图画书的发展意义重大。

截至2008年，各家专业少儿社投入精力与财力出版的本土原创图画书有：江苏少年儿童出版社的“我真棒幼儿成长”系列，明天出版社的“杨红樱亲子绘本故事”系列、“小企鹅心灵成长故事”系列、“小肚兜幼儿情感启蒙故事”系列、“绘本中国”系列（包括《小石狮》《泥将军》《年》《屠龙族》《鱼儿爷》《家树》《灶王爷》等），少年儿童出版社的“婴儿睡前故事”系列，中国少年儿童出版社的“睡前十分钟”系列，北方妇女儿童出版社的《原创童话绘本系列丛书·蓝猫讲故事》，四川少年儿童出版社的《绘本天下名句》，海豚出版社的“中国神话故事”系列（包括《中国十个节日传说》《易经图典》《礼记图典》），连环画出版社的“情韵中国”丛书（包括《我的小马》《京剧猫·长坂坡》《京剧猫·武松打虎》《荷花回来了》《纸马》《苏武牧羊》）等。原创图画书的品质大步提升，连环画出版社的“情韵中国”丛书、明天出版社的“绘本中国丛书”均获得了2008年新闻出版总署“三个一百原创出版工程”奖，《京剧猫·长坂坡》还获得亚洲青年动漫大赛最佳作品奖，《荷花回来了》被评为2008年度“中国最美的书”，并代表中国参加2009年度德国莱比锡“世界最美的书”的评选。上述作品的问世，被评价为“原创图画书出版出现了重大突破”，“打破了西方图画书在我国的垄断”。[②]作品所凸显的中国元素和中国风格，受到赞誉。

（六）“选本”形式的总结性童书

新世纪以来，依托儿童文学研究的专业建设，依托童书出版人的文化思索，童书业参与儿童文学理论性建设的热情步入了20世纪90年代之后的又一次高潮。儿童文学理论研究性书籍的出版受到出版社、尤其是专业少儿社的大力支持，过去由学术出版社出版的儿童文学理论研究书籍，也大批转向由专业少儿出版社出版。一些注重文化积累的童书出版社，例如中国少年儿童新闻出版总社、明天出版社、浙江少年儿童出版社、四川少年儿童出版社、二十一世纪出版社等都在这一时段内大量出版了

①方卫平.谈明天社引进版图画书[J].中国少儿出版，2007，(2)：29.

②苏旗.在探索中原创 在原创中竞争——评第二届“三个一百”原创少儿图书[J].中国少儿出版，2009，(1)：10.

儿童文学、儿童文化、科幻文学、图画书等方面的理论书籍。一批具有总结性意义的大型童书相继策划出版,促进了对中华人民共和国成立后儿童文学发展60年的大检阅。

对我国近现代以来儿童文学创作做出评价性汇编的巨制,当属湖北少年儿童出版社推出的“百年百部中国儿童文学经典书系”。“百年百部中国儿童文学经典书系”四辑共100部,所选作品文体包括小说、童话、散文、诗歌、寓言等多种,全面呈现了百年中国儿童文学的创作成就。同时,面对逐步开阔的外国儿童文学经典视野,对世界儿童文学经典作品做出汇编的巨制也不断涌现。比如中少社的“纽伯瑞”系列,新蕾社的“国际大奖”系列,明天社的“漂流瓶”系列等。其中湖南少年儿童出版社2007年推出了“全球儿童文学典藏书系”,将世界各地的经典儿童文学读物呈现在了中国孩子面前,成为业界影响深远的口碑产品,已累计发行200多万册。诸如此类的大手笔、大制作,依托于强有力的科研机构、学者力量和强有力的出版力量,实现了对儿童文学的全面总结、回顾与经典传播,具有极高的文化价值。

2004年以来,童书业在彻底走向改革与市场的进程中,显示出了前所未有的生机勃勃的景象。尤其自2007年以来,少年儿童读物的出版已然突破万种大关。少儿类畅销书榜单上,本土图书与引进版图书齐头并进,畅销书与常销书相互呼应,风格各异的作品、热闹非凡的营销活动与丰富多彩的图书品种样式,都让童书业越来越成为书业自发关注的焦点。童书业的发展真正驶入了快车道。

四、2005—2007童书出版大事记

2005年

本年,全国共出版少年儿童读物9583种(其中初版5803种),比上年增长19.95%;印数229.26百万册(张),比上年增长27.42%。

2005年1月18日,译林出版社《安徒生童话与故事全集》出版,标志着全球纪念安徒生诞辰200周年庆典活动在北京拉开序幕。该套书被授权首次在中国使用“全球庆典特别纪念专用标识”。

2005年1月22日,由邹静之创作、北京出版社出版的《Hi可爱》在北京图书大厦举行了新书首发式及与小读者见面会。该书源自同名儿童剧,该剧在北京上演后受到欢迎。

2005年2月18日,新闻出版总署发布《关于对含有虚假宣传信息的图书进行专项

检查的紧急通知》。2月24日，中国版协发出《制止虚假图书，提倡诚实守信，多出精品》倡议书。5月27日，3万多册“伪书”在北京郊区一家造纸厂被推进化浆池销毁。

2005年2月，著名配音演员童自荣加盟少儿图书，参加由四川少年儿童出版社、四川音像出版中心联手打造的国内第一本可以“听得见”的长篇童话《蓝皮兔的故事》的推广活动。

2005年3月17日至22日，中国版协少读工委第14次委员会议暨国际儿童读物联盟中国分会理事会会议在湖南长沙召开。会议对抵制低俗出版、2006国际儿童读物联盟第30届大会筹备工作等问题进行讨论，并进行了少读工委、CBBY理事会第三次换届。

2005年3月29日，中宣部出版局召开全国部分少儿出版社社长会议。出版局局长张小影要求各少儿社形成合力，精心策划健康向上的“口袋书”，占有市场，抵制不良“口袋书”的影响。

2005年4月1日，中国作家协会儿童文学委员会举办了“纪念安徒生诞辰200周年座谈会”。会议由张之路主持，来自北京、上海等地的作家和评论家出席座谈。

2005年4月2日，即将于2006年在澳门举行的第30届国际儿童读物联盟（IBBY）大会主题确定为“儿童文学与社会发展”，包括“我们的文学——儿童论坛”“儿童读物与多媒体时代”“儿童绘本的发展趋势”“哈利·波特现象的思考”等议题。

2005年4月10日至20日，CBBY组成代表团出访意大利博洛尼亚书展，并出席IBBY执委会。会上CBBY常务副主席刘海栖通报了中国IBBY第30届大会的筹备情况。

2005年4月13日，国务院下发《国务院关于非公有资本进入文化产业的若干决定》，鼓励和支持非公有资本从事文化产品和文化服务出口业务；允许非公有资本进入出版物印刷、可录类光盘生产、只读类光盘复制等文化行业和领域；非公有资本可以投资参股出版物印刷、发行等领域国有文化企业。

2005年4月28日，由文化部对外文化联络局、丹麦王国驻华大使馆、宋庆龄基金会等主办的“点燃下一根火柴——纪念安徒生诞辰200周年”系列活动北京站开幕式在中华世纪坛隆重举行。

2005年4月，《文艺报》报社推出《少儿文艺》双周刊。该刊致力于成为“少儿阅读与视听的指引者，少儿文学创作与出版的观察者”，它的创办宗旨是：“给孩子的，最优秀的”，版面内容包括：新闻、人物、作品、理论、批评等。

2005年5月14日至15日，中国海洋大学文学院与《文艺报》报社在青岛共同举办“中国原创儿童文学的现状及发展趋势研讨会”。来自全国的50多位儿童文学工作者

参加会议。会议论文集《中国儿童文学的走向》(朱自强主编)由少年儿童出版社出版。

2005年5月19日上午,国家新闻出版总署署长石宗源在天津会见IBBY主席彼特·施耐德。

2005年5月23日,国际书商联盟(IBF)2005年年会在北京举行。这是我国1995年正式加入该联盟后首次在我国召开的年会。会议主题为“变化中的图书市场”。

2005年5月24日,新闻出版总署邀请有关专家,对“六一”前夕向广大青少年读者推荐的百种书目进行逐一论证,严格把关。新闻出版总署副署长邬书林出席论证会,新闻出版总署图书出版管理司司长吴尚之出席论证会并通报了有关情况。

2005年6月8日,蒋晞亮在《中国新闻出版报》撰文分析《少儿图书市场的现状和发展》。指出:从“开卷”统计的数据来看,少儿图书市场2001年开始连续三年成长性低于整体图书市场。2004年成长速度达14%左右,2001年以来成长速度首次超过整体图书市场。

2005年6月10日至6月20日,由北京市发行集团主办、北京市外文书店、北京市进出口有限公司承办的第六届北京国际儿童书展在北京市外文书店举行。书展以“快乐童年,享受阅读”为主题。

2005年6月,彭懿翻译的安房直子的幻想小说《花香小镇》(少年儿童出版社)获得第11届APPA(亚太地区出版社协会)图书奖翻译铜奖。

2005年6月,新闻出版总署继2004年向青少年推荐优秀书目获广泛好评后,继续向全国青少年推荐百种优秀图书。此次推荐的百种书目是从全国27个省市和各中央部委出版社报送的325种图书中甄选出来的。

2005年6月,中国少年儿童出版社推出《冰心儿童文学全集》(美绘版),包括散文卷2册,小说卷1册,小说诗歌卷1册。“美绘版”对封面、版式、绘画、开本重新设计,大量精美彩图与文字交相辉映。该书上市6个月已销售23万册。

2005年7月2日,重庆市作家协会举行了“张继楼从事儿童文学创作50周年座谈会”。张继楼从20世纪50年代开始儿童文学创作,已出版了20多部儿歌、儿童诗、童话等著作。

2005年7月8日至10日,首届中国数字出版博览会在北京举行。本届博览会以“互联互通,共建共享”为主题,由“中国数字出版趋势与技术高峰论坛”和“中国数字出版与网络传播博览会”组成。

2005年7月8日至10月20日,少读工委课题组进行“动漫纸媒体课题读物情况”

调研。调查显示:30余家专业少儿社在1995至2005年间出版原创动漫书刊533种,33450841册,引进健康动漫图书363种,18842000册。

2005年7月21日,以"心系祖国,健康成长"为主题的第十二届读书活动表彰大会在人民大会堂举行。来自各省、自治区、直辖市的1000余名获奖学生代表和教师代表受到表彰。

2005年7月29日至8月1日,以"十年原创"为主题的第七届北京动漫大会在北京农展馆举办。7月30日下午,三辰卡通集团、二十一世纪出版社、《北京卡通》杂志社共同举办了"中国原创漫画创作联盟高峰论坛"。

2005年7月至10月,受新闻出版总署图书出版管理司委托,中国版协少读工委组织40家专业少儿出版社进行"1995-2005年动漫书刊出版发行课题研究"。数据显示:专业少儿出版社11年来共出版发行国产原创动漫书刊533种,33450841册(引进363种,18842000册)。

2005年8月19日至23日,第20届全国少年儿童出版社社长年会暨CBBY理事会在宁夏银川举行。宁夏少年儿童出版社承办。新闻出版总署图书司于青处长作《新闻出版总署2005年关注对未成年人的出版工作》的报告。

2005年8月,二十一世纪出版社推出"马小跳作文"7个系列32种图书。第二批"马小跳作文"30多种预计春节前出版。

2005年9月2日,"彩乌鸦"系列图书出版座谈会在北京召开。"彩乌鸦"系列丛书是二十一世纪出版社和德国青少年文学研究院交流合作项目,作品由德国青少年文学研究院遴选和推荐,由二十一世纪出版社组织翻译和出版。

2005年9月3日,中国北京2006国际儿童读物联盟(IBBY)第30届世界大会第五次新闻发布会在中国国际展览中心举行。中国分会(CBBY)会长海飞宣布第二届"中国安徒生奖"获奖名单,张之路、陶文杰分获"中国安徒生奖"文学奖和插图奖,并将代表中国角逐2006年IBBY"国际安徒生奖"。发布会同时宣布"亚洲国际青少年图书交流中心"正式成立。

2005年9月5日至18日,由CBBY组团的中国儿童插图画家一行12人赴斯洛伐克参加第20届布拉迪斯拉发插画展。陶文杰等13位中国儿童插画家的103幅作品参展。

2005年9月,全国少儿读物订货会在上海举行。本次订货会由少年儿童出版社承办。

2005年10月10日,"书香中国"2004年度原创童书排行榜在北京发布。《夏洛的网》《丁丁历险记》《逃逃》《笨狼的校园生活》等10本书入选"最受孩子们欢迎的图书"。

2005年10月14日，由教育部基础教育课程教材发展中心举办的第四届全国优秀幼儿读物评选结果在北京揭晓，59套306册图书、10种期刊被评为“推荐读物”。

2005年10月15日，《哈利波特与“混血王子”》中文简体版同时在30家书店举行首发活动。参加首发活动的书店当日该书销售突破5万册，创单日销量纪录。

2005年11月4日，新闻出版总署召开有关专家和出版社负责人参加的少儿图书质量座谈会，对2005年全国少儿图书质量专项检查的结果进行专题会诊，并讨论改进和提高的措施。

2005年11月13日，中国少年儿童出版社主办的“中国儿童文学新主流阅读趋势探讨”研讨会在京召开。金波、樊发稼、张之路、王泉根、曹文轩、白冰等儿童文学作家、理论家、出版人出席会议。

2005年11月15日至23日，王林带领“大陆儿童阅读访问团”一行9人赴台湾访问。访问团参观了麦克出版社、乐方出版社、信谊基金会出版社、凯斯幼稚园、明德小学、台南大学和台东大学，多层面了解台湾儿童阅读推广活动。

2005年12月20日，由宋庆龄基金会中国和平出版社、中国作家协会儿童文学委员会、北京师范大学儿童文学研究中心共同举办的“安徒生童话的当代价值——纪念安徒生诞辰200周年学术研讨会”在北京师范大学举行。来自北京儿童文学、现代文学、比较文学研究界和出版界的著名专家和学者近百人与会。该年，中国和平出版社出版了北京师范大学中国儿童文学研究中心的安徒生专题研究著作：王泉根主编的论文集《中国安徒生研究一百年》、李红叶的专著《安徒生童话的中国阐释》。

2005年12月，红泥巴书店根据该店全年的销售量评出2005年童书TOP10，分别是：《可爱的鼠小弟》《无字书》《猜猜我有多爱你》《爱心树》《活了100万次的猫》《爷爷一定有办法》《小猪唏哩呼噜》《神奇校车》《恐龙的温馨故事》《彼得兔的世界》。

2005年，中共中央、国务院发布《关于深化文化体制改革的若干意见》，确定人民出版社、民族出版社、中国盲文出版社等中央一级的图书出版单位为公益性出版社。公益性出版社主要承担“政治性、公益性出版任务”。

2005年，接力出版社与《萌芽》杂志合作，联合推出“萌芽书系”。其中蔡骏的青春心理悬疑小说《地狱的第19层》《荒村公寓》不到半年就销售36万册。

2005年，四川少年儿童出版社自引进美国乔安娜·柯尔创作的“神奇校车”系列以来，已出版10册。

2005年，上海译文出版社于2001年引进的日本作家村上春树的《挪威的森林》，累计印刷22次，销售逾百万册。

2005年，浙江少年儿童出版社推出的文字本"半小时妈妈"系列，累计印数达到100万册。8月，该系列又推出"完全妈妈"手工系列和游戏系列。

2005年，第21届陈伯吹儿童文学奖揭晓。秦文君的中篇童话《大狗喀拉克拉的公寓》获大奖。老作家鲁兵获杰出贡献奖。

2005年，明天出版社出版了海飞的专著《童媒观察》。

2005年，原创儿童文学呈现产业链开发趋势：全国多家少儿社基于名家名作所具有的特殊影响力，开始整合名家名作资源，深度开发原创文学产业链图书系列。该现象入选中国出版工作者协会少儿读物出版工作委员会"2005年中国少儿出版10件大事"。

2005年，新闻出版总署组织专业学者、专家组成专项检查小组，对30个省市区以及中央部委的185家出版社2004年新出版的少儿图书进行质量抽查，公布结果显示：合格率88.1%，对不合格的86种少儿图书进行了曝光。此举意在警示少儿图书出版必须提高质量保证。

2005年，继辽宁少年儿童出版社随辽宁出版集团进入文化体制改革以来，2005年，北京少年儿童出版社、新疆青少年出版社、浙江少年儿童出版社、少年儿童出版社、海燕出版社、希望出版社、安徽少年儿童出版社相继进入文化体制改革。

2005年，全国性文艺新闻出版评奖整改总体方案公布。依据《全国性文艺新闻出版评奖管理办法》，新闻出版总署全国性评奖由22个减至1个——"中国出版政府奖"，下设"国家出版奖"和"全国优秀出版人物奖"2个子项。中国出版工作者协会全国性评奖由9个减至2个——"中国优秀图书奖""韬奋出版新人奖"。上述奖项均为两年一评。

2006年

本年，全国共出版少年儿童读物9376种（其中初版5630种），比上年下降2.16%；总印数199.75百万册（张），比上年下降12.87%。

2006年1月5日，少年儿童出版社在北京文采阁举行"《成长风暴》新书发布会"，研讨该社推出的欧洲青春小说"酷男生丛书"、原创纪实文学《飞翔，哪怕翅膀断了心》（韩青辰）、最新网络小说《嗷嗷喜欢你》（周桥）等。

2006年1月8日，湖北少年儿童出版社在北京中国现代文学馆举行"百年百部中国儿童文学经典书系"座谈会，高洪波、束沛德等儿童文学工作者近40人与会。该书系分四辑，共计100部，所选文体包括小说、童话、散文、诗歌、寓言等多种，对中国儿童

文学进行了最大规模的系统梳理与总结。

2006年1月10日，继两次召开少儿社社长会议后，中宣部出版局再次召开第三次会议，专门对健康“口袋书”发行宣传工作进行协调，议定开展健康“口袋书”的宣传营销活动。

2006年3月24日至26日，由少年儿童出版社、浙江师范大学儿童文化研究院等联合举办的“儿童文学创作与创新论坛”在浙江师范大学举行。论坛旨在通过反思当下儿童文学现状，促进作家、出版者和评论者的融合。

2006年3月31日，北京师范大学中国儿童文学研究中心与湖北少年儿童出版社在北京师范大学联合召开“高洪波《板凳狗幼儿文学系列》研讨会”，会议就高洪波幼儿文学创作的美学追求、艺术手法等进行了研讨。

2006年4月5日，中共中央宣传部、中央文明办、新闻出版总署、文化部、教育部、中国人民解放军总政治部宣传部、中华全国总工会、共青团中央、中华全国妇女联合会、中国科学技术协会、中国作家协会等11家部委共同向全国发出《关于开展全民阅读活动的倡议书》。

2006年4月6日，2006国际儿童读物联盟第30届世界大会第六次新闻发布会暨“我们的文学——儿童论坛”启动仪式在北京市东城区史家小学分校图书馆举行。儿童论坛包括三项活动：“我阅读，我成长”少年儿童讲故事比赛、“我梦想，我快乐”校园文学报创作设计大比拼活动、“我最喜欢”中外原创童书活动和儿童最喜爱的作品评选活动。

2006年4月20日至24日，中国版协少读工委第15次主任委员会议暨国际儿童读物联盟中国分会理事会会议，在湖北武汉召开。湖北少年儿童出版社承办本次会议。国际儿童读物联盟日本分会会长、福音馆社长总编辑松居直列席会议并作“图画书是两种语言的世界，我的编辑方针及重视与读者交流”的报告。

2006年4月23日，中宣部、新闻出版总署和共青团中央在京联合推出“健康口袋本在行动”活动。中国少年儿童出版社、接力出版社、浙江少年儿童出版社等全国10家专业少儿社首批推出了百余种“口袋本”图书。

2006年4月，中国少年儿童新闻出版总社评选出第三届“为少儿出版事业和中少发展作出突出贡献的十大金作(画)家”。高洪波、沈石溪、郑春华、李毓佩、林桦等入选。

2006年5月1日，中国少年儿童新闻出版总社翻译出版了国际儿童读物联盟创始人自传体小说《架起儿童和图书的桥梁》(中文版)。

2006年5月30日，黄蓓佳长篇小说《亲亲我的妈妈》首发式暨“倾情小说”系列研

讨会在北京江苏大厦举行。会议由江苏省作家协会、江苏省文明办、凤凰出版社集团等联合举办。陈建功、高洪波等40余位专家、学者与会。

2006年5月，彭懿编著的《图画书：阅读与经典》由二十一世纪出版社出版。该书以87个主条目和专题介绍了187种外国图画书，多角度探讨了图画书艺术。

2006年5月，杨红樱的新作"笑猫日记"系列由明天出版社推出。

2006年6月1日，国家网络动漫产业（北京）发展基地挂牌仪式在北京中关村举行。新闻出版总署署长龙新民向北京市颁发了"国家网络游戏动漫产业（北京）发展基地"牌匾。自此北京与成都、广州、上海共同成为新闻出版总署授予的国家级游戏动漫产业发展基地。

2006年6月5日，google（谷歌）公司宣布，清华大学出版社和少年儿童出版社成为google图书搜索首批中国合作伙伴。

2006年6月16日，由中国作家协会创研部、上海市作家协会、四川少年儿童出版社联合举办的"殷健灵幻想小说系列《风中之樱》研讨会"在北京举行。陈建功、樊发稼等20余人与会。

2006年6月22日，东方出版社在北京举行"南京少年作家刘东阳长篇小说《Y滋味》研讨会"。

2006年6月，中国少年儿童出版社和新疆青少年出版社建社50周年。

2006年6月，湖南少年儿童出版社引进出版2004年安徒生插图奖作者马克斯·维尔修斯的代表作品《青蛙弗洛格的成长故事》。

2006年6月，中国少年儿童出版社出版了林格伦《长袜子皮皮》《淘气包埃米尔》《小飞人卡尔松》等8部作品的美绘版。

2006年7月10日至17日，应澳大利亚儿童文学研究会邀请，王泉根、舒伟参加了在澳大利亚墨尔本召开的"新文本、新儿童、新阅读、新读者"国际儿童文学研讨会。并前往悉尼麦考里大学与约翰·史蒂芬斯教授签署合作翻译出版中文版《当代西方儿童文学新论译丛》意向书。

2006年7月18日，由中国作家协会儿童文学委员会、少年儿童出版社、上海市宝山区人民政府联合主办的"陈伯吹先生诞辰100周年纪念座谈会"在北京中国现代文学馆举行。少年儿童出版社为此次纪念活动出版了《陈伯吹论》（王宜清著）、《陈伯吹作品典藏本》。

2006年7月19日，中国互联网络信息中心（CNNIC）在北京发布《第十八次中国互联网络发展状况统计报告》。报告首次加入了青少年上网的数据分析，在两亿中小学

生中,上网学生已达3000万,中小学生互联网渗透率达到15.4%,其中高中生互联网渗透率已达半数以上。

2006年7月,新闻出版总署制订的《新闻出版总署关于深化出版发行体制改革工作实施方案》出台,对事业体制的公益性出版单位和转企改制的经营性出版单位提出了不同的要求。

2006年8月8日,上海书展举办了"陈伯吹儿童文学桂冠书系首发会"。会上,10余位儿童文学作家就"上海昔日儿童文学重镇缘何风光不再"这一议题展开讨论。

2006年8月9日,由上海市宝山区委、区政府、中国作家协会儿童文学委员会等举办的"陈伯吹与儿童文学发展"专家论坛,在宝山举行。束沛德主持论坛。10日上午,"陈伯吹先生诞辰100周年纪念大会"在宝山举行,各界100多人与会。下午,在宝山区文化馆举行了"陈伯吹纪念馆"揭幕仪式。

2006年9月3日,第21届全国少儿社社长年会在北京举行。会议由中国少年儿童新闻出版总社承办。本年,少儿读物出版联合体与华东六省少儿社联合体建立20年。

2006年9月11日,首届张天翼儿童文学奖在长沙揭晓。贺晓彤、谢乐军主编的"小虎娃儿童文学精品丛书"、汤素兰的长篇童话《小巫婆真美丽》等5种图书获奖。

2006年9月20日至23日,由国际儿童读物联盟(IBBY)主办,国际儿童读物联盟中国分会(CBBY)、澳门学生联合总会、澳门出版协会共同承办的"国际儿童读物联盟第30届世界大会"在澳门举行。来自全世界54个国家和地区的500多名儿童文学作家、画家、出版家、翻译家等出席大会。本届大会以"儿童文学与社会发展"为主题,并特设由儿童自己主持的"我们的文学——儿童论坛"。澳门特别行政区特首何厚铧出席并讲话。新西兰女作家玛格丽特·梅喜与德国画家沃尔夫·埃尔布鲁赫获"国际安徒生奖"。出资资助本次大会举办的少年儿童出版社及相关单位有:中国少年儿童新闻出版总社、明天出版社、接力出版社、四川少年儿童出版社、浙江少年儿童出版社、湖北少年儿童出版社、海燕出版社、福建少年儿童出版社、重庆晨报社少儿室、北京银桥动力科技(集团)有限公司等。

2006年9月22日,"书香中国2005年童书排行榜揭榜仪式暨第三届中国儿童阅读论坛新闻发布会"在南京召开。本次评选由亲近母语儿童阅读研究中心发起,中国阅读学研究会、扬州市教育局共同主办,浙江师范大学儿童文学研究所协办。《猜猜我有多爱你》等10种童书上榜。

2006年9月23日下午,由中国互联网协会网络应用创新工作委员会、推广与普及工作委员会以及"中国未成年人网络工程"执委会联合推出的"阳光绿色网络工程丛书”,在2006互联网大会闭幕式上首发。

2006年9月,全国少儿读物订货会在北京举行。本次订货会由中国少年儿童新闻出版总社承办。

2006年10月2日,浙江师范大学儿童文化研究院揭牌典礼在该校红楼举行。蒋风被聘为名誉院长。该研究院创办了理论刊物《中国儿童文化》。

2006年10月13日,在由新闻出版总署主办,中国出版科学研究所承办的2006中国数字出版年会上,新闻出版总署副署长柳斌杰作《用数字化带动我国出版业的现代化》主题演讲。

2006年10月19日,少年儿童出版社、东华大学日本近代研究中心、上海翻译家协会共同举办了“山中恒校园文学作品国际研讨会”。山中恒在会上作《我的文学创作与中国缘》演讲。来自中日两国的儿童文学作家、学者、编辑约40人出席会议。

2006年10月,二十一世纪出版社从法国引进《不一样的卡梅拉》6册,分别为:《我想去看海》《我想有颗星星》《我想有个弟弟》《我去找回太阳》《我爱小黑猫》《我能打败怪兽》。

2006年11月5日,“中国动漫产业发展与青少年健康成长高峰论坛”在青岛闭幕,会上揭晓了“中国青少年最喜爱的十大国产动画片”。《精灵世纪》《憨八龟的故事》《黑猫警长》《天眼》《崂山道士》《哪吒闹海》《三毛流浪记》《小兵张嘎》《蓝皮鼠和大脸猫》《蓝猫淘气三千问》上榜。

2006年11月16日,由北京师范大学中国儿童文学研究中心、中国美术出版总社联合召开的冰波童话新作“南瓜堡丛书”研讨会在北京师范大学召开。

2006年11月19日至20日,北京师范大学中国儿童文学研究中心举办“中日图画书交流研讨会”。著名图画书研究专家、日本梅花女子大学三宅兴子、日本大阪国际儿童文学馆铃木穗波专员、日本蒲蒲兰图书公司中西文纪子和来自北京、上海、河北的60余位专家、研究生与会。

2006年12月7日,中国作协创研部、辽宁省儿童文学学会等联合举办的“小虎队儿童文学丛书”研讨会在京召开。该丛书由辽宁少年儿童出版社出版,收入车培晶《沉默的森林》、薛涛《正午的植物园》等7册辽宁中青年儿童文学作家的最新力作。

2006年12月31日,新闻出版总署发布《新闻出版业“十一五”发展规划》,2007年1月10日正式印发。《规划》对图书出版业的发展目标表述如下:“十一五”期间,新闻出版业增加值预期年均增长7%。到2010年,图书出版预期达到600亿印张、70亿册,种数控制在25.5万种,出版重点图书1370种……预期实现国民百万人均年拥有图书192

种,人均年消费图书5.3册。

2006年,中国少年儿童出版社从2003年9月起开始推出的《一路风景》《盛世繁花》等儿童文学典藏书库系列,共计24册,涵盖多种儿童文学体裁。该典藏书库已印刷94版、152万册。

2006年,接力出版社引进并推出英国著名插画家艾力克·希尔创作的“小玻系列”翻翻书7种。

2006年,在首届中华优秀出版物(图书)评奖中,获奖的少儿类图书有:中国大百科全书出版的《中国儿童百科全书》和河北少年儿童出版社“中国结丛书”;另有4种获提名奖。韬奋出版新人奖中少年儿童出版社获奖者有:中国少年儿童新闻出版总社海飞,福建少年儿童出版社黄建斌。

2006年,“全国新闻出版系统先进集体”(100个)中的专业少儿社有:安徽少年儿童出版社、明天出版社、广西接力出版社、四川少年儿童出版社。

2006年开始实施的《“十一五”期间(2006—2010年)国家重点图书出版规划》共确定图书选题1370种,占申报总数的40%。其中“未成年人读物出版规划”子规划入选66种。

2007年

本年,全国共出版少年儿童读物10460种(其中初版6122种),比上年增长11.56%;总印数24445万册(张),比上年增长22.38%。

2007年1月5日,接力出版社在2007年销售商新春联谊会上透露,该社出版的杨红樱“淘气包马小跳”系列丛书(全16册)总销售量已突破1000万册。

2007年1月9日,接力出版社作为单个出版社完成转制。新闻出版总署副署长、国家版权局副局长阎晓宏,广西壮族自治区副主席吴恒,接力出版社有限公司董事长黄俭,接力出版社前任社长李元君,共同为“接力出版社有限公司”揭牌。

2007年1月24日,新闻出版总署“三个一百”原创出版工程初评名单揭晓。该工程自2006年8月启动以来,共有385家出版单位报送符合条件的图书1101种,选题406种。最终有369种图书、59种选题入围。原创少儿读物入选32种,其中儿童文学图书22种,占68.7%。

2007年1月,希望出版社出版“心理成长快车”丛书(12册),丛书由作家、画家、儿童心理学家共同编纂完成。

2007年3月13日,新闻出版总署等八部委印发《农家书屋工程实施意见》,该工程

成为国家金星公共文化服务体系建设的五项重大工程之一。

2007年3月15日，少年儿童出版社在上海市第四中学为儿童文学中的人物贾里、贾梅举办16岁生日庆典。儿童文学作家秦文君与近200名小读者参加庆典。

2007年3月21日，新闻出版总署下发《关于向青少年推荐百种优秀图书、百种优秀音像制品、百种优秀电子出版物的通知》。2005年以来正式出版的发行量在1万册以上的青少年题材图书和2006年以来正式出版的国产青少年题材音像制品、电子出版物均可申报。5月25日，推荐书目在《中国新闻出版报》等专业媒体公示一周。5月29日向各省、自治区、直辖市新闻出版管理部门和出版单位发出《关于向青少年推荐百种优秀图书，开展六月暨暑期读书活动的通知》。

2007年3月23日，由教育部基础教育司和共青团中央少年部支持、国际儿童读物联盟中国分会中国儿童读物促进会与首都图书馆（北京市少年儿童图书馆）联合主办的“共同架起儿童与图书的桥梁——纪念国际儿童图书节40周年暨中国儿童阅读日系列活动”启动仪式，在首都图书馆举行。仪式上宣布每年4月2日为“中国儿童阅读日”。

2007年3月，浙江少年儿童出版社出版了德国著名儿童读物作家、画家雅诺什自编自画的“雅诺什绘本系列”4册。

2007年4月7日至11日，中国版协少读工委第16次主任委员会暨CBBY理事会会议在河南郑州召开。海燕出版社承办本次会议。

2007年4月17日至22日，湖南少年儿童出版社、北京师范大学中国儿童文学研究中心共同举办的“全球儿童文学典藏书系”翻译专家会议在长沙和湘西凤凰古城举行，杨武能、许钧等就“全球儿童文学典藏书系”的书目选择、翻译质量等进行研讨。

2007年5月9日，中国作家协会鲁迅文学院第六届中青年作家高级研讨班（儿童文学作家班）举行开学典礼。来自全国27个省、直辖市、自治区以及中直机关、行业作协的53位儿童文学作家参加了为期3个月的学习。接力出版社出版了该班学员的作品集:《五颜六色的房子》（小说卷）、《七彩斑斓的翅膀》（童话卷）、《彩虹飞扬的天空》（诗歌散文卷）。

2007年5月10日至25日，应国际儿童读物联盟主席帕特丽夏·亚丹娜邀请，CBBY以海飞为团长一行11人组成代表团访问加拿大。

2007年6月18日至22日，中宣部在北京密云举办第10届精神文明建设“五个一工程·一本好书”奖专家论证会。9月7日在北京举行表彰座谈会和颁奖晚会。获奖的儿童文学图书有曹文轩的《青铜葵花》、黄蓓佳的《亲亲我的妈妈》等。

2007年6月22日，中国作家协会、上海市作家协会、少年儿童出版社、北京师范大学中国儿童文学研究中心共同举办“从‘大头儿子’到‘马鸣加’——郑春华作品研讨会”。高洪波、刘建生等领导、专家及鲁迅文学院儿童文学作家班部分学员出席会议。

2007年6月26日，海燕出版社通过了ISO9001：2000质量管理体系认证，成为国内少儿出版社和河南省出版单位率先通过ISO9001质量管理体系认证的文化单位。

2007年6月29日至7月4日，第22届全国少年儿童出版社社长年会在哈尔滨举行。黑龙江少年儿童出版社承办本次会议。32家少儿社、人民出版社少儿读物编辑室主任和中央新闻单位记者近70人出席会议。

2007年6月，湖南省少年儿童文学阅读创作基地在湖南省少儿图书馆成立。该基地接受湖南作协指导，由省作协儿童文学委员会和省少儿图书馆开展工作。

2007年6月，外语教学与研究出版社根据中央电视台《小鲤鱼历险记》动画片改编出版的同名动漫图书与电视同步推出。该图书在年内销售了600多万册。

2007年7月12日，新闻出版总署发出《关于评选中国出版政府奖的通知》。9月23日，评奖在北京启动，9月27日评奖结果公布。少儿类获图书奖的有：中国少年儿童出版社《潘家铮院士科幻作品集》、少年儿童出版社《十万个为什么(新世纪普及版)》、江苏少年儿童出版社《青铜葵花》、二十一世纪出版社《图画书：阅读与经典》、明天出版社《小肚兜幼儿情感启蒙故事》，另有10种获提名奖、音像电子网络奖。荣获先进出版单位奖的有：浙江少年儿童出版社有限公司、接力出版社、中国少年儿童出版总社《幼儿画报》编辑部；荣获优秀出版人物奖的有：王宏金(安徽少年儿童出版社)、魏刚强(二十一世纪出版社)、刘海栖(明天出版社)、白求琢(接力出版社)。

2007年7月22日至26日，全国师范院校儿童文学研究会第11届年会在河北保定的白洋淀举行。来自全国60余所师范院校及部分出版社的90余人出席，本届会议主题为“儿童文学与儿童阅读”。

2007年8月2日，国家图书馆与北京师范大学中国儿童文学研究中心联合举办“让经典伴随我们成长——穿越儿童文学的浪漫密林”的展览，为期一个月。

2007年8月20日，接力出版社、北京师范大学中国儿童文学研究中心与中国作家协会儿童文学委员会在北京师范大学联合举办青年作家葛竞“猫眼小子包达达”系列丛书发布会。

2007年8月30日，第14届北京国际图书博览会期间，“冒险小虎队”牵手“马小跳”对话活动在北京第三极书局举行。杨红樱与奥地利作家托马斯·布热齐纳交流了儿童文学创作与阅读的经验。

2007年8月30日至9月3日，第十四届北京国际图书博览会在中国国际展览中心举办。本次博览会特别设立了“儿童、动漫及创意产业展区”。

2007年8月31日，杨红樱的系列小说《淘气包马小跳》(8册)全球多语种版权被美国哈珀·柯林斯出版集团整体买断。版权签约仪式在北京的亚洲大酒店举行。2008年初，该公司又买断了杨红樱“笑猫日记系列”的英文、法文全球发行权。

2007年8月31日，北京少年儿童出版社在北京召开“麦场主系列《曹文轩小说阅读与鉴赏》研讨会暨新书发布会”。

2007年8月，国家版权局举办“2006年全国图书版权输出先进出版单位及推动工作先进单位表彰活动暨颁奖典礼”，海豚出版社、少年儿童出版社、江苏少年儿童出版社、浙江少年儿童出版社、新疆青少年出版社、安徽少年儿童出版社、明天出版社荣获“2006年全国图书版权输出先进出版单位”。

2007年9月9日至12日，由中国版协少读工委主办，安徽少年儿童出版社承办的全国少儿图书订货会在安徽合肥举行。本届订货会以“健康阅读、引领成长”为主题。期间还开展了图书捐赠、“2006年度最佳少儿读物”评选颁奖典礼、少儿图书市场分析报告会等活动。

2007年9月10日，《中国少儿出版》在安徽合肥召开了创刊10周年座谈会。该刊自1997年创刊以来，出版了40期、发表了400多万字的文章，提供了各类少儿出版信息1372条。

2007年9月，接力出版社由美国引进出版“ISPY视觉大发现系列”。

2007年9月，二十一世纪出版社与当当网结成合作伙伴，双方商定，二十一世纪出版社全品种、足量向当当网供货，且每年选择若干种在销图书以特惠价优待读者；当当网保证每年以100%的比例递增销售。

2007年9月，浙江少年儿童出版社出版《福娃奥运漫游记》。该丛书由同名动画电视片改编。年内销售400多万册。

2007年10月，二十一世纪出版社出资成立的“中国儿童阅读推广人论坛”在南昌举行。论坛选举梅子涵为秘书长，王林为副秘书长，发表了《南昌宣言》，并决定每年举行一次，从2008年开始还将评选上一年度全国优秀阅读推广人和集体。

2007年10月，少年儿童出版社的《小朋友》编辑部参加“‘把好书带回家’特奥主题图书漂流活动”，让来自世界各地的特奥运动员阅读《小朋友》杂志。

2007年10月，“书香中国”2006年度童书排行榜组委会儿童文学作品初评榜单公布。2006年出版(含重版)的19种24册儿童文学作品入围。《獾的礼物》《我的妈妈是

精灵》《小飞侠彼得·潘》等图书登榜。

2007年11月2日，少年儿童出版社、上海作家协会和陈伯吹儿童文学基金会主办的“陈伯吹先生逝世10周年纪念活动”在上海宝山区举行。100多位儿童文学界、出版界人士参加了纪念活动。主办方还举行了《陈伯吹先生纪念文集》的首发式、“第22届陈伯吹儿童文学奖”的颁奖仪式。老作家任大星获杰出贡献奖，李有干的长篇小说《大芦荡》获大奖。

2007年11月4日至8日，应明天出版社邀请，国际儿童读物联盟安徒生奖评审委员会主席佐拉·甘尼访问北京、济南、上海。4日，中国作家协会儿童文学委员会在京委员与佐拉·甘尼就国际安徒生奖与中国儿童文学等问题进行了交谈。

2007年11月8日，中国版协少读工委和国际儿童读物联盟中国分会在北京召开《中国少儿出版》办刊10周年与改版座谈会。

2007年11月23日至28日，第三届中日儿童文学研讨会在日本大阪召开。研讨会主题为“全球化时代的中日儿童文学——《哈利波特》《魔戒》《纳尼亚传奇》旋风带来了什么”，曹文轩、方卫平等5位中国专家受邀出席。

2007年11月30日至12月2日，由新闻出版总署和安徽省政府主办，安徽省新闻出版局、合肥市人民政府、安徽省文化产业发展促进会、安徽出版集团承办的首届中国国际动漫创意产业交易会在合肥举行。

2007年底，接力出版社出版著名儿童文学作家曹文轩的4卷本长篇系列儿童小说“大王书”的第一部《黄琉璃》。第二部《红纱灯》随后推出。

2007年，中宣部文艺局和中国作家协会编辑出版《“五个一工程”、茅盾文学奖获奖长篇小说精选(1997—2007)》。秦文君的《男生贾里全传》、曹文轩的《草房子》、黄蓓佳的《我要做好孩子》等3部儿童文学作品入选。

2007年，为配合全民阅读活动，中宣部要求新闻出版总署、中国作协、中国科协分别向社会推荐10部优秀少儿读物、10部长篇小说、10部科普图书。10部优秀少儿读物为：浙江教育出版社的《中国少年儿童百科全书》、人民文学出版社的《中国经典童话》、接力出版社的《大头儿子和小头爸爸》、中国大百科全书出版社的《中国儿童百科全书·上学就看》、人民文学出版社和中华书局的《诵读中国》、北京少年儿童出版社的《新童谣》、二十一世纪出版社的《皮皮鲁总动员》、接力出版社的《淘气包马小跳》、学习出版社的《永远的丰碑》、农村读物出版社的《科技馆里的奥秘》。

2007年，浙江少年儿童出版社出版张之路的“非常神秘”“非常感动”“非常可笑”三大系列，累计销售逾100万册。

2007年，北京开卷图书零售市场年度监测数据显示：该年度少儿图书零售市场占有率排名中，浙江少年儿童出版社为6.56%，位居国内少儿图书零售市场占有率排行之首。该社自2003年以来连续在童书市场占有率第一。

2007年，四川省人民艺术剧院根据曹文轩小说《草房子》改编的同名多媒体情景音乐剧在北京大学百年纪念讲堂上演，献礼中国话剧100周年。

2007年，外语教学与研究出版社出版的原创图书《快乐星球》在两年时间内销售300万册。20多种不同形式的"快乐星球"系列图书同样受到小读者欢迎。

2007年，安徽少年儿童出版社出版苏真创作、根据同名108集卡通动画片抓帧而来的《虹猫蓝兔七侠传》(共20册)，上市一年，销售突破1500万册。与本年度同时热销的《小鲤鱼历险记》《福娃》《中华小子》等书共同呈现了国产动漫图书的井喷之势。

2007年，由中国出版工作者协会少儿读物工作委员会和《出版商务周报》主办，搜狐网等协办的"2006年度最佳少儿读物"评选结果揭晓。评出年度最佳少儿文学和最佳少儿绘本、最佳文化常识等多项奖项。

2007年，为了纪念中国人民解放军建军八十周年，少儿出版界出版了一批少儿军事图书，如有：少年儿童出版社的《跟随毛主席万水千山》、湖南少年儿童出版社的"人民军队著名战争故事丛书"(7册)、中国少年儿童出版社的《听解放军叔叔讲故事》、二十一世纪出版社的"少年红色经典"(20册)等。

第八章　体制与媒介剧变期的童书出版(2008—2010)

一、童书数据描述

2008年,全国共出版少年儿童读物13522种(其中初版7441种),比上年增长29.27%;总印数333.15百万册(张),比上年增长36.29%。

2009年,全国共出版少年儿童读物15591种(其中初版8949种),比上年增长15.3%;总印数284.45百万册(张),比上年减少13.6%。

2010年,全国共出版少年儿童读物19794种(其中初版12640种),比上年增长26.96%;总印数357.81百万册(张),比上年增长25.79%。

2007至2010年童书出版走势见下表(数据主要来源于历年《中国出版年鉴》):

2007—2010年我国童书业出版情况计表

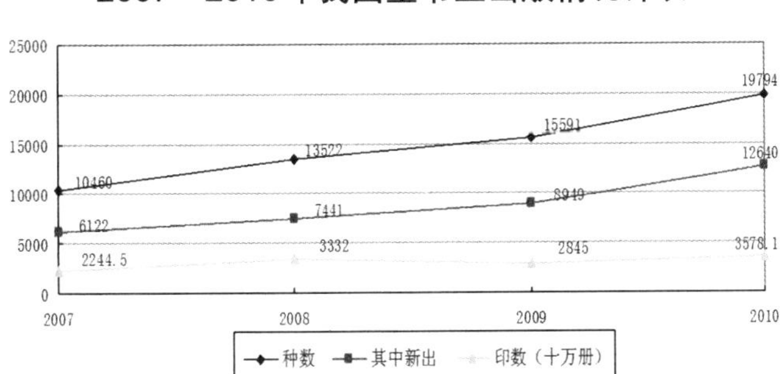

上面走势图显示，在书业整体受到经济危机影响的2008年，童书业却真正迎来了书业内部所评价的“大年”，再次实现种数29.27%、印数36.29%的巨幅增长。全国新华书店系统、出版社自办发行单位销售少年儿童读物4.03亿册销售码洋达40.20亿元。与上年相比数量增长14.76%，金额增长17.89%。[①]2008年至2010年，童书领跑书业整体市场，种数与印数连续急速攀升。

伴随改革开放的步伐，童书业就这样从全国仅有2家专业少儿出版社、年出版700余种儿童读物的局面一路发展壮大，走过计划经济时代意识形态统领的童书发展期，实现了童书从短缺状态到过剩状态的迅速过渡；走过有计划的商品经济时代的盘整转型期、改革摸索期，跨入市场经济时代商品营销统领的新阶段，并迅速由海外畅销书引领的状态发展为本土原创多面开花的繁盛局面。但是，2008年以来的童书业，呈现出机遇与挑战并存的复杂局面。书业“转企”带来的巨大动荡与竞争，传媒数字化变革引发的媒介转型，都是童书业必须面对的问题。

二、书业背景事件

（一）重构出版格局的体制改革

2008年，全球经济危机与数字化浪潮结伴而来，对传统出版业造成严重冲击。《中华读书报》总结《2008年度十大出版事件》中提到：“2008年10月，图书销售码洋与去年同期相比下降1.87%，这是自建立数据监测系统八年来该月份首度出现负增长，而此前的增幅基本都达到10%。”[②]图书零售出现负增长显示出书业遭遇了严峻的销售压力。更具有冲击力的是，2008年6月13日，在本土书业心目中的强大外资企业、全球第四大传媒集团贝塔斯曼败走中国市场，关闭了旗下在中国18个城市的36家零售门店，贝塔斯曼中国书友会也停止运营。实体门店、书友会和目录邮寄曾经是贝塔斯曼“三条腿走路”的经典方式，如今均轰然倒塌，贝塔斯曼全面退出了在我国的图书销售。

在如此严峻的经济大背景下，我国书业步入改革攻坚期。柳斌杰明确表示，对于出版单位长期实行的“事业性质、企业化管理，实际上是一个非事非企的怪胎”。他指出，虽然至2003年以来启动了文化体制改革，但“从总体上看还没有完全转变旧有的管理模式、运行方式和发展方式，一些出版单位还没有成为真正意义上的独立经营的

①中国出版年鉴社.中国出版年鉴 2008[Z].北京：中国出版年鉴社，2008.9.823-828.

②陈香.2008年度十大出版事件[N].中华读书报，2008-12-31(20).

市场主体”。[①]

2009年4月,新闻出版总署制订并出台《关于进一步推进新闻出版体制改革的指导意见》,提出了重构出版新格局五大任务,包括:全面完成所有经营性出版单位的转制任务;以市场为手段,以资本为纽带,推动跨地区、跨行业、跨媒体、跨所有制的战略重组;深化公益性出版单位的改革;进一步加快出版传播渠道建设,规范出版产品物流基地建设,形成统一开放、竞争有序、健康繁荣的现代出版物市场体系;深化行政体制改革,加快政府职能转变。市场化的投融资渠道,企业跨媒体、跨行业、跨地域、跨所有制的战略重组令人目不暇接。截至2009年底,出版、报业、印刷、数字出版等新闻出版上市企业已达31家,实现融资2000多亿元。[②]2009年3月,总署出台《关于进一步推进新闻出版体制改革的指导意见》中明确提出:“引导非公有出版工作室健康发展,发展新兴出版生产力。”中国民营书业呈现出强大的活力和生机。在《2009年全国新闻出版10件大事》中,民营书业被首次描述为“新兴出版生产力”。截至2009年底,全国的13.4万家发行企业中,非国有发行企业多达11万家,占到82.1%的高比例;全国16万个发行网点中,民营或者是民营控股的发行网点多达11.3万个,占到71.1%[③]。畅销书排行榜中新作家90%以上的作品均出自民营出版策划机构之手。民营书业已逐步形成相对完整的产业链。[④]国有与民营出版的合作与竞争也上升到一个新的层面。

2010年被称为出版单位转企改制的决胜年。继地方和高校图书出版单位全面完成转企改制任务后,截至2010年12月31日,在148家中央各部门各单位经营性出版社中,除中央档案出版社停办退出、13家出版社原本没有核定过编制外,余下134家全面完成中央确定的转制任务。全国经营性图书、音像出版单位基本完成转企改制,1251家非时政类报刊出版单位转制或登记为企业法人,10多万家印刷复制单位、3000多家国有新华书店完成转制,100多家新闻出版企业集团成功组建。全国一批重点企业以资本为纽带开展战略重组,部分新闻出版企业积极利用境外、业外资本进一步做大做强做优新闻出版产业。中南出版传媒集团股份有限公司、安徽新华传媒股份有

①柳斌杰.中国出版业的重构与展望——在第十九届全国书博会中国出版发展论坛上的主题演讲[J].中国少儿出版,2009,(2):5.

②2009年全国新闻出版10件大事[A].中国出版年鉴社.中国出版年鉴2010[Z].北京:中国出版年鉴社,2010.9.68.

③2009年全国新闻出版10件大事[A].中国出版年鉴社.中国出版年鉴2010[Z].北京:中国出版年鉴社,2010.9.68.

④关于进一步推进新闻出版体制改革的指导意见[A].中国出版年鉴社.中国出版年鉴2010[Z].北京:中国出版年鉴社,2010.9.68.

限公司、湖南天舟科教文化股份有限公司等在国内上市，共有45家新闻出版企业上市，市值达5700亿元。新闻出版体制改革成了年度最大亮点。

体制改革使书业焕发出勃勃生机。北京图书订货会上，订货码洋达28.5亿元，比上年增加3.3亿元，增长13%。在第二十届全国图书交易博览会上，订货码洋达51亿元，拉动相关消费额31亿元。与2009年相比，2010年30家转制后的出版集团公司总资产平均增长22%，图书销售平均增长15.3%，利润平均增长35.8%，职工收入平均增长50%，图书再版率达到60%。①

（二）向新闻出版强国迈进的发展目标

2008年以来，书业宏观形势良性发展。新闻出版业在国民经济中所占的比重和地位日益提升。2009年，我国新闻出版业总产出首次突破万亿元，达10668.9亿元，实现增加值3099.7亿元。2010年，新闻出版业总产出上升到12698亿元，增加值达到3503亿元。2010年全国共出版图书32.8万种，71.7亿册（张），图书出版品种与出版总量已跃居世界第一，电子出版、网络学术出版总量居世界第二，印刷业总产值居世界第三。生产能力和产出总量都表明，我国已经成为名副其实的出版大国。

2010年1月1日，新闻出版总署出台《关于进一步推动新闻出版产业发展的指导意见》（新出政发[2010]1号，（以下简称《指导意见》）。这是继2009年出版总署出台《关于进一步推进新闻出版体制改革的指导意见》之后的又一个纲领性文件。《指导意见》不仅认真分析了当前新闻出版的重要性和紧迫性，而且明确了今后一段时期新闻出版产业的发展方向和战略目标，首次明确界定了新闻出版产业涵盖的领域，并提出了推动新闻出版产业发展的五大重点任务，即发展图书、报纸、期刊等纸产业，发展数字出版等非纸介质战略性新兴出版产业，发展动漫、游戏出版产业，发展印刷、复制产业，发展新闻出版流通、物流产业。《指导意见》还把推动新闻出版产业"走出去"作为单独一部分加以重点强调。

2010年1月，柳斌杰署长在全国新闻出版工作会议上作《改革创新，科学发展，大力推动我国向新闻出版强国迈进》的主题报告，提出今后十年我国向新闻出版工作的主攻方向和新闻出版的发展目标被确定为向新闻出版强国迈进。即到2020年，新闻出版产业总产值占当年全国GDP的5%左右，成为国家经济发展的重要产业；基本实现全国年人均消费图书6册、期刊3.2册，报纸每千人日130份以上；数字媒体等新兴产业的发展达到世界先进水平。特别是要使新闻出版业发生质的飞跃，形成有利于

①刘建国.2010年全国新闻出版（版权）工作[A].中国出版年鉴社.中国出版年鉴2011[Z].北京：中国出版年鉴社，2011.9.56.

新闻出版科学发展的新格局。这也是未来10年我国新闻出版业的发展目标。

2010年,全国580家出版社通过“全国图书选题出版计划管理系统”报送的选题数据总计190250条,比2009年增长了10.3%。①总体看,选题结构趋向合理,原创选题大幅增加,重复品种有所减少,教材教辅比重继续下降,图书出版发展态势逐步趋向合理。同年10月,农家书屋工程“十二五”建设工作提前启动。中央财政下达了2010年和2011年两年的专项资金共计25.1425亿元,补助中西部地区建设农家书屋19.88万家。②力争到2012年农家书屋基本覆盖全国64万个行政村,比原定2015年实现全面覆盖的计划提前3年。

(三)媒介剧变启动出版业硬件转型

2010年,又被誉为“数字出版元年”,昭示着我国出版业又一次硬件转型时期的彻底到来。这一次的改变,是由图书的媒介属性引发的,来自传播媒介的变革。这一变革,逐步推动图书作为传统纸质出版媒介向现代数字媒介的转型。网络时代的到来,推动了书业的第三次革命。网络带来的不仅仅是一次媒介载体的变革,更是一场传播方式的巨大变革——它推动着图书载体形式的变革、生产方式的变革、销售方式的变革和读者阅读方式的变革。

2004年1月,国家新闻出版总署批准设立首批50家互联网出版机构,标志着第一批网络出版合法体诞生。与此同时,网络读书开始流行,门户网站的读书频道升温。据国外权威人士预测,e-book销量在2020年将达到全球出版业总销售额的50%,到2030年,这一比例将达到90%。2004年,中国e-book销售总册数为805万册,是2003年的2.6倍。中国的行业专家分析,国内e-book的销售额在2015年将达到100亿元,出版社e-book的销售额超过图书总销售额的20%,利润贡献将超过50%,电子课本、电子书包将被大多数学校接受。③

2010年伊始,数字出版在我国成为焦点。2010北京图书订货会上,汉王科技、上海的传知数字出版公司的数字出版物开始亮相;2011年北京图书订货会上专设数字出版高峰论坛;在2010年武汉全国少年儿童图书交易会上,高峰论坛也以“数字出版与少儿文化创意产业发展”为主题。

①出版管理司.2010年全国图书音像电子出版工作[A].中国出版年鉴社.中国出版年鉴2011[Z].北京:中国出版年鉴社,2011.9.67.

②王岩镔.2010年全国印刷发行管理工作[A].中国出版年鉴社.中国出版年鉴2011[Z].北京:中国出版年鉴社,2011.9.68.

③戴扬.图书出版迎来网络时代[J].中国少儿出版,2007,(1):50.

据2008—2010年“出版业态发展情况”中对数字出版的统计如下：

类别	2008年	2009年	2010年
数字出版	530亿元	799亿元(增幅50.7%)	1051.8亿元(增幅31.6%)

2009年我国数字出版收入799亿元，较2008年增幅达50.7%，规模已接近传统图书出版产业。2010年，数字出版总产出已超过1000亿元，较2009年增长31.6%；增加值290.2亿元，增长23.7%；营业收入1051.8亿元，增长31.6%；利润总额89.1亿元，增长39.5%，[①]超过了全行业增长速度。数字出版受到了全行业的普遍关注，成了出版业未来的战略重点和发展方向。

数字出版与传统出版平分天下的大观已然呈现。新闻出版总署吴尚之司长指出：“出版业转型和结构性调整迫在眉睫，多业态发展已成为急需，必须尽快适应读者阅读需求的变化，推进向数字出版的转型。建设资源节约型、环境友好型社会也要求加快转型。”[②]新闻出版总署柳斌杰署长在2010年度全国新闻出版工作会议上明确提出：“今后十年建设新闻出版强国的发展目标是，到2020年……数字媒体等新兴产业的发展达到世界先进水平。”大势所趋，中国出版业迅速进入了业界所谓的“中国出版史上的第三次转型”。

2010年新闻出版总署发布《关于加快我国数字出版产业发展的若干意见》(新出政发[2010]7号)，明确数字出版产业的“以数字化带动新闻出版业现代化”、“把数字出版产业打造成新闻出版支柱产业”[③]的战略目标，并提出具体发展指标：到“十二五”末，我国数字出版总产值力争达到新闻出版产业总产值的25%，整体规模居世界领先水平。在全国形成8到10家各具特色、年产值超百亿的国家数字出版基地或国家数字出版产业园区，形成20家左右主营业务收入超过10亿元的具有国际竞争力的数字出版骨干企业。到2020年，传统出版单位基本完成数字化转型，其数字化产品和服务的运营份额在总份额中占有明显优势。《意见》还提出要加快推动传统出版单位数字化转型，大力增强网游动漫出版产品的创作和研发能力，支持非公有制企业从事数字出版活动等。

在强调书业数字化变革的同时，媒介与媒介之间的整合效应也是出版传媒发展

① 新闻出版总署出版产业发展司.2010年中国新闻出版产业分析报告(摘要)[A].中国出版年鉴社.中国出版年鉴2011[Z].北京：中国出版年鉴社，2011.9.156.

②吴尚之.加快数字化转型 推动产业做强做大[N].出版商务周报，2010-11-22.

③新闻出版总署.关于加快我国数字出版产业发展的若干意见[A].中国出版年鉴社.中国出版年鉴2011[Z].北京：中国出版年鉴社，2011.9.154.

过程中越来越鲜明的趋势。书业在20世纪90年代已经开始体现的书配录音磁带、书配CD-ROM,在世纪之交逐渐转向为书籍与影视动漫互动,书籍与期刊互动。到了数字时代,这种互动不再仅仅局限在传统媒介,进一步扩展到书籍与网络的互动,转向产业链的一切可能延伸。

(四)“走出去”的书业思路

很长一段时间以来,我国出版物实物出口增长较缓,图书引进和输出之间的比例不甚合理,我国出版传媒业在国际上的传播力和影响力还比较弱。新闻出版总署提出发展我国新闻出版业的“走出去”战略,始于2003年。它与精品战略、集约化战略、科技兴业战略和人才战略并称“五大战略”。2006年,新闻出版总署在《新闻出版业“十一五”发展规划》中提出的新闻出版业“十一五”发展八大重要战略中,第七项是积极实施中国出版业“走出去”战略。自2008年以来,伴随出版大国的产业实力,我国书业“走出去”的战略思路日渐明晰。“走出去”成为我国出版业向国际化发展的必由之路。

自2006年以来,新闻出版总署和国务院新闻办共同组织实施“中国图书对外推广计划”。计划实施以来,已同美国、英国、法国、德国、荷兰等56个国家和地区的351家出版社签订了资助出版协议,资助出版图书1690种,涉及34个文版。作为该计划的加强版——“中国文化著作翻译出版工程”2010年共资助了24个系列,373种图书。

2009年,新闻出版总署启动“经典中国国际出版工程”。这是新闻出版总署鼓励和支持适合国外市场需求,推动中国图书“走出去”的又一项重点骨干工程。该工程自启动以来,得到了社会各界的广泛关注和各地出版单位的热烈响应。2010年,经过组织专家严格筛选,共53家出版社的97个项目通过终评。

2010年,新闻出版总署将该年定为“国际渠道拓展年”。12月9日,新闻出版总署实施中国出版“走出去”战略的又一重点工程——“中国出版物国际营销渠道拓展工程”。该工程以实现“开辟三个渠道,激活一个源头”为目标,即开辟国际主流营销渠道、巩固整合提升海外华文书店渠道、拓展新兴网络书店渠道和激活出版社这一内容源头。

另外,新闻出版总署还在书展补贴、书展主宾国活动等方面积极支持“走出去”战略。2009年10月,中国成为第六十一届法兰克福国际书展的主宾国。2010年4月,我国又以主宾国身份参加了第七届希腊萨洛尼卡国际书展。2010年,我国还成功举办了全球百家海外华文书店中国图书联展活动,扶持骨干网络书店,积极拓展海外业务。同年,“汉语年”系列活动在俄罗斯国际书展上成功举行。2010年9月,经国务院批准,中国将作为主宾国参加2012年伦敦书展,柳斌杰署长与英方签署了《2012年伦敦书展中国主宾国活动谅解备忘录》。

在新闻出版总署的积极推动下，2010年法兰克福国际书展输出版权1588项，创近五年来的第二个新高。第十七届北京国际图书博览会达成各类版权输出与合作出版协议1412种，比2009年同期增长22%。[①]我国的《中国读本》《于丹〈论语〉心得》《狼图腾》等成为国际畅销书。2010年，全国出版物进出口经营单位图书、报纸、期刊、音像制品和电子出版物的出口继续保持增长，尤其是图书出口数量扭转了自2006年以来的下滑态势，增长13.2%。全国版权贸易逆差比例进一步缩小，2010年版权贸易输出产品与引进品种比例由2009年的1∶3.3提高到1∶2.9，[②]其中图书版权贸易输出与引进比例由2009年的1∶4.38提高到1∶3.53。2010年，全国出版物版权输出数量比2009年的4227种增加1464种，增幅达34.6%，其中图书版权输出数量比上一年的3121种增加759种，增幅达24.3%。[③]版权输出数量呈上升态势。

三、童书业书事

(一)童书出版布局的数据描述

1. 童书业出版物地域分布概观

全国各地区少年儿童读物出版种数统计如下[④]：

地区	种数(其中新出)							
	2002年	2003年	2004年	2005年	2006年	2007年	2008年	2009年
中央合计	1228 (767)	1038 (688)	993 (647)	1489 (1110)	1506 (1050)	1644 (1005)	1736 (1252)	2595 (1791)
地方合计	6165 (3426)	6550 (3958)	6996 (4408)	8094 (4693)	7870 (4580)	8816 (5117)	9574 (5386)	12996 (7158)
北京	119 (99)	193 (123)	319 (241)	517 (348)	478 (375)	589 (444)	592 (232)	575 (346)

①刘建国.2010年全国新闻出版(版权)工作[A].中国出版年鉴社.中国出版年鉴2011[Z].北京：中国出版年鉴社，2011.9.56.

②新闻出版总署出版产业发展司.2010年新闻出版产业分析报告(摘要)[A].中国出版年鉴社.中国出版年鉴2011[Z].北京：中国出版年鉴社，2011.9.158.

③张洪波.2010年中国出版"走出去"分析报告[A].中国出版年鉴社.中国出版年鉴2011[Z].北京：中国出版年鉴社，2011.9.176.

④中国出版年鉴.2003年至2010年.北京：中国出版年鉴社.

续表

地区	种数(其中新出)							
	2002年	2003年	2004年	2005年	2006年	2007年	2008年	2009年
天津	211(143)	253(217)	247(196)	208(157)	136(101)	192(63)	144(84)	291(221)
河北	259(223)	181(151)	77(51)	163(121)	87(34)	113(60)	84(48)	69(19)
山西	88(27)	66(23)	141(86)	110(47)	21(17)	70(55)	54(28)	66(26)
内蒙古	139(74)	163(130)	186(78)	151(89)	265(175)	201(159)	133(40)	153(91)
辽宁	225(106)	272(135)	352(221)	411(211)	354(181)	447(319)	338(189)	600(376)
吉林	329(203)	275(223)	392(358)	398(347)	625(330)	472(373)	1099(917)	1410(779)
黑龙江	127(72)	106(89)	202(163)	39(37)	78(74)	87(81)	79(68)	213(204)
上海	823(487)	954(658)	710(500)	689(474)	618(445)	718(461)	970(535)	1157(685)
江苏	370(157)	423(164)	441(202)	756(251)	653(248)	1086(466)	690(250)	706(394)
浙江	678(284)	769(265)	775(372)	929(421)	1257(508)	1242(517)	1057(552)	1645(570)
安徽	240(135)	273(147)	327(189)	399(211)	500(320)	580(257)	695(330)	796(389)
福建	154(105)	127(95)	134(102)	129(94)	119(85)	119(104)	161(139)	260(126)
江西	257(183)	332(213)	408(263)	577(365)	497(323)	396(154)	562(336)	893(501)
山东	187(82)	133(65)	157(67)	65(40)	81(61)	196(118)	119(63)	90(55)
河南	170(85)	170(104)	201(141)	383(131)	156(132)	235(201)	143(103)	212(150)
湖北	312(168)	418(348)	176(119)	309(219)	279(164)	398(272)	286(131)	540(223)

续表

地区	种数(其中新出)							
	2002年	2003年	2004年	2005年	2006年	2007年	2008年	2009年
湖南	173(58)	80(38)	189(119)	133(52)	207(150)	266(172)	358(257)	730(529)
广东	204(90)	176(72)	159(104)	225(134)	188(94)	257(178)	265(198)	335(222)
广西	165(99)	134(88)	206(124)	294(143)	176(100)	151(59)	664(289)	423(206)
海南	42(18)	34(11)	46(27)	90(59)	108(45)	13(12)	10(3)	23(13)
重庆	79(15)	98(43)	126(69)	112(70)		106(72)	49(1)	42(0)
四川	206(123)	291(150)	359(221)	504(385)	561(344)	433(221)	696(393)	603(345)
贵州	24(17)	31(16)	17(3)	11	5	1(1)	1(1)	17(16)
云南	75(35)	63(49)	132(84)	5(5)	2(2)	10(10)	2(2)	50(37)
西藏		1(1)	4(4)	8(8)	5(5)	12(5)	25(9)	9(3)
陕西	296(168)	320(186)	281(136)	208(180)	147(110)	160(121)	77(75)	175(122)
甘肃	59(33)	54(25)	106(64)	74(23)	49(26)	39(28)	31(13)	105(45)
青海	1(1)	2(2)	5(5)	5(5)		1	0	5(5)
宁夏	28(22)	23(16)	37(30)	13(13)	66(66)	24(24)	7(7)	76(67)
新疆	125(114)	135(111)	84(69)	182(53)	152(65)	202(110)	183(93)	727(393)

2.童书出版物种类分布概观

使用中图分类号统计历年各种少年儿童出版物种数如下:①

中图分类	2002年	2003年	2004年	2005年	2006年	2007年	2008年	2009年
A马克思主义、列宁主义、毛泽东思想		9	3	8	3	14	13	4
B哲学	4	34	13	31	27	69	41	82
C社会科学总论	3	14	4	5	13	13	1	21
D政治、法律	12	10	4	35	19	19	28	99
E军事	12	2	10	8	14	6	11	26
F经济	6	4	2	2	9	2	2	24
G文化、科学、教育、体育	3537	3420	3690	4850	4257	4777	4485	6106
H语言、文字	97	167	401	376	362	375	476	728
I文学	1282	1521	1881	1960	2315	2619	3453	4847
J艺术	1752	1682	1049	1380	1433	1508	1970	2256
K历史、地理	37	88	137	123	151	212	125	284
N自然科学总论	103	110	182	142	87	121	92	132
O数理科学、化学	9	15	23	29	22	30	33	59
P天文学、地球科学	9	1	11	9	36	39	44	121
Q生物科学	31	11	44	88	131	87	134	174
R医药、卫生	6	10	10	14	12	17	14	43
S农业科学	1	2	6	1	5	14	7	50
T工业技术	18	21	23	39	16	19	22	76
U交通运输			1	4	27	4	7	8
V航空、航天	4	1	2	6	20	19	18	20
X环境科学	10	5	7	14	14	15	17	47
Z综合性图书	200	242	103	293	276	261	307	376

①中国出版年鉴社.中国出版年鉴2003年至2010年.北京:中国出版年鉴社.

上述数据传递出如下信息：首先，童书业完全打破了一省一社均衡发展的计划经济模式，无论从地方出版实力、出版社实力，还是出书品种方面，都呈现出明显的不均衡发展。其次，有关童书出版物的各类数据统计显示，童书出版最为集中的热点，在G类图书（文化、科学、教育、体育）领域和I类图书（文学）领域。许多领域都缺乏有效的开发，形成了众多出版社哄抢有限出版资源的局面。越来越多的出版关注点已经被市场扯向文学板块。各处少儿类图书销售榜上，儿童文学都是打榜的绝对主力军，紧随其后的是少儿卡通。以“开卷”数据为例，2010年1至4月“开卷”统计数据显示，儿童文学占少儿类的码洋比重接近四成。①

从开卷公司提供的2008—2010年少儿类图书畅销榜，可以窥其全貌：

开卷2008年少儿类畅销书排行榜TOP30②

排名	ISBN	书名	出版社	作者	定价
1	7544222977	窗边的小豆豆	南海出版公司	黑柳彻子	20.00
2	9787020063659	哈利·波特与死亡圣器	人民文学出版社	J.K.罗琳	66.00
3	9787544802895	淘气包马小跳系列——侦探小组在行动	接力出版社	杨红樱	13.80
4	9787533255916	笑猫日记——蓝色的兔耳朵草	明天出版社	杨红樱	15.00
5	9787533256722	笑猫日记—小猫出生在秘密山洞	明天出版社	杨红樱	15.00
6	7534242371	超级成长版冒险小虎队（内附特种解密卡和纸化破案小工具）——会流泪的骷髅	浙江少年儿童出版社	托马斯·布热齐纳	12.80
7	7115136246	女孩子必读的100个公主故事	童趣出版有限公司	美国迪士尼公司	58.00
8	753461872X	曹文轩纯美小说系列——草房子	江苏少年儿童出版社	曹文轩	15.00
9	7532733416	夏洛的网（译文经典）	上海译文出版社	E.B.怀特	17.00

①杨伟.稳健成长的少儿图书零售市场[N].中国新闻出版报，2010-05-31(5).

②北京开卷信息技术有限公司.开卷2008年少儿类畅销书排行榜TOP30[EB/OL].http://www.openbook.com.cn/，2010-06-04.

续表

排名	ISBN	书名	出版社	作者	定价
10	7534242339	超级成长版冒险小虎队(内附特种解密卡和纸化破案小工具)——被诅咒的海底城堡	浙江少年儿童出版社	托马斯·布热齐纳	12.80
11	9787807328476	淘气包马小跳系列——名叫牛皮的插班生	接力出版社	杨红樱	13.00
12	7534242355	超级成长版冒险小虎队(内附特种解密卡和纸化破案小工具)——解开死亡密码	浙江少年儿童出版社	托马斯·布热齐纳	12.80
13	7506337320	杨红樱校园小说系列——女生日记(新版)	作家出版社	杨红樱	19.00
14	753424238X	超级成长版冒险小虎队(内附特种解密卡和纸化破案小工具)——一张被幽灵纠缠的旧照片	浙江少年儿童出版社	托马斯·布热齐纳	12.80
15	7020033431	哈利·波特与魔法石	人民文学出版社	J.K.罗琳	19.50
16	9787539140032	神奇宝贝角色解密大图鉴	二十一世纪出版社	木村光雄	18.00
17	7534242312	超级成长版冒险小虎队(内附特种解密卡和纸化破案小工具)——林中飘过白衣女人	浙江少年儿童出版社	托马斯·布热齐纳	12.80
18	9787807328469	淘气包马小跳系列——开甲壳虫车的女校长	接力出版社	杨红樱	13.00
19	7534242363	超级成长版冒险小虎队(内附特种解密卡和纸化破案小工具)——来自亡者的信件	浙江少年儿童出版社	托马斯·布热齐纳	12.80
20	7534242347	超级成长版冒险小虎队(内附特种解密卡和纸化破案小工具)——滴血的龙	浙江少年儿童出版社	托马斯·布热齐纳	12.80
21	7534242320	超级成长版冒险小虎队(内附特种解密卡和纸化破案小工具)——武士宝刀之谜	浙江少年儿童出版社	托马斯·布热齐纳	12.80

续表

排名	ISBN	书名	出版社	作者	定价
22	9787539138992	杨红樱校园小说非常系列——非常女生	二十一世纪出版社	杨红樱	14.00
23	9787533256876	阳光姐姐小书房——单翼天使不孤单	明天出版社	伍美珍	16.00
24	7020053238	哈利·波特与混血王子	人民文学出版社	J.K.罗琳	58.00
25	7534233771	超级版冒险小虎队——鬼屋惊魂	浙江少年儿童出版社	托马斯·布热齐纳	12.50
26	7534242398	超级成长版冒险小虎队(内附特种解密卡和纸化破案小工具)——疯狂的黄金	浙江少年儿童出版社	托马斯·布热齐纳	12.80
27	7807324481	淘气包马小跳系列——超级市长	接力出版社	杨红樱	13.00
28	702003344X	哈利·波特与密室	人民文学出版社	J.K.罗琳	22.00
29	7534633362	曹文轩纯美小说系列——青铜葵花	江苏少年儿童出版社	曹文轩	15.00
30	7532226433	世界文学名著宝库——爱的教育(青少版)	上海人民美术出版社	德·亚米契斯	13.00

开卷2009年少儿类畅销书排行榜TOP30①

排名	ISBN	书名	出版社	作者	定价
1	7544222977	窗边的小豆豆	南海出版公司	黑柳彻子	20.00
2	9787544806138	淘气包马小跳系列——小英雄和芭蕾公主	接力出版社	杨红樱	13.80
3	9787533261269	阳光姐姐小书房——巧克力味的暑假	明天出版社	伍美珍	16.00
4	9787533260958	笑猫日记——樱桃沟的春天	明天出版社	杨红樱	15.00
5	7532733416	夏洛的网(译文经典)	上海译文出版社	E.B.怀特	17.00
6	9787544802895	淘气包马小跳系列——侦探小组在行动	接力出版社	杨红樱	13.80
7	9787539140032	神奇宝贝角色解密大图鉴	二十一世纪出版社	木村光雄	18.00

①北京开卷信息技术有限公司.开卷2009年少儿类畅销书排行榜TOP30[EB/OL]. http://www.openbook.com.cn/, 2010-06-04.

续表

排名	ISBN	书名	出版社	作者	定价
8	9787020063659	哈利·波特与死亡圣器	人民文学出版社	J.K.罗琳	66.00
9	9787533256722	笑猫日记——小猫出生在秘密山洞	明天出版社	杨红樱	15.00
10	7506337320	杨红樱校园小说系列——女生日记(新版)	作家出版社	杨红樱	19.00
11	7532226913	世界文学名著宝库——三国演义(青少版)	上海人民美术出版社	罗贯中	10.00
12	9787533258962	阳光姐姐小书房——老天会爱笨小孩	明天出版社	伍美珍	16.00
13	9787533255916	笑猫日记——蓝色的兔耳朵草	明天出版社	杨红樱	15.00
14	753461872X	曹文轩纯美小说系列——草房子	江苏少年儿童出版社	曹文轩	15.00
15	9787533261986	笑猫日记——那个黑色的下午	明天出版社	杨红樱	15.00
16	9787539138992	杨红樱校园小说非常系列——非常女生	二十一世纪出版社	杨红樱	14.00
17	7534242371	超级成长版冒险小虎队(内附特种解密卡和纸化破案小工具)——会流泪的骷髅	浙江少年儿童出版社	托马斯·布热齐纳	12.80
18	9787533259693	阳光姐姐小书房——我们班的狗仔队	明天出版社	伍美珍	16.00
19	7020033431	哈利·波特与魔法石	人民文学出版社	J.K.罗琳	19.50
20	7533251423	笑猫日记——保姆狗的阴谋	明天出版社	杨红樱	15.00
21	7534242339	超级成长版冒险小虎队(内附特种解密卡和纸化破案小工具)——被诅咒的海底城堡	浙江少年儿童出版社	托马斯·布热齐纳	12.80
22	7534233771	超级版冒险小虎队——鬼屋惊魂	浙江少年儿童出版社	托马斯·布热齐纳	12.50
23	7533251415	笑猫日记——想变成人的猴子	明天出版社	杨红樱	15.00
24	9787533260552	辫子姐姐·心灵花园——闪着泪光的决定	明天出版社	郁雨君	16.00

续表

排名	ISBN	书名	出版社	作者	定价
25	7534242355	超级成长版冒险小虎队(内附特种解密卡和纸化破案小工具)——解开死亡密码	浙江少年儿童出版社	托马斯·布热齐纳	12.80
26	7806792244	淘气包马小跳系列——贪玩老爸	接力出版社	杨红樱	13.80
27	9787533253318	笑猫日记——虎皮猫你在哪里	明天出版社	杨红樱	15.00
28	7115136246	女孩子必读的100个公主故事	童趣出版有限公司	美国迪士尼公司	58.00
29	7532226441	世界文学名著宝库——鲁滨逊漂流记(青少版)	上海人民美术出版社	丹尼尔·笛福	11.00
30	7806792724	淘气包马小跳系列——暑假奇遇	接力出版社	杨红樱	13.80

开卷2010年少儿类畅销书排行榜TOP30①

排名	ISBN	书名	出版社	作者	定价
1	7544222977	窗边的小豆豆	南海出版公司	黑柳彻子	20.00
2	9787534429248	赛尔号精灵集合大图鉴(2010年官方第1版)	江苏美术出版社	上海淘米网络科技有限公司	20.00
3	9787533262556	笑猫日记——一头灵魂出窍的猪	明天出版社	杨红樱	15.00
4	9787534429927	赛尔号精灵集合大图鉴(2)	江苏美术出版社	上海淘米网络科技有限公司	20.00
5	9787534648908	喜羊羊与灰太狼——虎虎生威(电影连环画)	江苏少年儿童出版社	山石卡通	18.00
6	9787533263317	笑猫日记——球球老老鼠	明天出版社	杨红樱	15.00
7	9787533263423	阳光姐姐小书房——没有秘密长不大	明天出版社	伍美珍	16.00

①北京开卷信息技术有限公司.开卷2010年少儿类畅销书排行榜TOP30[EB/OL]. http://www.openbook.com.cn/,2011-01-28.

续表

排名	ISBN	书名	出版社	作者	定价
8	9787533261986	笑猫日记——那个黑色的下午	明天出版社	杨红樱	15.00
9	9787534256301	动物小说大王沈石溪品藏书系——狼王梦	浙江少年儿童出版社	沈石溪	18.00
10	9787533262334	阳光姐姐小书房——六(四)班的追星族	明天出版社	伍美珍	16.00
11	7532733416	夏洛的网(译文经典)	上海译文出版社	E.B.怀特	17.00
12	753461872X	曹文轩纯美小说系列——草房子	江苏少年儿童出版社	曹文轩	18.00
13	7506337320	杨红樱校园小说系列——女生日记(新版)	作家出版社	杨红樱	19.00
14	9787533256722	笑猫日记——小猫出生在秘密山洞	明天出版社	杨红樱	15.00
15	9787534429231	赛尔号攻关秘籍(赠时空密码卡)	江苏美术出版社	上海淘米网络科技有限公司	12.80
16	9787533253295	笑猫日记——幸福的鸭子	明天出版社	杨红樱	15.00
17	9787533260958	笑猫日记——樱桃沟的春天	明天出版社	杨红樱	15.00
18	9787534431517	赛尔号精灵集合大图鉴(3)	江苏美术出版社	上海淘米网络科技有限公司	20.00
19	9787533255916	笑猫日记——蓝色的兔耳朵草	明天出版社	杨红樱	15.00
20	9787533263324	辫子姐姐心灵花园——世界上的另一个我	明天出版社	郁雨君	16.00
21	7532226913	世界文学名著宝库——三国演义(青少版)	上海人民美术出版社	罗贯中	10.00
22	7533251423	笑猫日记——保姆狗的阴谋	明天出版社	杨红樱	15.00
23	9787534249990	动物小说大王沈石溪品藏书系——第七条猎狗	浙江少年儿童出版社	沈石溪	16.00
24	7533251415	笑猫日记——想变成人的猴子	明天出版社	杨红樱	15.00

续表

排名	ISBN	书名	出版社	作者	定价
25	9787534429491	英雄赛尔号(2)——神秘的凶手	江苏美术出版社	周艺文	13.00
26	7533251407	笑猫日记——塔顶上的猫	明天出版社	杨红樱	15.00
27	9787020063659	哈利·波特与死亡圣器	人民文学出版社	J.K.罗琳	66.00
28	7532226441	世界文学名著宝库——鲁滨逊漂流记(青少版)	上海人民美术出版社	丹尼尔·笛福	11.00
29	9787533253301	笑猫日记——能闻出孩子味儿的乌龟	明天出版社	杨红樱	15.00
30	9787533253318	笑猫日记——虎皮猫你在哪里	明天出版社	杨红樱	15.00

看似热闹非凡的榜单,却暴露出致命的问题。三年来打榜的畅销书,体现出三大集中:

其一,品种集中,上榜最多的是儿童文学读物,三年打榜的90种图书中,儿童文学读物占据81个席位;其次是网游图书(含一部网游文学读物,其余全部是通关秘籍之类的工具书),占8个席位;再次是动漫图书,占1个席位。

其二,图书集中,三年打榜的90种图书,其实只有屈指可数的几种。单本中,位列第一的是《窗边的小豆豆》,三年始终位列第一,其次是《女孩子必读的100个公主故事》2次上榜,《三国演义》(青少版)和《鲁滨逊漂流记》(青少版)、《爱的教育》都是1次上榜;系列中,杨红樱"笑猫日记"系列21次上榜,托马斯·布热齐纳"冒险小虎队"系列14次上榜,杨红樱"淘气包马小跳"系列8次上榜,J.K.罗琳"哈利·波特"系列7次上榜,伍美珍"阳光姐姐"系列6次上榜,杨红樱"校园小说系列"5次上榜,曹文轩"纯美小说"系列4次上榜,沈石溪"动物小说品藏"2次上榜,郁雨君"辫子姐姐"系列2次上榜。

其三,作家集中,同样堪称屈指可数。除了经典文学作品外,上榜的当代作家仅杨红樱(上榜34次)、托马斯·布热齐纳(上榜14次)、J.K.罗琳(上榜7次)、伍美珍(上榜6次)、曹文轩(上榜4次)、黑柳彻子(上榜3次)、沈石溪(上榜2次)、郁雨君(上榜2次)。

自2008年以来,童书以年产出上万册的图书种数产量,生产出的热销图书却仅仅上述几种,且三年来没有发生太多的改变。"开卷"分析评价这一现象为"新书表现相对不足",并作出分析:"行业和读者投放了大量精力在新品开发当中,而市场上每年能够积累的畅销书经典资源还存在一定不足,于是导致少儿类图书领域必须经常出

新书,但是只有少量的新书可以进入最畅销图书的行列。”回顾改革开放以来的童书业,儿童文学从知识读物一统天下的局面,终于回归自然,成为新的童书统领者。但是,还有如此巨大的童书空间却仅有少数佳作,这样的问题同样令人忧心。

2009年,童书业虽然再次实现出版物种数的大幅增长,但是印数从2008年的33315万册(张)减少到了28445万册(张),减少近15%。究其原因,除了细分市场带来的小众化问题外,更重要的是,我们的图书出版总量结构里仍然有近70%是教材和教辅。教育继续减负,部分教材开始进入循环使用阶段,是书业必须面临的问题;并且,我们出版的图书还不够符合社会和广大读者的需要。出版业粗制滥造的产品还是过多,精品力作不多,广泛流传的就更少,这些成为童书业的发展顽疾。[①]2009年下半年,《中国图书商报》专题报道组在《2009中国书业大势大事》(下半年回顾版)中总结童书出版“上行进入盘整期”,品种过多、选题雷同、盲目主发等等,造成了退货率上升和参与者不断地加入、不断地退出。[②]

(二)“少儿出版强国”目标的提出

在书业大背景下,童书出版业发展迅猛。2008年,全国出版少年儿童读物种数增长29.27%,总印数增长36.29%,总印张增长31.73%,总定价增长34.71%。[③]2009年,全国出版少年儿童读物高达15591种,与上年相比种数再增加2069种。销售方面,“开卷”提供的数据显示,少儿类图书零售市场各年度同比增长率明显高于同期整体市场的发展速度,部分年份的发展速度更是达到了整体市场增速的2.5倍以上。2009年,书业整体市场增速只有4.21%,而少儿图书零售的同比增长率仍旧达到10%以上。2010年1至4月全国图书零售市场中,少儿图书占整体市场的码洋比重达到了12.8%。[④]近两年,我国少儿出版产值增长都在两位数以上,中国少儿出版出现了空前繁荣的局面。新闻出版总署2010年3月公布的《2010年全国图书选题分析综述》显示,2010年有519家出版社申报少儿类选题,参与率近90%;出版少儿读物的品种接近4万种,占全国图书出版品种的14.6%。从规模上看,我国已成为世界上的少儿读物出版大国。

2010年6月9日,中国版协少读工委、新闻出版报社、上海世纪出版集团在上海联合主办的“2010中国出版高层论坛”上,新闻出版总署号召将少儿出版向建设出版强国迈进。2010年也被中国少儿出版界公认为少儿出版的“强国元年”。

①聂震宁.出版业发展趋势与对策初探[J].中国编辑,2008,(1):11.

②商报专题报道组.2009中国书业大势大事(下半年回顾版)[N].中国图书商报,2009-12-25.

③中国出版年鉴社.中国出版年鉴2009[Z].北京:中国出版年鉴社,2009.9.818.

④杨伟.稳健成长的少儿图书零售市场[N].中国新闻出版报,2010-05-31(5).

该阶段，少儿类畅销图书的数量与品种不断丰富。吴尚之在《将少儿出版打造成建设出版强国的生力军》中提供的数据显示，“2009年，销量在500万册以上的儿童畅销书超过10种，发行量50万册到100万册的有几十种，更出现了像《淘气包马小跳》这样累计销售超2000万册的超级畅销书。”在人民网读书频道等网络投票选出的2010年度“大众喜爱的50种图书”名单中，文化、文学、生活和科普、少儿等四大类共入围50种图书，其中少儿类占到了10种，分别是：《第一次发现丛书·手电筒系列》(全20册)(接力出版社2010年6月版)、《活宝三人组》(第一辑，共4册)(二十一世纪出版社2010年9月版)、《蓝丫的太阳》(人民教育出版社2010年7月版)、《你好，小读者》(安徽少年儿童出版社2010年1月版)、《球球老老鼠》(明天出版社2010年5月版)、《岁月的书香》(外语教学与研究出版社2009年7月版)、《我亲爱的甜橙树》(明天出版社2009年5月版)、《巧克力味的暑假》(明天出版社2009年5月版)、《震动》(中国少年儿童出版社2010年7月版)、《属鼠蓝和属鼠灰》(全3册)(明天出版社2010年5月版)。[①]除文学类读物外，教育类、知识类读物中也产生了多种脍炙人口的图书，如希望出版社的《心理成长快车》、上海科学科技出版社的“青少年科学与人文素养丛书”、商务印书馆的“科学与科普系列图书”、湖北少年儿童出版社的“在科学的入口处系列”、江苏美术出版社的《祖国在我心》、重庆出版社的《中国孩子的阅读计划》、民族出版社的“‘托起明天的太阳’民族文字版未成年人丛书”等一批有益于青少年健康成长的读物，在青少年读物中产生了很好的反响。

(三)少儿出版市场激烈的资源竞争

“开卷”数据显示，2009年，参与少儿类图书零售市场的竞争的出版社达到525家(凡是有少儿类图书在市场上发生动销的出版社均进入统计)，即全国范围内570多家出版社当中几乎90%以上的出版社都参与了少儿类图书市场的竞争。[②]2010年，在全国579家出版社中，出版童书的出版社已达512家。[③]参与童书出版的出版社历年数据虽然发生小幅的变动，但是大的趋势十分明显，越来越多的出版社开始重视童书出版。开卷公司的监控数据显示，至少有110家出版社在童书市场获得了市场份额。在北京图书大厦的销售统计中，专业少儿社的销售额从新世纪初的50%下滑到了32%。[④]

①2010年度“大众喜爱的50种图书”名单[A].中国出版年鉴社.中国出版年鉴2011[Z].北京：中国出版年鉴社，2011.9.199.

②杨伟.稳健成长的少儿图书零售市场[N].中国新闻出版报，2010-05-31(5).

③桂杰.价高书重、成人化低俗化、盲目跟风——童书繁荣背后泡沫多[N].中国青年报，2010-01-24.

④海飞.2008年童书出版的“新气象”和“老问题”——2008年全国童书出版述评[N].中华读书报，2009-03-11.

《2009年大众出版九大现象》中之一就是“人人都来做童书”。[①]除了一些出版社中的龙头大社相继成立了儿童出版分社或童书出版中心外,民营公司也将关注点转向童书,以磨铁为代表的多家一线民营公司将在2010年介入童书出版。在新闻出版总署出版管理司《2009年度全国图书选题分析综述》中显示,2009年报送的少儿类选题共计34649种,比重超过选题总量的20%,比2008年增加了42%,其中专业少儿社报送的选题只占少儿类选题总量的26%。[②]

新世纪以来,尤其是近年来出版社改制后,我国童书出版行业全面崛起,迎来了历史上最好的发展时期,一跃成为出版行业的明星板块。童书业的竞争也日趋白热化,专业出版的边界逐渐被磨蚀。越来越多的童书参与竞争,也形成越来越严酷的优胜劣汰。大手笔的运作不断出现,比如外研社一口气签下16位儿童文学作家,大举进军专业少儿出版;比如二十一世纪出版社对郑渊洁作品实施的“整舰起航”,一次性推出一个儿童文学作家7大系列、54册作品。数据显示,在2009年的市场当中,出版规模在1000种以上的只有17家,大部分参与出版社的品种规模集中在100种以下,说明市场上的有效竞争者并不很多。[③]

为了竞争,各种形式的跨社、抱团、集团化经营成为必然。专业社中,既有的联盟创造了令人瞩目的效益。成立于20世纪80年代初期的“华东六少”(包括浙江少年儿童出版社、二十一世纪出版社、江苏少年儿童出版社、明天出版社、安徽少年儿童出版社和福建少年儿童出版社)在新世纪以来越来越显示出强大的市场号召力。“开卷”数据显示,2009年,华东六省童书出版联合体占据了专业少儿社童书市场份额的一半以上,占据全国童书出版总码洋的18.98%。在全国少儿畅销书排行榜前100个席位中,“华东六少”占据了46席。2009年,这六个出版社还在华东订货会上亮出了“中国第一童书联盟”的大旗。

专业少儿社与其他领域、地区的其他出版社的合作也进入紧锣密鼓的阶段。2009年,明天出版社与台湾信谊公司在图画书领域结为战略合作伙伴;二十一世纪出版社跨出国门,策划成立台湾二十一世纪出版社有限公司,并与之结为兄弟出版社,构建海峡两岸资源共享、优势互补的出版平台。

不能纳入版协少读工委的、过去并不从事童书出版的出版社在专业少儿出版圈外另立山头。2010年1月10日,由江西高校出版社、外语教学与研究出版社、北京师

①江筱湖.2009年大众出版九大现象[N].中国图书商报,2009-12-25.

②新闻出版总署出版管理司.2009年度全国图书选题分析综述[N].中国新闻出版报,2009-03-09(5).

③杨伟.稳健成长的少儿图书零售市场[N].中国新闻出版报,2010-05-31(5).

范大学出版社等发起的中国童书联盟在京成立。版协少读工委最终决定建立两个童书出版平台,即专业童书出版社平台和非专业童书出版社平台。

2010年5月14日,中国童书联盟在电子工业出版社召开2010中国童书嘉年华·青岛站新闻发布会。中国童书联盟成员单位江西高校出版社、外语教学与研究出版社、青岛出版社、中国轻工业出版社、北京师范大学出版社、华东师范大学出版社、电子工业出版社、海豚传媒股份有限公司、江西美术出版社和中国人口出版社的部分编辑、发行人员也参加了此次发布会。这些成员单位该阶段出版了不少优质的少儿图书。比如中国轻工业出版社的"中国原创冒险文学书系"、外语教学与研究出版社的"中国儿童文学60周年典藏系列"、华东师范大学出版社的"阅读树"儿童分级阅读能力培养用书《美国国家地理》(少年儿童版)、江西高校出版社的《糖球儿的虫虫王国历险》、青岛出版社的大型动漫图书"孔子系列"、海豚传媒股份有限公司的德国少年儿童百科"什么是什么系列"、北京师范大学出版社的《快乐识字童话绘本》、电子工业出版社的《神探小子探案记》、江西美术出版社的《让孩子着迷的科学探险漫画书》第一辑、中国人口出版社的"我的成长小百科系列"等。

随着出版单位全部转企、完全投入市场竞争,童书业多年来的行业保护已然不在,童书业的从业门槛也逐步被磨蚀。随着竞争的加剧,跨社、跨地区抱团经营成为主流。童书出版社将在市场的优胜劣汰中实现兼并与重组,形成真正的分流与淘汰,最终形成综合实力强大的大型出版社与小众化、专业化的小型出版社并存互补的出版格局。

(四)数字出版与媒介融合的趋势

2005年,中国版协少读工委主任海飞曾敏锐捕捉了媒介发展变化的趋势,出版《童媒观察》专著,首次使用了"童媒"这样一个综合性概念。概念指称如下:"是专门为0至18岁的儿童制作有益信息、进行有益传播的大众媒介。"[①]不但强调了其大众传播的基本属性,而且提出了童媒面向儿童受众的有益传播属性。近年来,"媒介融合"的趋势越来越受到关注。从横向的角度,我们看到少儿社在期刊与图书之间的互动行为越来越多,越来越有效,无论是中国少年儿童出版社与《儿童文学》的文学互动、二十一世纪出版社与《知音漫客》的动漫互动,还是图书与影视动漫产品的改编互动,都形成了基于内容的"图书—报纸—期刊—广播—电视—数字多媒体"横向产业融合。同时,不少出版社已经涉足图书、动漫形象的衍生产品的开发与生产,由传统图书产业向多角度文化创意产业过渡,形成了基于价值链不断延伸的纵向整合。2007

①海飞.童媒观察[M].济南:明天出版社,2005.5.3.

年,二十一世纪出版社成为“当当网”首家战略合作伙伴,抢占了网络合作销售的先机。2008年,该社在“当当网”销售额达到2200万元,同比增长194%。[①]二十一世纪出版社还与江苏省店、当当网、数十家民营经销商结为战略合作伙伴,利益共享;又与上海城市漫画公司、《知音漫客》结为战略合作伙伴;成立“二十一世纪中国儿童阅读推广人论坛”,聚合阅读推广人力量。《中华读书报》专文剖析该现象,指出:“被业内所公认的是,二十一世纪出版社高速扩张的王牌是整合。”[②]浙江少年儿童出版社在2008年的《福娃奥运漫游记》销售大获成功,也是源于多企业多媒体的整合效应。该社在丛书的推广中,与北京水晶石影视动画科技有限公司、福建恒盛集团(福娃绒毛玩具的生产厂商)、联想集团、北京卡酷卫视、新浪网、中国少年报以及全国百余大书城及3000家书店零售终端等达成合作,推出“联想家悦杯‘福娃奥运漫游记’爱心牵手主题知识竞赛暨百万读者爱心牵手活动”。从2007年出版到2008年8月,整个系列销售达500万册左右。[③]

基于出版物内容、形象的多元服务功能的产品正日益被人们看好。潜力巨大的网游消费市场和独特的儿童受众推动不少儿童网游企业将盈利模式从线上向线下转移。自2000年新闻出版总署批准引进第一款网络游戏以来,中国网络游戏产业实际销售收入迅猛增长,2011年已达428.5亿元人民币,带动相关的出版和媒体行业产生直接收入已达111.8亿元人民币。与出版社合作开发儿童网游衍生类童书成为儿童网游产业的新动向。2009年,海燕出版社11月出版了根据“奥比岛”游戏改编而成的辅助游戏书《小耶服装店》等3种。重庆出版集团出版了“摩尔庄园”衍生图书《摩尔庄园》之后,12月又推出了《QQ宠物世界》第一批3种,之后还推出“海底世界”的衍生图书《鱼侠罗德之魂斗噩梦》《鲨鱼王之秘密宝藏》和《太平洋城之欢乐集结号》。2010年,外语教学与研究出版社签下“奥比岛”全品种版权,1月推出了“海宝有约——奥比岛超级明星档案”系列6册。童趣公司签订了“摩尔庄园”的独家全品种出版权,出版了“玩转摩尔庄园”“我爱摩尔时尚系列”和“摩尔超级明星总动员”(第三季)3个系列共8册图书。江苏少年儿童出版社与淘米合作推出“赛尔号精灵传说”系列和“赛尔号冒险王”系列文学类图书;还借助“小花仙”游戏推出“智慧小花仙·小花仙仙子童话书”系列和“魔法小花仙”系列等文学类图书。江苏美术出版社则获得了淘米新上线的“赛尔号”的独家出版权,推出《赛尔号精灵集合大图鉴》(2)、《赛尔号精灵集合大图

①张秋林.“三大引领”成就08辉煌——二十一世纪出版社年终大盘点[N].中国图书商报,2009-01-06.

②陈香.“华东六少”:制变少儿出版[N].中华读书报,2008-07-02(4).

③韩晓东.2008童书营销面面观[N].中华读书报,2008-09-10(11).

鉴》(2010年官方第1版)和"英雄赛尔号"系列文学类图书;还出版了与"摩尔庄园"相关的《小摩尔历险记》等。

伴随网游向图书的延伸,网络公司作为品牌授权方,出版社作为出版方,民营公司作为再创意加工和渠道建设方,逐步形成了分工合作的儿童娱乐图书生产模式。从2010年起,为了提高衍生文学类图书质量,淘米委托上海童石网络科技有限公司着手联系国内一线儿童文学作家创作更为优质的线下图书。此后,一批传统儿童文学作家开始探索儿童网游文学创作。2011年,新世界出版社与淘米联合推出"功夫派"系列小说《功夫派》,邀请周锐担纲创作。江苏美术出版社与百田联合开发"奥拉星"《奥拉总动员》系列图书,邀请杨鹏担纲创作;又与淘米合作开发"小花仙"衍生童话故事书,邀请苏梅担纲创作。南京大学出版社与淘米签订合约,取得了"赛尔号Ⅱ"的全国独家出版权,邀请李志伟担纲创作"赛尔号Ⅱ"系列文学图书。中国少年儿童新闻出版总社则与宝开网络游戏公司合作开发"植物大战僵尸",邀请金波、高洪波等著名儿童文学作家以游戏中的植物、僵尸和场景为素材编创低幼童话故事。儿童网游文学图书创作呈现出多点开花、多层兼顾的态势。

在这样的媒介融合趋势下,单纯的图书生产显然已无力抗衡多媒体互动产生的产业力量。2011年前半年,开卷少儿类月排榜榜单上的网游图书还集中为图鉴类、攻略类,而到了2011年下半年,儿童网游文学图书在积聚了创意与实力之后异军突起。2011年,以"洛克王国"为基础创作的侦探故事类"洛克王国魔法侦探"系列第一本《黄金大劫案》(江苏凤凰文艺出版社)8月上市,9月便位列月榜榜首。10月,"洛克王国"衍生图书《洛克王国探险笔记(1)——龙骨被盗之谜》(江苏凤凰文艺出版社)再次位列榜首。在该月少儿类新书排行榜TOP10中,4种网游文学图书入列,它们是《植物僵尸学校1——追捕大逃亡》《植物僵尸学校2——七彩花争夺战》(江苏凤凰出版社)、《洛克王国探险笔记3——月光宝盒》《洛克王国魔法侦探3——马戏团的秘密》(江苏凤凰文艺出版社)。至2012年,儿童网游文学影响力与日俱增。2月,中国少年儿童新闻出版总社1月份刚出版的《植物大战僵尸武器秘密故事(1)》已上榜。3月,"植物大战僵尸武器秘密故事"系列共计6册同时上榜,据中国少年儿童出版社低幼中心图书部负责人介绍,该系列的销量当时已突破200万册。至2012年3月月榜的TOP30,少儿类榜单格局再次发生了变化:"植物大战僵尸"系列6种,加上盛大文学与浙江少年儿童出版社联合推出的全媒体儿童游戏故事书"墨多多谜境冒险系列"《查理九世》4种,新型童书出版物合计10种上榜,已然占据了榜单三分之一的席位。

(五)阅读推广的"分级"趋势

该阶段,儿童阅读环境在国民整体阅读环境下不断优化。自中国出版科学研究所第五次全国国民阅读调查课题组发布的《图书阅读止跌略涨,数字阅读大幅攀升——第五次全国国民阅读调查之十大发现》已经开始显示,国民对阅读的重要性认知程度不断提高,图书阅读率止住连续下滑趋势,略有回升,网络阅读率继续大幅攀升。儿童阅读推广更是得到社会各界越来越多的关注。文化部系统通过下属的中国图书馆学会、各地方图书馆学会、各地图书馆在2009年度纷纷开展了丰富多彩的儿童阅读活动,中国图书馆学会开展了以"让我们在阅读中一起成长"为主题的"全国少年儿童阅读年"活动。教育部开展的阅读活动继续以中华经典诵读为核心。外研社童书出版分社启动覆盖全国30多座城市的大型儿童文学阅读推广公益活动"相约作家,与爱同行"。一些民间志愿者组织也开始关注全民阅读的推广,他们通过捐建图书馆、赠送图书等形式推动全民阅读。儿童读物阅读生态不断得到改善。

同时,针对儿童不同年龄层次的分级阅读概念逐步得到推广。2009年7月23日,由南方分级阅读研究中心主办的"南方分级书目专家评审会"在北京召开,徐惟诚、桂晓风、海飞、金波、王泉根、卢勤等出席会议。南方分级阅读研究中心推出了中国儿童分级阅读标准。2009年7月25日,由接力出版社、北京师范大学中国儿童文学研究中心主办,中国出版科学研究所国民阅读促进中心、中国图书馆协会阅读推广委员会协办的"中国儿童分级阅读研讨会"在北京师范大学举行,来自全国各地的童书出版界、文学界、教育界、图书馆界的200余人参会。高洪波、白冰、王林、王泉根、曹长林、(美)琳达瓦里查、周合、向丽萍、李怀源先后在研讨会上作专题演讲。研讨会就儿童读物分级对于儿童文学创作、阅读推广、儿童教育、童书出版等的作用、意义作了探讨,并通过了"中国儿童分级阅读倡议书",公布了"儿童心智发展与分级阅读建议"及"中国儿童分级阅读参考书目"。2009年7月,华东师范大学出版社出版的《阅读树·学前儿童分级阅读培养用书》,经教育部基础教育课程发展中心审定通过,成为第一套儿童分级阅读教材。分级阅读概念的普及和分级阅读推荐书目的制订,使儿童阅读推广的科学性、有效性逐步加强。

自1976年以来,我国童书业继承着童书出版的历史积淀,伴随着来自经济方面的巨大变革,来自政治、文化、教育等诸多意识形态领域的价值嬗变,更伴随着传播媒介所发生的又一次划时代变革摸索行进。在这段起伏演进的发展历程中,中国当代童书出版完成了逐步成为"少儿出版大国"的历史阶段,媒介的剧变、体制的剧变与"少儿出版强国"的理想都在不断敦促着这部中国当代童书出版史继续演进。

四、2008—2010年童书出版大事记

2008年

本年，全国共出版少年儿童读物13522种（其中初版7441种），比上年增长29.27%；总印数333.15百万册（张），比上年增长36.29%。

2008年1月9日，北京图书订货会在北京国际展览中心开幕。本次评出30家"诚信经营，优质服务"出版单位，其中，少儿社有：浙江少年儿童出版社、中国少年儿童出版社、二十一世纪出版社。

2008年1月，I.M.P.S.公司正式宣布"蓝精灵"中文简体版签约接力出版社。6月，接力出版社推出《蓝妹妹》《精灵王》等首批8册图书。

2008年1月，二十一世纪出版社联合中国新闻出版网在北京订货会期间举办了"名家荐好书，好书给中国"活动，请曹文轩、李敬泽、梅子涵、王泉根、江南等专家参与荐书活动。

2008年1月，中国大百科全书出版社推出彩图版小学生工具书，包括《小学生标准字典》《小学生标准词典》《小学生英汉词典》等10册。

2008年2月，著名儿童文学作家秦文君新作"小香咕新传"系列一套5册由接力出版社推出。该系列的另外5册也将于下半年推出。

2008年2月，由中国儿童文学研究会、新时代出版社举办的"纪念著名儿童文学作家洪汛涛诞辰80周年暨《两支笔》首发式"在北京举行。中国作协党组书记金炳华为会议题词："洪汛涛先生的'两笔'，是儿童文学的瑰宝。"

2008年3月5日，北京少年儿童出版社举行江苏作家李志伟的"开心学校幽默丛书"新书发布会，丛书包括《校园对抗赛》《调皮小子聪明Girl》等6册。

2008年3月6日至10日，中国版协少读工委第17次主任委员会暨CBBY理事会议在江西南昌召开，本次会议由二十一世纪出版社承办。

2008年3月19日，《中华读书报》报道：据"开卷"数据显示，由浙江少年儿童出版社、二十一世纪出版社、明天出版社、江苏少年儿童出版社、安徽少年儿童出版社和福建少年儿童出版社组成的华东少儿出版联合体已连续数年占据少儿图书市场份额的50%以上。少儿图书畅销榜的前100本中，有60本出自"华东六少"。

2008年3月，中国少年儿童出版社和湖北省作协联合在北京举办童喜喜新作发布会暨研讨会。

2008年3月,由新闻出版总署组织的2008年度全国图书选题论证结束,全国574家出版社共报送图书选题156963种,报送单位和选题总量达历史新高。

2008年3月,新闻出版总署发出通知,组织第五次向全国青少年推荐百种优秀图书活动。申报范围为2006年以来出版的畅销的优秀青少年图书。

2008年3月,新闻出版总署发出关于开展第二届"三个一百"原创图书出版工程评选活动的通知。范围为2007年1月至2008年3月出版的新版图书,按照人文社科类、科学技术类(含科普读物)和文艺少儿类三个类别参评。

2008年3月,连环画出版社出版"情韵中国"原创图画书,包括《我的小马》《京剧猫·长坂坡》《京剧猫·武松打虎》《荷花回来了》《纸马》《苏武牧羊》等。《京剧猫·长坂坡》《我的小马》《纸马》入选第二届"三个一百"原创出版工程;《京剧猫·长坂坡》还获得亚洲青年动漫大赛最佳作品奖,并在第十七届优秀美术图书"金牛杯"评奖中获得银奖;《荷花回来了》被评为2008年度"中国最美的书"。

2008年4月2日,由少年儿童出版社、上海市作家协会等举办的"著名作家洪汛涛先生诞辰80周年纪念会"在上海举行。

2008年4月,由凤凰出版传媒集团、江苏少年儿童出版社、北京师范大学中国儿童文学研究中心主办的程玮作品讨论会在北京师范大学举行。高洪波、曹文轩、张之路、王泉根、束沛德、樊发稼等出席。

2008年4月,新浪网和海豚传媒组织召开了"献给孩子的'桥梁书'——儿童阅读专家三人谈"专场推广活动,"桥梁书"一词出现在公众概念中。

2008年5月13日至15日,由中国作家协会儿童文学委员会主办,明天出版社承办的首届"中国原创图画书发展论坛"在山东济南举行。高洪波、金波等著名作家、理论家出席论坛并演讲。各地少儿出版社、山东儿童文学作家近百人与会。

2008年5月16日,在韩国首尔举行的韩国国际图书展上,少年儿童出版社和韩国文学手贴出版社联合主办"阅读照亮童年——从'大头儿子'和'马鸣加'登陆韩国谈起"的座谈会。

2008年5月13日,四川汶川地震的第二天,四川少年儿童出版社着手《少年儿童地震防护手册》的出版,仅用2天时间就印制5万册捐赠给灾区学生。6月7日,四川少年儿童出版社又策划出版《抗震救灾英雄少年》,首印20万册,由中央文明办采购并向全国中小学生免费赠阅。

2008年5月20日至21日,在中宣部出版局的倡议和中国版协少读工委的组织下,全国22家专业少儿社在48小时内为四川地震灾区少年儿童捐赠了4051种(套)、105

万册、1283万码洋的优秀少儿读物，并在“六一”儿童节前送到灾区孩子手中。其中，中国少年儿童出版社、少年儿童出版社、明天出版社、接力出版社、浙江少年儿童出版社、二十一世纪出版社、海燕出版社、江苏少年儿童出版社捐赠100万码洋的童书。

2008年5月22日，明天出版社出版《中国：震撼5月——2008抗震救灾诗集》。该书由诗人商泽军赴一线组稿，序言由高洪波5月21日在四川震区用手机撰写。全书共收录了42位作家的诗歌。

2008年5月26日，二十一世纪出版社在郑渊洁从事童话创作30周年之际举行了“‘皮皮鲁总动员’整舰启航”新闻发布会，邀请新老作家和评论家、海外出版商、经销商和媒体记者等出席。该社还与新浪网联合开展了关于“皮皮鲁总动员”的读者答题竞赛活动。

2008年6月26日，浙江少年儿童出版社与联想集团联手开展了“‘联想家悦杯’《福娃奥运漫游记》知识竞赛暨百万读者爱心牵手”活动，该书的营销活动在全国100余家书城和3000多家其他零售网点同时开展。

2008年6月，明天出版社推出了刘先平“我的山野朋友”系列4册：《爱在山野》《盐湖探宝》《生育大迁徙》《麝啸大漠》。

2008年7月8日至11日，第23届全国少年儿童出版社社长年会在新疆乌鲁木齐举行，新疆青少年出版社承办。全国32家少年儿童出版社社长、人民文学社少儿读物编辑室主任和在京新闻单位记者近60人出席会议。

2008年7月21日至22日，“丰子恺儿童图画书奖”筹备委员会在香港举办“儿童图画书国际论坛暨第一届丰子恺儿童图画书奖发布会”，朱自强、方卫平等出席并作演讲。

2008年7月25日，《中国新闻出版报》报道：二十一世纪出版社上半年一般图书销售达到1.27亿元，回款6118万元，与去年同期相比，销售增长了20.6%，回款增长了50.15%，退货率仅6%，图书重印率达到90%。据“开卷”统计，该社上半年图书单品种码洋效益位居全国同类出版社第一。

2008年7月，中央电视台《对话》栏目推出“儿童文学阅读”专题项目，邀请白冰、王泉根、刘健屏、梅子涵、孙云晓、张秋林、郑渊洁、刘绪源等为嘉宾参加对话。

2008年7月，湖南作家张品成与上海文广传媒集团签约创作52集“红色动漫”作品《红巾少年》。该作品是向建国60周年献礼的重点项目。

2008年8月18日，中宣部文艺局与广电总局宣传管理司、中影局在京联合召开影视动画创作生产座谈会。中宣部副部长欧阳坚、广电总局副局长胡占凡出席会议并

讲话。

2008年8月,接力出版社相继引进出版斯蒂芬妮·梅尔的“暮光之城”系列简体中文版。该书前四册《暮色》《新月》《月食》《破晓》均位列美国亚马逊网上书店畅销书排行榜前十位。

2008年8月,春风文艺出版社在已出版的“小布老虎”丛书中精选了孙幼军、秦文君、张之路、周锐等儿童文学作家的13部优秀作品,辑为“10年纪念珍藏版”重印出版。

2008年9月1日,由新闻出版总署(国家版权局)、国务院新闻办公室、教育部、科技部、文化部、北京市人民政府、天津市人民政府、中国出版工作者协会联合主办的第15届北京国际图书博览会在天津国际展览中心开幕。8月30日下午,儿童出版、科技教育出版、大众图书出版3个平行分论坛同时进行。

2008年9月2日,法国迦利玛出版社与接力出版社在天津国际展览中心举行法国幼儿科普启蒙读物“第一次发现”系列图书中文简体版的授权签约仪式。由接力出版社推出的“第一次发现”系列图书共计80册,采用了独特的醋酸纤维和双面印刷技术。2009年8月25日,该系列图书在北京天文馆新馆举行了首发式。

2008年9月6日至14日,以海飞为团长的4人代表团赴丹麦参加国际儿童读物联盟第31届世界大会。这次大会的主题是“历史的故事,故事中的历史”,来自50多个国家的约500位代表参加了会议。我国作家秦文君再次获安徒生奖提名奖,刘先平获IBBY荣誉名册奖。

2008年9月10日,《中华读书报》刊登《2008年少儿图书市场热点和预测》,指出:“少儿文学监控销量几乎占少儿书业整体的三分之一,超过码洋比重排名第二的少儿卡通类20个百分点。”

2008年9月,全国少儿图书交易会在南昌举行。二十一世纪出版社承办本次交易会。

2008年9月,江苏少年儿童出版社重新出版金曾豪的动物传奇系列,包括《天堂之鸟》《警犬66号》《绝谷猞猁》《独狼》4册。

2008年9月,新疆青少年出版社从美国兰登书屋引进了《贝贝熊》简体中文版20册。

2008年10月10日,由北京师范大学中国儿童文学研究中心、明天出版社、接力出版社主办,英国哈珀·柯林斯出版集团、作家出版社协办的“多维视野中的杨红樱”学术论坛在北京师范大学举行。来自各地的少儿出版界、文学界、教育界专家及首都高校研究生等200余人到会。

2008年10月24日起，由新闻出版总署组织的全国第二届“三个一百”原创出版工程293种入围书目通过媒体向社会公示，公示期为30天。此次入选的文艺少儿类图书共计99种。

2008年10月31日至11月4日，由安徽出版集团、时代出版传媒公司和安徽少年儿童出版社主办的“儿童文学：原创与出版”研讨会在合肥举行。高洪波、刘先平等作家，王泉根、方卫平等评论家就当前原创儿童文学与少儿出版、儿童阅读与文学观念等问题展开研讨。

2008年10月，中国版协少读工委与《出版商务周报》联合启动“2007—2008年度最佳少儿读物评选”。该评选设年度最佳低幼、最佳少儿文学、最佳少儿百科知识、最佳少儿动漫、最佳少儿图画书等10类奖项。

2008年10月，贵州人民出版社引进出版了英国兰登公司出版的《小威向前冲》，该书是国外幼儿性教育类图书中的代表性作品。

2008年11月22日，二十一世纪出版社在成都召开第二届“二十一世纪中国儿童阅读推广人论坛”，评出年度中国儿童阅读推广优秀人物，并公布了30种推荐童书。

2008年11月，江苏省作协首届儿童文学读书研讨班在南京举办。读书班邀请范小青、黄蓓佳、祈智、程玮、金燕玉、汪政以及江苏少年儿童出版社资深编辑等给学员授课。

2008年12月13日，中国作家协会儿童文学委员会与广东出版集团新世纪出版社、上海世纪出版公司少年儿童出版社在北京联合召开“改革开放30年中国儿童文学学术研讨会”。少年儿童出版社、新世纪出版社编辑出版了《改革开放三十年的中国儿童文学》（高洪波主编）与《改革开放30年中国儿童文学金品30部》（王泉根主编）。

2008年12月25日，中国出版工作者协会举办的第二届中华优秀出版物奖评选揭晓。少儿类获奖作品有：接力出版社《黄琉璃》、二十一世纪出版社“皮皮鲁总动员”系列、童趣出版有限公司《喜羊羊与灰太狼》、明天出版社《笑猫日记》，另有福建少年儿童出版社“科幻新概念理论丛书”等7种图书获提名奖。

2008年12月27日，“中华文学基金会儿童文学创作基地”挂牌仪式暨金曾豪“动物传奇小说”系列首发式在江苏常熟市举行。挂牌仪式由作家出版社社长何建明主持，束沛德、樊发稼、张之路、王泉根等到会祝贺。

2008年12月，王泉根论著《王泉根论儿童文学》由接力出版社出版。

2008年12月，浙江师范大学儿童文化研究院组编，方卫平、刘宣文主编的《2007中国儿童文化研究报告》由浙江少年儿童出版社出版。

2008年,明天出版社出版了校园博客小说《我们班的博客》。

2008年,浙江少年儿童出版社继“冒险小虎队”系列之后,出版了布热齐纳的新作“女生版冒险小虎队”系列。

2008年,冰心奖设立19周年。设立于1990年的“冰心儿童图书奖”,现称为“冰心奖”。评奖包括四项内容:1.冰心儿童文学新作奖;2.冰心儿童图书奖;3.冰心艺术奖;4.冰心作文奖。《2008年冰心儿童文学新作奖获奖作品集》由浙江少年儿童出版社出版。

2008年,方卫平主编的当代外国儿童文学理论译丛由少年儿童出版社出版。包括:(加)佩里·诺德曼、梅维斯·雷默合著的《儿童文学的乐趣》;(美)杰克·齐普斯的《作为神话的童话/作为童话的神话》等。

2008年,明天出版社引进版童书受到广泛关注。该社引进凯斯特纳作品典藏“凯斯特纳少年小说”系列9册;与台湾信谊基金会合作出版美国艾瑞·卡尔的《好饿的毛毛虫》;引进了意大利画家罗伯特·英诺森的《铁丝网上的小花》等7种图画书的版权。

2008年,二十一世纪出版社从法国引进的图画书《不一样的卡梅拉》,在当当网的销售量突破110万册,连续三年童书销售排行第一。

2008年,原创图画书出版升温。明天出版社出版以《绘本中国》为书名的7册系列图画书;连环画出版社出版了以《中国情怀》为书名的系列图画书3册;南京信谊也出版了原创图画书《小勇》《驿马》《团圆》,形成原创图画书创作与出版的重大突破。

2008年,二十一世纪出版社与知音集团的《知音漫客》合作打造“知音漫客”丛书,丛书突破抓帧版动漫图书模式,推出《酷头哈妹》等26个品种。

2008年,二十一世纪出版社、接力出版社、明天出版社、安徽少年儿童出版社等开始介入青春文学出版。

2008年,由明天出版社2006年出版的杨红樱新作“笑猫日记”系列已出版8册,印刷达400万册,其中《小猫出生在秘密山洞》2008年印数达153万册。该丛书先后获得中国优秀出版物奖等奖项。

2008年,三联书店推出的台湾漫画家蔡志忠“中国古籍经典漫画”系列,包括《庄子说》《老子说》等22册作品,在31个国家和地区出版,累计销量逾3000万册。

2008年,在全国579家出版社中,有521家出版童书。“开卷”公司监控数据显示,至少有110家出版社在少儿图书市场获得了市场份额。在首都图书大厦的销售统计中,专业少儿社的童书销售额,已经从21世纪初的50%下滑到32%。

2009年

本年，全国共出版少年儿童读物15591种(其中初版8949种)，比上年增长15.3%；总印数284.45百万册(张)，比上年减少13.6%。

2009年1月6日，中国版协少读工委与《出版商务周报》联合主办、搜狐网协办的“2007—2008年度最佳少儿读物评选”颁奖典礼在北京举行。高洪波致信祝贺，于友先、李学谦、欧宏、杨红樱、孙云晓等出席颁奖活动。杨红樱的“淘气包马小跳”系列、“笑猫日记”系列等获“年度最佳少儿文学图书”奖。

2009年1月6日，时代出版传媒股份有限公司、安徽少年儿童出版社在北京举行“《儿童文学名家名译典藏书系》出版座谈会”。高洪波、樊发稼、金波、张之路等学者与出版人参加座谈。

2009年1月6日，外语教学与研究出版社在北京大兴召开“放飞梦想，启迪童心——外研社原创儿童文学作品发布会”。该社年初出版了伍美珍、郁雨君、葛冰、葛竞等作家的原创儿童文学书系。

2009年1月，中国少年儿童新闻出版总社引进出版了意大利吉蒂出版社畅销童书“快乐阶梯阅读”丛书，丛书分为5个阅读阶梯，共30册。

2009年2月2日，新闻出版总署下发了《关于开展2009年向青少年推荐百种优秀图书活动的通知》。此次推荐时间由“六一”儿童节提前到了“4.23”世界读书日之前，并要求各地新华书店设立专架、专柜展示展销这些优秀读物。

2009年2月28日，由中国作协创研部、中国作家协会儿童文学委员会、文艺报社、时代出版传媒公司、安徽少年儿童出版社等单位联合主办的“刘先平大自然文学创作暨‘大自然在召唤’作品研讨会”在北京举行。翟泰丰、高洪波、束沛德等出席。

2009年2月，彭斯远著的《重庆儿童文学史》由重庆出版社出版。同年，重庆出版社还出版了《巴南儿歌年编》，该书集选了1700余首儿歌和80多篇儿歌理论及评论文章。

2009年2月，中国少年儿童出版社在北京麋鹿苑举办“走进麋鹿苑，和‘神秘动物’一起过年——《皮皮和神秘动物》新书首发式”。该社出版了葛冰的环保奇幻动物故事系列“皮皮和神秘动物”，该系列共8册，包括《飞熊“佐罗”》《神龟“曹操”》《獒魔“黑侠”》等。

2009年2月，努马·萨杜尔的《丁丁与我——埃尔热访谈录》由人民文学出版社引进出版。

2009年2月，由上海市作家协会、上海市中小学德育研究会、少年儿童出版社、上海少儿读物促进会等联合举办的“‘大手牵小手’建国60年上海儿童文学作家作品巡

展”正式启动。巡展为期5个月。

2009年3月11日,《中华读书报》刊登海飞总结性文章《2008年童书出版的“新气象”和“老问题”——2008年全国少儿图书出版述评》,对上一年度少儿书业作出全面评价。

2009年3月16日,外语教学与研究出版社少儿出版分社启动儿童文学阅读推广公益活动——“相约作家,与爱同行”。

2009年3月29日,中国少年儿童出版社在北京举办了“庆祝小尼古拉问世50周年,快乐阅读,快乐绘画”活动。漫画家缪印堂,作家樊发稼、张之路,台湾学者林文宝等和中外读者一同参加庆祝活动。

2009年3月,新闻出版总署出版管理司选题分析小组所作《2009年度全国图书选题分析综述》显示:2009年报送的少儿类选题共计34649种,所占比例超过选题总量的20%,总数比2008年增加万余种,增幅达到42%。

2009年3月,新闻出版总署出台的《关于进一步推进新闻出版体制改革的指导意见》中明确提出,“引导非公有出版工作室健康发展,发展新兴出版生产力”,中国民营书业成为中国书业和中国整个经济的“新兴出版生产力”。

2009年3月,中国图书馆学会将该年定为“全国少年儿童阅读年”,发起主题为“让我们在阅读中一起成长”的“全国少年儿童阅读年”活动。

2009年4月9日至13日,版协少读工委第18次主任委员会议在长沙召开。湖南少年儿童出版社承办本次会议。

2009年4月14日至16日,由中国作家协会儿童文学委员会主办,接力出版社、中共桂林市委宣传部承办的“2009全国儿童文学理论研讨会”在广西桂林召开。中国作协副主席高洪波、广西壮族自治区文联主席潘琦、广西出版总社社长杜森等出席并讲话。来自全国各地的40余位儿童文学评论家、作家与会。

2009年4月21日,中国少年儿童新闻出版总社召开孙晶岩长篇报告文学《震不垮的川娃子》作品研讨会。中国作家协会副主席、书记处书记陈建功,副主席高洪波等和30多位专家、评论家、作家及媒体记者出席研讨会。

2009年4月26日,由湖南出版集团、湖南少年儿童出版社主办的“全球儿童文学典藏书系——张海迪与贝丽卡的美丽世界”译作签署与发布会在济南召开。中国残联主席张海迪携译作《贝丽卡在新学校》与读者见面对话。

2009年4月26日,由明天出版社主办的“像春草与春风的轻轻触碰——关于儿童文学与儿童阅读的对话”研讨会在济南召开。刘海栖、张之路、王泉根、梅子涵、沈石

溪、刘先平、伍美珍、郁雨君、汤素兰、商晓娜等儿童文学评论家、作家和来自济南的小学、幼儿园的老师参加了研讨会。

2009年4月，中宣部、新闻出版总署联合印发《关于进一步推动全民阅读活动的通知》(新出联[2009]7号)，全民阅读活动在全国各地展开。

2009年5月27日，《中华读书报》“六一特刊”以6版篇幅公布由中国作家协会儿童文学委员会与该报联合推出的“新中国儿童文学60年60部(篇)”最具影响力、艺术性、生命力的作品，并配发了王泉根的文章《六十年儿童文学发展思潮与创作演变》。

2009年5月，第23届陈伯吹儿童文学奖揭晓，诗人圣野获杰出贡献奖，邱易东的报告文学《空巢十二月——留守中学生的成长故事》获大奖。安武林、彭懿、郑春华等的11部作品获优秀作品奖。

2009年5月，二十一世纪出版社引进出版了意大利作家杰罗尼摩·斯提尔顿创作的60册的《老鼠记者》，首辑推出《摇头摆尾》系列10本。

2009年6月25日，由中国作协创研部、中共福建省委宣传部、福建省新闻出版局、福建少年儿童出版社等共同主办的“在关爱的阳光下共同成长进步——《蓝天下的课桌》作品研讨会”在北京举行。高洪波、于友先、张胜友、胡平等30余人与会。

2009年6月，中国少年儿童新闻出版总社出版《幼儿文学60年经典》。该丛书以图画书形式，精选了建国60年来的幼儿文学作品，共30册，由中国作家协会儿童文学委员会选编、中国作协副主席高洪波主编，儿童文学作家金波担任顾问。

2009年6月，由湖南省作家协会儿童文学委员会推出的“小虎娃儿童文学新人丛书”首发式在湖南省少年儿童图书馆举行。中国作家协会副主席谭谈、湖南省作协主席唐浩明、湖南省作协党组书记龚政文以及该丛书的作家参加了这次活动。

2009年6月，由接力出版社引进出版法国科普认知童书“第一次发现”系列，首批推出5大系列，42册。

2009年6月，南方分级阅读中心专为少儿课外阅读提供科学指导出版《儿童青少年分级阅读内容选择标准》和《儿童青少年分级阅读水平评价标准》。

2009年7月9日，台湾城邦集团与方正阿帕比在北京签署战略合作协议，双方表示将在电子书、期刊、图书内容及电子书复本销售和手持阅读器等方面进行合作。

2009年7月23日，由南方分级阅读研究中心主办的“南方分级书目专家评审会”在北京召开。徐惟诚、桂晓风、海飞、金波、王泉根、卢勤等出席。

2009年7月25日，由接力出版社、北京师范大学中国儿童文学研究中心主办，中国出版科学研究所国民阅读促进中心、中国图书馆协会阅读推广委员会协办的“中国

儿童分级阅读研讨会”在北京师范大学举行。来自全国各地的少儿出版界、文学界、教育界、图书馆界的200余人与会。研讨会通过了“中国儿童分级阅读倡议书”,公布了“儿童心智发展与分级阅读建议”及“中国儿童分级阅读参考书目”。

2009年7月27日,“《中国儿童文学60周年典藏》图书发布暨研讨会”在北京举行。该书系由中国作协儿童文学委员会、北京师范大学中国儿童文学研究中心组编,王泉根主编,外语教学与研究出版社出版。书系分小说卷、童话卷、散文卷、诗歌卷。

2009年7月,华东师范大学出版社出版《阅读树·学前儿童分级阅读培养用书》,经教育部基础教育课程发展中心审定通过,成为第一套学前儿童分级阅读教材。

2009年7月,高洪波主编的《六十年中国儿童文学精粹·感动共和国儿童书系》,由少年儿童出版社出版。书系分为“成长小说卷”“校园小说卷”“真情美文卷”“经典童话卷”“童心故事卷”“纪实报告卷”等6册。

2009年7月,《共和国儿童文学金奖书库》30卷由中国少年儿童出版社出版,束沛德作序。文库收入了包括张天翼的《宝葫芦的秘密》、严文井的《小溪流的歌》等30部儿童文学名著。

2009年7月,《幼儿文学60年经典》30册由中国少年儿童出版社出版。该套书由中国作协儿童文学委员会选编,高洪波主编,金波任顾问。

2009年8月6日,“新中国六十年百名优秀出版人物”评选活动在京启动。此次评选是在新闻出版总署指导下,由中国出版工作者协会、韬奋基金会联合光明日报社、《人物》杂志社、中华读书报社、中国出版科学研究所等单位发起举办。12月,评选结果公布,少儿社入选的优秀出版家有:叶至善(中国少年儿童出版社原社长、总编辑)、李元君(广西出版总社顾问、接力出版社名誉社长)、海飞(中国少年儿童新闻出版总社原社长)。

2009年8月9日,天天出版社开业庆典暨大型动漫系列丛书《美猴王》首发式在北京举行。经国家新闻出版总署批准,人民文学出版社原有副牌社外国文学出版社更名为天天出版社。该社成为我国又一家专业少儿出版机构。

2009年8月20日,红袖添香网站在其10周年文学盛典上宣布,将联合新浪读书、搜狐读书、腾讯读书、网易读书、榕树下、逐浪网等6家网站发起倡议,将每年8月20日设立为数字阅读日。

2009年8月30日至9月5日,国际儿童读物联盟主席帕特丽夏·亚丹娜访问中国。9月1日出席由新闻出版总署、国务院新闻办公室主办的2009北京国际出版论坛,并参观了中国少年儿童新闻出版总社所在的中少大厦。

2009年9月8日，由童趣出版有限公司与广东原动力文化传播有限公司联合创办的《喜羊羊与灰太郎》杂志创刊。该年度，《喜羊羊与灰太狼》系列动漫图书出版30多种，上市一个多月即畅销400万册。

2009年9月9日，汉王科技发布手写3G电纸书。该产品是可通过无线网络在线浏览、下载电子书籍、杂志、期刊、有声读物的掌上电子阅读设备。

2009年9月22日，中宣部公布第11届精神文明建设“五个一工程”获奖名单。在28种文艺类图书中，儿童文学有7种，包括：秦文君的《云裳》、刘先平的《走进帕米尔高原——穿越柴达木盆地》、杨红樱的《小英雄与芭蕾公主》等。

2009年9月，全国少儿图书交易会在南宁举行，由接力出版社承办。

2009年10月25日至27日，中国少年儿童新闻出版总社和中国作家协会儿童文学委员会联合主办的“幼儿文学60年研讨会”在北京举行。中国作家协会副主席、儿童文学委员会主任高洪波到会并致开幕词，50多位儿童文学评论家、幼教专家和作家、插画家们出席会议。

2009年10月，中国成为第61届法兰克福国际书展的主宾国。国家副主席习近平出席开幕式。

2009年10月，由浙江出版联合集团、中国版协少读工委主办，浙江少年儿童出版社承办的“中国当代儿童插图画家精品展”开展。其中精选的15名儿童插图画家的60幅原创作品出版，并参加第61届法兰克福书展。

2009年11月2日至5日，由中国版协少读工委主办、少年儿童出版社承办的全国少儿图书交易会总结会在上海召开。20家专业少儿社的31名代表参加会议。会议讨论并修订了《全国专业少儿出版社图书交易会规则》(草案)。

2009年11月5日至9日，新世纪出版社承办的第24届全国少年儿童出版社社长年会在海南博鳌举行。全国32家少儿社社长、人民社少儿室、出版集团少儿室主任和媒体记者70余人出席。会议通过了《中国出版工作者少年儿童读物工作委员会章程》和第五届中国出版工作者协会少年儿童读物工作委员会主任委员会组成名单。

2009年11月25日，国家出版基金管理委员会第一次全体会议在北京召开。12月11日，国家出版基金管理委员会办公室(筹备)发布公告，公布2008—2009年度国家出版基金拟资助项目名单。227项拟资助项目中，包括安徽少年儿童出版社“让理念看得见丛书”和“当代西方儿童文学新论译丛”、希望出版社《中国儿童文学大系》、中国少年儿童出版社《中国原创图画书》等9种少儿图书。

2009年11月26日，新闻出版总署召开“全国百佳图书出版单位”命名大会。100

家出版社在首次全国经营性图书出版单位等级评估中获得一级称号。此次评估标志着中国出版企业评估制度已正式建立。六家少儿社被授予“百佳图书出版单位”荣誉称号,它们是:安徽少年儿童出版社、二十一世纪出版社、江苏少年儿童出版社、接力出版社、明天出版社、浙江少年儿童出版社。

2009年11月,在第24届全国少年儿童出版社社长年会上,中国版协少儿读物工作委员会与中国版协幼儿读物工作委员会正式合并,更名为“少年儿童读物工作委员会”。新的“少读工委”确定的工作方针是“和谐共事、有序竞争、科学发展、共同提升”。此次年会吸收天天出版社、童趣出版社、科学普及出版社加入少年儿童读物工作委员会。

2009年11月,“海峡两岸儿童文学交流20周年纪念笔会”在福建省举行,福建少年儿童出版社承办。海峡两岸的30余名童书出版家、作家、学者出席了会议。

2009年12月21日,《中国新闻出版报》2009年度优秀畅销书排行榜专家榜评会在北京举行,讨论并推选出该报2009年度优秀畅销书排行榜总榜及分榜。入选“总榜”的十部作品中,南海出版公司《窗边的小豆豆》排位第五,童趣出版有限公司《喜羊羊与灰太狼》系列排位第七。在少儿分榜中,明天出版社《阳光姐姐小书房:巧克力味的暑假》等12种入选。

2009年12月25日,《中国图书商报》刊登商报专题报道组《2009中国书业大势大事》(下半年回顾版),针对少儿出版品种过多、选题雷同、盲目主发、退货率上升和参与者不断地加入不断地退出等现象指出“少儿出版上行进入盘整期”。

2009年12月25日,《中国图书商报》刊载的“2009年大众出版九大现象”中包括:“青春文学一枝独秀”和“人人都来做童书”。

2009年12月,希望出版社从1998年开始陆续出版的“中国著名儿童文学作家评传丛书”历时11年,共出版14册。评传涵盖叶圣陶、冰心、叶君健、高士其、陈伯吹、严文井、张天翼等儿童文学名家。本年,希望出版社对该套丛书进行了整体修订再版。

2009年,秦文君主编《中国新文学大系1976—2000年·儿童文学卷》,由上海文艺出版社出版。全卷150万字,选编了1976—2000年间的重要儿童文学作品及11篇理论文章。儿童文学首次进入“中国新文学大系”。

2009年,在“新中国60年百名优秀出版人物”评选活动中,少儿出版界4人入选,分别为:中国少年儿童出版社原社长、总编辑叶至善,广西出版总社顾问、接力出版社名誉社长李元君,中国少年儿童新闻出版总社原社长海飞,中国少年儿童新闻出版总社原总编辑遇衍滨。

2009年，国家新闻出版总署制定实施的2009年农家书屋重点出版物推荐书目中，少儿图书所占的比例由2008年的10%增加到14%左右，份额将达到18亿元左右。专业少儿社开始有计划地为“农家书屋”项目抽调人手，策划选题，组织会议。

2009年，出版集团的转企改制基本完成，出版集团发展的主题由转企改制转变为产业发展，进入资源整合、联合重组产业化发展时代。截至2009年底，出版、报业、印刷、数字出版等新闻出版上市企业已达31家，实现融资2000多亿元。

2009年，数字出版业的整体收入为799亿元，首超传统出版业产值。传统出版业的数字化转型不断加快。

2010年

本年，全国共出版少年儿童读物19794种（其中初版12640种），比上年增长26.96%；总印数357.81百万册（张），比上年增长25.79%。

2010年1月1日，新闻出版总署出台《关于进一步推动新闻出版产业发展的指导意见》（新出政发[2010]1号）。这是继2009年《关于进一步推进新闻出版体制改革的指导意见》之后，总署今年为进一步推动新闻出版产业发展制定的又一个纲领性文件。

2010年1月7日，由中国出版工作者协会少儿读物工作委员会和《出版商务周报》联合主办，搜狐网母婴频道、读者频道提供网络支持的2009年度最佳少儿读物评选颁奖活动在北京举行。近200名评论家、作家和出版界、新闻界、销售渠道人士到会。《那个黑色的下午》《海宝传奇》“第一次发现丛书”等47种图书荣获2009年度最佳少儿读物。

2010年1月9日，北京开卷信息技术有限公司在北京图书订货会上发布2009年度零售图书市场整体状况。监测数据显示，凤凰出版传媒集团、万卷出版公司成为2009年成长最快的出版集团和出版社。细分市场方面，少儿、文学类图书仍最具推动力。少儿类排名第一的是浙江少年儿童出版社。杨红樱最具市场价值，其图书册数贡献率为1.17%，码洋贡献率为1%。

2010年1月10日，央视读书栏目《子午书简》与《中国图书商报》共同举办的“2009年度30本最值得一读的好书”评选揭晓。其中“少儿·教育”类入围图书有：作家出版社《好妈妈胜过好老师》，接力出版社《暮光之城》（豪华珍藏版），湖北教育出版社“什么是什么系列丛书”，二十一世纪出版社《不一样的卡梅拉》（第二辑），明天出版社《笑猫日记》。

2010年1月10日,中国童书联盟成立,由江西高校出版社、外语教学与研究出版社、北京师范大学出版社、中国轻工业出版社、华东师范大学出版社、青岛出版社(集团)、电子工业出版社和海豚传媒股份有限公司8家非专业少儿出版社(集团)组成。形成少儿社的除中国专业少儿出版联盟之外的又一个少儿出版平台。

2010年1月13日,国家新闻出版总署党组书记、署长、国家版权局局长柳斌杰在全国新闻出版工作会议上宣布,今后10年我国新闻出版工作的主攻方向和新闻出版业的发展目标确定为:向新闻出版强国迈进。

2010年1月14日,2010年度国家科学技术奖励大会在京举行。其中,新闻出版总署推荐的"数学小丛书"荣获国家科技进步奖二等奖。"数学小丛书"共有18册,由华罗庚、段学夏、吴文俊等我国著名数学家编写,科学出版社编辑出版。

2010年1月29日,国家出版基金规划管理办公室经中央机构编制委员会办公室批复设立。主要职责是负责起草自助项目申报指南,负责建设、使用和管理出版基金专家库,组织自主项目评审、检查、绩效考核,受理资助项目的投诉举报,负责国家出版基金管理委员会交办的其他工作。

2010年1月,"《中国儿童文学60年(1949—2009)》暨董宏猷儿童文学创作研讨会"在北京召开。会议由中国作家协会儿童文学委员会、湖北长江出版传媒集团、湖北少年儿童出版社主办。

2010年1月,天天出版社购入中央电视台制作的《美猴王》,与央视动画有限公司合作运作该项目。

2010年1月,凤凰出版传媒集团旗下的江苏美术出版社与上海淘米网络科技有限公司签约,就儿童网络社区《赛尔号》和《摩尔庄园》系列产品达成合作协议,开展网游图书出版运作。

2010年1月,北方妇女儿童出版社出版《中国儿童文学名家典藏书系》,书系包括小说、童话、散文各三卷,选入240多位作家的230多万字作品。

2010年1月,新闻出版总署表彰的"中国百名优秀出版企业家"中,少儿社两人入选。分别是:二十一世纪出版社社长、总编辑张秋林,接力出版社总编辑白玉琢(白冰)。

2010年1月,接力出版社引进出版法国"巴巴爸爸"系列图书,第一批引进5本。

2010年2月26日,全国人民代表大会常务委员会关于修改《中华人民共和国著作权法》的决定由第十一届全国人民代表大会常务委员会第十三次会议通过,自2010年4月1日起施行。这是这部法律颁布20年来的第二次修改。

2010年2月，为纪念《中国少年报》“知心姐姐”栏目50周年，中国少年儿童新闻出版社总社启动了“50万本好书献爱心”公益活动。

2010年3月15日，新闻出版总署印刷发行司于北京举行了2010年“3·15”少年儿童读物类出版产品质检活动启动仪式。2010年“3·15”质检活动的检测范围为少年儿童读物类出版印刷产品，检测内容以受检对象的印刷复制质量为主，兼顾编校质量和部分环保质量指标。

2010年3月，华东少儿图书订货会更名为华东少儿出版联合体营销峰会，12家有零售业绩的书店参与峰会，并与华东少儿出版联合体签约。

2010年3月，接力出版社在北京启动“纯美之爱——《暮光之城》网络征文活动”，并展示由“暮光之城”系列延伸开发的系列产品线。

2010年4月10日，二十一世纪出版社在南昌举行了“新文化时代的儿童文学研讨会”。

2010年4月20日，2010年新闻出版总署向全国青少年推荐百种优秀图书活动新闻发布会暨出版座谈会在京举行。73家出版单位的100种优秀图书入选。

2010年4月22日，四川少年儿童出版社在成都举行了“市场化进程中儿童文学的价值追求”论坛。

2010年4月23日，新闻出版总署与中央电视台科教频道联合策划制作“2010书香中国”全民阅读晚会。晚会现场向人民文学出版社等10家出版社代表颁发了“新闻出版总署第七次向全国青少年推荐百种优秀图书”入选证书；外研社等10家出版单位向全国100家个人创办的公益图书馆(室)捐赠100万码洋图书。

2010年4月，四川少年儿童出版社举办“2010年中国儿童文学作家论坛”，国内30多位儿童文学作家、专家、学者、评论家出席。

2010年4月，儿童书籍及杂志出版商“迪士尼全球出版”签约中国作家杨鹏，推出原创系列图书“米奇漫游中国”的《功夫米老鼠》，共6册，由童趣公司出版。

2010年5月8日至9日，中国版协少读工委在延安召开第19次主任委员会议。少读工委主任海飞、常务副主任李学谦和各专业少儿社领导及媒体记者30人出席会议。

2010年5月22日至6月6日，“中国童书嘉年华”在青岛书城举行。来自全国各地新华书店和民营书店的经理、青岛市中小学生代表和媒体记者近600人出席开幕式。中国童书联盟的10家出版社展出近千种图书。中国童书嘉年华·2010·上海站定于8月11日至17日在上海举行。

2010年5月27日，北京出版集团公司牵头40余家单位携手合作的“数字出版联

盟”在北京成立。

2010年5月31日,中共中央政治局委员、国务委员刘延东在出席国家图书馆少年儿童图书馆暨少年儿童数字图书馆开馆仪式时强调,各地区和有关部门要进一步加大对公共图书馆、少儿图书馆和中小学图书馆的投入,努力为未成年人提供普遍、均等、公益性的服务,尤其要关注对偏远地区、贫困地区未成年人的服务。

2010年5月,成都书博会上,凤凰出版传媒集团江苏少年儿童出版社与日本三丽鸥公司旗下Hello Kitty签订协议,合力打造Hello Kitty童话品牌,并聘请中国作家写作该系列童话。

2010年6月9日至10日,由中国出版工作者协会少儿读物工作委员会、新闻出版报社、上海世纪出版集团主办,上海世纪出版股份有限公司少年儿童出版社承办的“2010中国少儿出版高层论坛暨第25届全国少儿出版社社长年会”在上海召开。新闻出版总署出版管理司司长吴尚之出席论坛并作《将少儿出版打造成建设出版强国的生力军》的报告。

2010年6月24日至27日,“全国少儿阅读公共论坛”在北京举办。论坛由中国图书馆学会、中国出版工作者协会少年儿童读物出版工作委员会、图书馆报主办,中图学会下属相关委员会及各少儿馆、少儿图书出版社等12家单位协办。

2010年6月26日,由中国版协少年儿童读物工作委员会主办、新蕾出版社承办的“突破,传统少儿出版的机遇与挑战——2010年中国少儿出版营销高端论坛”在天津举行。中国出版工作者协会、天津出版传媒集团、天津出版工作者协会以及近20家专业少儿社社长,新华、民营、网络渠道的商业代表及新闻媒体记者参加。

2010年6月,新闻出版总署下发《关于编制“十二五”国家重点图书、音像、电子出版物出版规划的通知》,对“十二五”规划的基本原则和编制的重点提出要求。

2010年6月,由中国图书馆学会、中国出版工作者协会少年儿童读物工作委员会、图书馆报共同主办的“全国少年阅读公共论坛”召开。

2010年7月15日,2010年度“经典中国国际出版工程”评审在京终评公示。97个项目中获资助的少儿类为浙江少年儿童出版社有限公司的三部作品:《动物小说大王·沈石溪品藏书系》(10册)、《中国童话故事》(2册)、《中国成语故事》(2册)。

2010年7月21日,以读书为纽带的“第17届全国青少年爱国主义读书教育活动总结大会在北京举行。活动已覆盖26个省(区、市),累计参加人数5.7亿人次。

2010年7月,全国少儿阅读公共论坛在北京举办。

同月,湖南少儿图书馆主持完成《全国少年儿童阅读调查报告》。

同月，南方分级阅读研究中心推出中国儿童分级阅读标准。

同月，接力出版社等相关单位在京举行第二届中国儿童分级阅读研讨会。

同月，二十一世纪出版社举办第四届中国儿童阅读推广人论坛。

2010年8月16日，新闻出版总署出台《关于加快我国数字出版产业发展的若干意见》（新出政发[2010]7号），提出到“十二五”末，我国数字出版总产值力争达到新闻出版产业总产值的25%，整体规模居世界领先水平。

2010年8月28日，由国务院新闻办公室、新闻出版总署主办的第三届中国图书对外推广计划国际出版家对话活动在京举行，对话主题为“出版国际化：中国与世界共同的选择”。国务院新闻办公室副主任王仲伟、新闻出版总署副署长邬书林出席活动。

2010年8月30日，新闻出版总署对外交流与合作司司长张福海在2012年伦敦书展“市场聚焦”中国主宾国新闻发布会上宣布，经国务院批准，中国将正式成为2012年英国伦敦书展主宾国。

2010年9月14日，新闻出版总署与环境保护部在京举行了“实施绿色印刷战略合作协议签约仪式”。署长柳斌杰和环境保护部部长周生贤正式签署了《实施绿色印刷战略合作协议》。

2010年9月27日至28日，新闻出版总署“十二五”国家重点图书、音像、电子出版物规划论证会在京举行，新闻出版总署副署长邬书林出席会议并讲话。

2010年9月29日，第三届中华优秀出版物奖终评结果揭晓，50种图书获优秀出版物图书奖，100种图书获优秀出版物图书奖提名奖。

2010年9月，简平著《上海少年儿童报刊简史》，由少年儿童出版社出版。该书勾勒了130多年来上海少年儿童报刊的发展历程。

2010年11月5日，中国童书联盟2010年理事会会议在北京召开。会议议题是中国童书联盟2010年度工作总结及2011年工作计划及发展规划。会议讨论并通过《中国童书联盟章程》（修改稿）。

2010年11月5日，新闻出版总署下发《关于制定和报送2011年图书和音响、电子出版物出版计划的通知》。《通知》指出，要加强青少年的思想道德教育，针对少年儿童的特点，重点推出一批弘扬爱国主义、集体主义、社会主义，自觉践行社会主义荣辱观，宣传知识的优秀读物，大力开发优秀科普出版物和原创连环画，并加大力度开发原创动漫图书和音像、电子出版物。

2010年11月18日，“全球原创音乐演唱会暨世界知识产权组织版权金奖颁奖典

礼”在京举办,《建国大业》《喜羊羊与灰太狼》等14个作品和单位获得知识产权组织版权金奖——中国奖 。

2010年11月29日,浙江少年儿童出版社在杭州承办“冰心诞辰110周年·冰心奖21周年国际华文儿童文学研讨会”。

2010年11月,国家出版基金项目评审结果公示,95个项目中,中国大百科全书出版社的《中国儿童立体百科全书》、黑龙江少年儿童出版社有限公司的《感动一个国家的人物》等入选2010年度国家出版基金拟资助项目名单。

2010年12月15日,湖南天舟科教文化股份有限公司正式登陆深市创业板。该公司业务横跨出版、传媒等领域,被称为“民营出版传媒第一股”。

2010年12月15日,中国作家协会在南京召开“中国儿童文学创作会议”。会议提出,中国的儿童文学创作、出版与研究进入历史最好时期。

2010年12月17日,新闻出版总署2010年“3·12”质检活动表彰大会在京举行。检测报告显示,2009年和2010年我国出版的少儿读物类产品整体质量良好。

2010年12月21日,由新闻出版总署全国阅读活动组织协调办公室组织的2010年度“大众喜爱的50种图书”推荐活动在北京启动。

2010年12月28日,我国首个专为青少年打造的书城——越秀购书中心在广州正式开业。该购书中心以“书业+多元化业态+营销活动”为模式,在满足青少年读者阅读需求的同时,融入了培训、学习、娱乐、休闲、商务等多种元素。

2010年12月29日,接力出版社20周年社庆招待会在北京举办,并向出版界发出《少儿出版绿色环保倡议书》。

2010年,截至12月31日,在148家中央各部门各单位经营性出版社中,除中央档案出版社停办退出、13家出版社原本没有核定过编制外,余下134家全面完成中央确定的转企任务。

2010年,我国数字出版产业总产值已超过1000亿元,成为产业增长的重要动力。少儿出版纷纷试水,如:江苏少儿出版社与上海淘米网络科技有限公司推出的《赛尔号》系列书刊,童趣出版社和江苏美术出版社推出的《摩尔庄园》相关产品等。

2010年,中国童书出版界出版了一批世博童书,向上海世博会献礼。如:中国少年儿童出版社的海宝衍生图书50余种、浙江少年儿童出版社的《海宝传奇》、外语教学与研究出版社的《海宝有约·奥比岛超级明星档案》系列、江苏少年儿童出版社的《海宝带你看世界》、天天出版社的《中华童谣——海宝陪你读》等。

2010年,在全国580家出版社中(含副牌社),有519家上报了少儿类选题,占出版

社总数的89.5%。全国共上报少儿类图书选题36417种，较去年上涨5.1%，与2009年的同比增长42.15%相比，增幅趋缓。其中，专业少儿社上报选题8324种，占总量的22.7%；教材教辅类选题11623种，占整个选题的31.91%。2010年全国少儿图书选题中，有9个出版社上报了72种各种类型的杨红樱的作品，有9个出版社上报了25种曹文轩的作品，有6个出版社上报了51种伍美珍的作品，有6个出版社上报了41种秦文君的作品。

主要参考文献

1. 海飞. 童书海论[M].济南:明天出版社,2001.9.

2. 海飞. 童媒观察[M].济南:明天出版社,2005.5.

3. 刘海栖,王建平. 风云际会[C].济南:明天出版社,2011.5.

4. 中国少年儿童出版社. 为了孩子,为了祖国,为了未来——中国少年儿童出版社的三十年 1956—1986[M].北京:中国少年儿童出版社,1987.

5. 少年儿童出版社. 少年儿童出版社的三十五年[M].上海:少年儿童出版社,1987.

6. 叶至善. 我是编辑[M]. 北京:中国少年儿童出版社,1998.4.

7. 中国出版年鉴社.中国出版年鉴[Z].北京:中国出版年鉴社(历年).

8. 刘杲,石峰. 新中国出版五十年纪事[M].北京:新华出版社,1999.12.

9. 宋原放. 中国出版史料(现代部分)第三卷下册[M].济南:山东教育出版社,2001.4.

10. 邓力群,马洪,武横. 当代中国的出版事业[M].北京:当代中国出版社,1993.

11. 方厚枢. 中国当代出版史料文丛[M].北京:中国书籍出版社,2007.5.

12. 方厚枢,魏玉山. 中国出版通史·中华人民共和国卷[M].北京:中国书籍出版社,2008.12.

13. 国家出版事业管理局版本图书馆. 全国少年儿童图书综录(1949—1979)[M].北京:中国少年儿童出版社,1980.

14. 肖东发. 中国出版图史[M].广州:南方日报出版社,2009.10.

15. 姚福申. 中国编辑史[M].上海:复旦大学出版社,2004.6.

16. 范军. 中国出版文化史研究书录:1985—2006[M].开封:河南大学出版社,2008.1.

17. 郝振省. 中国阅读——全民阅读蓝皮书(第一卷)[M]. 北京:中国书籍出版社,2009.10.

18. 郝振省. 出版六十年,名著的故事[M]. 北京:中国书籍出版社,2009.10.

19. 俞子林. 百年书业[M]. 上海:上海书店出版社,2008.5.

20. 本书编写组. 中国出版业变革三十年[M]. 北京:人民出版社,2009.9.

21. 中国青少年研究中心. 中国未成年人数据手册[M]. 北京:科学出版社,2007.

22. 郝振省. 2004—2005中国出版业发展报告(中国出版蓝皮书)[M]. 北京:中国书籍出版社,2005.7.

23. 郝振省. 2006—2007中国出版业发展报告(中国出版蓝皮书)[M]. 北京:中国书籍出版社,2006.7.

24. 郝振省. 2007—2008中国出版业发展报告(中国出版蓝皮书)[M]. 北京:中国书籍出版社,2007.7.

25. 孙月沐. 中国书业年度报告(2008—2009)[M]. 北京:商务印书馆,2009.

26. 孙月沐. 中国书业年度报告(2009—2010)[M]. 北京:商务印书馆,2010.

27. 孙月沐. 中国书业年度报告(2007—2008)[M]. 北京:中国对外翻译出版公司,2008.

28. 新闻出版总署计划财务司. 中国新闻出版统计资料汇编1997[M]. 北京:中国统计出版社,中国ISBN中心(1997—2009,每年一本).

29. 武旭升. 30年中国畅销书史[M]. 北京:中国对外翻译出版公司,2009.1(中国图书商报—中国书业书系—聚焦书业30年/孙月沐主编).

30. 孔则吾. 千年的跨越:世纪之交的中国出版现象研究[M].北京:中国书籍出版社,2010.4.

31. 师曾志. 现代出版学[M]. 北京:北京大学出版社,2006.5.

32. 卜卫. 大众媒介对儿童的影响[M]. 北京:新华出版社,2002.1.

33. 全国少工委办公室,中国青少年研究中心. 儿童的名字是今天——当代中国少年儿童发展状况蓝皮书[M]. 北京:科学出版社,2007.

34. 中国编辑学会少年儿童读物专业委员会(等). 编辑的交响——全国少儿读物编辑论文集[C]. 广州:新世纪出版社,2006.7.

35. 王泉根.中国儿童文学60年(1949—2009)[C].武汉:湖北少年儿童出版社,2009.9.

36. 高洪波. 改革开放三十年的中国儿童文学[C]. 上海:少年儿童出版社,2009.

37. 王泉根. 中国新时期儿童文学研究[C]. 石家庄:河北少年儿童出版社,2004.

附录一：历年全国优秀儿童读物评选中的获奖图书

说明：全国优秀少年儿童读物评奖由新闻出版署、中国儿童少年基金会、国家教委、文化部、广播电影电视部、共青团中央、全国少工委、全国妇联等8家单位联合举办。

1982年全国优秀儿童读物评奖获奖书目

书名	作者	出版社
优秀读物一等奖（19种）		
思想教育读物		
《周总理的美德》	严振国	辽宁人民出版社
《少年彭德怀》	丁隆炎	四川少年儿童出版社
《我爱爸爸》	任远远 等	中国少年儿童出版社
《英雄少年时》	余心言	少年儿童出版社
《少年鲁迅的故事》	何启治	新蕾出版社
文学艺术读物		
《在一个夏令营里》（小说）	苏　进	人民文学出版社
《针眼里逃出的生命》（小说）	李凤杰	陕西人民出版社
《蓝色象鼻湖》（小说）	张昆华	新蕾出版社
《红宝石》（小说）	张　微	浙江人民出版社
《在法国的日子里》（散文）	阎纯德	人民文学出版社
《365夜》	鲁　兵	少年儿童出版社
社会知识读物		
《三国故事》（中国历史故事集之一）	林汉达　边继石	中国少年儿童出版社
《神奇的黄山》	张子仪　方君默	安徽人民出版社
《云彩上的人家》	陆茂林	新疆人民出版社
自然知识读物		
《数学花园漫游记》	马希文	中国少年儿童出版社
《白头叶猴追寻记》	聂　波　王育英	广西人民出版社
低幼读物		
《泥娃娃》	岫　石　张怡庄	辽宁美术出版社
《中国神话》	肖　伍　张世明 等	少年儿童出版社
《七十二变》	苏　刚	四川人民出版社

续表

书名	作者	出版社
优秀读物奖(45种)		
思想教育读物		
《赵一曼》	张　麟　何家栋	湖南人民出版社
《不落的星》	李　前	江西人民出版社
《怎样才能学习好》	孟吉平	中国少年儿童出版社
文学艺术读物		
《少年爆炸队》(小说)	王一地	少年儿童出版社
《荒漠奇踪》(小说)	严　阵	中国少年儿童出版社
《冰雪花》(小说)	田　毅	山东人民出版社
《拳师和他的孙子》(小说)	黄同甫	河南人民出版社
《云海探奇》(小说)	刘先平	中国少年儿童出版社
《忆怪集》(小说)	谢　璞	湖北人民出版社
《我的老师》(小说)	罗辰生	北京出版社
《海滨的营火》(小说)	赵惠中	吉林人民出版社
《他保卫了什么》(小说)		新蕾出版社
《长胡子的娃娃》(诗歌)	李少白	湖南人民出版社
《幸福的后代》 (歌曲 维吾尔文)	伊斯堪代尔赛普拉	新疆青年出版社
《我不是猎人》 (电影文学剧本)	霍　达	四川少年儿童出版社
《寓言百篇》	金　江	新蕾出版社
《得意的狐狸》(寓言)	伍言超 等	广西人民出版社
《哈萨克童话选》(哈萨克文)	乌拉孜别克	新疆人民出版社
《九眼泉》(童话、民间故事)	黄　英	甘肃人民出版社
《珍珠泉》(民间故事)	费　林 整理	山西人民出版社
《聂局桑布的故事》 (民间故事 藏文)		西藏人民出版社
《孙悟空科学世界历险记》 (科学童话)	郭以实	少年儿童出版社
《狮身人面石像的“消瘦”》 (科学趣味故事)	陈伟新　姚惠祺	江苏人民出版社
《猪八戒逛星城》(科学童话)	郭　治	科学普及出版社
《蹦蹦娃探宝记》(科学童话)	蔡宇征	福建人民出版社

续表

书名	作者	出版社
社会知识读物		
《上下五千年》(二)	林汉达　曹余章	少年儿童出版社
《上下五千年》(三)(四)	曹余章	
《作文入门》	刘胐胐　高　原	新蕾出版社
《阿基米德的故事》	赵学元	河北人民出版社
《无畏的探索者》	周　行　杜学钊	四川人民出版社
《探索生命奥秘的人》	周文斌　林玉树	贵州人民出版社
《森林骄子》	乌热尔图　黄国光	内蒙古人民出版社
《美丽的青海湖》	周竞	陕西人民出版社
自然知识读物		
《动物趣谈》	姚大均	江苏人民出版社
《美妙的色彩世界》	郭廉夫　刘江鸿	黑龙江人民出版社
《神奇的器官》	司有和　吴孝慎	安徽科学技术出版社
《奇怪的墓碑》	李　凌　晓　叶	山东人民出版社
《捕捉太阳能》	孟　文	北京出版社
《少年电工》	《少年电工》编写组	少年儿童出版社
低幼读物		
《你喜欢谁》	方轶群　曾佑瑄	中国少年儿童出版社
《拍手唱个卫生歌》	常　健　温泉源	天津人民出版社
《儿童科学画库:骄傲的○》	鲁　克　张福春	吉林人民出版社
《瓜果谣》	圣　野　乐小英	
《一年四季》	唐鲁峰　陈慧莲　何艳荣	天津人民美术出版社
《小妹夜游动物园》	傅毅远　蒋文青　励国仪	浙江人民美术出版社
《借尾巴》	叶永烈　姜成安　吴带生	广东人民出版社
《老虎外婆》	鲁　兵　詹　同	人民美术出版社

1990年全国优秀少年儿童读物评奖获奖书目

书名	作者	出版社
一等奖(9种)		
《大地的儿子——周恩来的故事》		中国少年儿童出版社
《上下五千年》		少年儿童出版社
《盐丁儿》		中国少年儿童出版社
《少年百科辞典》		少年儿童出版社

续表

书　名	出版社
《亭亭的童话》	湖南少年儿童出版社
《月亮会不会搞错》	新蕾出版社
《中华国宝》	江苏少年儿童出版社
《幼学启蒙》丛书	明天出版社
《中国民间节日故事》	中国少年儿童出版社
二等奖(31种)	
《元帅的故事》丛书	新蕾出版社
《正在形成的世界》	北京少年儿童出版社
《航空彩色图册》	中国少年儿童出版社
《青春期信箱》	辽宁少年儿童出版社
《魔术之谜》	黑龙江少年儿童出版社
《少年儿童知识画库》	四川少年儿童出版社
《名家科学童话选》	希望出版社
《动物趣谈》	江苏少年儿童出版社
《豹子哈奇》	少年儿童出版社
《郑渊洁童话自选集》	福建少年儿童出版社
《小小男子汉》	浙江少年儿童出版社
《船队按时到达》	明天出版社
《狐狸艾克》	新蕾出版社
《最丑的美男儿》	海燕出版社
《包蕾童话近作选》	湖南少年儿童出版社
《春雨的悄悄话》	湖南少年儿童出版社
《京口恨》	江苏少年儿童出版社
《乱世少年》	少年儿童出版社
《邱勋儿童短篇小说选》	明天出版社
《小巴掌童话百篇》	北方妇女儿童出版社
《长颈鹿拉拉》	湖南少年儿童出版社
《幼儿智力天地》	上海教育出版社
《雨铃铛》	未来出版社
《小面人》	湖南少年儿童出版社
《EI肥猪OU瘦猴》	上海教育出版社
《中国儿歌一千首》	明天出版社
《八十年寻路记——中国人是怎样找到马克思主义的》	中国少年儿童出版社

续表

书　名	出版社
《敦煌故事》	少年儿童出版社
《呵，伊希车仁》（蒙文）	内蒙古少年儿童出版社
《我们的老师》（朝鲜文）	延边人民出版社
《世界童话名著》（连环画）	浙江少年儿童出版社
三等奖（56种）	
《沙发背后的木偶剧》	浙江少年儿童出版社
《哈哈笑的儿歌》	新蕾出版社
《幼儿短诗选》	重庆出版社
《幼儿入学准备》	中国少年儿童出版社
《幼儿智力训练宝盒》	明天出版社
《宝宝家庭课堂》	海燕出版社
《宝宝趣味果》	新世纪出版社
《会唱歌的绿叶》	辽宁少年儿童出版社
《幼儿思维训练画册》	福建少年儿童出版社
《东家西家蒸馍馍》	中国少年儿童出版社
《娃娃学数》	中国少年儿童出版社
《世界童话名著精选》	江苏少年儿童出版社
《佳佳的故事》	天津人民美术出版社
《我的周围世界》	上海教育出版社
《100个第一的故事》	甘肃人民出版社
《数学五千年》	湖北少年儿童出版社
《少年科学史话》丛书	福建少年儿童出版社
《神算家的秘诀》	辽宁少年儿童出版社
《中国自然保护区奇趣录》	安徽少年儿童出版社
《新技术革命少年》丛书	希望出版社
《自然画丛》	上海教育出版社
《明珠撒遍月亮山》	贵州人民出版社
《大地的眼睛》	黑龙江少年儿童出版社
《李时珍》	贵州人民出版社
《七十二行祖师爷的传说》	海燕出版社
《黑猫警长》（儿童科学文艺丛书）	福建少年儿童出版社
《想下去想开去》	明天出版社
《少年科普佳作选》	中国少年儿童出版社
《晶晶游北京》	北京少年儿童出版社

续表

书　名	出版社
《美丽富饶的祖国》丛书	广东教育出版社
《中国成语故事》	北方妇女儿童出版社
《漫游电脑城》	浙江少年儿童出版社
《交响乐世界》	湖南教育出版社
《十大将传记》丛书	海燕出版社
《小律师和大律师的对话》	湖南少年儿童出版社
《少年修养100题》	安徽少年儿童出版社
《小学生文库》(1)	辽宁少年儿童出版社
《中国少年之星》(当代第一分册)	广西人民出版社
《中学生美育》	江苏少年儿童出版社
《儿童礼貌画册》	北方妇女儿童出版社
《小学生日常行为规范》(配图)	二十一世纪出版社
《我爱我的祖国》	福建少年儿童出版社
《鹅鹅鹅》	宁夏人民出版社
《儿童散文诗》丛书	河北少年儿童出版社
《优秀学校剧选集》	广西人民出版社
《西湖,你可记得我》	浙江少年儿童出版社
《少数民族民间故事》丛书	新蕾出版社
《见不到阳光的峡谷》	甘肃人民出版社
《报童的故事》	重庆出版社
《将军的后代》	湖北少年儿童出版社
《傻大洋和精二洋》	广西人民出版社
《水浒一百零八将》	明天出版社
《白话古代寓言》	新蕾出版社
《哈萨克民间游戏》(哈萨克文)	新疆人民出版社
《亲密的朋友》(维吾尔文)	新疆人民出版社
《新编诗谜选》(藏文)	青海民族出版社
翻译读物奖(3种)	
《国际安徒生奖图画故事》丛书	广西人民出版社
《人体——一个奇妙的世界》	北京少年儿童出版社
林格伦系列:《小飞人》《长袜子皮皮》《大侦探小卡莱》	湖南少年儿童出版社

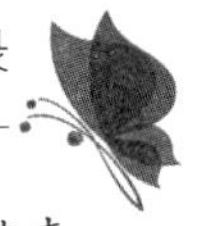

续表

书　名	出版社
总体设计奖(5种)	
《小图书馆》丛书	四川少年儿童出版社
《少年百科》丛书精选本	中国少年儿童出版社
《小学生文库》	辽宁少年儿童出版社、黑龙江少年儿童出版社、北方妇女儿童出版社
《故事大王》画库(1~12辑)	新蕾出版社
《小学语文阅读文库》	人民教育出版社
小作者作品鼓励奖(5种)	
《我是一滴雨点》	青海人民出版社
《六一的风》	北方妇女儿童出版社
《阎妮的诗》	广东人民出版社
《中国小诗人传选》	中国少年儿童出版社
《创造杯》丛书	希望出版社

第二届全国优秀少年儿童读物评奖获奖书目

书名	作者	责任编辑	出版社
一　等　奖(10种)			
《中国工艺玩具故事》丛书	佳　音等 编绘	陈秋影 等	中国少年儿童出版社
《岩石上的小蝌蚪》	谢　华 著;俞　理 画		少年儿童出版社
《萤火虫——幼儿百科画丛》	叶立群	卢尊荣 等	人民教育出版社
《中国通史故事》(上、中、下)	朱仲玉等	雪　岗 等	中国少年儿童出版社
《世界五千年》(上、下)	段万翰等	俞沛铭	少年儿童出版社
《狼王梦》	沈石溪	廖励平	少年儿童出版社
《怪老头儿》	孙幼军	余莨芳	湖北少年儿童出版社
《郑春华童话》	郑春华 著;李全华 画	王歌风	明天出版社
《在我和你之间》	金　波	王亚宁	中国少年儿童出版社
《中华民间故事大画库》	陆顺 总策划; 赵镇琬等 主编; 林　群 等 编绘	王歌风 等	明天出版社、二十一世纪出版社、江苏少年儿童出版社等
二　等　奖(30种)			
《贝贝流浪记》	孙幼军著;周　翔画	陈士平 等	湖南少年儿童出版社

续表

书名	作者	责任编辑	出版社
《中国童谣》	金　波	段纪夫	新蕾出版社
《彩图世界名著100集》(1~5册)	纪堤 改编，王晓明 等画	朱庆坪 等	少年儿童出版社
《笔·肚皮·一个故事》	刘海栖 等	胡　鹏	明天出版社
《快乐的笨狗熊》	常　瑞 著；吴带生 画	徐烈军 等	湖南少年儿童出版社
《今天你7岁》	刘建屏	温　航	中国少年儿童出版社
《中国通史》(绘画本)	龚延明	顾尧庐 等	浙江少年儿童出版社
《儿童知识画库》	顾艺夫 等	翟绍荣 等	人民美术出版社
《宝宝家庭课堂》	天津市幼儿教育研究室	姜　华	海燕出版社
《听故事 学做人》	罗宏曾	谢豫中	新蕾出版社
《女革命家》丛书	孙晓阳 等	冯铁军	河北少年儿童出版社
《五旗颂》丛书	江敬文 等	骆之恬等	湖南少儿、接力、新世纪、海燕、湖北少儿社
《孤女俱乐部》	秦文君	刘健屏	江苏少年儿童出版社
《狼的故事》	金曾豪	薛蔚原	希望出版社
《孩子，抬起头》	孙云晓	王艳丽	海燕出版社
《资治通鉴》(图画本)	汪述荣 龚汝枢	史　俊 等	二十一世纪出版社
《种葡萄的狐狸》	高洪波	郭大森	北方妇女儿童出版社
《世界儿童文学名著故事大全》	陈伯吹	朱　彦 等	少年儿童出版社
《中国儿歌金库》	张继楼	侯天祥	希望出版社
《中国民族民俗故事》	赵镇琬	吴大宪	明天出版社
《中国各民族神话》(汉族)	耿志远 顾传菁	华克齐 苏纪迅	新蕾出版社
《神秘的事业》	于庆田 苏扩善	胡晓林	中国和平出版社
《知心话》丛书	任者春 等	王　威 等	明天出版社
《999问与答》	今　泉 等	万　恒	新蕾出版社
《动物世界》丛书	尹长民	张光华 等	湖南少年儿童出版社

续表

书名	作者	责任编辑	出版社
《幼儿散文欣赏》	王金贵 编，亢宝晶 等绘画	魏穆紫 等	人民教育出版社
《世界真奇妙——少年百科奥林匹克》	姜云明	曹俊强	黑龙江科学技术出版社
《机灵鬼与懒惰鬼》(维吾尔文)	阿布勒米提阿迪力		新疆青少年出版社
《哈萨克书法》(哈萨克文)	伊犁州语委会和群众艺术馆		新疆青少年出版社
《看一看，记一记》(藏文)	洛桑白丹		西藏人民出版社
三 等 奖(60种)			
《童话王》(1~4册)	百莹 等改编；布和 等绘画		内蒙古人民出版社
《世界著名童话精选连环画》	大 茵 等		中国连环画出版社
《摇篮画丛》	冰 波 等	潘 卫 等	上海教育出版社
《趣味动物儿歌》	杨晓利 诗；徐中益、阿 江 画	邢少平	北京少年儿童出版社
《世界童谣》	金 波 选编；广军 绘画	郑士金 张 跃	天津人民美术出版社
《中国童谣》	田 原	刘 霄	福建少年儿童出版社
《儿童动手动脑》丛书	之 光 等	范 玲 等	海燕出版社
《中国民间故事画丛》(10册)	克 发改编；叶 飞等绘画；珊 琪 注音		未来出版社
《红领巾写作》丛书(第2、3集)	陈千里 等	李 莎 等	广东教育出版社
《幼儿智力》丛书	日本公文教育研究会著；晓 瑛 等编译		辽宁美术出版社
《幼儿100个怎么办》	徐正言	胡永昌	上海教育出版社
《儿童的疑问——说不完的为什么》	蔡宇征 汤振华	许道静	福建少年儿童出版社
《趣味阅读识字》	缪启明、欢 笑 编，徐茂林 画	李春芬	新蕾出版社
《幼儿品德教育画丛》	李志清 等编，胡基明等绘画	陈伊丽 等	人民教育出版社
《中国古代勇敢智慧少年故事》丛书	杨永青	陈秋影 等	中国少年儿童出版社

续表

书名	作者	责任编辑	出版社
《贝贝的书》	齐　欣 等		上海教育出版社
《小宝贝》丛书	郑春华 等	洪　涛	人民美术出版社
《半小时妈妈》丛书	浙江少年儿童出版社	陈明钧 等	浙江少年儿童出版社
《当代中学生》丛书	王梓坤	郑慰祖	福建教育出版社
《少年公民》丛书	饶洪桥 等	刘杰英	湖南少年儿童出版社
《"四有"小丛书》	许万全 等	胡钢泰	山东教育出版社
《20世纪中国少年英雄传》	聪　聪	徐　敏	安徽少年儿童出版社
《中国当代33位军事家的故事》	马云鹏	于景明	明天出版社
《中华少年同龄人》丛书	希望出版社	刘凤荣	希望出版社
《从黑夜到天明》	羽　人	余鞠华	海燕出版社
《公仆的风范》丛书	章用秀 等	苏　丹 等	新蕾出版社
《爱我福建》丛书	程力夫	孙小玲	福建少年儿童出版社
《革命英雄主义》丛书	二十一世界出版社选编	肖飞飞 等	二十一世纪出版社
《伟人的足迹——毛泽东的故事》	权延赤	张继凌	中国少年儿童出版社
《祖国在我心中——在国旗下讲的故事》	姬君式	陈兴兰	北京少年儿童出版社
《光辉的历程》(4册)	沈庆林 姜维朴	徐　娟 等	中国连环画出版社
《中华少年风采录》	中国少年先锋队全国工作委员会	高洪波 等	辽宁少年儿童出版社
《中国万里长城》丛书	宋孟寅　董　侃	贾雪芹 韩　蓓	河北少年儿童出版社
《可爱的北京》丛书	刘占武 等	郑雍庭等	北京少年儿童出版社
《蓝皮鼠和大脸猫》	葛　冰	杨实诚	湖南少年儿童出版社
《生命的逗点》	何　鲤	陈兴兰	北京少年儿童出版社
《世界寓言精品500篇》	金　江	王少文	黑龙江少年儿童出版社
《中国神怪故事大观》	任大霖	孟昭禹	少年儿童出版社

续表

书名	作者	责任编辑	出版社
《中国古典文学少年启蒙》丛书	傅璇琮	吴精先 等	陕西人民教育出版社
《中国传统童谣选》	金　波	万　韵	安徽少年儿童出版社
《妈妈讲——幼儿益智故事》	孙　力 等	白　金	科学普及出版社
《中国儿童文学艺术》丛书	于友先	赵玉珂 等	海燕出版社
《儿童诗选》	宫　玺 等		上海教育出版社
《文字国奇事——语文知识故事集锦》	严雪华	任鑫娣	上海教育出版社
《死亡星球的复活——中国科幻作品精选(1985—1989)》	刘兴诗	李　利	安徽少年儿童出版社
《小神童百科知识宝库》	赵镇兴　戴淮明	范震威	黑龙江科学技术出版社
《儿童科学游戏100个》	沙孝惠	林　八	新世纪出版社
《数学家的眼光》	张景中	陈效师	中国少年儿童出版社
《漫游自然数王国》	贾庆祥	薛禄之 赵　瑾	明天出版社
《宇宙索奇》	张明昌	石永昌	江苏少年儿童出版社
《有趣的动物故事》	于启斋 徐玲玲	王歌风	明天出版社
《小学自然课外读物》丛书	杨宁松	乔友复	山东教育出版社
《小机灵智力》丛书	袁凤英 等	高凤欣 等	河北科学技术出版社
《智慧小天使》丛书	范德金	马绍娴 等	新蕾出版社
《世界之最》		胡伟民 等	上海科学技术出版社
《科学家摇篮》丛书	宗介华	杨焕才 等	辽宁少年儿童出版社
《新编十万个为什么》(图画本)	王良莹 等	侯春洋	少年儿童出版社
《数学故事》丛书	张远南	毕淑敏	上海科学普及出版社
《谜语荟萃》(蒙文)	德沃扎布 编辑整理		内蒙古人民出版社
《少年儿童歌曲选》(朝鲜文)			东北朝鲜民族教育出版社
优秀少儿读物翻译奖(6种)			
《给儿童的故事》	张信扬 等译	于淑媛	黑龙江少年儿童出版社

续表

书名	作者	责任编辑	出版社
《彩色童话集》	周仁义 等译	徐　朴	少年儿童出版社
《儿童百科全书》	史　明 等译	刘心洁 贺晓兴	湖南少年儿童出版社
《幽默儿童文学名著译丛》	任溶溶	孙建江	浙江少年儿童出版社
《少男少女》丛书	刘宪之	刘海栖 等	明天出版社
《哈尔罗杰历险记》	杨伟娴 等译	刘　武 等	北京少年儿童出版社

第三届全国优秀少儿读物评选获奖书目

书名	作者	出版社
一等奖　10种(册)		
思想教育		
《中华英杰》	阙道隆 郑一奇	浙江少年儿童出版社
《光辉的历程——邓小平的故事》	周志兴	中国少年儿童出版社
知　识		
《农村小学生课外》丛书	国家教育委员会基础教育司	明天出版社
《小学生十万个为什么》(修订版)	程　明	河北少年儿童出版社
《神奇的北极》	位梦华	海燕出版社
文　学		
《林中月夜》	金　波	湖北少年儿童出版社
《男生贾里》	秦文君	少年儿童出版社
《中华当代童话新作》丛书	冰　波 等	江苏少年儿童出版社
艺　术		
《张乐平漫画选》	张乐平	少年儿童出版社
《中国近代史》(上、下)(绘画本)	王汝丰	浙江少年儿童出版社
二等奖　31种(册)		
品德教育		
《中华国耻录》	周　山	甘肃少年儿童出版社
《当代少年跨世纪方案》丛书	李意如	北京少年儿童出版社
《中华民族传统美德故事》丛书	天　天 等	中国少年儿童出版社

续表

书 名	作 者	出版社
《伟大的爱》丛书	朱 敏	湖南少年儿童出版社
《她们与世纪同行》	王思梅 等	河北少年儿童出版社
《中国传统文化故事荟萃》	曹余章	浙江教育出版社
知 识		
《少年自然百科辞典》	王国忠	少年儿童出版社
《世界大发明》	王一川	未来出版社
《中国孩子的疑问》	庄之明	中国少年儿童出版社
《文化五千年》(上、下)	羽 人	少年儿童出版社
《小太阳科学画丛》	顾传菁 郭占魁	新蕾出版社
《第十大行星之谜》	卞德培	希望出版社
《小学生自然百科》	钱大同 等	浙江少年儿童出版社
文 学		
《风铃》丛书	王树槐 等	湖南少年儿童出版社
《周瑞童话选》	周 锐	少年儿童出版社
《樊发稼童话》	樊发稼	明天出版社
《青春奏鸣曲》	肖复兴	辽宁少年儿童出版社
《中国幽默儿童文学》丛书	张之路 等	浙江少年儿童出版社
《巨人丛书》(第三辑)	李子玉 等	少年儿童出版社
《会唱歌的画像》	葛翠琳	海燕出版社
《中华当代儿童文学理论》丛书	方卫平 等	江苏少年儿童出版社
《家家必备》丛书	马光复 等	中国和平出版社
《秦牧儿童文学全集》	秦 牧	新世纪出版社
艺 术		
《婴幼儿启蒙》丛书	林 南 等	浙江少年儿童出版社
《婴儿必备》	郑春华 等	明天出版社
《风信子画库》	俞 理 等	湖南少年儿童出版社
《幼儿读学乐园》	王明明 等	中国和平出版社
《大迷宫宝库丛书》	刘学伦 等	四川少年儿童出版社

续表

书名	作者	出版社
《识字儿歌》	薛卫民 杨子忱	北方妇女儿童出版社
《365夜母子同读—春夏秋冬》	洪祖年 等	少年儿童出版社
《当代儿童文学佳作选》(低幼)	林　八	新世纪出版社
三等奖 64种(册)(略)		

第四届全国优秀少儿读物评选获奖书目

书名	作者	责任编辑	出版社
一等奖			
《草房子》	曹文轩	祁　智 等	江苏少年儿童出版社
《赤色小子三部曲》	张品成	彭　懿 等	少年儿童出版社
《红帆船诗丛》	金　波等	孙建江	浙江少年儿童出版社
《关怀》	阎景堂等	黄志凯 等	河北少年儿童出版社
《三毛大世界》	李名慈	侯春洋 等	少年儿童出版社
《幼儿相对关系概念故事》	周　兢 等	姚　红	江苏少年儿童出版社
《大科学家讲的小故事》	苏步青 等	冯小竹	湖南少年儿童出版社
《秦文君文集》	秦文君	温　湲	安徽少年儿童出版社
《中国新时期幼儿文学大系》	张美妮 等	孙忠多 等	未来出版社
《中国的旗帜——邓小平理论少年学习100问》	白　言 等	王洪涛	中国少年儿童出版社
《故土》丛书	陈秀庭 等	赵庆环等	辽宁少年儿童出版社
《中华魅力》	林　莽	宣　森	黑龙江少年儿童出版社
《神奇的雅鲁藏布江大峡谷》	杨逸畴	余鞠华 等	海燕出版社
《不知道的世界》	卞毓麟 等	毛红强 等	中国少年儿童出版社
《一个中国孩子的英雄喜剧》	金　波 等	李元君 等	接力出版社
二等奖			
《金太阳》丛书	肖复兴 等	张杏坦	河北少年儿童出版社
《童谣童话》	金　波	王　恺	山东美术出版社
《女儿的故事》	梅子涵	彭　懿	少年儿童出版社
《中国最新动物小说》	梁　泊 等	向民胜	湖南少年儿童出版社

续表

书名	作者	责任编辑	出版社
《五十六个民族五十六朵花》	本书编委会	刘　苹 等	云南教育出版社
《辣椒娃》	汤素兰 等	曹武亦	湖南少年儿童出版社
《红蚂蚁自然丛书》	中国科协青少年部	赵萌 等	北京少年儿童出版社
《少年军事百科全书》	李维民 等	刘凡文 等	明天出版社
《幼儿文学概论》	张美妮 等	蒲华清 等	重庆出版社
《花季小说》丛书	梅子涵	卢达生 等	福建少年儿童出版社
《天狼星丛书——中国新科幻小说系列》	郑文光 等	温　航 等	中国少年儿童出版社
《岁月》	刘朝兰 等	杜晓明 等	辽宁少年儿童出版社
《小兔彼得的故事》	崔维燕 译	蔡　皋	湖南少年儿童出版社
《幼儿文学新作画库》	沈石溪 等	龚慧瑛等	江苏少年儿童出版社
《彩图动物百科》	唐庆瑜 等	姜　华 等	海燕出版社
《我爱蓝色国土》丛书	王佩云 等	亓鑫铭	辽宁少年儿童出版社
《中国幽默儿童文学创作》丛书	孙幼军 等	孙建江	浙江少年儿童出版社
《中国人民的朋友》丛书	陈昊苏	杜富山 等	河北少年儿童出版社
《图说中华百年国耻录》《图说中华百年抗争录》	周　山 等	张春波	甘肃少年儿童出版社
《一元书库》	沈福煦 等	张天明 等	湖南少年儿童出版社
《国旗的故事》	李宏林	周北鹤 等	辽宁教育出版社
《花生米样的云》	王晓明 文图	姜　华 等	海燕出版社
《孙幼军童话全集》	孙幼军	杨实诚	湖南少年儿童出版社
《院士故事》	樊洪业 等	盛有根	浙江科技出版社
《纽伯瑞儿童文学奖》丛书	(美)贝佛莉·克利林 等	徐寒梅 等	中国少年儿童出版社
《地球保卫战》	杨鹏 等	王凤礼 等	新蕾出版社
《一百个中国孩子的梦》	董宏猷	张秋林 等	二十一世纪出版社
《社会主义400年》	刘亦凡	王小斌 等	新世纪出版社
《我的父亲邓小平》	梦山等	杨德康 等	浙江人民美术出版社

续表

书名	作者	责任编辑	出版社
《大幻想文学》丛书	秦文君 等	张秋林 等	二十一世纪出版社
三等奖			
《阿凡提的故事》	张文江 等	程　春 等	新疆青少年出版社
《儿童百科图谱》	周本湘 等	韩　硕 等	湖北少年儿童出版社
《狐狸摩斯探案》	张世钟 等原著；王高武 等画	岳　苓 等	重庆出版社
《低幼儿童游戏舞蹈》	杨书明	吴　颖	广东教育出版社
《红蜻蜓》丛书	杨慧华 等画	叶　曦 等	中国连环画出版社
《一米妞和一米娃》	窦　植 等	潘　燕 等	晨光出版社
《敦煌童话》	王忠民 等	杨旭青 等	甘肃少年儿童出版社
《青少年国防知识》丛书	林仁华	黄　健 等	广西科学技术出版社
《绿蟾蜍》丛书	沈石溪 等	颜　达 等	河北教育出版社
《看北极》丛书	姜德鹏 等	袁丽娟	浙江少年儿童出版社
《中国民间故事选》(上、中、下)	炽　文 等	黄伟岸 等	福建少年儿童出版社
《心约女孩》(散文)	张　洁	向民胜	湖南少年儿童出版社
《成吉思汗》	宝力格 等	额力布格仓	内蒙古人民出版社
《大迷宫》系列	郭　川 等	刘学伦 等	四川少年儿童出版社
《翻翻乐·童话园》	夏　荷 等	鄢志平 等	四川少年儿童出版社
《大头儿子系列故事》	郑春华	李春芬	新蕾出版社
《趣味自然科学百科》	姚大均 等	黎　东 等	江苏少年儿童出版社
《画说大发明》	李卫东 等	陈　凡 等	未来出版社
《中国当代著名科学家故事》	吴水清	唐光明 等	贵州人民出版社
《手拉手》	马光复	温　航	中国少年儿童出版社
《20世纪中国童话名篇典藏本》	汤　锐 等	聂　慧 等	明天出版社
《还你一片蓝天——中国失足少年教育纪实》	李凤杰	陈贤仲 等	湖北少年儿童出版社
《诺贝尔文学奖获奖作家儿童文学作品》	朱自强 等	宋　莉 等	北方妇女儿童出版社

续表

书名	作者	责任编辑	出版社
《中国文化名人与读书》	杨牧之	李玉江 等	明天出版社
《当代香港儿童文学极品屋》	黄庆云 等	杜晓明 等	辽宁少年儿童出版社
《新奇趣科学知识童话》	田　宇 等	薛晓红	宁夏少年儿童出版社
《彩图袖珍百科》丛书	张树东等译	郑全胜 等	新蕾出版社
《博士蛙彩图英汉双向学生词典》	戴炜栋	朱丽蓉 等	少年儿童出版社
《彩图儿童自然百科》	张　雄 等	子　华 等	晨光出版社
《幽默动物》		夏白蓓 等	中国少年儿童出版社
《彩图少年儿童环境知识》丛书	刘志荣 等	周祥雄 等	湖北少年儿童出版社
《儿童的疑问——说不完的为什么》	蔡宇征 等	许道静 等	福建少年儿童出版社
《大型科学漫画丛书·漫游新科技世界》	王国忠 等	胡晓光 等	新蕾出版社
《鸽子树的传说——高洪波儿童诗自选集》	高洪波	温　溪	安徽少年儿童出版社
《宝宝的第一本书——婴幼儿认知百科》	齐　敏 等	周建明 等	中国少年儿童出版社
《少儿中国地图册·少儿世界地图册》		谢晓辉 等	成都地图出版社
《中国儿童文学精品系列》	葛翠琳 等	张贻珍 等	河北教育出版社
《新世纪小学生文库》	秦文君 等	余鸿源 等	上海教育出版社
《自画青春》	陈　朗 等	赵　萌 等	北京少年儿童出版社
《闯死亡之海》	鹿　子	陈效东	福建少年儿童出版社
《“红辣椒”长篇儿童小说创作》丛书	彭东明 等	汤素兰 等	湖南少年儿童出版社
《“三五”普法少年法律知识读本》	全国青少年法制宣传教育领导小组办公室	张继凌	中国少年儿童出版社
《跨世纪少年成才》丛书	戴克维	杜定纪 等	四川少年儿童出版社
《新动画大世界——中国童话名作集》	金　近 等	周建明 等	中国少年儿童出版社
《中国当代儿童诗丛》	金　波 等	徐　鲁 等	湖北少年儿童出版社

续表

书名	作者	责任编辑	出版社
《图夫文故事》	郑春华 等文； 周　合 等画	周　合 等	少年儿童出版社
《乌兰夫的青少年时代》	柳　陆	乌力吉	内蒙古少年儿童出版社
《中华当代童话集锦》	冰　波 等	刘健屏 等	江苏少年儿童出版社
《金色少年启示录》	许瑛国	许金更 等	北京师范大学出版社
《成功之路》丛书	金建国	段俐冰	晨光出版社
《金狮王动物小说》	朱新望 等	王　东	新蕾出版社
《国歌的故事》	赵　杰	吴成槐 等	辽宁美术出版社
《中国著名儿童文学作家评传》丛书	蒋　风 等	侯天翔 等	希望出版社
《名家自选文学》丛书	楚　民	崔玉平	辽宁少年儿童出版社
《青少年美育》丛书	于培杰 等	乔友复 等	山东教育出版社
《彩绘新童谣》	薛卫民	左振坤 等	北方妇女儿童出版社
《二十一世纪十万个早知道》	刘学铭	李遵义 等	北方妇女儿童出版社
《中华儿童文学名家名作书系》	叶圣陶 等	陈　炜 等	希望出版社

第五届全国优秀少儿读物评选获奖书目

书名	作者	出版社
一等奖　16种(册)		
《世界经典童话全集》	韦　苇 等	明天出版社
《大头儿子和小头爸爸》	郑春华	少年儿童出版社
《非法智慧》	张之路	北京少年儿童出版社
《生命状态文学》	金曾豪 等	湖南少年儿童出版社
《现代中国儿童文学主潮》	王泉根	重庆出版社
《看不见的世界》	江向东 等	中国少年儿童出版社
《中国读本》	苏叔阳	辽宁教育出版社
《共和国的脊梁》	李　迅	黑龙江教育出版社
《我和爸爸妈妈共同的话题——做人与做事》	卢　勤	接力出版社
《国际安徒生奖获奖作家书系》	严文井 等	河北少年儿童出版社

续表

书 名	作 者	出版社
《动物日记》	梁 泊 等	中国少年儿童出版社
《好阿姨新童话》丛书	金 波	福建少年儿童出版社
《大迷宫宝库》	郭 川 等	四川少年儿童出版社
《少先队之歌》	王宜振	陕西旅游出版社
《走进大自然》丛书	夏 青 等	湖北少年儿童出版社
《中国通史》(少年彩图版)	戴 逸 等	海燕出版社
二等奖 29种(册)(略)		
三等奖 50种(册)(略)		

第六届全国优秀少儿图书奖获奖书目

书名	作者	责任编辑	出版社
一等奖(15种)			
《阿笨猫全传》(上、下)	冰 波	余 人	接力出版社
《彩图版中国共产党历程》(3册)	中国史学会、中国革命博物馆	于淑芬 等	海燕出版社
《大头儿子小书架》(3册)	郑春华	高荷美 等	中国少年儿童出版社
《东方之子刘先平大自然探险系列》(8册)	刘先平	周祥雄 等	湖北少年儿童出版社
《大中华经典故事博物馆》(6册)	董乃德等	吴大宪	明天出版社
《红帆船校园美文》丛书(5册)	金 波 等	孙建江 等	浙江少年儿童出版社
《全国爱国主义教育示范基地故事》(上、下)	中宣部宣教局	张继凌 等	中国少年儿童出版社
《数学故事专辑》(3册)	李毓佩	薛晓哲 许碧娟	中国少年儿童出版社
《天棠街3号》	秦文君	祁 智 郁敬湘	江苏少年儿童出版社
《我真棒幼儿成长图画书》(20册)	崔利玲 等	郁敬湘 姚 红	江苏少年儿童出版社
《无人区科学探险系列》(3册)	谢自楚 等	谢清风 等	湖南少年儿童出版社
《徐鲁青春文学精选》(6册)	徐 鲁	于红岩 裴 春	青岛出版社
《小灵通西部行》(12册)	李名慈 等	肖 萍 等	少年儿童出版社
《中华文明大视野》(8册)	袁行霈 等	王 军 等	二十一世纪出版社

续表

书名	作者	责任编辑	出版社
二 等 奖（30种）			
《中国儿童文学5人谈》	梅子涵 等	李春芬	新蕾出版社
《阿凡提格言故事》	程万里 等	吴晓兰	新疆青少年出版社
《布瓜的世界》	幾　米	张国际	辽宁教育出版社
《出窍——周锐新作》	周　锐	李春芬	新蕾出版社
《彩图新科技知识宝库》（10册）	刘登锐 等	郭玉洁 等	海燕出版社
《彩色森林童话故事宝库》（8册）	苏　真 等译	徐凤梅 等	安徽少年儿童出版社
《杜利特医生故事全集》（6册）	任溶溶 译	王文婷 王公惠	新蕾出版社
《幼儿阅读大世界——五彩科学》（5册）	张　俊 等	金　玲 赵　明	江苏教育出版社
《最受喜爱的世界名著》（10册）	殷丽君 等译	李　茜 冯劲蕾	新蕾出版社
《哈利·波特与火焰杯》	马爱新 译	叶显林 王瑞琴	人民文学出版社
《张之路文集》（5册）	张之路	傅　篪 等	湖北少年儿童出版社
《21世纪校园朗诵诗》	王宜振	刘春霞 刘海燕	湖北少年儿童出版社
《小口袋大世界》丛书（40册）	[法]Charlotte Ruffault 等	冯小竹 等	湖南少年儿童出版社
《儿童心理教育故事》（8册）	锦　源 等译	吴双英等	湖南少年儿童出版社
《走进动物》（8册）	裘树平	李雪峰	河北少年儿童出版社
《阁楼精灵》	汤素兰	余　人	接力出版社
《飞熊号魔法船》	葛　竞	余　人	接力出版社
《我飞了》	黄蓓佳	郁敬湘	江苏少年儿童出版社
《问不倒爷爷》（4册）	李　莉 等	王剑文 等	天津教育出版社
《中国儿童百科全书》（4册）	吴希曾 等	郭银星 李　静 等	中国大百科全书出版社
《中华民族大家园》	木　牧 等	张晓新	未来出版社

续表

书名	作者	责任编辑	出版社
《中国通史——彩图本》(4卷)	陈国灿	乌力吉	内蒙古文化出版社
《五·三班的坏小子》	杨红樱	王淑丽	作家出版社
《张美妮儿童文学论集》	张美妮	钟代福	重庆出版社
《走进神秘地域》(5册)	蓝怀昌 等	邢春玲 等	明天出版社
《和“巨人”对话》	柯 岩	刘艳丽	大众文艺出版社
《丁丁历险记》(22册)	栗 原 等译	肖丽媛 等	中国少年儿童出版社
《绿脚印童话》丛书(10册)	金 波 等	鲍健康	安徽教育出版社
《“大头儿子”妈妈讲故事 米球球系列》(4册)	郑春华 程思新	李 玲 等	北京少年儿童出版社
《浦漫汀儿童文学论稿》	浦漫汀	彭 涛 李 强	河北少年儿童出版社
《冒险小虎队》(13册)	许雪桂 译	宋 杰 等	浙江少年儿童出版社
三等奖(50种)			
《史努比黄金50年》	卜 珊 等译	侯天祥	希望出版社
《100个中国孩子的社会报告》	陈雪春	申月华	希望出版社
《科学与探索》丛书(5册)	毕东海 等	韩海燕 张 任	希望出版社
《敦煌壁画故事》(2册)	敦煌研究院	成冠伦 马体娟	甘肃少年儿童出版社
《一变二童话》(5册)	冰 波 等	杨旭青 杜建民	甘肃少年儿童出版社
《赵燕翼儿童文学集》(5册)	赵燕翼	汪晓军 杨旭青	甘肃少年儿童出版社
《故事时代》	张健鹏 胡足青	高玉琪	当代世界出版社
《花衣裳》丛书(3册)	饶雪漫 等	唐和耀 等	福建少年儿童出版社
《幼儿安全小百科》(3册)	兰贯虹 等	李 竑	福建少年儿童出版社
《豺狼情仇》	沈石溪	刘致凡	云南教育出版社
《心灵的航标》	辛 勤 昆 武	普家华 黄 凡	云南教育出版社
《百科小史》(10册)	王行国 等	王洪涛 等	中国少年儿童出版社
《小哥俩和一只猫精》	单瑛琪	汪露露	中国少年儿童出版社
《e班e女孩》	张 弘	赵 霞	中国少年儿童出版社

续表

书名	作者	责任编辑	出版社
《有一条星星河——保护童心》	徐国静	田　曦	四川少年儿童出版社
《独行西部》(4册)	彭　懿	颜小鹂 欧阳锦	四川少年儿童出版社
《巨人丛书——青春二重奏长篇成长小说系列》(5册)	饶雪漫 等	乐渭琦 等	少年儿童出版社
《步入经典》丛书(4册)	佳　隽	王莳骏 费嘉等	少年儿童出版社
《当代儿童文学的精神指向》	赵郁秀	黄锦莉 王　珏	辽宁少年儿童出版社
《小博士直通车》(8册)	肖　兵 等	李　玲 杨焕才	辽宁少年儿童出版社
《真好》丛书(6册)	禾　木 等	陈业欣 等	浙江少年儿童出版社
《中国军事博物馆》	袁　伟　彭泉生	丛　燕 等	浙江少年儿童出版社
《从小爱家园》丛书(7册)	王　玲 等	王　昕 郑　颖	海燕出版社
《神奇的太空》丛书(6册)	中国空间科学学会 等	余鞠华 等	海燕出版社
《五星红旗》	总政编研室	董素山 等	河北少年儿童出版社
《葛翠琳童话》系列(6册)	葛翠琳	贾志红	河北少年儿童出版社
《动动手就知道》(3册)	金　涛	周　涛	中国地图出版社
《趣味天文学》丛书(6册)	张明昌 冯占良	钟代福 冯建华	重庆出版社 北京出版社
《现代战争与兵器》丛书(9册)	李树宝 等	赵　彤 等	北京少年儿童出版社
《三个小探险家》(上、下)	位梦华	李　京 庞　旸	中国和平出版社
《中国文物故事》丛书(8册)	喻燕姣 等	谢清风 刘杰英	湖南少年儿童出版社
《中国少年儿童奥林匹克百科全书》	林新年 等	黄建斌 卓少锋	福建少年儿童出版社
《儿童文学名家经典自选集》(6册)	曹文轩 等	谷艳秋	吉林人民出版社
《“三个代表”青少年读本》	田　颖 等	刘建伟 等	安徽少年儿童出版社
《庄大伟幽默》系列(6册)	庄大伟	徐　鲁	湖北少年儿童出版社

续表

书名	作者	责任编辑	出版社
《洋葱头美文》丛书(4册)	周 涛 等	武 红	新疆青少年出版社
《生态童话系列》(10册)	王德富	侯 颖	北方妇女儿童出版社
《麦兜麦唛系列》(4册)	谢立文 麦家碧	李朝晖 等	接力出版社
《幽默大师小豆子》	肖定丽	杨宏英	海天出版社
《装在口袋里的爸爸》	杨 鹏	单瑛琪	春风文艺出版社
《酷的故事》	戴中明	于晓北 王朝晔	黑龙江少年儿童出版社
《新世纪五星童话》(5册)	张秋生 刘保法	陈苗海	上海教育出版社
《童眼看世界》	孟多昕 王 军	王素芝 苏建民	河北美术出版社
《我是豆豆》(5册)	杜 彭	程阳阳	现代出版社
《蒂娜与管弦乐队》(2册)	侯俊侠 赵 茳 译	王 华 祖振声	人民音乐出版社
《绝灭动物大全》	王元青 史立群 译	张国际	辽宁教育出版社
《棒棒英语》(7册)	孙 畅 倪 靖	孙 畅 王慧媛	世界知识出版社
《我是妖怪变的》	谭小乔	杜 虹	重庆出版社
《百岁童谣》(5册)	山 曼 等	孟凡明	明天出版社
《绿眼》	张品成	王淑丽	作家出版社

附录二：历年全国优秀儿童文学评奖中的获奖图书

历年全国优秀儿童文学奖获奖少儿图书

全国优秀儿童文学奖由中国作家协会主办，是中国儿童文学作品最高奖。该奖项从1980年开始，每三年评选一次。本处仅辑录获奖图书，发表于杂志的单篇获奖作品不做录入。

第一届(1980—1985)

书名	作者	出版社
《荒漠奇踪》	严　阵	中国少年儿童出版社
《盐丁儿》	颜　烟	中国少年儿童出版社
《寻找回来的世界》	柯　岩	群众出版社
《乱世少年》	萧育轩	少年儿童出版社
中篇小说		
《来自异国的孩子》	程　玮	少年儿童出版社
中篇童话		
《雁翅下的星光》	路　展	宁夏人民出版社
《黑猫警长》	诸志祥	福建少年儿童出版社
《翻跟头的小木偶》	葛翠琳	江苏人民出版社
诗　歌		
《我想》	高洪波	宁夏人民出版社
《小娃娃的歌》	樊发稼	天津人民美术出版社
《再给陌生的父亲》	申爱萍	海燕出版社
寓　言		
《狐狸艾克》	曲一日	新蕾出版社
科幻小说		
《神翼》	郑文光	湖南少年儿童出版社

第二届(1986—1991)

书名	作者	出版社
小　说		
《今年你七岁》	刘健屏	中国少年儿童出版社
《一只猎雕的遭遇》	沈石溪	江苏少年儿童出版社
《雪国梦》	邱　勋	人民文学出版社
《走向审判庭》	李建树	中国少年儿童出版社
《下世纪的公民们》	罗辰生	人民文学出版社
《少女罗薇》	秦文君	少年儿童出版社
《山羊不吃天堂草》	曹文轩	江苏少年儿童出版社
《西部流浪记》	关登瀛	海燕出版社
《狼的故事》	金曾豪	希望出版社
《少女的红发卡》	程　玮	江苏少年儿童出版社
《校园喜剧》	韩辉光	湖北少年儿童出版社
《第三军团》	张之路	中国少年儿童出版社
《青春的荒草地》	常新港	新蕾出版社
《绿猫》	葛　冰	重庆出版社
童　话		
《小巴掌童话》	张秋生	少年儿童出版社
《扣子老三》	周　锐	湖南少年儿童出版社
《吃耳朵的妖精》	郑允钦	江西少年儿童出版社
《怪老头儿》	孙幼军	湖北少年儿童出版社
《毒蜘蛛之死》	冰　波	四川少年儿童出版社
散文、报告文学		
《小鸟在歌唱》	吴　然	少年儿童出版社
《16岁的思索》	孙云晓	少年儿童出版社
《孙悟空在我们村子里》	郭　风	福建少年儿童出版社
《星球的细语》	班　马	福建少年儿童出版社

续表

书名	作者	出版社
诗 歌		
《我们这个年纪的梦》	徐 鲁	湖北少年儿童出版社
《在我和你之间》	金 波	中国少年儿童出版社
《绿蚂蚁》	刘丙钧	安徽少年儿童出版社
幼儿文学		
《岩石上的小蝌蚪》	谢 华	少年儿童出版社
《快乐的小动物》	薛卫民	中国少年儿童出版社
《虎娃》	鲁 兵	少年儿童出版社

第三届(1992—1994)

书名	作者	出版社
小 说		
《男生贾里》	秦文君	少年儿童出版社
《青春口哨》	金曾豪	安徽少年儿童出版社
《十四岁的森林》	董宏猷	江苏少年儿童出版社
《裸雪》	从维熙	华艺出版社
《神秘的猎人》	车培晶	民族出版社
《小脚印》	关登瀛	湖北少年儿童出版社
《有老鼠牌铅笔吗》	张之路	浙江少年儿童出版社
《红奶羊》	沈石溪	新蕾出版社
童 话		
《狼蝙蝠》	冰 波	江苏少年儿童出版社
《哼哈二将》	周 锐	安徽少年儿童出版社
《树怪巴克夏》	郑允钦	少年儿童出版社
《会唱歌的画像》	葛翠琳	海燕出版社
诗 歌		
《到你的远山去》	邱易东	四川少年儿童出版社
《林中月夜》	金 波	湖北少年儿童出版社

续表

书名	作者	出版社
散 文		
《悄悄话》	高洪波	湖北少年儿童出版社
《淡淡的白梅》	庞 敏	重庆出版社
《我们的母亲叫中国》	苏叔阳	中国少年儿童出版社
幼儿文学		
《鹅妈妈和西瓜蛋》	张秋生	湖南少年儿童出版社
《大头儿子和小头爸爸》	郑春华	新蕾出版社

第四届(1995—1997)

书名	作者	出版社
长篇小说		
《苍狼》	金曾豪	湖南少年儿童出版社
《小鬼鲁智胜》	秦文君	作家出版社
《女儿的故事》	梅子涵	少年儿童出版社
《草房子》	曹文轩	江苏少年儿童出版社
《我要做好孩子》	黄蓓佳	江苏少年儿童出版社
《花季·雨季》	郁 秀	海天出版社
中、短篇小说集		
《赤色小子》	张品成	少年儿童出版社
《一百个中国孩子的梦》	董宏猷	二十一世纪出版社
童 话		
《唏哩呼噜历险记》	孙幼军	湖南少年儿童出版社
《小朵朵与半个巫婆》	汤素兰	江苏少年儿童出版社
《屎壳郎先生波比拉》	保冬妮	中国妇女出版社
《我和我的影子》	张之路	江苏少年儿童出版社

续表

书名	作者	出版社
幼儿文学		
《花生米样的云》	王晓明	海燕出版社
《大头儿子和隔壁大大叔》	郑春华	新蕾出版社
《长鼻子和短鼻子》	野　军	海燕出版社
诗歌		
《为一片绿叶而歌》	薛卫民	湖北少年儿童出版社
散文		
《山野寻趣》	刘先平	中国青年出版社
纪实文学		
《还你一片蓝天》	李凤杰	湖北少年儿童出版社

第五届(1998—2000)

书名	作者	出版社
长篇小说		
《中国兔子德国草》	周　锐　周双宁	中国少年儿童出版社
《吹响欧巴》	黄喆生	晨光出版社
《大绝唱》	方　敏	湖南少年儿童出版社
《属于少年刘格诗的自白》	秦文君	作家出版社
中、短篇小说集		
《随蒲公英一起飞的女孩》	薛　涛	少年儿童出版社
《永远的哨兵》	张品成	南海出版公司
童　话		
《笨狼的故事》	汤素兰	浙江少年儿童出版社
散　文		
《中国孩子的梦》	谷　应	湖北教育出版社
《小霞客西南游》	吴　然	晨光出版社
《怪老头随想录》	孙幼军	湖北少年儿童出版社

续表

书名	作者	出版社
诗　歌		
《我们去看海》	金　波	浙江少年儿童出版社
《笛王的故事》	王宜振	陕西人民教育出版社
幼儿文学		
《幼儿园的男老师》	郑春华	北京少年儿童出版社
寓　言		
《美食家狩猎》	雨　雨	福建少年儿童出版社
科学文艺		
《非法智慧》	张之路	北京少年儿童出版社
传记文学、纪实文学		
《严文井评传》	巢　扬	希望出版社
《黑叶猴王国探险记》	刘先平	东方出版中心

第六届(2001—2003)

书名	作者	出版社
长篇小说		
《细米》	曹文轩	上海文艺出版社
《陈土的六根头发》	常新港	春风文艺出版社
《乌奴》	沈石溪	上海文艺出版社
《漂亮老师和坏小子》	杨红樱	作家出版社
中、短篇小说集		
《轰然作响的记忆》	刘　东	中国少年儿童出版社
童　话		
《鼹鼠的月亮河》	王一梅	浙江少年儿童出版社
《阿笨猫全传》(上、下)	冰　波	接力出版社
《乌丢丢的奇遇》	金　波	江苏少年儿童出版社
幼儿文学		
《吃黑夜的大象》	白　冰	中国福利会出版社
《小鼹鼠的土豆》	熊　磊	明天出版社

续表

书名	作者	出版社
诗　歌		
《骑扁马的扁人》	王立春	辽宁少年儿童出版社
散　文		
《蓝调江南》	金曾豪	古吴轩出版社
纪实文学		
《长翅膀的绵羊》	妞　妞	海天出版社

第七届(2004—2006)

书名	作者	出版社
长篇小说		
《舞蹈课》	三　三	接力出版社
《黑焰》	格日勒其木格·黑鹤	接力出版社
《喜欢不是罪》	谢倩霓	北京少年儿童出版社
《蔚蓝色的夏天》	李学斌	新世纪出版社
《青铜葵花》	曹文轩	江苏少年儿童出版社
中短篇小说集		
《回望沙原》	常星儿	辽宁少年儿童出版社
童　话		
《面包狼》	皮朝晖	湖南少年儿童出版社
《核桃山》	葛翠琳	少年儿童出版社
诗　歌		
《叶子是树的羽毛》	张晓楠	太白文艺出版社
散　文		
《纸风铃 紫风铃》	彭学军	安徽少年儿童出版社

续表

书名	作者	出版社
纪实文学		
《飞翔，哪怕翅膀断了心》	韩青辰	少年儿童出版社
科学文艺		
《极限幻觉》	张之路	湖北少年儿童出版社

第八届（2007—2009）

书名	作者	出版社
小 说		
《非常小子马鸣加精选本》	郑春华	少年儿童出版社
《你是我的宝贝》	黄蓓佳	江苏少年儿童出版社
《腰门》	彭学军	二十一世纪出版社
《公元前的桃花》	曾小春	上海人民美术出版社
《穿过忧伤的花季》	王巨成	明天出版社
《少年摔跤王》	翌 平	浙江少年儿童出版社
《狼獾河》	格日勒其木格·黑鹤	接力出版社
《满山打鬼子》	薛 涛	春风文艺出版社
《黄琉璃》	曹文轩	接力出版社
童 话		
《猪笨笨的幸福时光》	李东华	上海人民美术出版社
《奇迹花园》	汤素兰	湖南少年儿童出版社
《蓝雪花》	金 波	浙江少年儿童出版社

续表

书名	作者	出版社
诗 歌		
《狂欢节,女王一岁了》	萧　萍	明天出版社
散 文		
《踩新路》	吴　然	云南教育出版社
幼儿文学		
《狐狸乌》	白　冰	中国少年儿童新闻出版总社
报告文学		
《空巢十二月:留守中学生的成长故事》	邱易东	少年儿童出版社
科学文艺		
《小猪大侠莫跑跑·绝境逢生》	张之路	浙江少年儿童出版社
《独闯北极》	位梦华	中国少年儿童新闻出版总社

第九届(2010—2012)

书名	作者	出版社
小 说		
《鸟背上的故乡》	胡继风	黑龙江少年儿童出版社
《千雯之舞》	张之路	中国少年儿童新闻出版总社
《像风一样奔跑》	邓湘子	湖南少年儿童出版社
《木棉·流年》	李秋沅	中国少年儿童新闻出版总社
《五头蒜》	常新港	明天出版社
《丁丁当当·盲羊》	曹文轩	中国少年儿童新闻出版总社
《影子行动》	牧　铃	中国少年儿童新闻出版总社
童 话		
《汤汤缤纷成长童话集》	汤　汤	少年儿童出版社
《住在房梁上的必必》	左　昡	新蕾出版社
《住在先生小姐城》	萧　袤	黑龙江少年儿童出版社
《无尾小鼠历险记·没尾巴的烦恼》	刘海栖	接力出版社

续表

书名	作者	出版社
诗歌		
《我成了个隐身人》	任溶溶	浙江少年儿童出版社
《月光下的蝈蝈》	安武林	人民文学出版社 天天出版社
散文		
《小小孩的春天》	孙卫卫	江西高校出版社
《虫虫》	韩开春	黄山书社
幼儿文学		
《穿着绿披风的吉莉》	张洁	湖北少年儿童出版社
《小嘎豆有十万个鬼点子·好好吃饭》	单瑛琪	江苏少年儿童出版社
科幻文学		
《巨虫公园》	胡冬林	北方妇女儿童出版社
《三体Ⅲ:死神永生》	刘慈欣	重庆出版社

历年宋庆龄儿童文学奖获奖少儿图书

宋庆龄儿童文学奖设立于1986年，由宋庆龄基金会和文化部、教育部、广电总局、共青团中央、全国妇联、中国作协、中国科协等单位共同主办，每2至3年评选一次。至2005年，并入中国作家协会儿童文学奖评奖。

第一届（剧本）获奖图书

作 品	编 剧
一等奖（空缺）	
二等奖	
《寻找回来的世界》	楚 雪 战 楠
《一群小好汉》（1—4集）	戚 君
三等奖	
《好爸爸、坏爸爸》	诸葛怡
《心灵的答卷》	张 弘
《彗星》	孙 卓 郑凯南 易介南

第二届（科普、科幻）获奖图书

书名	作者	出版社
一等奖（空缺）		
二等奖		
《神翼》	郑文光	湖南少年儿童出版社
《梦魇》	叶至善 叶三午 叶小沫	中国青年出版社
《大熊猫的故事》	潘文石	湖南少年儿童出版社
三等奖		
《乔装打扮的土狼》	树 敬 树 逊	中国少年儿童出版社
《肖建亨获奖科学幻想小说选》	肖建亨	希望出版社
《数学司令》	李毓佩	少年儿童出版社
《少年李四光》	严 慧	湖北科技出版社
《带电的贝贝》	张之路	新蕾出版社

第三届(中长篇小说)获奖图书

书名	作者	出版社
一等奖		
《山羊不吃天堂草》	曹文轩	江苏少年儿童出版社
二等奖		
《少年噶玛兰》	李　潼(台湾)	台湾天卫文化图书有限公司
《第三军团》	张之路	中国少年儿童出版社
《少女的红发卡》	程　玮	江苏少年儿童出版社
三等奖		
《鹰的传奇》	杨　啸	湖北少年儿童出版社
《今年你七岁》	刘健屏	中国少年儿童出版社
《太阳梦见我》	李杨杨	中国少儿出版社
《雾锁桃李》	张　微	江苏少年儿童出版社
《天才 神才 鬼才》	罗辰生	海燕出版社

第四届(童话)获奖图书

书名	作者	出版社
一等奖		
《怪老头》	孙幼军	湖北少年儿童出版社
二等奖		
《吴梦起童话选》	吴梦起	辽宁少年儿童出版社
《郑渊洁童话选》	郑渊洁	辽宁少年儿童出版社
《狼蝙蝠》	冰　波	江苏少年儿童出版社
三等奖		
《小树叶童话》	金　波	安徽少年儿童出版社
《向明星进攻》	周　锐	四川少年儿童出版社
《怪孩子树米》	郑允钦	福建少年儿童出版社
《孩子王老虎》	王家珍	台湾民生报出版社
《新编小巴掌童话百篇》	张秋生	北方妇女儿童出版社

第五届获奖图书

书名	作者	出版社
大 奖		
《草房子》	曹文轩	江苏少年儿童出版社
提名奖		
《混血豺王》	沈石溪	新蕾出版社
《我要做好孩子》	黄蓓佳	江苏少年儿童出版社
《男生贾里全传》	秦文君	少年儿童出版社
童话类		
大 奖		
《绿人》	班 马	江苏少年儿童出版社
提名奖		
《笨狼的故事》	汤素兰	浙江少年儿童出版社
《唏哩呼噜历险记》	孙幼军	湖南少年儿童出版社
《周锐童话选》	周 锐	少年儿童出版社
幼儿文学类		
大 奖		
《梅花鹿的角树》	葛 冰	湖南少年儿童出版社
提名奖		
《白城堡》	金 波	四川少年儿童出版社
《星星信:谢华幼儿文学作品选》	谢 华	浙江少年儿童出版社
《三百个小朋友》	林焕彰(台湾)	湖南少年儿童出版社
科学文学类		
提名奖		
《梦幻牧场》	牧 铃	少年儿童出版社
《星际勇士》	星 河	四川少年儿童出版社
《幽灵海湾》	马 铭	中国少年儿童出版社

第六届获奖图书

书名	作者
小说类大奖	
《你是我的妹》	彭学军
童话类大奖	
《吹口琴的小野兔阿洛兹》	常星儿
科学文艺类大奖	
《非法智慧》	张之路
佳作奖	
《天棠街3号》	秦文君
《大头儿子和小头爸爸全集》	郑春华
《男孩无羁，女孩不哭》	常新港
《根鸟》	曹文轩
《电脑大盗变形记》	萧　袤
《骑在扫帚上听歌的巫婆》	张秋生
《小朵朵和超级保姆》	汤素兰
《笛王的故事》	王宜振
《让我们远行》	钟代华
《大自然探险系列》	刘先平
《中国孩子的梦》	谷　应
《感谢往事》	金　波
《哈玛！哈玛！伊斯坦堡！》	桂文亚(台湾)
《南极探险·北极探险》	位梦华
《天使的花房》	吴　然
《走进弟弟山》	林芳萍(台湾)

附录三：历年国家级图书奖项中的少儿类图书

历年中宣部“五个一工程”奖获奖少儿类图书

该项评奖源于1991年1月，中宣部要求各省（自治区、直辖市）党委宣传部在全面抓好精神产品生产的同时，重点抓好图书、理论文章、戏剧、电影、电视剧的拳头产品，年底从上述五个种类中各评选、推荐一部作品参加全国评选。1992年5月，纪念《在延安文艺座谈会上的讲话》发表50周年之际，中共中央宣传部举办的1991年度精神产品生产“五个一工程”评奖揭晓，之后每年举办一次。至2005年，根据全国性文艺新闻出版评奖整改总体方案《全国性文艺新闻出版评奖管理办法》规定，中央宣传部主办的精神文明建设“五个一工程”奖，所设子项由原来8个减少为电影、电视剧（片）、戏剧、歌曲、文艺类图书5个。评选工作三年一次。

第一届“五个一工程”奖中获奖少儿类图书

书名	出版社
《孙子兵法连环画》	浙江人民美术出版社

第二届“五个一工程”奖中获奖少儿类图书

书名	出版社
《爱我中华》丛书	江苏少年儿童出版社
《早陨的将星》丛书	河北少年儿童出版社
《百将传奇》	安徽少年儿童出版社

第三届“五个一工程”奖中获奖少儿类图书

书名	作者	出版社
《中华五千年美德》丛书	温克勤　顾传菁	天津新蕾出版社
《中国有个毛泽东》（青年版、少年版）	钟起煌 等	江西人民出版社
《跨世纪的丰碑——中国希望工程纪实》	刘奇葆 等	安徽少年儿童出版社

第四届“五个一工程”奖中获奖少儿类图书

书名	作者	出版社
《跨世纪的一代——中国少年“五自”》丛书	孙云晓	未来出版社

续表

书名	作者	出版社
《托起明天的辉煌——当代中国十大杰出青年》丛书	俞贵麟 等	希望出版社
《黑眼睛》丛书	孙幼军 等	海南出版社 湖南少年儿童出版社
《我们的母亲叫中国》	苏叔阳	中国少年儿童出版社

第五届"五个一工程"奖中获奖少儿类图书

书名	作者	出版社
《中华少年奇才》(上、册)	北京大学历史系编写；叶童绘画	浙江人民美术出版社
《赤子》丛书(3册)	金振林 等	河北少年儿童出版社
《中国革命史话》(10册)	夏以溶	湖南少年儿童出版社
《心灵成长——中华爱国主义传统》	张岱年	安徽教育出版社
《画说〈资本论〉》(4册)	宋　涛	二十一世纪出版社
《帅星升起》丛书(9册)	魏　巍	广东教育出版社
《筑起我们新的长城》		江西人民出版社
《精编小学生十万个为什么》(12册)	杨勇翔 等	黑龙江科学技术出版社
《爱我家乡 爱我辽宁》丛书(15册)	陈秀庭 等	辽宁教育出版社
《神脑聪仔》(10册)	本书编委会	接力出版社
《中华当代少年小说》丛书(10册)	曹文轩 等	江苏少年儿童出版社
《青春风景创作》丛书(5册)	秦文君 等	安徽少年儿童出版社
《中小学生普法教育画册》(上、下)	霍宝珍	南海出版公司
《早年周恩来》(上、下)	庞瑞垠	江苏教育出版社

第六届"五个一工程"奖中获奖少儿类图书

书名	作者	出版社
《我要做好孩子》	黄蓓佳	江苏少年儿童出版社

续表

书名	作者	出版社
《精神之火——中华民族精神与当代青少年使命》	沈其新	湖南少年儿童出版社
《花季·雨季》	郁　秀	海天出版社
《光辉的旗帜》	汪玉奇 等文;丘玮 等画	二十一世纪出版社
《刘先平大自然探险长篇系列》	刘先平	中国青年出版社
《中华正气歌》(修订版)	公　木	江西美术出版社
《地球家园——青少年环保科普读本》	自然之友	山西教育出版社
《地球保卫战》	杨 鹏文;宋金东 等画	新蕾出版社
《龙蝙蝠》	庄　岩 文,郑凯军 画	浙江少年儿童出版社
《漫画科学史探险》	星　河 文,任军 等画	北京少年儿童出版社
《宝贝当家》	秦文君	少年儿童出版社
《小鳄鱼》丛书(10册)	金　波 等	海燕出版社
《中华三德歌》	何永炎	安徽教育出版社
《你是一座桥》	田　天	长江文艺出版社
《棒槌鸟儿童文学》丛书(6册)	赵郁秀 韩永言	沈阳出版社
《天地无情》("少年绝境自救故事丛书"之一)	薛屹峰	甘肃少年儿童出版社
《汉藏小伙伴手拉手相约在二十一世纪》	张晓峰	西藏人民出版社

第七届"五个一工程"奖中获奖少儿类图书

书名	作者	出版社
《草房子》	曹文轩	江苏少年儿童出版社
《中国读本》(成人版、小学版)	苏叔阳	辽宁教育出版社
《一个中国孩子的英雄喜剧》	金　波 等	接力出版社
《神奇的雅鲁藏布江大峡谷》	杨逸畴	海燕出版社
《大科学家讲的小故事》	王淦昌 苏步青 贾兰坡 郑作新	湖南少年儿童出版社

续表

书名	作者	出版社
《男生贾里全传》	秦文君	少年儿童出版社
《童谣童话》	金　波	山东美术出版社
《我的父亲邓小平》(连环画)	梦 山 海 沫 叶 雄 编绘	浙江人民美术出版社
《一百个中国孩子的梦》	董宏猷	二十一世纪出版社
《不知道的世界》	陈海燕	中国少年儿童出版社
《红蚂蚁自然丛书》	中国科协青少部	北京少年儿童出版社
《爱心与教育——素质教育探索手记》	李镇西	四川少年儿童出版社
《鸽子树的传说》	高洪波	安徽少年儿童出版社
《漫游新科技世界》	王国忠 等	新蕾出版社
《红帆船诗丛》	金　波	浙江少年儿童出版社
《中国儿童智力方程》	区慕洁	中国妇女出版社

第八届“五个一工程”奖中获奖少儿类图书

书名	作者	出版社
《我和爸爸妈妈共同的话题——做人与做事》	卢　勤	接力出版社
《共和国的脊梁——“两弹一星”功勋谱》	李　迅	黑龙江教育出版社
《漫画金头脑》丛书	张开逊	北京少年儿童出版社
《蛙鸣》	陈玉谦　曲晓平	江苏人民出版社
《今天我是升旗手》	黄蓓佳	江苏少年儿童出版社

第九届“五个一工程”奖中获奖少儿类图书

书名	作者	出版社
优秀作品奖		
《五星红旗》	华　琪	河北少年儿童出版社
《解读生命》丛书	吴新智 等	北京少年儿童出版社
入选作品奖		
《中国古代四大发明》		安徽少年儿童出版社

续表

书名	作者	出版社
《无人区科学探险》系列	谢自楚 等	湖南少年儿童出版社
《芝麻开门》	祈　智	江苏少年儿童出版社
《院士数学讲座:帮你学数学》	张景中	中国少年儿童出版社
《阿笨猫全传》	冰　波	接力出版社

第十届“五个一工程”奖中获奖少儿类图书

书名	作者	出版社
优秀作品奖		
《青铜葵花》	曹文轩	江苏少年儿童出版社
入选作品奖		
《亲亲我的妈妈》	黄蓓佳	江苏少年儿童出版社
《木偶的森林》	王一梅	新蕾出版社
《淘气包马小跳系列·巨人的城堡》	杨红樱	接力出版社
《今日出门昨夜归》	竹　林	二十一世纪出版社

第十一届“五个一工程”奖中获奖少儿类图书

书名	作者	出版社
《云裳》	秦文君	春风文艺出版社
《走进帕米尔高原——穿越柴达木盆地》	刘先平	时代出版传媒股份有限公司
《小英雄与芭蕾公主》	杨红樱	接力出版社
《腰门》	彭学军	二十一世纪出版社
《蓝天下的课桌》	伍美珍	福建少年儿童出版社
《流动的花朵》	徐　玲	希望出版社
《楼兰古国的奇幻之旅》	帕尔哈提·伊力牙斯 著; 狄力木拉提·泰来提 译	新疆青少年出版社

第十二届“五个一工程”奖中获奖少儿类图书

书名	作者	出版社
《魔法小仙子》	晓玲叮当	二十一世纪出版社
《美丽的西沙群岛》	刘先平	明天出版社
《黑狗哈拉诺亥》	格日勒其木格·黑鹤	接力出版社
《乍放的玫瑰》	汪玥含	希望出版社
《开开的门》	金　波	新蕾出版社
《艾晚的水仙球》	黄蓓佳	江苏少年儿童出版社

历年中国图书奖中获奖少儿类图书

中国图书奖评奖活动1987年开始举办，前两届由《中国图书评论》杂志社主办。自1989年4月第三届起，改由中国出版工作者协会、中国图书评论学会主办。每年举办一次，从前一年出版的图书中评出获奖图书。

第一届中国图书奖中获奖少儿类图书

书名	作者	出版社
中国图书奖		
《少年自然百科辞典》(生物、生理卫生)	周本湘　赵尔宓 等	少年儿童出版社
中国图书奖荣誉奖		
《婴幼儿小百科》		中国少年儿童出版社

第二届中国图书奖中获奖少儿类图书

书名	作者	出版社
《接力书信集》	《接力书信集》编委会	广西人民出版社

第三届中国图书奖中获奖少儿类图书

书名	出版社
《世界童话名著》	浙江少年儿童出版社

第四届中国图书奖中获奖少儿类图书

书名	出版社
一 等 奖	
《少年百科》丛书(精选本)	中国少年儿童出版社
《中国儿童文学艺术》丛书	海燕出版社
二 等 奖	
《五千年演义》	辽宁少年儿童出版社
《英雄少年赖宁》	中国少年儿童出版社
《未来军官学校》(22本)	四川少年儿童出版社
《一百个中国孩子的梦》	江西少年儿童出版社
《十二属相故事画库》	河北少年儿童出版社

续表

书名	出版社
评委提名表扬书目	
《彩图中国历史故事》(上、中、下)	江苏少年儿童出版社

第五届中国图书奖中获奖少儿类图书

书名	作者	出版社
二等奖		
《历史的启示》丛书	耿志远	新蕾出版社
《彩绘本中国民间故事》	马永杰 总策划	浙江少年儿童出版社
《中华少年风采录》	高洪波	辽宁少年儿童出版社
《革命英雄主义》丛书	熊向东 主编	二十一世纪出版社
《少年科学瞭望台》丛书	卞德培、刘后一等	湖北少年儿童出版社
《中国儿童文学大系》	蒋 风 主编	希望出版社
《难忘的儿童智能追踪研究》	茅于燕 著	北方妇女儿童出版社
评委提名奖表扬书目		
《儿童的疑问——说不完的为什么》	蔡宇征 等	福建少年儿童出版社

1992年第六届中国图书奖中获奖少儿类图书

书名	作者	出版社
一等奖		
《绘画本中国通史》	龚延明	浙江少年儿童出版社
《中国少年儿童百科全书》	林崇德	浙江教育出版社
《第三军团》	张之路	中国少年儿童出版社
二等奖		
《小学生》丛书	叶圣陶 等	中国少年儿童出版社
《十五岁的奇迹》	吴培恭	新蕾出版社
《女革命家》丛书	赵 炜 等	河北少年儿童出版社

第七届中国图书奖中获奖少儿类图书

书名	作者	出版社
《神奇的南极》丛书	郭　琨　金　涛	海燕出版社
《中国少年报告文学》丛书	卢惠龙	贵州人民出版社
《少男少女》丛书	丛书编辑部	四川少年儿童出版社
《我是中国的孩子》	沈虹光　梁庭望 等	湖北少年儿童出版社
《中国孩子的疑问》	陈天昌　吴文渊 等	中国少年儿童出版社
《哈哈博士科学连环画》	白　云　陈　跃 等	中国连环画出版社
《彩图幼儿知识百科》	朱　为 等	少年儿童出版社
《幼儿彩图家庭教程》	王立科　张中良	广西美术出版社
《百将传奇》	张义生　国荣洲	安徽少年儿童出版社

第八届中国图书奖中获奖少儿类图书

书名	作者	出版社
《儿童青少年心理学》丛书	高月梅　张　泓	浙江教育出版社
《一只红气球》	葛　冰 文　吴带生 图	中国少年儿童出版社
《知识童话300篇》	李名慈	福建少年儿童出版社
《人类探险史》	魏　丁　马　风 等	浙江少年儿童出版社
《中国婴幼儿百科》	茅于燕	海燕出版社
《中华历史名人》	陈美林 等	新蕾出版社
《我们的父辈》丛书	邵　华　薛启亮	河北少年儿童出版社
《幼儿画库》		少年儿童出版社

第九届中国图书奖中获奖少儿类图书

书名	出版社
《中学百科全书》	北京师范大学出版社　东北师范大学出版社 华东师范大学出版社
《我们的母亲叫中国》	中国少年儿童出版社
《黑眼睛》丛书	湖南少年儿童出版社
《中华美德图说》	二十一世纪出版社
《青春口哨文学》丛书	安徽少年儿童出版社

第十届中国图书奖中获奖少儿类图书

书名	出版社
《中华人物故事全书近代部分》	中国少年儿童出版社
《手拉手奔向新世纪》丛书	新蕾出版社
《老外公的故事》	浙江少年儿童出版社
《中国著名科学家的故事》	四川少年儿童出版社
《德育故事大全库》	江苏少年儿童出版社

第十一届中国图书奖中获奖少儿类图书

书名	出版社
《三毛大世界》	少年儿童出版社
《一个中国孩子的英雄喜剧》	接力出版社
《科学王国里的故事》	河北少年儿童出版社
《中国当代儿童诗丛》	湖北少年儿童出版社
《中国最新动物小说》	湖南少年儿童出版社
《彩绘新童谣》	北方妇女儿童出版社
《莎士比亚戏剧故事全集》	二十一世纪出版社
《希望童话宝库》	希望出版社
《足球小子》	四川少年儿童出版社
《写给小读者》	新疆青少年出版社
《大型科学漫画》丛书	新蕾出版社
《三巨人说(漫画本)》	广东经济出版社
《故土》丛书	辽宁少年儿童出版社
《爱国主义故事》丛书	晨光出版社
《世界少年奇才》	浙江人民美术出版社
《中国大百科全书》(青少年版)	海燕出版社
《21世纪小小百科》	浙江教育出版社

第十二届中国图书奖中获奖少儿类图书

书名	作者	出版社
《走进心灵——民主教育手记》	李镇西	四川少年儿童出版社
《我是编辑》	叶至善	中国少年儿童出版社
《中国文化名人与读书》丛书	杨牧之	明天出版社
《彩图版中国通史》	戴 逸 龚书铎	海燕出版社
《科学家爷爷谈科学》	王淦昌 贾兰坡等	广西师范大学出版社
《科学之门》丛书	席泽宗 指导 卞毓麟 等	湖南少年儿童出版社
《彩图少年儿童环境知识》丛书	刘志荣 余文涛 等	湖北少年儿童出版社
《绿色家园》丛书	朱志尧 袁清林等	希望出版社
《金太阳》丛书	陈建功	河北少年儿童出版社
《金苹果文库》(第三辑)	卞毓麟 等	江苏教育出版社
《小霞客游记》	浦漫汀	晨光出版社
《感受坚强——中国女孩桑兰》	钱金华 等	安徽少年儿童出版社
《世界文化与自然遗产》	苏少工作室组编	江苏少年儿童出版社

第十三届中国图书奖中获奖少儿类图书

书名	作者	出版社
《两弹一星功勋科学家》(10册)	于新和	河北少年儿童出版社
《赏识你的孩子——一个父亲对素质教育的感悟》	周 弘	四川少年儿童出版社
《世纪畅想曲·理想之歌》	金 波 高洪波等	安徽少年儿童出版社
《蓝夜书屋》(7册)	金 波	北京少年儿童出版社
《从小爱家园》丛书(7册)	王 玲	海燕出版社

续表

书名	作者	出版社
《校园三剑客科幻小说》系列(第一辑)(6册)	杨　鹏	湖北少年儿童出版社
《中国少年环境文学创作》丛书(8册)	金曾豪　沈石溪等	花山文艺出版社
《童书海论》	海　飞	明天出版社
《新版小灵通漫游未来》	叶永烈	少年儿童出版社
《幼儿社会化训练》	陈会昌	希望出版社
《中国儿童文学五人谈》	梅子涵 方卫平 等	新蕾出版社
《少年普法》丛书(3册)	康树华　陈春华	新世纪出版社
《南极历险·北极历险》	位梦华	中国少年儿童出版社
《小毛毛数学启蒙故事》丛书(10册)	安桂香　孙　禹文;唐智华 等画	接力出版社

2004年第十四届中国图书奖中获奖少儿类图书

书名	作者	出版社
《图文科普·现代战争与兵器》(9册)	林仁华 赵萌 主编 李树宝 李大成等编著	北京少年儿童出版社
《学生探索百科全书》(4册)	[英]卡尔·麦克尔森 等编; 陈琳等译	书海出版社
《21世纪校园朗诵诗》	王宜振	湖北少年儿童出版社
《写真童话故事集》(3册)	郭大森	吉林摄影出版社
《唤醒巨人:成功教育启示录》	孙云晓	安徽少年儿童出版社

历年国家图书奖中获奖少儿类图书

为了鼓励和表彰优秀图书的出版，新闻出版署决定设立“国家图书奖”，于1992年10月10日制定并颁布了《国家图书奖评奖办法》。国家图书奖是全国图书评奖中的最高奖励，每两年举办一次。评奖按9个门类进行，其中包括“少儿”类。设立国家图书奖荣誉奖、国家图书奖、国家图书奖提名奖三项。

第一届国家图书奖中获奖少儿类图书

书名	作者	责任编辑	出版社
国家图书奖(少儿类)			
《365夜(故事)》(上、下)	鲁　兵	朱庆坪 等	少年儿童出版社
《大地的儿子——周恩来的故事》	苏叔阳	刘媛华	中国少年儿童出版社
《幼学启蒙》丛书(20册)	赵镇琬	赵镇琬 杨　宇	明天出版社
国家图书奖提名奖(少儿类)			
《中国儿童文学大系》(7卷15册)	蒋　风 等	陈　炜 等	希望出版社
《上下五千年》	林汉达　曹余章	俞沛铭	少年儿童出版社
《彩绘本中国民间故事》(A类20册，B类18册)	马永杰 总策划； 方　夏 等编文； 丘　玮 等绘画	杨　杰 等	浙江少年儿童出版社
《少年百科》丛书(精选本)	叶至善　遇衍滨 总设计；余心言 等编著	中国少年儿童出版社50多位编辑	中国少年儿童出版社
《少年科学瞭望台》丛书(20册)	宋广礼 等	刘健飞 等	湖北少年儿童出版社
《怪老头儿》	孙幼军	余茝芳	湖北少年儿童出版社
《爱我中华》丛书(20册)	孙家正 主编； 薛家骥 等著	张彦平 等	江苏少年儿童出版社
《十二生肖系列童话》(12册)	郑渊洁	杨实诚	湖南少年儿童出版社

第二届国家图书奖中获奖少儿类图书

书名	作者	责任编辑	出版社
国家图书奖(少儿类)			
《中国婴幼儿百科》(100册)	茅于燕　郑延慧	郭玉洁 等	海燕出版社
《中华美德图说》(8卷)	钟起煌　浦漫汀	沈火生 等	二十一世纪出版社
国家图书奖提名奖(少儿类)			
《高技术战争与当代青少年》丛书(9卷)	林建超 等	孙全民 等	江苏少年儿童出版社
《幼儿德育故事》丛书(8卷)	浦漫汀	于淑媛	黑龙江少年儿童出版社
《幼年画库》(18册)	鲁　兵 等	朱庆坪 等	少年儿童出版社
《中华人物故事全书》(古代部分 彩图本)(40集)	冯广裕 等	雪　岗 等	中国少年儿童出版社
《漫游科学世界》(10卷)	王国忠 等	韩凤歧 等	新蕾出版社
《人类探险史故事》丛书(11卷)	赵丹涯 等	丛　燕 等	浙江少年儿童出版社
《中国幼儿文学家》丛书(14卷)	赵镇琬	王歌风 等	明天出版社

第三届国家图书奖中获奖少儿类图书

书名	作者	责任编辑	出版社
国家图书奖(少儿类)			
《神脑聪仔卡通系列》丛书	聪仔工作室	黄　俭 等	接力出版社
《小鳄鱼》丛书	孙幼军 等	姜　华 等	海燕出版社
国家图书奖提名奖(少儿类)			
《刘先平大自然探险长篇系列》	刘先平	刘　佳	中国青年出版社
《花季·雨季》	郁　秀	旷　昕	海天出版社
《少年绝境自救故事》	班　马 等	汪晓军 等	甘肃少年儿童出版社
《中国儿童生存、保护和发展书系》	晏开利 等	杜定纪 等	四川少年儿童出版社
《露珠》丛书	郭　风 等	张杏坦	河北少年儿童出版社
《精神之火——中华民族精神与当代青少年使命》	沈其新 等	刘杰英	湖南少年儿童出版社
《神奇的北极》	位梦华 等	王舒妹 等	海燕出版社
《共和国儿童文学名著金奖文库》	海　飞	温　航 等	中国少年儿童出版社

第四届国家图书奖中获奖少儿类图书

书名	作者	责任编辑	出版社
国家图书奖(少儿类)			
《草房子》	曹文轩	祁　智 等	江苏少年儿童出版社
《大科学家讲的小故事》(4卷)	苏步青 等	冯小竹	湖南少年儿童出版社
《中国新时期幼儿文学大系》(6卷)	张美妮 等	侣承军 等	未来出版社
《不知道的世界》(10卷)	陈海燕	毛红强 等	中国少年儿童出版社
国家图书奖提名奖(少儿类)			
《红帆船诗丛》(6卷)	金　波	孙建江	浙江少年儿童出版社
《关怀》	阎景堂	黄志凯 等	河北少年儿童出版社
《三毛大世界》(4册)	李名慈	侯春洋 等	少年儿童出版社
《秦文君文集》(5册)	秦文君	温　溪	安徽少年儿童出版社
《一个中国孩子的英雄喜剧》(4册)	白　冰 等	李元君 等	接力出版社
《红蚂蚁自然》丛书(6册)	北京少年儿童出版社	赵　萌 等	北京少年儿童出版社
《少年军事百科全书》(12册)	李维民	刘凡文 等	明天出版社
《五十六个民族五十六朵花》	本书编委会	刘　苹 等	云南教育出版社
《花生米样的云》	王晓明	姜　华 等	海燕出版社

第五届国家图书奖中获奖少儿类图书

书名	作者	责任编辑	出版社
国家图书奖			
科技类(少儿类)			
《漫画金头脑》丛书	张开逊	赵　彤 等	北京少年儿童出版社
少儿类			
《好阿姨新童话系列》丛书	金　波	卓少锋 等	福建少年儿童出版社
《共和国的脊梁——“两弹一星”功勋谱》	李　迅	王晓明 等	黑龙江少年儿童出版社

续表

书名	作者	责任编辑	出版社
国家图书奖提名奖			
科技类(少儿)			
《偷脑的贼》	潘家铮	孟可文	湖南教育出版社
少儿类			
《大头儿子和小头爸爸》(全集)	郑春华	周　晴	少年儿童出版社
《生命状态文学》	方　敏 等	张天明 等	湖南少年儿童出版社
《现代中国儿童文学主潮》	王泉根	杜　虹	重庆出版社
《动物日记》	孙学刚 等	高荷美 等	中国少年儿童出版社
《中国读本》	苏叔阳	刘国玉 等	辽宁教育出版社
《世界经典童话全集》(20卷)	韦　苇	胡　鹏 等	明天出版社
《做人与做事——我和爸爸妈妈共同的话题》	卢　勤	李元君 等	接力出版社

第六届国家图书奖中获奖少儿类图书

书名	作者	责任编辑	出版社
国家图书奖(少儿类)			
《无人区科学探险》系列(3册)	谢自楚 等	谢清风	湖南少年儿童出版社
《中华文明大视野》	袁行霈	张秋林 等	二十一世纪出版社
国家图书奖提名奖(少儿类)			
《数学故事专辑》(3册)	李毓佩	薛晓哲 等	中国少年儿童出版社
《大头儿子小书架》(3册)	郑春华 等	高荷美 等	中国少年儿童出版社
《天棠街3号》	秦文君	祈　智 等	江苏少年儿童出版社
《东方之子刘先平大自然探险》系列(8册)	刘先平	胡光清 等	湖北少年儿童出版社
《徐鲁青春文学精选》(6册)	徐　鲁	于红岩 等	青岛出版社
《阿笨猫全传》(上、下册)	冰　波	余　人	接力出版社
《彩图版中国共产党历程》(3册)	金冲及 等	于淑芬 等	海燕出版社
《中国儿童文学5人谈》	梅子涵 等	李春芳	新蕾出版社

续表

书名	作者	责任编辑	出版社
国家图书奖特别奖			
《预防传染性非典型肺炎》(挂图)	中共安徽省委宣传部、安徽省疾病预防控制中心	卫　敏 等	安徽少年儿童出版社
《少年儿童非典预防手册》	四川省非典防治领导小组办公室、四川省疾病预防控制中心编写	任正平 等	四川少年儿童出版社
《杰仔的故事》	舒　啸	符绩才 等	新世纪出版社
《抗击非典2003·中国》	本书编委会	李　路 等	学习出版社 晨光出版社

历年全国优秀科普作品评奖中获奖少儿类图书

全国优秀科普作品奖评奖由中国科协、新闻出版署、广播电影电视部和中国科普创作协会联合主办。评奖活动最初每5年举行一次。首届评奖于1980年揭晓。

第一届全国优秀科普作品评奖(新长征优秀科普作品奖)中获奖少儿类图书

书名	作者	出版社
一等奖		
《征服病菌的道路》	万景华	少年儿童出版社
二等奖		
《太阳元素的发现》	郭正谊	中国少年儿童出版社
三等奖		
《算得快》	刘后一	中国少年儿童出版社
《海洋牧场》	雷宗友	少年儿童出版社
《在快乐的小溪上》	郑延慧	江苏人民出版社

第二届全国优秀科普作品评奖(新长征优秀科普作品奖)中获奖少儿类图书

书名	作者	责任编辑	出版社
二 等 奖			
《孙悟空人体历险》	冰 子	沙孝惠	少年儿童出版社
《少年科普佳作选》	王国忠 郑延慧 郭以实 盛如梅	陈天昌	中国少年儿童出版社
《儿童科普佳作选》	王国忠 郑延慧 郭以实 盛如梅	曹燕芳	少年儿童出版社
三 等 奖			
《数学传奇》	张景中	文赞阳	中国少年儿童出版社
《科学的发现(1)——打开原子的大门》	郭正谊	杨永源	中国少年儿童出版社
《趣味地理》	姚大均	黎 东	江苏少年儿童出版社
《未知大陆的传奇——南极探险》	郑 平	杨 惠	新蕾出版社
《人鼠大战》	刘后一	刘健飞	湖北少年儿童出版社
《小狐狸花背》	朱新望	韩关治	少年儿童出版社

续表

书名	作者	责任编辑	出版社
鼓 励 奖			
《少年BASIC》	张晓卫	王桂森	北京少年儿童出版社
《电脑的奥秘》	郑玉林	王树国	明天出版社
《奇异的光纤通信》	汪英华	刘自武	北京少年儿童出版社
《原子与英雄》	朱 伟 应兴国	刘 易 潘学馥	少年儿童出版社
《邮票小百科》		余俊雄 魏国英 王修文 朱 洪	中国少年儿童出版社

第三届全国优秀科普作品评奖(新长征优秀科普作品奖)中获奖少儿类图书

书名	作者	出版社
荣誉奖		
《高士其全集》	高士其	安徽少年儿童出版社
《奔向金色的明天——茅以升科普作品精选》	茅以升	安徽少年儿童出版社
《竖鸡蛋和别的故事——叶至善科普文选》	叶至善	少年儿童出版社
一 等 奖		
《我是大熊猫》	蒲 涛 金勋琪	四川少年儿童出版社
《奇妙的幻方》	谈祥柏	明天出版社
《第十大行星之谜》	卞德培	希望出版社
《人之由来》	周国兴	海燕出版社
《少年趣味科学丛书——奇妙的南极》	金 涛	广西科技出版社
《神奇的南极——冰原科学城》	郭 琨 张杰尧	海燕出版社
二等奖		
《生物世界漫游》	庄之模 庄孔嘉 张慧君	北京少年儿童出版社
《儿童的疑问——说不完的为什么》	蔡宇征 汤振华 曹小卉 费 嘉	福建少年儿童出版社
《沙漠——呼唤春风的土地》	伍光和	湖南少年儿童出版社
《幼儿十万个为什么》	王国忠 郑延慧 盛如梅 詹以勤	四川少年儿童出版社

续表

书名	作者	出版社
《未完成的发明》	檀文秀　徐将林	希望出版社
《人造卫星大观》	刘绍球　刘　忠	湖北少年儿童出版社
《数学家的眼光》	张景中	中国少年儿童出版社
三等奖		
《小侦探》	胡　霜	中国少年儿童出版社
《动物故事三百篇》	陈日朋	北方妇女儿童出版社
《中国孩子的疑问》	陈天昌　杨平世	中国少年儿童出版社
《物理学传奇》	徐克明	中国少年儿童出版社
《儿童自然常识宝库》	胡永昌　林全坚　高　峰	少年儿童出版社
《儿童知识宝库》	周舜培　翁经义　裘是平	上海教育出版社
《绘画科学故事词典》	陆正华　应兴国　李名慈	上海辞书出版社
《冷冻人》	章萍萍	安徽少年儿童出版社
《失踪的航线》	刘兴诗	安徽少年儿童出版社
《星星是我们的好朋友》	卞毓麟	河北教育出版社
《1~6岁宝宝家庭课堂》	冯秀芳　许淑英　郝景敏	海燕出版社
《宇宙索奇》	张明昌	江苏少年儿童出版社
《科学家与错误》	贺占伟　宋曾华	河北少年儿童出版社
《小学生十万个为什么》	程　明	河北少年儿童出版社
《郑文光科幻小说全集》	郑文光	湖南少年儿童出版社
《中外科学幻想小说欣赏辞典》	叶永烈	明天出版社
《生物五千年》	张明渭　张康英	湖北少年儿童出版社
《新编十万个为什么》	凤　文　辛　禾　林仁华　王洪 袁清林　王国忠　郑延慧	广西科学技术出版社
《漫游科学世界》	柳德宝　林　禽　裘树平 刘　熊	新蕾出版社
《漫游自然数王国》	贾庆祥	明天出版社
《化学故事88》	刘宗寅	明天出版社
《神奇的南极—南极的发现》	胡领太	海燕出版社
《神奇的南极—冰雪世界的资源》	颜其德　位梦华　李志诚	海燕出版社
《神奇的南极—寒冷天地的生命》	张坤诚	海燕出版社

续表

书名	作者	出版社
《最后的野生动物》	潘文石	希望出版社
《儿童身边科学1000个为什么》	钟忠良　吕　亚　杨春青	辽宁少年儿童出版社

第四届全国优秀科普作品评奖（新长征优秀科普作品奖）中获奖少儿类图书

书名	作者	出版社
一等奖		
《漫画金头脑》丛书（6册）	张开逊	北京少年儿童出版社
《物理世界奇遇记》（最新版）	吴伯泽 译	湖南教育出版社
二等奖		
《数学奇境故事》丛书	李毓佩	安徽教育出版社
《青少年心理健康教育》丛书（4册）	郑日昌	海燕出版社
《中国珍贵野生动物》	章道义等	湖北少年儿童出版社
《世界科技五千年》	王立科	希望出版社
《天狼星丛书——中国新科幻小说》（8册）	金　涛等	中国少年儿童出版社
《中国少儿科普50年精品文库》（10册）	王国忠等	大象出版社
三等奖		
《21世纪少年儿童科学百科》	李利珍 等译	浙江教育出版社
《阿西莫夫少年宇宙》丛书	王思潮 等译	江苏科学技术出版社
《只有地球这个家》	周　鸿	晨光出版社
《生存训练》丛书	明发源 等	北京少年儿童出版社
《知识大王》	吴胜明 等	河北少年儿童出版社
《中国儿童百科》	王国忠 等	中国少年儿童出版社
《环保系列漫画丛书——地球号太空船的劫难》	卢　玲	中国少年儿童出版社
《漫画奥林匹克文明史探险》	史一明	北京少年儿童出版社
《恐龙的本家、恐龙的时代》	李全国 等	地质出版社
《科技馆里的奥秘》	王　恒 等	农村读物出版社

续表

书名	作者	出版社
《少儿中国·世界地图册》		成都地图出版社
《孩子们最爱提的问题——一千零一问》(上、中、下)	柯浦文	上海人民出版社
《探索与发现——100个问不倒》	王文心	福建少年儿童出版社
《发明发现故事300篇》	刘宜学 等	福建少年儿童出版社
《彩图动物百科》	唐思贤 等	海燕出版社
《海洋的召唤》丛书	黄彩虹	知识出版社
《看不见的世界》	陈海燕	中国少年儿童出版社
《画说数理化通俗演义读本》(上、下)	梁 衡 原著	中国少年儿童出版社
《地球生命大爆炸》	陈均远 等	江苏少年儿童出版社
《中学生一千零一夜》	龙膺厚 等	陕西人民教育出版社
《化学世界》	姚大均 编	江苏少年儿童出版社
《非法智慧》	张之路	北京少年儿童出版社
《校园三剑客科幻小说》系列	杨 鹏	湖北少年儿童出版社
《诺贝尔奖获得者的青少年时代》	谢 冕	福建少年儿童出版社
《航天之梦》	赵景扬 等	希望出版社
《我们能为地球做些什么》丛书	杨政华 等译	广西教育出版社
《雁语者》	杨玉龄 译	中国和平出版社
《少年现代科技小百科》	龚镇雄	接力出版社

第五届全国优秀科普作品评奖(新长征优秀科普作品奖)中获奖少儿类图书

书名	作者	出版社
一等奖		
《院士数学讲座专辑》(3册)	张景中	中国少年儿童新闻出版总社
《中国儿童百科全书》(4册)	徐惟诚 等	中国大百科全书出版社
二等奖		
《到宇宙去旅行》	李 元	辽宁少年儿童出版社
《追踪中国珍稀动物》丛书(6册)	刘仁俊 等	江苏少年儿童出版社

续表

书名	作者	出版社
三等奖		
《彩图袖珍动物百科》	罗 健 黎 江 译	接力出版社
《动物知识百科全书》	朱晓星 褚佩如	希望出版社
《儿童实验百科——动动手就知道》(3册)	金 涛	中国地图出版社
《海洋小百科》丛书(19册)	关庆利 等	中国少年儿童新闻出版总社
《两级历险系列丛书——南极历险·北极历险》	位梦华	中国少年儿童新闻出版总社
《你也能当发明家》	徐晓敏 译	北京少年儿童出版社
《神秘的红丝带——一个讲述艾滋病的童话》	叶赫娜拉·姗晓	黑龙江少年儿童出版社
《我的动物园》(第1~3辑)	康 琳 等	北京少年儿童出版社
《无人区科学探险系列》丛书(3册)	谢自楚 等	湖南少年儿童出版社
《幼儿启蒙四季百科》(4册)	吴大者	新蕾出版社
提名奖(略)		

历年中国出版政府奖中获奖少儿类图书

2005年，全国性文艺新闻出版评奖整改总体方案公布。依据《全国性文艺新闻出版评奖管理办法》，对全国性文艺新闻出版评奖总体方案做出合并整改。新闻出版总署原有22个全国性评奖，整改后仅设立“中国出版政府奖”一项，下设“国家出版奖”等子项。评选工作三年一次。

首届中国出版政府奖中获奖少儿类图书

图书奖获奖名单		
书名	作者	出版社
科技类		
《潘家铮院士科幻作品集》(共4册)	潘家铮著	中国少年儿童新闻出版总社
少儿类		
《十万个为什么》(新世纪普及版)	王建磐 赵君亮 杨雄里等	少年儿童出版社
《青铜葵花》	曹文轩	江苏少年儿童出版社
《图画书:阅读与经典》	彭　懿	二十一世纪出版社
《小肚兜幼儿情感启蒙故事》(共9册)	萧　袤　黄　缨 等	明天出版社
图书奖提名奖名单		
少儿类		
《乌丢丢的奇遇》	金　波	江苏少年儿童出版社
《足球大侠》(“张之路非常可笑系列”之一)	张之路	浙江少年儿童出版社
《巨人的城堡》(“淘气包马小跳系列”之一)	杨红樱	接力出版社
《小橘灯·美文系列》(共3册)	张　洁　彭学军 殷健灵	安徽少年儿童出版社
《中国儿童百科全书·上学就看》(共8册)	本书编委会	中国大百科全书出版社
《禾下乘凉梦——袁隆平传》	邓湘子 谢长江	湖南少年儿童出版社
《动物“辛德勒”名单》	罗娅萍 李湘涛	福建少年儿童出版社
《哪吒传奇》(共10册)	中央电视台(原创)童趣出版有限公司	人民邮电出版社
《国际大奖小说·爱藏本》(共16册)	[美]乔治·塞尔登 贝芙莉·克莱瑞 等	新蕾出版社

第二届中国出版政府奖中获奖少儿类图书

图书奖获奖名单		
书名	作者	出版社
少儿类		
《少儿科普名人名著书系》（共50种）	叶至善　贾兰坡 等	湖北少年儿童出版社
《玩具论》（增订版）	蒋　风	希望出版社
《笑猫日记——那个黑色的下午》	杨红樱	明天出版社
《红袋鼠幽默童话》	金 波　高洪波　白冰　葛 冰　刘丙钧	中国少年儿童出版社
图书奖提名奖名单		
少儿类		
《全球儿童文学典藏书系》（共40种）	李之义　柳鸣九　刘星灿等译	湖南少年儿童出版社
《绘本中国故事》（共6种12册）	任溶溶	浙江少年儿童出版社
《喜羊羊与灰太狼》动画系列丛书（共40册）	童趣出版有限公司	人民邮电出版社
《甜趣新童谣》（共4册）	李秀英	安徽少年儿童出版社
《你是我的宝贝》	黄蓓佳	江苏少年儿童出版社
《弯弯》	张之路 著；吴雅蒂 画	二十一世纪出版社
《当着落叶纷飞》	陆　梅 著	接力出版社
《世界经典桥梁书》（共10种）	王琳琳　祝 然　张蕊 等译	新蕾出版社

第三届中国出版政府奖中获奖少儿类图书

图书奖获奖名单			
书名	作者	责任编辑	出版社
《彩乌鸦中文原创系列》(20册)	张之路 汤素兰 金波等文；吴雅蒂 彭婷 赵光宇 等画	彭学军 魏钢强	二十一世纪出版社
《王子的长夜》	秦文君	吴双英 杨巧	湖南少年儿童出版社
《曹文轩纯美绘本》(6册)	曹文轩 文；杨春波 龚燕翎 李 蓉 等图	刘 蕾	明天出版社
图书奖提名奖名单			
《绿色中国》(10册)	朱自强	姚巍 阮征 宣晓凤 等	安徽少年儿童出版社
《半岛哈里哈气》	张 炜	董素山 潘 雁	河北少年儿童出版社
《我成了个隐身人》	任溶溶	陈力强	浙江少年儿童出版社
《钱学森故事》	涂元季 莹 莹	刘 莹	解放军出版社
《余宝的世界》	黄蓓佳	李 燕 钟小羽 郁敬湘	江苏少年儿童出版社
《李秀英新绘本童谣》	李秀英 著；雨青工作室 绘	李玲玲 汪盎然 郝 敏	黄山书社
《小猪波波飞》系列	高洪波 著；李蓉 绘	王志宏 柯 超	中国少年儿童出版社
《最新全彩版李毓佩数学故事》	李毓佩	柯尊文 王子依 易 力 等	湖北少年儿童出版社

历年中华优秀出版物奖中获奖少儿类图书

根据中央办公厅、国务院办公厅《全国性文艺新闻出版评奖管理办法》和中宣部《关于中华优秀出版物奖、韬奋出版新人奖的批复》的精神，由中国出版工作者协会主办"中华优秀出版物奖"评奖活动。"中华优秀出版物奖"设"图书奖""音像、电子和游戏出版物奖""优秀出版科研论文奖"三个子项奖，其中，"图书奖"获奖数额为50个。"中华优秀出版物奖"每两年评选一次。首届"中华优秀出版物奖"评奖活动于2006年举办。

第一届中华优秀出版物(图书)奖中获奖少儿类图书

书名	作者	出版社
《中国儿童百科全书》	徐惟诚	中国大百科全书出版社
《中国结》丛书(10册)	冯骥才	河北少年儿童出版社
绘画本《蒙古族通史》	留金锁	内蒙古少年儿童出版社
《今日出门昨夜归》	竹林著	二十一世纪出版社
《万物简史》	〔美〕比尔·布莱森 著; 严维明　陈 邕 译	接力出版社
《新童谣》(小学版)	蔡赴朝(编委会主任)	北京少年儿童出版社

第二届中华优秀出版物(图书)奖中获奖少儿类图书

书名	作者	责任编辑	出版社
获奖作品			
《黄琉璃》	曹文轩	余　人　陈苗苗	接力出版社
《皮皮鲁总动员》系列丛书	郑渊洁	敖　德　林　云 孙　迎　孙淑慧	二十一世纪出版社
《喜羊羊与灰太狼》(20册)	童趣出版有限公司	莫　杨　关键田	童趣出版有限公司
《笑猫日记》(6册)	杨红樱	徐迪南	明天出版社
提名奖作品			
《创业故事》丛书(6册)	吴　宪　詹岱尔 等著 张光宇　刘峙岩 等绘	陈德军	新蕾出版社

续表

书名	作者	责任编辑	出版社
《非常小子马鸣加》(8册)	郑春华著 姚红绘	周晴 谢倩霓 唐池子 梁燕	少年儿童出版社
《虹猫蓝兔七侠传》(20册)	苏真主编	姚巍 熊承平等	安徽少年儿童出版社
《讲给孩子的中国地理》(3册)	刘兴诗著	王素琴	希望出版社
《文明之旅》丛书(4册)	陈仲丹编著	石磊 陈泽新 管旅华	江苏少年儿童出版社
《音乐漂流瓶》	肖复兴著	杨丽娟 何萌	黑龙江少年儿童出版社
《科幻新概念理论》丛书(6册)	吴岩主编	金海燕 雷点 吴娟等	福建少年儿童出版社

第三届中华优秀出版物(图书)奖中获奖少儿类图书

书名	作者	责任编辑	出版社
获奖作品			
《我的儿子皮卡》(第一辑)	曹文轩	林云 丁筱	二十一世纪出版社
《你是我的宝贝》	黄蓓佳	章红 薛屹峰	江苏少年儿童出版社
《我的祖国》	张海迪	吴双英	湖南少年儿童出版社
《中国著名儿童文学作家评传》丛书(14册)	汪习麟 张锦贻 韩进等	陈炜 傅晓明 柴晓敏等	希望出版社
提名奖作品			
《野孩子图画书》系列(6册)	熊亮编绘	李雪竹 杨柳	连环画出版社
《狼獾河》	格日勒其木格·黑鹤	冯海燕	接力出版社
《幼儿文学60年经典》(3卷精华本)	高洪波	房阳洋 魏亚西	中国少年儿童新闻出版总社
《不一样的杜小都》系列(6册)	郝月梅	韩蓓 闫韶瑜 季宁 孙秀银	河北少年儿童出版社
《红帆船抒情童话》(5册)	金波 汤素兰 萧萍 王一梅 冯海	平静 吴颖 王宜清 吴遐 陈力强	浙江少年儿童出版社
《冒险小王子》(8册)	周艺文	肖璐 陈冰青	江苏美术出版社

续表

书名	作者	责任编辑	出版社
《世界经典桥梁书》(10册)	[西]玛尔塔·塞拉·穆纽兹 等著 张　蕊 等译	张昀韬 毕之莹 高　彦 刘长鸿	新蕾出版社
《开心女孩》	秦文君	俞　燕	少年儿童出版社

第四届中华优秀出版物(图书)奖中获奖少儿类图书

书名	作者	责任编辑	出版社
获奖作品			
《奔跑的女孩》	彭学军	魏钢强	二十一世纪出版社
《王闹一定有办法》系列(6册)	郝月梅	孙卓然 闫韶瑜	河北少年儿童出版社
《红色少年读本——抗战铁血关东魂》	王充闾	李娣昕 等	辽宁少年儿童出版社
《曹文轩纯美绘本》(4册)	曹文轩	刘　蕾	明天出版社
提名奖作品			
《黑天鹅紫水晶》	沈石溪	孙益恒	少年儿童出版社
《雨雨的桃花源》	葛　冰	左　眩	人民文学出版社 天天出版社
《你好,小读者》	秦文君	姚　巍 何正国	安徽少年儿童出版社
《世界儿童文学阅读与经典》	彭　懿	赵　轩	接力出版社
《文化中国》丛书(19册)	何兹全	吴双英 等	湖南少年儿童出版社
《中国绘》(5册)	梁培龙 图; 谭旭东　萧　袤 黄庆云 梅子涵 文	翁　容 李粒子 钟　颢	新世纪出版社
《糖球儿的虫虫王国历险》(6册)	焦莎莎 文; 杨怡 绘图	黄长根	江西高校出版社
《感动一个国家的人物》(第1辑)	新华社电视节目中心	赵　力 张立新 等	黑龙江少年儿童出版社
《麦田少年励志》丛书(4册)	王巨成 张菱儿 卢江良 王宗昌 改编	马姗姗 朱　绯	北京少年儿童出版社
《中国原创图画书》(100册)	鲁　兵　张继楼 圣野 等著	温建龙　齐　菁 韦永慧 等	中国少年儿童出版社

附录四：全国范围儿童阅读推荐书目

1983年“全国红领巾读书读报奖章”活动推荐书目

书名	作者	出版社
《我爱爸爸》	任远远 等	中国少年儿童出版社
《大地的儿子——周恩来的故事》	苏叔阳	中国少年儿童出版社
《我们曾经是少先队员》		中国少年儿童出版社
《小小铁流》	克 明	中国少年儿童出版社
《八十年寻路记——中国人是怎样找到马克思主义的》	余心言　刘绍荣	中国少年儿童出版社
《可爱的家乡》（《中学生》征文获奖作文选评）	《中学生》杂志社	中国少年儿童出版社
《小小发明100例》	《我们爱科学》杂志社	中国少年儿童出版社
《找星星》	〔美〕H.A.雷著；卞毓麟　隋竹梅 编译	中国少年儿童出版社
《奇怪的客人》	刘希亮　罗辰生	中国少年儿童出版社
《“全不知”游太阳城》	〔苏〕尼·诺索夫著；吕茂 编译	中国少年儿童出版社
《芳芳和汤姆》	袁 静	中国少年儿童出版社
《王伯伯教我学语文》	王有声	中国少年儿童出版社
《少先队员的心灵》	任大霖	少年儿童出版社
《胳肢窝里的孩子》	凌 纾	少年儿童出版社
《哪吒》（上）	周楞伽	少年儿童出版社
《荒岛擒魔》	〔英〕凯·菲德勒 等著；周仁义 等译	少年儿童出版社
《大将军和小泥鳅》	刘健屏 朱伟杰	少年儿童出版社
《秋瑾的故事》	李茂高	少年儿童出版社
《赵一曼的故事》	潘益大 金正扬	少年儿童出版社
《来自西方的故事》	刘勇强	少年儿童出版社

续表

书名	作者	出版社
《山南海北》	邵恒章 费国荣	少年儿童出版社
《5月35日》	〔联邦德国〕埃·克斯特纳 著，袁丁 何友存 译	少年儿童出版社
《远洋趣闻》	陆品山	少年儿童出版社
《错在哪里——数学》	顾忠德 等	少年儿童出版社
《理想和兴趣》	杨振瀛 李松梅	新蕾出版社
《我爱家乡的清泉水》(《星星火炬》征文选)	中央人民广播电台少儿组	新蕾出版社
《遇到这些问题怎么办》	新蕾出版社	新蕾出版社
《外国名言一千句》	洪 松	新蕾出版社
《冠军的童年(二)》	新蕾出版社	新蕾出版社
《童话》丛刊(第五集)	新蕾出版社	新蕾出版社
《燃烧的石头城》	海 笑	新蕾出版社
《绝句一百首》	桂梦春 武静寰	新蕾出版社
《"故事大王"画库》(第一辑)	新蕾出版社	新蕾出版社
《红岩》(少年版)	穆 仁	四川少年儿童出版社
《囚歌》(少年版)	叶 挺 等	四川少年儿童出版社
《大钉靴奇闻》	任大星	四川少年儿童出版社
《星孩子》	刘兴诗	四川少年儿童出版社
《打开地下宝库》	奚介凡 许 安	四川少年儿童出版社
《钱伟长》	周文斌 宫苏艺	四川少年儿童出版社
《蹦蹦跳跳先生》	叶永烈	四川少年儿童出版社
《马小虎办奇案》	盛如梅	四川少年儿童出版社
《张开理想的翅膀》	余心言	四川少年儿童出版社
《彭总在中南海》	孟云增 口述；安 一 整理	湖南少年儿童出版社
《将军从这里起步》	点 点	湖南少年儿童出版社
《我的一家》	陶 承 口述；何家栋等 执笔	湖南少年儿童出版社

续表

书名	作者	出版社
《包蕾童话近作选》	包　蕾	湖南少年儿童出版社
《拉比奇出走记》	〔南〕伊万娜·布尔里奇-马佐兰尼齐 著；叶君健 译	湖南少年儿童出版社
《捎给爱美的孩子》	李少白	湖南少年儿童出版社
《我们小队的故事》	卓列兵	湖南少年儿童出版社
《哭鼻子比赛》	郑渊洁	湖南少年儿童出版社

1984年"全国红领巾读书读报奖章"活动推荐书目

书名	作者	出版社
《毛泽东求学的故事》	王以平	湖南少年儿童出版社
《大地的儿子——周恩来的故事》	苏叔阳	中国少年儿童出版社
《朱德同志的故事和传说》	凌　峰	少年儿童出版社
《小武工队员》	江峻风	中国少年儿童出版社
《卓娅和舒拉的故事》	〔苏〕留·柯斯莫捷绵斯卡娅 著；幺洵 译	中国青年出版社
《铁木儿和他的队伍》	〔苏〕阿·盖达尔 著；任溶溶 译	少年儿童出版社
《给少先队员的信》	〔苏〕娜·康·克鲁普斯卡娅 著；周朴之 译	少年儿童出版社
《高玉宝》	高玉宝	人民文学出版社
《我和"二阿姨"》	赵志强、张万春	少年儿童出版社
《洪湖赤子》	傅俊生	湖南少年儿童出版社
《郭亮不死》	赵清学	湖南少年儿童出版社
《永生的战士——彭加本》	赵全章 李德明	四川少年儿童出版社
《海迪姐姐》	《红领巾》杂志编辑部	四川少年儿童出版社
《中国古代文学家的故事》	唐应光	少年儿童出版社
《艺术家的童年》(第1集)	新蕾出版社	新蕾出版社
《环球旅行记》	季一德	新蕾出版社
《少年大学生的奥秘》	司有和	中国少年儿童出版社

续表

书名	作者	出版社
《我是中国人》	纪　恩	中国少年儿童出版社
《可歌可泣的爱国主义精神》	赵树林	新蕾出版社
《昨天的故事——暗无天日的蒋家王朝》	商　得	中国少年儿童出版社
《上下五千年》(1~5)	林汉达　曹余章	少年儿童出版社
《中学生修养漫谈》	陈若海	湖南少年儿童出版社
《愿你交个良师益友》	董惠君	四川少年儿童出版社
《怎样读书收获大》	鲁宝元	中国少年儿童出版社
《语花——和中学生谈谈怎样学好语文》	萧叔言　蔡剑秋	中国少年儿童出版社
《文学初步》	包忠文 程远仙	少年儿童出版社
《作文通讯》优秀作文选	新蕾出版社	新蕾出版社
《中学生作文一得》	高　原等	新蕾出版社
《366天——日历上的百科知识》	胡建中	中国少年儿童出版社
《数学传奇》(少年百科丛书)	张景中	中国少年儿童出版社
《生活中的化学》(少年百科丛书)	王　真	中国少年儿童出版社
《神秘的南极大陆》	郑　平	中国少年儿童出版社
《有趣的地理游戏》	陈文辉 朱杰士	少年儿童出版社
《发明创造之路》	毛福平	四川少年儿童出版社
《足球万花筒》	黄绍勤	四川少年儿童出版社
《科学的发现(1)——打开原子的大门》	郭正谊	中国少年儿童出版社
《乱世少年》	萧育轩	少年儿童出版社
《给少年们的小说》	少年文艺编辑部	少年儿童出版社
《给少年们的散文》	少年文艺编辑部	少年儿童出版社
《长袜子皮皮的故事》	[瑞典]阿·林格伦著；李之义 译	少年儿童出版社
《雷锋中队的故事》	耿发友	少年儿童出版社
《豫西牵“牛”记》	榔梨生	新蕾出版社
《神山顶上闪亮的星》	高春丽	新蕾出版社

续表

书名	作者	出版社
《顽石点头》	何 芷	新蕾出版社
《铁道游击队》	刘知侠 原著 刘真骅节编	四川少年儿童出版社
《别了，语文课》	何 紫	四川少年儿童出版社
《傻妹》	熊建成 等	四川少年儿童出版社
《迷人的笑声》	杨振文	湖南少年儿童出版社
《窗边的小姑娘》	〔日〕黑柳彻子著 朱 濂 译	湖南少年儿童出版社
《神翼》	郑文光	湖南少年儿童出版社
《孙敬修爷爷讲的故事》	四川少年儿童出版社	四川少年儿童出版社
《中国优秀童话选》	中国少年儿童出版社	中国少年儿童出版社
《葛翠琳童话选》	湖南少年儿童出版社	湖南少年儿童出版社
《故事大王》选集	少年儿童出版社	少年儿童出版社
《故事大王画库》（第2集）	新蕾出版社	新蕾出版社
《365夜儿歌》（上、下）	鲁 兵	少年儿童出版社

1985年、1986年“全国红领巾读书读报奖章活动”推荐书目

书名	作者	出版社
《我是中国人》	纪 恩	中国少年儿童出版社
《党的一朵小红花——韩余娟》	山 草	中国少年儿童出版社
《大地的儿子——周恩来的故事》	苏叔阳	中国少年儿童出版社
《八十年寻路记——中国人是怎样找到马克思主义的》	余心言 刘绍荣	中国少年儿童出版社
《小小发明100例》	《我们爱科学》编辑部	中国少年儿童出版社
《少年科普佳作选》	中国科普创作研究所	中国少年儿童出版社
《生活在电波之中》（少年百科丛书）	甘本祓	中国少年儿童出版社
《数学花园漫游记》（少年百科丛书）	马希文	中国少年儿童出版社

续表

书名	作者	出版社
《宝葫芦的秘密》	张天翼 著;苗 地 绘	中国少年儿童出版社
《中国近代历史小故事》(上、下)	王世义等	中国少年儿童出版社
《怎样读书收获大》	鲁宝元	中国少年儿童出版社
《中华人物故事全书》(古代部分第1~4集)	冯广裕 等	中国少年儿童出版社
《中国现代科学家的故事》(1、2)	明 子 等	中国少年儿童出版社
《盐丁儿》	颜一烟	中国少年儿童出版社
《解应用题的钥匙》	邱学华	中国少年儿童出版社
《邮票小百科》(十二生肖)	《我们爱科学》编辑部	中国少年儿童出版社
《邮票小百科》(花卉)	《我们爱科学》编辑部	中国少年儿童出版社
《邮票小百科》(宇航)	《我们爱科学》编辑部	中国少年儿童出版社
《邮票小百科》(鸟类)	《我们爱科学》编辑部	中国少年儿童出版社
《邮票小百科》(体育)	《我们爱科学》编辑部	中国少年儿童出版社
《卓娅和舒拉的故事》	柳·科斯莫杰米扬斯卡娅	中国青年出版社
《少年观察日记选》	北京少年儿童出版社	北京少年儿童出版社
《少年BASIC》	张晓卫	北京少年儿童出版社
《电脑?电脑!》	钱 锋 崔志升	北京出版社
《奇异的光纤通信》	汪英华	北京出版社
《保护人类的家园》	朱志尧 刘路沙	北京出版社
《通向宇宙的新窗口》	何一平	北京出版社
《小航海家》	高 源	海洋出版社
《旧上海的故事》	拾 风 等	少年儿童出版社
《和诚实交朋友》	张振芝	少年儿童出版社
《儿童科普佳作选》	中国科普创作研究所	少年儿童出版社

续表

书名	作者	出版社
《科学家故事100个》	叶永烈	少年儿童出版社
《有趣的植物》	韦安阜	少年儿童出版社
《登上飞来峰》	张抗抗	少年儿童出版社
《苦儿流浪记》	艾·马洛 著;傅 辛 译	少年儿童出版社
《世界五千年》(1~6册,盒装)	陈必祥 等	少年儿童出版社
《儿童科学》(一年级上、下)	施育才	少年儿童出版社
《儿童科学》(二年级上、下)	施育才	少年儿童出版社
《天翻地覆三十年》(第一辑)(1~3册)	项立岭　段万翰　王小方	少年儿童出版社
《两个小当家》	高荣庭　朱洪兴	少年儿童出版社
《科学小实验》(少先队活动丛书之一)	张忠祥　邵仁年 等	少年儿童出版社
《一年级小朋友的书》(盒装)	鲁兵 等 写,马际 等 绘	少年儿童出版社
《二年级小朋友的书》(盒装)	赵冰波 等编著;俞理 等 绘	少年儿童出版社
《遇到这些问题怎么办》	新蕾出版社	新蕾出版社
《故事大王》画库(第1~5辑)	新蕾出版社	新蕾出版社
《冠军的童年(二)》	新蕾出版社	新蕾出版社
《作文通讯》优秀作文选(3、4)	全国十三所重点中学 等	新蕾出版社
《朱德元帅的一生》	刘启光	新蕾出版社
《可爱的中国》	新蕾出版社	新蕾出版社
《我爱读书》	团中央少工委	新蕾出版社
《侦探长的报告》	胡景芳	新蕾出版社
《动物趣谈》(1~4)	姚大均	江苏少年儿童出版社
《趣味地理》(第1~4册)	姚大均	江苏少年儿童出版社
《那个世界的孩子》	王去冲	浙江少年儿童出版社
《枪从背后打来》	李　迪	浙江少年儿童出版社

续表

书名	作者	出版社
《西湖，你可记得我？》	郁 茹	浙江少年儿童出版社
《小猫吓人》	罗浩 改编； 楼永年 绘	浙江少年儿童出版社
《了望祖国——形象化中国儿童地图》	夏 雨　应善昌	浙江少年儿童出版社
《信息社会向你招手》	甘本祓	浙江少年儿童出版社
《激光王国旅行记》	陈芳烈　朱幼文	浙江少年儿童出版社
《给地球照相》	甘本祓	浙江少年儿童出版社
《太空在召唤》	杨照德	浙江少年儿童出版社
《种豆能得瓜吗》	赵根南	浙江少年儿童出版社
《漫游电脑城》	吴 源	浙江少年儿童出版社
《向大海要宝》	宋守今	浙江少年儿童出版社
《漫游能源世界》	姜迅生	浙江少年儿童出版社
《长出翅膀的孩子》	姜达雅 等	浙江少年儿童出版社
《他比王子还得意》	胡尹强	浙江少年儿童出版社
《台湾逐寇记》	曾德厚	湖北少年儿童出版社
《听一听，……》丛书	佳青等编文； 李兆铣等绘	湖北少年儿童出版社
《在他们成功之前》	张良杰	湖北少年儿童出版社
《鸿雁快快飞》	张海迪	湖南少年儿童出版社
《小飞人三部曲》	〔瑞典〕阿·林格伦著； 任溶溶译	湖南少年儿童出版社
《苗苗的故事》	樊发稼	湖南少年儿童出版社
《知识爷爷》(三本合订本)	阳 光等 编绘	湖南少年儿童出版社
《钓猴》	郁 青	湖南少年儿童出版社
《金牌从0到15》	鲁 光　张晓岚	湖南少年儿童出版社
《大侦探小卡莱》	〔瑞典〕阿·林格伦 著； 任溶溶 译	湖南少年儿童出版社
《报警记》	罗先明	湖南少年儿童出版社
《张开理想的翅膀》	余心言	四川少年儿童出版社

续表

书名	作者	出版社
《中国现代少年英雄传》(套装)	黄庆云 等	四川少年儿童出版社
《发明创造之路》	毛福平 译	四川少年儿童出版社
《在飞向宇宙的道路上》	张德忠	四川少年儿童出版社
《别了,语文课》	(香港)何 紫	四川少年儿童出版社
《拼搏》	鲁 光 等	四川少年儿童出版社
《名人和他们的老师》(修订本)	雷风行　杨玉琴	四川少年儿童出版社
《打开智慧之门的钥匙》(上、下)(修订本)	阳正太	四川少年儿童出版社
《中国科学童话选》(修订版)	鲁 克	四川少年儿童出版社
《外国优秀民间故事选》(修订版)	史勤奋　范奇龙 选编	四川少年儿童出版社
《小铃铛和泥骆驼》(修订版)	夏有志	四川少年儿童出版社
《皮皮鲁全传》(修订版)	郑渊洁	四川少年儿童出版社
《茅以升》	齐敏　孙士庆	山西人民出版社
《西游记》(改写本)	吴承恩原著;吴庆先改写	辽宁少年儿童出版社
《知识寓言百篇》	卢培英	辽宁少年儿童出版社
《小木头趣游魔数世界》	水 木	辽宁少年儿童出版社
《少年大学生谈学习》	许春耘 等	安徽少年儿童出版社
《巍峨的泰山》	辛 勉	安徽少年儿童出版社
《黑猫警长》	褚志祥	福建少年儿童出版社
《不写错别字》	陈圣雄	福建少年儿童出版社
《怎样记日记》	王凤山	北方妇女儿童出版社
《含笑的花蕾》	薛为民	北方妇女儿童出版社

全国中小学百种爱国主义教育图书推荐书目

（1995年中宣部、国家教委、文化部、新闻出版署、共青团中央联合推荐）

小学组		
1	《革命领袖故事》(《毛泽东的故事》《刘少奇的故事》《周恩来的故事》《朱德的故事》)	二十一世纪出版社
2	《宋庆龄的故事》	辽宁少年儿童出版社
3	《劳动人民的好儿子雷锋》	中国少年儿童出版社
4	《中国近代历史小故事》(上、下)	中国少年儿童出版社
5	《中华爱国先辈故事》(1~6)	少年儿童出版社
6	《中国名人画传》(科学家5册)	河北少年儿童出版社
7	《有骨气的中国人》	中国少年儿童出版社
8	《话说国旗·国徽·国歌》	解放军出版社
9	《少先队的光辉历程》	百花文艺出版社
10	《我爱五星红旗》	接力出版社
11	《青春的风采》	海燕出版社
12	《朗诵给祖国听——新中国爱国主义诗选》	北京少年儿童出版社
13	《八一枪声》	少年儿童出版社
14	《我的一家》	中国工人出版社
15	《红色游击队》	少年儿童出版社
16	《二万五千里长征》	少年儿童出版社
17	《二千里行军》	少年儿童出版社
18	《小兵张嘎》	中国少年儿童出版社
19	《小武工队员》	中国少年儿童出版社
20	《铁道游击队》	上海文艺出版社
21	《敌后武工队》	解放军文艺出版社
22	《高玉宝》	解放军文艺出版社
23	《和爸爸一起坐牢的日子》	少年儿童出版社
24	《三大战役》	少年儿童出版社
25	《欢笑的金沙江》	人民文学出版社

续表

26	《中国自然保护区奇趣录》(《百兽乐园趣闻》《森林奇观》《鸟国之谜》)	安徽少年儿童出版社
27	《中国古代四大发明》	中国少年儿童出版社
初中组		
1	《伟人的足迹——毛泽东的故事》	中国少年儿童出版社
2	《大地的儿子——周恩来的故事》	中国少年儿童出版社
3	《上下五千年》(上、中、下)	少年儿童出版社
4	《中国古代爱国者的故事》	上海人民出版社
5	《中国近代爱国者的故事》	上海人民出版社
6	《中国现代爱国者的故事》	上海人民出版社
7	《中华民族杰出人物传(2)》	中国青年出版社
8	《中华民族杰出人物传(8)》	中国青年出版社
9	《莫忘国耻》	海燕出版社
10	《中华正气》	海燕出版社
11	《神圣抗战》	中国少年儿童出版社
12	《华夏向心力——华侨对祖国抗战的支援》	广西师范大学出版社
13	《我们的母亲叫中国》	中国少年儿童出版社
14	《八十年寻路记》	中国少年儿童出版社
15	《爱国主义教育》丛书(《一百个国耻纪念日》《一百位杰出爱国者》《一百位杰出思想家》《一百首爱国诗词》《一百位体育世界冠军》《一百项中华发明》《一百处中国重点风景名胜区》《中华腾飞的一百道难题》《中国的一百种资源》《一千句爱国名言》)	中国青年出版社
16	《海外赤子情》	西苑出版社
17	《改革开放中的祖国》	中国和平出版社
18	《走向新世纪》	西苑出版社
19	《历代爱国诗歌名篇鉴赏》	红旗出版社
20	《毛泽东诗词选》	人民文学出版社
21	《革命烈士诗抄》	中国青年出版社
22	《革命烈士诗抄续编》	中国青年出版社

续表

23	《爱国诗歌一百首》	少年儿童出版社
24	《祖国,我永远属于你——新中国爱国主义诗选》	广西师范大学出版社
25	《把一切献给党》	中国工人出版社
26	《可爱的中国》	人民文学出版社
27	《红旗谱》	中国青年出版社
28	《地球的红飘带》	人民文学出版社
29	《平原枪声》	人民文学出版社
30	《烈火金刚》	中国青年出版社
31	《苦菜花》	解放军文艺出版社
32	《新儿女英雄传》	人民文学出版社
33	《红日》	中国青年出版社
34	《红岩》	中国青年出版社
35	《林海雪原》	人民文学出版社
36	《谁是最可爱的人》	人民文学出版社
37	《抗美援朝战争回忆》	解放军文艺出版社
38	《中国的一百个世界第一》	辽宁少年儿童出版社
39	《中国古代科技成就》(修订版)	中国青年出版社
40	《明天的科学》	少年儿童出版社
41	《科技兴神州》	西苑出版社
42	《中国名山览胜》	江苏教育出版社
高中组		
1	《中国出了个毛泽东》	解放军出版社
2	《周恩来传(1898—1949)》	人民出版社 中央文献出版社
3	《我的父亲邓小平》(上)	中央文献出版社
4	《中国通史故事》(上、中、下)	中国少年儿童出版社
5	《历史与我的选择》	杭州大学出版社
6	《中国的道路——从毛泽东到邓小平》	广东高等教育出版社
7	《深圳的斯芬克斯之谜》	海天出版社
8	《中山魂》	华文出版社

续表

9	《记住这段历史》	四川人民出版社
10	《共产党抗战英杰》	解放军出版社
11	《侵华日军暴行录》	解放军出版社
12	《香港的昨天·今天·明天》	陕西人民教育出版社
13	《中华文化在海外的传播》	辽宁教育出版社
14	《外国人的中国观》	辽宁教育出版社
15	《外国人看中国》	中国少年儿童出版社
16	《新世纪的华夏卫士》	江苏少年儿童出版社
17	《爱国主义文粹》	辽宁教育出版社
18	《理想情操之歌——革命英烈诗文选》	湖北少年儿童出版社
19	《浩然正气》	人民出版社
20	《延河儿女——当年延安的中学生们》	中国青年出版社
21	《青年英杰》	希望出版社
22	《奋斗——科学家的成才之路》	科普出版社
23	《呐喊》	人民文学出版社
24	《青春之歌》	北京出版社
25	《野火春风斗古城》	人民文学出版社
26	《四世同堂》	北京出版社
27	《保卫延安》	人民文学出版社
28	《暴风骤雨》	人民文学出版社
29	《人口·资源·环境——中国面临的三大问题》	二十一世纪出版社
30	《推动世界的力量》	中国大百科全书出版社
31	《科学发现纵横谈》	上海人民出版社

历年新闻出版总署向青少年推荐优秀图书目录

2004年新闻出版署首次向青少年推荐优秀图书目录

序号	书名	出版社	出版时间
1	《百年小平——邓小平的故事》	中国少年儿童出版社	2004.6
2	《我的童年与领袖父亲》	四川少年儿童出版社	2004.1
3	《青年邓小平》	四川少年儿童出版社	2004.4
4	《青年毛泽东》	上海人民出版社	2003.12
5	《邓爷爷,我爱您》	少年儿童出版社	2002.4
6	《毛泽东之路——追寻父亲的足迹》(上、下)	云南教育出版社	2001.12
7	《科学人生——50位中国科学家的风采》	学习出版社	2004.5
8	《世界大人物》丛书(11册)	中国少年儿童出版社	2003.1
品德教育类			
9	《中华传统美德格言》(少年版)	人民教育出版社	2003.3
10	《小学生自我素质教育》丛书(6册)	四川少年儿童出版社	2002.6
11	《青少年道德教育读本》	广西民族出版社	2002.1
12	《革命烈士遗文大典》	上海文艺出版社	2001.6
13	《幼儿心理体操》	开明出版社	2004.1
14	《中小学生心理自助读本》(2册)	开明出版社	2003.2
知识类			
15	《中华成语千句文》	二十一世纪出版社	2003
16	《少年新闻传播普及教育》丛书(10册)	科普出版社	2004
17	《绿鹦鹉儿童百科》丛书(10册)	中国美术出版社	2003.8
18	《登上少年天才快车》系列(10册)	北京少年儿童出版社	2004.3
19	《小儿郎学堂》(大字号)(5册)	海燕出版社	2002.8
20	《中华读书之旅》	海燕出版社	2002.5
21	《绘本天下名句》(3册)	四川少年儿童出版社	2003.9
22	《中国成语故事大全》	江苏人民出版社	2002.1
23	《少年智慧万事问》	江苏少年儿童出版社	2003.2

续表

序号	书名	出版社	出版时间
24	《读书这么好的事》	广西师范大学出版社	2004.4
25	《实用百科图鉴系列》	接力出版社	2003.1
26	《世纪文存点击大师》丛书(10册)	浙江文艺出版社	2003.6
27	《中国少年儿童百科全书》(全四册)	浙江教育出版社	2004.1
28	《十万个为什么》(新世纪版)	少年儿童出版社	1999.9
29	《新版世界五千年》(精)	少年儿童出版社	2004.5
30	《话说中国》(6册)	上海文艺出版社	2003.1
31	《小灵通西部行》(12册)	少年儿童出版社	2002.8
32	《中华文明大视野》(8册)	二十一世纪出版社	2003
33	《中英双语版动物故事乐园》(10册)	中国人口出版社	2003.12
文学类			
34	《女生日记》	作家出版社	2000.8
35	《酷在雨季》	人民文学出版社	2000.6
36	《我和童话有个约会》	人民文学出版社	2000.7
37	《奔跑的青春》	人民文学出版社	2002.6
38	《没有孩子是差生》	人民文学出版社	2004.4
39	《请你这样教育我》	人民文学出版社	2002.2
40	《非常男生卜卜的开心辞典》	人民文学出版社	2003.4
41	《哈利·波特》	人民文学出版社	2003.10
42	《冰心儿童文学全集》	中国少年儿童出版社	2004.3
43	《中华古典名著文库》(少年版)(17册)	中国少年儿童出版社	2004
44	《青春书坊》(8册)	中国少年儿童出版社	2004.5
45	《杨红樱童话》	中国少年儿童出版社	2004.6
46	《小香咕》系列(2册)	北京少年儿童出版社	2003.9
47	《影响孩子一生的101个经典童话(金色卷)》	同心出版社	2003.8
48	《绿色未来》丛书(10册)	天津教育出版社	2001.9
49	《走马神灯》	河南人民出版社	2002
50	《家里有我》	四川少年儿童出版社	2002.11

续表

序号	书名	出版社	出版时间
51	《天棠街3号》	江苏少年儿童出版社	2001.1
52	《卓娅和舒拉的故事》	译林出版社	2004.4
53	《小犀牛校园青春小说》系列(4册)	明天出版社	2003.8
54	《大启发》系列(6册)	明天出版社	2003.2
55	《长翅膀的绵羊》	海天出版社	2002.7
56	《幽默大师小豆子》	海天出版社	2001.11
57	《古代文学精粹速读》(4册)	广东新世纪出版社	2003.4
58	《两个中国孩子的环球历险记》	广东新世纪出版社	2002.9
59	《小恐龙寻根历险记》(6册)	广东新世纪出版社	2003.7
60	《风与天使的故乡》(现代少儿文学获奖作品)	漓江出版社	2004.5
61	《假如我能行走三天》	漓江出版社	2003.4
62	《淘气包马小跳》系列	接力出版社	2004.1
63	《阿笨猫全传》(上、下)	接力出版社	2003.1
64	《萌芽青春文学》丛书(10册)	浙江文艺出版社	2002.6
65	《2003年冰心儿童文学新作奖获奖作品集》	浙江少年儿童出版社	2003.11
66	《中国幽默儿童文学创作丛书——周锐系列》	浙江少年儿童出版社	2003.1
67	《红帆船校园美文》丛书(5册)	浙江少年儿童出版社	2001.12
68	《男生贾里新传》	少年儿童出版社	2000.4
69	《花衣裳》丛书	少年儿童出版社	2003.4
科普类			
70	《好玩的数学》	科学出版社	2003.11
71	《教你认星星:探索星空的奥秘》	科学出版社	2004.2
72	《科普热点》丛书(12册)	科普出版社	2004.4
73	《院士数学讲座专辑》(13册)	中国少年儿童出版社	2004
74	《中小学生应急避险读本》(2册)	北京出版社	2004.3
75	《中学生奥林匹克知识读本》	北京出版社	2004.1
76	《站在科学的阳光下——高士其经典科普》丛书(4册)	北京出版社	2003.7

续表

序号	书名	出版社	出版时间
77	《中国少儿科普五十年精品文库》(缩编本)	大象出版社	2001.6
78	《走近博物馆》丛书(6册)	四川少年儿童出版社	2002.6
79	《现代科技与人文关怀》丛书(5册)	广东教育出版社	2003.5
80	《太空在召唤》丛书	广西教育出版社	2003
81	《家园的故事》丛书	广西科技出版社	2002.5
82	《古代文明探索之旅》丛书(8册)	浙江文艺出版社	2002.3
83	《百年航空系列科普》丛书	北京航空航天大学出版社	2004.1
84	《科学是美丽的——科学艺术与人文思维》	上海教育出版社	2002.1
动画、图画类			
85	《哪吒传奇》	人民邮电出版社	2003.6
86	《蓝猫淘气三千问》	接力出版社	2004.1
87	《宝宝的第一本书》(6册)	中国美术出版社	2004.1
88	《老故事新漫画》(10册)	大象出版社	2003.1
89	《我真棒》幼儿成长图画书(20册)	江苏少年儿童出版社	2004.1
90	《我为球狂》	海天出版社	2003.6
91	《小樱桃漫画果味系列》(8册)	浙江文艺出版社	2004.1
低幼类			
92	《好孩子床头经典系列》丛书(10册)	中国美术出版社	2004.3
93	《好奇宝宝小百科》(4册)	中国美术出版社	2004.1
94	《幼儿经典枕边故事》(3册)	中国美术出版社	2003.7
95	《儿童智慧小故事丛书——猜谜小故事》	北京少年儿童出版社	2003.1
96	《妈妈讲》系列丛书(4册)	北京少年儿童出版社	2003.1
97	《快乐歌·道德学习童谣》(3册)	南京出版社	2003.5
98	《亲亲宝宝》丛书(4册)	广东新世纪出版社	2002.9
99	《迷人的动物王国》(10册)	中国人口出版社	2003.12
100	《儿童启蒙必读》丛书(10册)	中国人口出版社	2004.1

2005年新闻出版总署第二次向青少年读者推荐百种优秀图书目录

序号	书名	出版社	作者	出版时间
人物传记类				
1	《跟毛泽东爷爷学读书》	湖南少年儿童出版社	肖和华 刘康奇	2003.10
2	《毛泽东的故事》	上海教育出版社	马英民等	2003.6
3	《邓小平画传》	四川人民出版社	中央文献研究室	2004.6
4	《一代伟人连环画》	少年儿童出版社	王继杰	2004.8
5	《藏汉之子——优秀援藏干部任国庆》	江苏文艺出版社	张国擎	2002.12
6	《陈嘉庚的故事》	鹭江出版社	洪永宏	2002.11
7	《飞得最高的中国人——杨利伟》	中国少年儿童出版社	董　恒	2004.11
8	《笑对人生——陈忠和自述》	海潮摄影艺术出版社	陈忠和	2004.6
9	《想象拥抱的世界——郭申元博士的故事》	上海科学普及出版社	郭得雯	2004.6
10	《科学大师的成才故事》 (中国卷、外国卷)	安徽少年儿童出版社	宁业高	2005.1
11	《英语神厨》	北京少年儿童出版社	张立勇	2004.7
爱国主义、思想品德类				
12	《五星红旗》	河北少年儿童出版社	华　琪	2002.10
13	《中国人心中永远的歌》	沈阳出版社	齐世明	2004.9
14	《神圣抗战》(图文版)	中国少年儿童出版社	雪　岗 等	2005.5
15	《抗日将领英烈小传》丛书	湖南少年儿童出版社	马国超 等	2005.5
16	《长征路上的故事》	上海教育出版社	张　云	2005.5
17	《用生命告诉明天——为新中国牺牲的烈士诗歌选》	华东师范大学出版社	朱杰人	1999
18	《中国新童谣》	中国少年儿童出版社	金　波	2005.4

续表

序号	书名	出版社	作者	出版时间
19	《北京童谣》	北京出版社	新童谣编辑部	2004.9
20	《黑色,是美丽的》	福建少年儿童出版社	李肇星	2005.1
21	《改变孩子一生的一件小事》	中国青年出版社	卞庆奎	2005.1
22	《培养杰出青少年7个习惯的方法》(引进版)	中国青年出版社	[美]肖恩·柯维	2005.1
23	《孩子,让我陪你一起成长》	明天出版社	陈恩黎	2004.9
24	《告诉孩子,你真棒》	长江文艺出版社	卢　勤	2004
25	《100个好故事》丛书	吉林美术出版社	吴振江	2005.3
26	《平安100分》系列	浙江文艺出版社	周红五	2005.1
27	《爱的教育——中国孩子情感日记》	浙江少年儿童出版社		2004.12
28	《温暖孩子心灵的101个热线电话》	浙江少年儿童出版社	李　湉	2004.12
29	《未成年人思想道德建设文学读本》	人民文学出版社	张海迪 等	2004.5
30	《孩子都有向上的心》	湖南人民出版社	陶宏开 等	2005.1
31	《小果冻今天懂事了》	大象出版社	北京青年报	2004.5
32	《别样西部》	甘肃教育出版社	茆　琛	2004.4
33	《改变你一生的小大系列》丛书	同心出版社	彭　洲	2004.8
34	《我最宝贵的》	三联书店	思乐维 等	2005.2
知识类				
35	《讲给孩子的中国地理》	希望出版社	刘兴诗	2003.8
36	《世界遗产之中国档案》	中国青年出版社	中央电视台《探索·发现》栏目组	2004.6
37	《中国节——图说民间传统节日》	福建人民出版社	李露露	2005.1
38	《小辣椒看世界》	成都地图出版社	成都地图出版社	2004
39	《走进刑法》	四川大学出版社	刘雄川	2005.4
40	《少年心事——青少年性健康教育读本》	宁波出版社	徐晓虹	2004.9

续表

序号	书名	出版社	作者	出版时间
41	《青少年自我保护掌中宝》	中国少年儿童出版社	中央综治委预防青少年违法犯罪工作领导小组办公室	2004.11
42	《儿童中国文化导读》	人民文学出版社	北京四海儿童经典导读教育中心	2002.9
43	《发现之旅系列电视图书》	湖南科学技术出版社	中央电视台《发现之旅》栏目	2004.2
44	《亲爱的爱因斯坦教授——小朋友给大科学家的信》(引进版)	湖南科学技术出版社	爱丽斯·卡拉普丽斯	2005.5
45	《话说中国》	上海文艺出版总社	杨善群 等	2005.1
46	《普法歌谣》	安徽文艺出版社	杜　非	2003.3
47	《中国结》丛书	河北少年儿童出版社	冯骥才	2004.9
48	《万物简史》(引进版)	接力出版社	比尔·布莱森	2005.2
49	《扬起生命的风帆——中小学生发明创造36讲》	人民出版社	关原成	2004.12
50	《纸上动物园》	福建美术出版社		2005.1
51	《小学生心理素质培养》	开明出版社	王希勇	2005.1
文学类				
52	《乌丢丢的奇遇》	江苏少年儿童出版社	金　波	2003.2
53	《青铜葵花》	江苏少年儿童出版社	曹文轩	2005.5
54	《"我在这儿"成长》阅读丛书	江苏少年儿童出版社	高洪波 等	2004.3
55	《希望少儿诗丛》	希望出版社	高洪波 等	2004.8
56	《杨红樱作品珍藏版》	明天出版社	杨红樱	2005.1
57	《老师慕容》	四川美术出版社		2005.1

续表

序号	书名	出版社	作者	出版时间
58	《花狗探长皮里斯》科学童话侦探系列	四川美术出版社	中国科普作家协会会员	2005.5
59	《世界经典童话——草原上的小木屋》系列(9种16册)(引进版)	天地出版社	罗兰·英格斯·怀德	2005.1
60	《十二生肖原创注音童话》系列	湖北少年儿童出版社	冰 波 等	2005.1
61	《极限幻觉》	湖北少年儿童出版社	张之路	2004.5
62	《少年小树之歌》(引进版)	浙江文艺出版社	佛瑞斯特·卡特	2004.11
63	《李志伟童话》	中国少年儿童出版社	李志伟	2003.10
64	《格林童话故事全集》(插图版)(引进版)	中国少年儿童出版社	格林兄弟	2004.11
65	《中国经典童话》	人民文学出版社	张天翼 等	2005.1
66	《安徒生童话故事集》(引进版)	人民文学出版社	安徒生	2005.4
67	《浪漫鼠德佩罗》(引进版)	新蕾出版社	凯特·迪卡米洛	2005.5
68	《时代广场的蟋蟀》(引进版)	新蕾出版社	乔治·塞尔登	2003.9
69	《陕北女娃》	湖南少年儿童出版社	周 路	2005.5
70	《怪老头讲故事》系列	新世纪出版社	孙幼军	2005.5
71	《大狗喀啦克拉的公寓》	中国福利会出版社	秦文君	2004.1
72	《夏洛的网》(引进版)	上海译文出版社	E·B·怀特	2004.5
73	《你在天堂里遇见的5个人》(引进版)	上海译文出版社	米奇·阿尔博姆	2004.7
74	《滴水藏海》	上海文艺出版社	《故事会》编辑部	2005.3
75	《金箍棒的秘密》	海燕出版社	六小龄童	2005
76	《土鸡的冒险》	春风文艺出版社	常新港	2005.1
77	《小布头奇遇记》	春风文艺出版社	孙幼军	2005.5
78	《大头儿子和小头爸爸》系列	接力出版社	郑春华	2002.6

续表

序号	书名	出版社	作者	出版时间
79	《梯形教室的六个下午》	接力出版社	陈丹燕	2005.1
80	《小兵张嘎》	接力出版社	徐光耀	2003.4
81	《装在口袋里的爸爸》	春风文艺出版社	杨　鹏	2005.1
科普类				
82	《金苹果文库》	江苏教育出版社		2004.1
83	《学生探索百科全书》(引进版)	书海出版社	卡尔·麦克尔森	2003.1
84	《图文中国昆虫记》	中国青年出版社	赵　力	2004.6
85	《发明创造从身边做起》	福建科技出版社	福建省科学技术协会、福建省教育厅	2000.11
86	《世界未解之迷》	四川辞书出版社	刘兴诗	2005.1
87	《李毓佩数学故事》系列	湖北少年儿童出版社	李毓佩	2004.1
88	《科学探索者》丛书	浙江教育出版社	帕迪利亚	2003
89	《无人区科学探险》丛书	湖南少年儿童出版社	谢自楚 等	2002.12
90	《趣味植物王国》	未来出版社	祁云枝	2004.4
91	《世界五千年科技故事》丛书	广东教育出版社	管成学 等	2004.4
92	《解读生命》丛书	北京少年儿童出版社	章静波 等	2002.9
93	《非常航天手册》	北京少年儿童出版社	田如森 等	2003.10
94	《力量——改变人类文明的50大科学定理》	上海文化出版社	李啸虎 等	2005.2
95	《加德纳趣味数学》系列(引进版)	上海科技教育出版社	陶臣铨 等	1999—2002
96	《头脑思维训练》丛书(引进版)	现代出版社	爱得华 等	2005.1
97	《神奇校车》(引进版)	四川少年儿童出版社	乔安娜·柯尔	2005.5

续表

序号	书名	出版社	作者	出版时间
98	《中国儿童大百科》	中国大百科全书出版社	编委会	2005.1
99	《儿童科技园——上海科技馆探密》丛书	世界图书出版公司	胡学增	2005.1
100	《宇航鼠》	现代教育出版社	郑　帅	2005.1

2006年新闻出版总署第三次向全国青少年推荐百种优秀图书目录

序号	书名	出版社	作者	出版时间
人物传记类				
1	《马克思画传》	华东师范大学出版社	中央编译局	2005.1
2	《毛泽东画传》	中央文献出版局	中央文献研究室毛泽东研究组	2005
3	《独领风骚——毛泽东的心路历程》	万卷出版公司	陈　晋	2004.1
4	《1911·先行者》	中国民主法制出版社	《探索·发现》栏目组	2006.2
5	《雷锋》	生活·读书·新知三联书店	师永刚、刘琼雄	2006.3
6	《手术刀就是武器——白求恩传》	上海文艺出版社	[加]泰德·阿兰、塞德奈·戈登 著；巫宁坤 译	2005.8
品德·教育类				
7	《党史故事画卷》	晨光出版社	王万里 等	2003
8	《重读长征》	湖南少年儿童出版社	邓湘子	2005.4
9	《长征日记》	上海人民出版社	萧　锋	2006.4
10	《红色少年连》	海南出版社	吴　之	2005.8
11	《抗日英雄谱》(连环画)	河北人民美术出版社	冯志编 著；吴　祥绘	2005.8
12	《过目不忘：50则关于荣辱观的故事》	上海文艺出版社	《故事会》编辑部	2006.5

续表

序号	书名	出版社	作者	出版时间
13	《八荣楷模》	辽宁人民出版社	辽宁精神文明办	2006.4
14	《中国男孩洪战辉》	湖南人民出版社	朱建刚	2006.1
15	《中国女孩文花枝》	湖南人民出版社	袁新华	2006.2
16	《马燕日记》	华夏出版社	马燕　韩石	2006.1
17	《智慧成长故事完美人格》系列	北京教育出版社	李琴　杨静等	2005
18	《叮当的魔法》	二十一世纪出版社	晓玲叮当	2006.4
19	《让我们的孩子远离毒品》	法律出版社	范丽丽	2005.6
20	《写给孩子的哲学启蒙书》	广西师范大学出版社	[法]碧姬·拉贝、米歇尔·毕奇	2005.6
21	《托尔斯泰启蒙读本》	海峡文艺出版社	[俄]列夫·托尔斯泰	2005.3
22	《改陋习　讲文明》	华夏出版社	中央文明办秘书组、中国科普作家协会	2003.12
23	《心灵种子》系列丛书	汕头大学出版社	林婷煜 苏意茹等	2005.1
24	《从跌倒的地方站起来飞扬:在生命中追寻的爱》	中国盲文出版社	[美]刘墉	2005.8
25	《回来吧,孩子——预防与戒除网瘾指南》	中国人民大学出版社	陶宏开	2006.4
26	《燃烧岁月——西部志愿者日记》	中国青年出版社	本书编委会	2005.8
27	《陈燕耳边的世界——中国第一位女盲人钢琴调律师的自传》	宁夏人民出版社	陈　燕	2004.9
28	《困境给我力量》	浙江少年儿童出版社	徐　澜	2005.1
29	《礼仪课堂》	河北少年儿童出版社	李树青 王贺兰	2005.4

续表

序号	书名	出版社	作者	出版时间
文学·艺术类				
30	《诵读中国》	人民文学出版社、中华书局	本书编委会	2006.1
31	《冰心儿童文学全集》(美绘版)	中国少年儿童出版社	冰　心	2005.6
32	《小橘灯　美文系列》丛书	安徽少年儿童出版社	彭学军 张　洁	2006.1
33	《新视角真实故事》丛书	明天出版社	张　鹏 徐艳华等编	2006.1
34	《亲历可可西里10年——志愿者讲述》	生活·读书·新知三联书店	绿色江河志愿者合编	2005.6
35	《世界文学经典》(维文)	民族出版社	楚风主编; 艾比布拉译	2006.3
36	《亲亲我的妈妈》	江苏少年儿童出版社	黄蓓佳	2006.1
37	《细米》	江苏少年儿童出版社	曹文轩	2006.1
38	《家有小丑全本》	中国福利会出版社	秦文君	2005.5
39	《变身狗》	春风文艺出版社	常新港	2006.1
40	《蛤蟆将军和他的兵》	春风文艺出版社	孙幼军	2006.4
41	《男生米戈》	福建少年儿童出版社	郁雨君	2006.4
42	《浅浅的海峡·成长船队》	江苏少年儿童出版社	王泉根 桂文亚	2006.3
43	《藏獒》	人民文学出版社	杨志军	2005.9
44	《月亮生病了》	人民文学出版社	鲁　冰	2005.1
45	《青春读本3》	上海文艺出版社	《故事会》编辑部	2005.12
46	《青苹果　红苹果》	少年儿童出版社	《少年文艺》编辑部	2005.9
47	《刘梅日记》	四川少年儿童出版社	刘　梅	2004.7
48	《生命课——一个教师的教育手记》	天津教育出版社	袁卫星	2006.1

续表

序号	书名	出版社	作者	出版时间
49	《木偶的森林》	新蕾出版社	王一梅	2005.9
50	《无名狼的旅程》	新蕾出版社	沈　悦	2005.5
51	《我是农民的儿女》	浙江教育出版社	钱江晚报社主编	2005
52	《小巴掌童话》	中国福利会出版社	张秋生	2004.9
53	《漂亮老师和坏小子》	作家出版社	杨红樱	2003.4
54	《小淘气尼古拉的故事》	中国少年儿童出版社	[法]勒内·戈西尼	2005.4
55	《天蓝色的彼岸》	新世界出版社	[英]艾利克斯·希尔	2004.1
56	《不可思议国的小豆豆》	漓江出版社	[日]黑柳彻子	2006.1
57	《感动世界的101首经典儿歌》	四川文艺出版社	阮由秋 陈　樱	2005.12
科普类				
58	《好玩的数学》丛书	科学出版社	张景中主编	2004.1
59	《科学人文读本》 (清澈的理性、蔚蓝的思维)	上海教育出版社	本书选编组	2005.1
60	《走近科学》丛书	科学普及出版社	中央台科教频道	2005.7
61	《中国科学家探险手记》丛书	海燕出版社	高登义等	2005.12
62	《载人航天新知识》丛书	江西高校出版社	袁家军 闵桂荣	2005.1
63	《飞天的故事》	中国宇航出版社	刘登锐等	2005.1
64	《大型科学漫画》丛书(藏文)	民族出版社	丛书编委会	2004.1
65	《新科学读本》(小学卷D)	北京大学出版社	刘　兵	2004.1
66	《国家地理阅读与写作训练》丛书	北京大学出版社	美国国家地理学会学校出版部、麦克米兰教育出版公司	2005.7
67	《头脑风暴丛书——物理与头脑相遇的地方》	长春出版社	[美]K. C. Cole	2002.4

续表

序号	书名	出版社	作者	出版时间
72	《人类基因的历史地图》	生活·读书·新知三联书店	[美]史蒂夫·奥尔森	2006.3
73	《孩子身边的自然百科故事》	四川美术出版社	刘兴诗 等	2006.1
74	《100个科学小实验》	四川人民出版社	[德]丹勒克尔 著；瑞吉尔 绘	2006.4
75	《与老虎做邻居》	同心出版社	刘志刚 许艳梅	2006.5
76	《两粒沙》	文化艺术出版社	王小娟	2004.1
77	《海洋的变化》	中国环境科学出版社	[美]西尔维·A·艾莉	2006.3
78	《灭绝动物挽歌》	中国环境科学出版社	郭 耕主笔	2003.3
79	《少年科学实验》丛书	中国科学技术出版社	丛书编委会	2005.6
80	《猛兽总动员》	中国少年儿童出版社	张永军	2005.12
知识类				
81	《中国儿童百科全书》	中国大百科全书出版社	《中国儿童百科全书》编委会	2005.1
82	《拉鲁斯青少年百科全书》	浙江教育出版社	[法]拉鲁斯出版公司；韦德福、裘禾敏、朱静等 译	2002.12
83	《我的第一套百科全书》（动物卷、自然卷）	人民邮电出版社	美国迪士尼公司、童趣出版有限公司	2005.1
84	《讲给孩子的中国历史》	希望出版社	刘兴诗	2005.11
85	《最有创意的儿童小百科》	北京科学技术出版社	法国巴亚青年出版社	2006.3
86	《启功给你讲书法》	中华书局	启 功	2005.1

续表

序号	书名	出版社	作者	出版时间
87	《院士讲的故事》	四川少年儿童出版社	郑延慧	2006.1
88	《学习改变命运》	新世界出版社	李晓鹏	2005.1
89	《少儿人文地理》丛书	中国人口出版社	沈　平 金　波 等	2005.5
90	《告诉孩子自救自护119招》	长江文艺出版社	孙云晓	2005.7
91	《我的成长我做主——青少年心灵快乐游戏10+1》	漓江出版社	毕淑敏	2005.1
92	《青春的颤音：中学生悄悄话进行时》	石油工业出版社	吴若梅	2006.1
93	《寻找法律的印记》	法律出版社	余定宇	2004.1
94	《我要做只快乐鸟——小学生健康心理和良好习惯自我引导技巧》	四川科技技术出版社	[美]朱利安·泰普林、张祥荣	2004
95	《书画经典》	紫禁城出版社	上海博物馆编	2005.12
动画·图画类				
96	《雪人的故事》	四川少年儿童出版社	熊亮编绘	2006.1
97	《当代中国经典美术片书系》（大闹天宫、三个和尚等）	当代中国出版社	上海美术电影制片厂	2004.5
98	《手印童话》	电子工业出版社	斯嘉图文工作室绘	2006.4
99	《漫画家廖冰兄的童年》	暨南大学出版社	凌　儿 文； 刘中文 画	2005.5
100	《上海美影经典故事丛书——小蝌蚪找妈妈》	人民邮电出版社	上海美术电影制片厂	2006.3

2007年新闻出版总署第四次向全国青少年推荐百种优秀图书目录

序号	书名	作者	出版社
人物传记类			
1	《天下为公——孙中山传》	李　菁	华文出版社
2	《朱德的青少年时代》	罗　歌　吴显果	四川少年儿童出版社
3	《王光美访谈录》	黄　峥	中央文献出版社

续表

序号	书名	作者	出版社
4	《梁思礼院士自述——一个火箭设计师的故事》	梁思礼口述；吴荔明 梁忆冰 整理	清华大学出版社
5	《撑起生命的蓝天——空难与我》	王嘉鹏	宁夏人民出版社
6	《课本中的名人在童年、在少年》（中国卷、外国卷，4册）	李秀云 何大明 杜艳飞	北方妇女儿童出版社
7	《少年博雅文库·科学的难忘岁月》（4册）	江晓原	少年儿童出版社
品德教育类			
8	《共和国红镜头——中南海摄影师镜头中的国事风云》（上、下）	顾保孜 撰文；杜修贤 摄影	中共党史出版社
9	《红军：1934—1936》	师永刚 刘琼雄	生活·读书·新知三联书店
10	《中华传统美德》	高 路	朝华出版社
11	《季羡林谈读书治学/谈师友/谈人生》（3册）	季羡林著；季羡林研究所 编	当代中国出版社
12	《诺贝尔奖获得者给青少年的11条准则》	健 修	黄山书社
13	《青少年成才必备的六堂情商培训课》（6册）	熊力樊、萧 月 等	湖北人民出版社
14	《孝·道：〈天下父母〉感动中国的50个真情故事》	吕明晰	中国青年出版社
15	《我能做好——中学生健康心理和良好习惯自我引导技巧》	[美]Julian Taplin、张祥荣著	四川科学技术出版社
16	《青少年心理压力管理手册》	布赖恩 L.西沃德、琳达 K.巴特丽特 著；刘丹 译	世界图书出版公司
17	《敢赢》	马克·维克多·汉森	浙江文艺出版社
18	《谎言长着红耳朵》	莱内尔·埃尔林格 著；盛超 译	华中师范大学出版社
科普类			
19	《少年科普热点》丛书（12册）	丛书编写组	科学普及出版社

续表

序号	书名	作者	出版社
20	《图说天下国家地理系列》(10册)	丛书编委会	吉林出版集团有限责任公司
21	《天·地·人》生态丛书(3册)	牛正寰 陈自红 铁穆尔	甘肃文化出版社
22	《大发现系列丛书——爱因斯坦的宇宙》	[美]加来 著；徐彬 译	湖南科学技术出版社
23	《去南极》《去北极》	金　雷	湖南科学技术出版社
24	《全民应急》科普丛书(6册)	中华人民共和国科学技术部	中国矿业大学出版社
25	《青鸟译丛》(6册)	克里斯·莱弗斯等	江苏科学技术出版社
26	《新法布尔自然观察法》(第一、二辑,23册)	韩国自然观察研究会 编	广州出版社
27	《宇宙简史》	[英]斯蒂芬·霍金	湖南少年儿童出版社
28	《科学家讲故事》(2册)	周　嫦	浙江大学出版社
29	《生动的自然科学童话》(4册)	[韩]申政民、李美爱 著；李胜奎、柳基勋 绘	黑龙江科学技术出版社
30	《天空趣象》	金传达	气象出版社
31	《亲近月球》	李　元等	陕西科学技术出版社
32	《与植物零距离》	祁云枝	陕西科学技术出版社
33	《穿越时空》(12册)	[英]克莱尔·艾斯顿、马克·斯达西	北京科学技术出版社
34	《珠穆朗玛峰到底有多高》	赵亚辉 徐永清	测绘出版社 中国地图出版社
35	《孩子最爱玩的科学实验》	杨芳等 编绘	四川少年儿童出版社
36	《讲给孩子的世界地理》(4册)	刘兴诗	希望出版社
37	《动物记》(3册)	欧内斯特·汤普森·西顿	新星出版社
38	《神奇的科学魔方》	[美]维基·考伯、凯茜·达林 著	长春出版社
39	《快乐科普剧》	赵　明	北京少年儿童出版社

续表

序号	书名	作者	出版社
知识类			
40	《中华文化承传》(上、中、下)	施仲谋主编； 杜若鸿副主编	北京大学出版社
41	《寓言中的经济学》	梁小民	北京大学出版社
42	《古代中国文化讲义》	葛兆光	复旦大学出版社
43	《阅读中国·社会史卷/艺术史卷》(2册)	社会史卷：曹文柱、赵世瑜、李少兵著；艺术史卷：李　晓、曾遂今著	华东师范大学出版社
44	《中文经典100句——古文观止、论语、史记》(3册)	季旭升 总策划； 公孙策 著	中央编译出版社
45	《国史十六讲》	樊树志 著	中华书局
46	《图说中国传统节日》	宋兆麟、李露露	世界图书出版公司
47	《中国人的民俗世界》	蒯大申 祁　红	安徽文艺出版社
48	《西方哲理大师漫画故事》(1－3卷)	颜玉强主编； 陈鹏副主编	安徽文艺出版社
49	《中国中学生百科全书》(4册)	卢　勤 王杏村	中国大百科全书出版社
50	《中国儿童百科全书·上学就看》(8册)	丛书编委会	中国大百科全书出版社
51	《未来世界的100种变化》	[德]布凌格主编； 王河新、史仁虎、刘百宁等译	科学出版社
52	《影响历史的99种发明》	李亚宁主编；廖伟、陈梅芳副主编	四川文艺出版社
53	《诺贝尔奖获奖者的100个精彩故事》(10册)	杨建邺	武汉出版社
54	《带你走进博物馆》(5册)	丛书编委会	文物出版社
55	《青少年必备丛书——有益青少年一生的法律知识》	董　梅 宣　炀	湖北人民出版社

续表

序号	书名	作者	出版社
56	《主宰——支配社会发展的25大人文法则》	邢志华 匡志强	上海文化出版社
57	《快乐中学生》	卢　宇　张　玲	中国人口出版社
58	《告诉孩子自救自护119招》	孙云晓主编；刘秀英　曹萍副主编	长江文艺出版社
59	《汉字王国》	[瑞典]林西莉	生活·读书·新知三联书店
文学·艺术类			
60	《中国当代获奖儿童文学作家书系》(10册)	金　波　张之路 沈石溪　冰　波 保冬妮　王一梅等	人民文学出版社
61	《我的课桌在哪里》	黄传会	人民文学出版社
62	《剑鸟》	范　祎	人民文学出版社
63	《假如我是海伦》	张悉妮	人民文学出版社
64	《国际安徒生奖提名奖获得者》丛书(5册)	孙幼军　金　波 秦文君　曹文轩 张之路	接力出版社
65	《2005年中国幼儿文学精品》(彩绘版)(3册)	金　波	接力出版社
66	《鼹鼠的月亮河》(第六届全国优秀儿童文学奖获奖作品)	高洪波	漓江出版社
67	《小虎队儿童文学》丛书(4册)	薛　涛　董恒波 车培晶　许迎坡	辽宁少年儿童出版社
68	《金波儿童文学精品系列》(5册)	金　波	江苏少年儿童出版社
69	《笠笠非常图本小说》(4册)	秦文君	江苏少年儿童出版社
70	《月光下的肚肚狼》(中国原创童书)	冰　波	新蕾出版社
71	《狗来了》(国际大奖小说)	[奥]克里斯蒂娜·涅斯特林格著；[德]尤塔·鲍尔绘	新蕾出版社

续表

序号	书名	作者	出版社
72	《中国幽默儿童文学创作·董宏猷系列》(3册)	董宏猷	浙江少年儿童出版社
73	《小学生、中学生感恩故事全集》(2册)	滕　刚	花山文艺出版社
74	《童画·童话集》(5册)	周　锐、冰　波、王一梅、肖定丽、安武林	河北少年儿童出版社
75	《非常小子马鸣加》(5册)	郑春华 著;姚红 图	少年儿童出版社
76	《父亲》	梁晓声	中国画报出版社
77	《千年庭院》(盲文版)	余秋雨	中国盲文出版社
78	《老海棠树》	史铁生	中国盲文出版社
79	《小猪唏哩呼噜》	孙幼军	春风文艺出版社
80	《芦荡金箭》	金曾豪	江苏教育出版社
81	《一路格桑花》	党益民	解放军文艺出版社
82	《回家:一只灰喜鹊受伤之后》	谢立军	科学出版社
83	《斑羚飞渡》	沈石溪	蓝天出版社
84	《小太阳》	子　敏	湖北少年儿童出版社
85	《笑猫日记》(3册)	杨红樱	明天出版社
86	《我在长大系列——蔚蓝色的夏天》	李学斌	新世纪出版社
87	《鬼狗》	黑　鹤	中国少年儿童新闻出版总社
88	《假小子戴安》	杨红樱	作家出版社
89	《毛毛》	[德]米切尔·恩德 著;李士勋译	二十一世纪出版社
90	《于是,天使来到身边》	Differ	上海译文出版社
91	《纳尼亚传奇》(7册)	C.S.刘易斯	译林出版社
92	《世界名画乐园》(5册)	梅　叶　陆　华　潘　岚	重庆出版集团
93	《彩图音乐小百科》	李丹芬	上海教育出版社

2007年新闻出版总署第四次向全国青少年推荐百种优秀图书目录

序号	书名	作者	出版社
动画·图画类			
94	《抗日小奇兵系列》(1–5)	动画片改编	中信出版社
95	《天上掉下个猪八戒》(5册)	江通动画股份有限公司	湖北美术出版社
96	《中国人的智慧大师》(漫画版)(8册)	丛书编委会	新蕾出版社
97	《反斗猫俏皮狗》(10册)	任东耀　李　刚	湖南少年儿童出版社
98	《连连看》(12册)	本书编委会	吉林美术出版社
99	《雅诺什童话集》(第一、二辑,7册)	[德]雅诺什	云南美术出版社
100	《小狗卡皮系列》(12册)	[英]米克·英克潘	北京科学技术出版社

2008年新闻出版总署第五次向全国青少年推荐百种优秀图书目录

序号	书名	作者	出版社	出版时间
品德·教育类				
1	《恰同学少年》	黄　晖	湖南人民出版社	2007.7
2	《难忘的八年——周恩来秘书回忆录》	纪　东	中央文献出版社	2007.9
3	《生如夏花——80后大学生李春华》	谷　良	湖南文艺出版社	2007.7
4	《人物传记丛书——马丁·路德·金》	Jean Darby 著;顾　岳 译	上海外语教育出版社	2006.1
5	《抗战家书》	中国人民抗日战争纪念馆抢救民间家书项目组委会	中国画报出版社	2007.7
6	《为生命喝彩》	徐凤建	上海三联书店	2007.12
7	《与高尚同行——中国青年志愿者行动纪实》	钱念孙　邢　军	安徽教育出版社	2003.3
8	《100个奥运冠军的故事》(拼音版)	高厚满	湖北少年儿童出版社	2007.7
9	《奥运的品格》	北京根基品格教育机构著	江西人民出版社	2008.3

续表

序号	书名	作者	出版社	出版时间
10	《悲壮的历程——唐山地震30年写给云年》	陈非比	地震出版社	2006.7
11	《成长比成功更重要》	凌志军	陕西师范大学出版社	2006.7
12	《不理会太阳的向日葵》	陈子衿	陕西师范大学出版社	2006.7
13	《你在为谁读书》	尚阳　余闲	湖北少年儿童出版社	2006.1
14	《再试一次,就成功》	刘　墉	长江文艺出版社	2007.6
15	《中华智者》丛书	王心慈	湖南少年儿童出版社	2007.9
16	《蚂蚁的生存哲学》	江乐兴	地震出版社	2006.5
17	《孔子的智慧生活》	姚淦铭	上海辞书出版社	2007.1
18	《“读·品·悟”大家讲谈系列》	滕　刚	花山文艺出版社	2007.11
19	《兄弟家书》	戴宏杰 戴宏力 戴次一	清华大学出版社	2007.3
20	《生活中的中国智慧》	程钦华	外文出版社	2007.1
21	《生活在数字化社会的智慧》	张圣万	红旗出版社	2008.2
22	《心理面面观——古今人物心理探析》	岳晓东	上海人民出版社	2007.7
23	《攀登幸福阶梯——获得最多幸福的九种习惯》	戴维·勒诺哈特	中国人民大学出版社	2006.1
科普类				
24	《中国儿童好问题百科全书》	龚　莉　鞠　萍	中国大百科全书社	2007.2
25	《中国儿童百科全书》(蒙、藏、维、哈、朝文)	《中国儿童百科全书》编委会	民族出版社	2007.12
26	《少年儿童百科全书》(4册)	[英]奥菲仕图书公司	明天出版社	2006.12
27	《走近科学》丛书	中央电视台《走近科学》栏目组	上海科学技术文献出版社	2007.6
28	《自然发现大百科》	[英]大卫·兰伯特	电子工业出版社	2007.2
29	《有趣的科学》丛书(3册)	[英]罗伯特·温斯顿著;刘建湘译	科学普及出版社	2008.1

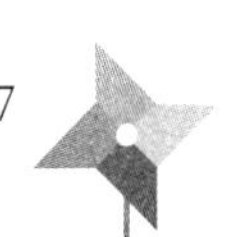

续表

序号	书名	作者	出版社	出版时间
30	《新科学读本》丛书(珍藏版)	刘　兵	北京大学出版社	2007.5
31	《回望人类发明之路》(汉文、盲文版)	张开逊	北京出版社,中国盲文出版社	2007.8
32	《探索者科普系列》	田战省	北方妇女儿童出版社	2008.1
33	《国探月》	国防科工委月球探测工程中心	科学出版社	2007.10
34	《"嫦娥"巡天看中华》丛书	张传军 邱小林	科学普及出版社	2007.11
35	《追星——关于天文、历史、艺术与宗教的传奇》	卞毓麟	上海文化出版社	2007.1
36	《讲给孩子的中国大自然》	刘兴诗	希望出版社	2008.2
37	《中国古代100位科学家故事》	中共中央宣传部宣传教育局、教育部基础教育司、科技部政策法规与体制改革司组织编写	人民教育出版社、学习出版社	2006.3
38	《物理世界奇遇记》	[美]G·伽莫夫, [英]R·斯坦纳德	科学出版社	2006.2
39	《数学圈》丛书(2册)	[美]H·W·伊弗斯	湖南科学技术出版社	2007.6
40	《北极圈里寻恐龙——绝地科考笔记》	董枝明	化学工业出版社	2007.8
41	《企鹅的脚为什么不怕冻?》	米克·奥黑尔著;王鸣阳	广西科学技术出版社	2007.6
42	《阅读动物》	吴仲华	华东师范大学出版社	2007.6
43	《密码传奇》	赵燕枫	科学出版社	2008.4
44	《培养孩子动手动脑的趣味科学实验》	郭　漫	航空工业出版社	2006.8

续表

序号	书名	作者	出版社	出版时间
知识类				
45	《中国节典——四大传统节日》	“民族传统节日与国家法定假日”课题组	安徽教育出版社	2008.1
46	《文字中国》丛书	刘志基	大象出版社	2007.12
47	《神话:远古记忆的重述与解读》	李贞颖	华东师范大学出版社	2008.1
48	《话说世界历史》(4册)	中国社会科学院历史研究所	现代出版社	2007.10
49	《事物的起源》	[德]uliusE·利普斯	敦煌文艺出版社	2005.7
50	《它们是怎么来的》	比尔·斯莱文,徐来翻译	四川少年儿童出版社	2006.6
51	《中国古代建筑师》	张钦楠	生活·读书·新知三联书店	2008.1
52	《地图的发现》	杨　浪	生活·读书·新知三联书店	2006.9
53	《季羡林谈写作》	季羡林	当代中国出版社	2007.3
54	《创新——奇思异想》	黄晓荣	华东理工大学出版社	2007.6
55	《全世界优等生都在做的1000个思维游戏》	瑞　麟　徐保平 赵　一　许庆元	中国时代经济出版社	2007.1
56	《经营自我》小丛书	[美]书卷出版公司;王绍祥等翻译	商务印书馆	2006.3
57	《你该怎么办——李澍晔叔叔避险高招101系列》	李澍晔 刘燕华	中国和平出版社	2006.8
58	《草莓很甜——青春期秘密故事·生理伴读》	刷　刷	湖南文艺出版社	2008.1
文学·艺术类				
59	《像自由一样美丽》	林　达	生活·读书·新知三联书店	2007.9
60	《向天而歌》(盲文)	刘红庆	中国盲文出版社	2007.1
61	《西部的家园》	钱理群　鲁　洁 杨东平	敦煌文艺出版社	2006.4

续表

序号	书名	作者	出版社	出版时间
62	《音乐漂流瓶》	肖复兴	黑龙江少年儿童社	2007.4
63	《奥运小子》系列丛书	阎耀明	福建教育出版社	2007.4
64	《蓝天下的课桌》	伍美珍 刘君早	福建少年儿童出版社	2007.9
65	《其实你就是人物》	陈祖芬	中国青年出版社	2007.1
66	《快乐比第一更重要》	青年文摘杂志社图书部编	中国青年出版社	2007.1
67	《人与永恒》	周国平	黄山书社	2007.10
68	《淘淘》丛书	沈石溪	少年儿童出版社	2008.1
69	《熊猫史诗》	方　敏	重庆出版社	2008.1
70	《张秋生童话》	张秋生	海燕出版社	2007.1
71	《福奶奶的神奇笸箩》	保冬妮	重庆出版社	2008.1
72	《猫眼小子包达达》系列(4册)	葛　竞	接力出版社	2007.9
73	《老鼠米来》	常新港	春风文艺出版社	2008.3
74	《心灵成长生肖童话》系列	曹冰彬	同心出版社	2007.8
75	《彭懿精灵飞舞幻想小说集》	彭　懿	江苏少年儿童出版社	2008.1
76	《程玮至真小说散文系列》(5册)	程　玮	江苏少年儿童出版社	2008.3
77	《毛驴上的笑星——阿凡提的大幽默》	艾克拜尔·吾拉木	新疆青少年出版社	2007.1
78	《童喜喜·幽默新幻想·嘭嘭嘭系列》(美绘版)	童喜喜	中国少年儿童出版社	2008.1
79	《林格伦作品选》(美绘版8册)	阿斯特丽德·林格伦	中国少年儿童出版社	2007.9
80	《魔法小仙子·珠宝星归来》	晓玲叮当	二十一世纪出版社	2007.12
81	《蓝色的海豚岛》	[美]斯·奥尔台	新蕾出版社	2007.8
82	《头长反毛的小丫:夏蘩的花季雨季》	张国龙	新世纪出版社	2007.6
83	《佐贺的超级阿嬷》	岛田洋七	南海出版公司	2007.3
84	《提与祖父》	普密尼	新蕾出版社	2008.1

续表

序号	书名	作者	出版社	出版时间
85	《露着衬衫角的小蚂蚁》	万　巴	人民文学出版社	2008.1
86	《花婆婆》	芭芭拉·库尼著;方素珍 译	河北教育出版社	2007.4
87	《寂静的春天》	蕾切尔·卡森	上海译文出版社	2008.1
88	《数字魔鬼》	汉斯·恩岑伯格	人民文学出版社	2008.1
89	《艺术的童年》	艾姿碧塔	安徽教育出版社	2007.6
90	《好诗共欣赏》	叶嘉莹	中华书局	2007.8
91	《同一首歌——童声飞翔》(4册)	徐沛东	现代出版社	2006.8
动画·图画类				
92	《情韵中国》系列(6册)	熊　亮	连环画出版社	2008.3
93	《棒仔心灵之旅图画书》(7册)	王一梅	海燕出版社	2007.1
94	《地球的孩子绿色童书》(10册)	王　英	四川少年儿童出版社	2007.7
95	《福娃奥运漫游记》(15册)	北京卡酷动画卫视、北京水晶石影视动画科技有限公司	浙江少年儿童出版社	2007.9
96	《小鲤鱼历险记》	外语教学与研究出版社编	外语教学与研究出版社	2007.5
97	《喜羊羊与灰太狼》	童趣出版有限公司编	人民邮电出版社	2007.5
98	《中华小子》(26册)	上海今日动画影视制作有限公司	江苏少年儿童出版社	2007.10
99	《苏斯博士》(10册)	苏　斯	中国对外翻译出版公司	2007.4
100	《我的感觉》	[美]康娜莉娅·莫　得·斯贝曼	电子工业出版社	2007.12

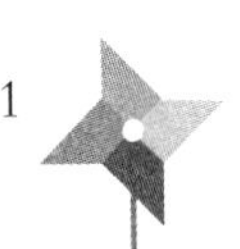

2009年新闻出版总署第六次向全国青少年推荐百种优秀图书目录

序号	书名	作者	出版社
品德类			
1	《道德好榜样》丛书	邓湘子　皮朝晖	湖南少年儿童出版社
2	《善的教育》	刘心武	华龄出版社
3	《像雷锋那样》	吴红梅 王凯博	电子工业出版社
教育类			
4	《中华人文精神读本》(青少年版)(4册)	汤一介	北京大学出版社
5	《体验生涯》	黄天中	高等教育出版社
6	《你也能创造奇迹》	汪传华	湖北少年儿童出版社
7	《柠檬酸酸》《葡萄甜甜》	王　彦	湖南少年儿童出版社
8	《感恩书系》(12册)	滕　刚 等	花山文艺出版社
9	《阳光少年励志书系》(5册)	滕　刚 等	花山文艺出版社
10	《好心态决定孩子的成败》	方　洲	华语教学出版社
11	《启迪孩子成长》系列(4册)	林　澜	湖北美术出版社
12	《宝宝学语言》(5册)	李秀英	吉林摄影出版社
13	《重大灾害预防和救助教育学生读本》	宋　宁	江苏美术出版社
14	《如何掌控自己的时间和生活》	[美]阿兰·拉金	金城出版社
15	《少年新闻传播普及教育》丛书	李晓冰	科学普及出版社
16	《青少年普法》丛书(蒙、藏、维、哈、朝文)	董　梅　宣　汤　等	民族出版社
17	《开放你的人生》	王辉耀等	人民出版社
18	《学习方法决定学习成绩》	陆震谷	上海锦绣文章出版社
19	《风，还会绚烂》	王　宇	天津科学技术出版社
20	《老师推荐给学生的哲理故事》	华　业	中国长安出版社

续表

序号	书名	作者	出版社
人物传记类			
21	《大家》丛书(10册)	汪建强　郭梅 等	江苏人民出版社
科普类			
22	《环保百科》	畲　田	北方妇女儿童出版社
23	《“妙趣科学”立体翻翻书》(12册)	[德]安格拉·威因霍尔德等	北京科学技术出版社
24	《奥运中的科技之光》	赵致真	高等教育出版社
25	《野性亚马孙》	张树义	广西科学技术出版社
26	《少儿科普名人名著书系》(20册)	张景中　叶永烈 等	湖北少年儿童出版社
27	《乔治开启宇宙的秘密钥匙》	[英]史蒂芬·霍金	湖南科学技术出版社
28	《2020年的战争:机器人战争》	路秀儒	黄河出版社
29	《马小跳爱科学》(春、夏、秋、冬)	杨红樱	吉林美术出版社
30	《0.618——宇宙的钥匙》	钱志新	科学出版社
31	《星座与希腊神话系列》	力　强	科学普及出版社
32	《环境危机》系列	[英]史蒂夫·帕克尔	科学普及出版社
33	《嫦娥书系》(6册)	欧阳自远	上海科技教育出版社
34	《少年科学大讲堂》(20种)	杨　樗　方舟子	少年儿童出版社
35	《有趣的制造》	[英]莎伦·罗斯等	新星出版社
36	《昆虫之美》	李元胜	重庆大学出版社
知识类			
37	《刘谦的魔法签证》	刘　谦	北京出版社
38	《南京浩劫——被遗忘的大屠杀》	[美]张纯如	东方出版社
39	《走进世博会——世博历史150年》	《上海世博》杂志编辑部	东方出版中心
40	《星火燎原·未刊稿》	徐向前 等	解放军出版社
41	《红旗与金徽》丛书(4卷)	马全州	解放军出版社
42	《西藏读本》	苏叔阳	辽宁教育出版社

续表

序号	书名	作者	出版社
43	《孔子读本》	汤恩佳	南方日报出版社
44	《世界未解之谜全纪录》	灵犀工作室	青岛出版社
45	《蒙学六种》	吕晓庄校注	三晋出版社
46	《最迷人的数学趣题》	[美]彼得·温克勒	上海教育出版社
47	《新版上下五千年》(1—4)	林汉达	少年儿童出版社
48	《抗震救灾 英雄少年》	谢徽等文、程国英等图	四川少年儿童出版社
49	《小小读书郎》	严　红	武汉大学出版社
50	《中国文化读本》	叶　朗　朱良志	外语教学与研究出版社
51	《讲给孩子的中国大自然》	刘兴诗	希望出版社
52	《讲给孩子的世界大自然》	刘兴诗	希望出版社
53	《最新十万个为什么》丛书(学生必读版)(8册)	纪江红	云南教育出版社
54	《大发现系列》	[韩]韩允美	浙江教育出版社
55	《越玩越聪明全集》	武瑛娟	中国城市出版社
56	《师魂绚丽如虹》	李曜明	四川教育出版社
文学类			
57	《大自然在召唤》系列	刘先平	安徽少年儿童出版社
58	《小橘灯·校园纯小说》	孙卫卫 等	安徽少年儿童出版社
59	《中国名家童话》系列	张秋生	安徽少年儿童出版社
60	《20世纪全球文学经典珍藏》	张美妮　王泉根	北京师范大学出版社
61	《会跳舞的向日葵》	秦文君	北京十月文艺出版社
62	《腰门》	彭学军	二十一世纪出版社
63	《森林报》(4册)	[苏]比安基	二十一世纪出版社
64	《小破孩》	葛华锋　周剑武	海天出版社
65	《淘气包呐喊:电脑无罪》等5册	张菱儿	海豚出版社
66	《郝月梅幽默儿童小说系列》(5册)	郝月梅	河北童书出版社
67	《小丫俏皮Girl系列》(4册)	周志勇	湖北少年儿童出版社

续表

序号	书名	作者	出版社
68	《新世纪 新十家》丛书	曹文轩　孙幼军 等	湖南少年儿童出版社
69	《坚守生命》	赵泽华	华夏出版社
70	《又见小绿人》	金　波	江苏少年儿童出版社
71	《少女的红衬衣》	程　玮	江苏少年儿童出版社
72	《小英雄和芭蕾公主》	杨红樱	接力出版社
73	《红纱灯》	曹文轩	接力出版社
74	《不屈的脊梁》	乔　磊	辽宁大学出版社
75	《青少年最应了解的经典名著》	徐　鲁	青岛出版社
76	《中国当代获奖儿童文学作家书系》(第二辑)(10种)	安武林 韩青辰等	人民文学出版社
77	《福娃》系列	北京奥组委	人民文学出版社
78	《动物漫游记》系列	王芳芳	同心出版社
79	《闹的都是小别扭》系列	赵　静	外语教学与研究出版社
80	《动物故事》(藏文)	扎西卓玛等	西藏人民出版社
81	《晚霞中的红蜻蜓》	谢倩霓	新世纪出版社
82	《麻辣小女生》	夏有志　常新港等	晨光出版社
83	《追逐阳光之岛》(希腊三部曲Ⅰ)、《桃金娘森林宝藏》(希腊三部曲Ⅱ)、《众神的花园》(希腊三部曲Ⅲ)	[英]杰拉尔德·达雷尔	中国人民大学出版社
84	《皮皮和神秘动物》(8册)	葛　冰	中国少年儿童新闻出版总社
85	《学成语 唱儿歌》(25册)	高洪波　金　波 等	中国少年儿童新闻出版总社
86	《母亲》	梁晓声	中国物资出版社
87	《中国儿童文学名家原创书系·经典珍藏》(3册)	汤素兰	重庆出版社
艺术类			
88	《中国美术鉴赏十六讲》	杨　琪	中华书局

续表

序号	书名	作者	出版社
动画图画类			
89	《小樱桃》系列	杨尚君	湖南少年儿童出版社
90	《冰波童话系列图画书》(4册)	冰　波	教育科学出版社
91	《大拇指无字故事书》系列	[法]比亚蒂斯·洛迪格	接力出版社
92	《奇奇兔蒙蒙熊情景启蒙认知全牌绘本》	成红军	黑龙江少年儿童出版社
93	《梦跟颜色一样轻——“90后”作家高璨诗绘本》(三年选·附英译)	高　璨	陕西人民出版社
94	《新概念连环画》	潘修范 文;叶 雄 图	上海画报出版社
95	《阿凡提故事》COMIC系列	李　强	新疆青少年出版社
96	《猪猪侠勇闯未来之城》(10册)	古志斌	新世纪出版社
97	《海宝传奇》(4册)	孙家裕	浙江少年儿童出版社
98	《漫画史记》	孙元伟	中国和平出版社
99	《中华人物故事全书》(美绘版)(10册)	杨文衡等文,刘大为等画	中国少年儿童新闻出版总社
100	《羊羊运动会(10)——最后一块金牌》	广东原创动力文化传播有限公司	人民邮电出版社

2010年新闻出版总署向全国青少年推荐百种优秀图书入选书目

序号	书名	编著者	出版社
思想品德、励志读物类			
1	《感动中国——十二位杰出人物的感人故事》	方晓	安徽少年儿童出版社
2	《成长百字经》	姜连举、迟曈	东北林业大学出版社
3	《暖暖的星星索》	宋晓杰	新世纪出版社
4	《正在成长:青少年心理健康自助完全手册》	王学典	哈尔滨出版社
5	《过冬的老鼠》	飕飕飕	河北大学出版社
6	《最后的演讲》	兰迪·鲍许	湖南科学技术出版社

续表

序号	书名	作者	出版社
7	《国歌》	袁子弹	湖南人民出版社
8	《读点经典》丛书	万明春	重庆出版集团
9	《亲近母语日有所诵》	薛瑞萍	长春出版社
10	《“读·品·悟”青少年受益一生的励志书系》(8册)	汤吉夫	九州出版社
11	《星火燎原全集》(精选本)	刘伯承　徐向前等	解放军出版社
12	《和平成长》丛书(3册)	刘　成	南京出版社
13	《七个心理寓言》	武志红	世界图书出版公司
14	《中华孝道故事》	李宝库	世界知识出版社
15	《我的父辈——开国元勋、开国将帅、开国功臣后代深情回忆》	张黎明	上海人民出版社
16	《毛泽东箴言》	中国中共文献研究会编订	人民出版社
17	《民族团结十知道:小学生读本》(5种民族文字版)	罗梅主编,共青团中央组织编写	民族出版社
18	《爱智书系》(4册)	周国平	中国人民大学出版社
19	《做人从感恩开始》	辛友鱼	中国人民大学出版社
20	《天安门国旗护卫队》	张慧敏	中州古籍出版社有限公司
	人文历史、艺术修养类		
21	《龙脉——千里大运河》	桑希臣	黄山书社
22	《台北故宫》	周　兵	金城出版社
23	《袖珍中国史》	吕思勉	人民日报出版社
24	《漫画儒家思想》(上、下)	蔡志忠	商务印书馆
25	《画说京剧》(附光盘)	和宝堂	社会科学文献出版社
26	《文明的长河——中外文化艺术对照年表》(插图本)	中华世纪坛世界艺术馆	文物出版社
27	《消失的胡同:铅笔画中的北京风貌》	况　晗　陆　元	学苑出版社
28	《颐和园长廊彩画故事全集》	易　明	中国旅游出版社

续表

序号	书名	作者	出版社
29	《图说中国节》	大　乔	中国社会科学出版社
30	《经典私塾班》(4册)	傅佩荣	中华书局
31	《千古绝唱》系列(8册)	曹　建	重庆出版集团
科学科普、百科知识类			
32	《解读中国铁路》科普丛书(9册)	严介生　丁国平 吴大公	中国铁道出版社
33	《大自然的警示》(上、下)	赵仲龙	北京出版社
34	《鸟兽物语——科普大使郭耕动物保护随笔》	郭　耕	北京出版社
35	《口袋图书馆》系列(5册)	约翰·朗	电子工业出版社
36	《目击者家庭图书馆》系列(18册)	DK公司	电子工业出版社
37	《蔚蓝世界海洋》百科丛书(10册)	阎　安	海洋出版社
38	《亚运知多少》	第16届亚运会组委会宣传部	广东教育出版社
39	《好的数学——“下金蛋”的数学问题》	韩雪涛	湖南科学技术出版社
40	《逝者如渡渡》	申赋渔	江苏少年儿童出版社
41	《第一次发现》丛书	法国伽利玛少儿出版社编	接力出版社
42	《万物简史》(少儿彩绘版)	比尔·布莱森	接力出版社
43	《2℃改变世界》	山本良一	科学出版社
44	《科学大师启蒙文库》(5册)	徐　飞	上海交通大学出版社
45	《世博读本》	宋　超	上海科学技术文献出版社
46	《学生探索动物百科》	凯伦·麦格希 乔治·麦凯	书海出版社
47	《中外著名科学家的故事》(20册)	董仁威　松　鹰 张昌余 等	四川少年儿童出版社
48	《看里面》系列(4册)	埃里克斯·弗利斯	未来出版社
49	《青少年国防科技知识普及》丛书(10册)	畲　田	西北工业大学出版社
50	《讲给孩子的中国名城》	刘兴诗	希望出版社

续表

序号	书名	作者	出版社
51	《孩子自救自护手册119招》	孙云晓	长江文艺出版社
52	《分子共和国》	北京大学化学与分子工程学院编	知识出版社
53	《中国中学生百科全书》(12册)	卢　勤　王杏村	中国大百科全书出版社
54	《绿野寻踪系列》(3册)	徐龙辉　杨红珍等	中国林业出版社
55	《常见野花》(第二版)	汪劲武	中国林业出版社
56	《熊猫的秘密》	张志和	中国旅游出版社
57	《科学家两极历险》丛书(5册)	位梦华	中国少年儿童新闻出版总社
58	《青少年生态道德教育系列》	杨红珍　李湘涛　王庆瑞	中国社会出版社
59	《神舟巡天:中国载人航天新故事》	石　磊　左赛春	中国宇航出版社
60	《父母送给青春期男孩、女孩最好的礼物》	尤红玲	中国长安出版社
61	《探索未知》丛书(10册)	贾文焕	少年儿童出版社
图画卡通、低幼启蒙类			
62	《冒险小王子》(8册)	周艺文	江苏美术出版社
63	《凯蒂的名画奇遇》(7册)	詹姆斯·梅修	北京科学技术出版社
64	《中国优秀图画书典藏系列之詹同》(5册)	詹　同	贵州人民出版社
65	《团圆》	余丽琼 文 朱成梁 图	明天出版社
66	《孔子》(第一季)(8册)	青岛出版社少儿部编著	青岛出版社
67	《美猴王系列动画书》	天天出版社编	天天出版社
68	《我的错都是大人的错》	幾　米	现代出版社
69	《幼儿文学60年经典·精华本》(3册)	高洪波	中国少年儿童新闻出版总社
70	《怦怦跳科学图画书》(第一辑)	尹亚海　白宗民 孙正宇 等	北京少年儿童出版社
71	《科普童话绘本馆》系列(30册)	郭　晶	电子工业出版社
72	《生命的故事》系列(4册)	王早早	江西高校出版社

续表

序号	书名	作者	出版社
73	《视觉大发现》	沃尔特·维克	接力出版社
74	《我的第一本亲子游戏书》	广松由希子	陕西师范大学出版社
75	《新版卡米的故事》	南茜·德瓦克丝、安琳娜·派蒂格尼	希望出版社
76	《阿凡提益智丛书·宝贝全脑开发》(5册)	李秀英	新疆青少年出版社
77	《红袋鼠幽默童话》(5册)	金　波　高洪波　白　冰 等	中国少年儿童新闻出版总社
78	《花袜子小乌鸦成长故事》(8册)	卢道夫、奈勒·莫斯特	中国少年儿童新闻出版总社
79	《小青蛙·爱阅读》(注音版)(6册)	张秋生 等	少年儿童出版社
80	《“托托牛”儿童DIY系列》丛书	冠冠书屋	北京师范大学出版社
文学读物类(20种)			
81	《云裳》	秦文君	春风文艺出版社
82	《装在口袋里的爸爸·我是超人》	杨　鹏	春风文艺出版社
83	《老鼠记者:摇头摆尾系列》(10册)	杰罗尼摩·斯蒂顿	二十一世纪出版社
84	《弯弯》	张之路	二十一世纪出版社
85	《我的儿子皮卡》(4册)	曹文轩	二十一世纪出版社
86	《你是我的宝贝》	黄蓓佳	江苏少年儿童出版社
87	《世界童话经典宝库》(维吾尔文)(6册)	安徒生等著,卡德尔·阿尔斯郎等译	民族出版社
88	《精灵豆的魔幻世界》	庄子龙	南方出版社
89	《笨狼和他的爸爸妈妈》《笨狼和他的朋友们》	汤素兰	人民文学出版社、天天出版社
90	《流动的花朵》	徐　玲	希望出版社
91	《斯蒂芬·霍金传》(上、中、下)(盲文)	迈克尔·怀特、约翰·格里宾著,洪伟译	中国盲文出版社
92	《猫头鹰王国》(3册)	凯瑟琳·拉丝基	湖北少年儿童出版社

续表

序号	书名	作者	出版社
93	《格萨尔王》	降边嘉措　吴伟	辽宁教育出版社
94	《戴牙套的青蛙王子》	彭　懿	明天出版社
95	《那个黑色的下午》	杨红樱	明天出版社
96	《闹别扭的星期一》	商晓娜	明天出版社
97	《亲亲伙伴》	李牧雨	四川少年儿童出版社
98	《中国儿童文学60周年典藏》(6册)	王泉根主编	外语教学与研究出版社
99	《共和国儿童文学金奖文库》(美绘版)(30册)	高洪波　曹文轩　金　波等	中国少年儿童新闻出版总社
100	《保妈妈童话》系列(5册)	保冬妮	重庆出版集团

2011年新闻出版总署向全国青少年推荐百种优秀图书书目

序号	书名	作者	出版社
思想品德、励志读物类			
1	《青少年学习中共党史》丛书(20册)	龙新民　张静如	中共党史出版社
2	《科学发展观青少年学习读本》	教育部邓小平理论和“三个代表”重要思想研究中心	教育科学出版社
3	《未成年人思想道德教育读本》(4册)	陈　新	花山文艺出版社
4	《少年红色经典·革命先驱系列》(10册)	周晓丽　关启颖　任农潮　何香久等	二十一世纪出版社
5	《中华是我家:2009年全国优秀童谣评选获奖作品集》	本书编委会	江苏文艺出版社
6	《我的祖国》(5册)	都冬云　林　燕　许国全等	浙江少年儿童出版社
7	《赤光》	李春雷　史克己	河北大学出版社
8	《画说民族团结故事》(10册)	中共新疆维吾尔自治区委员会宣传部编	新疆人民出版社

续表

序号	书名	作者	出版社
9	《大师的青少年时代》(6册)	蔡震等	河北人民出版社
10	《院士的故事》	邢筱萍	科学普及出版社
11	《钱学森故事》	涂元季　莹　莹	解放军出版社
12	《国耻·国魂——中国孩子必须永远铭记的历史》	张铭华　经盛鸿	广西师范大学出版社
13	《蓝天下的永恒——最美女孩熊宁》	薛保勤	陕西人民出版社
14	《花田半亩》	田　维	昆仑出版社
15	《我的老师安妮·莎莉文》	[美]海伦·凯勒著;闫文军、黄淑华译	求真出版社
16	《钱文忠解读〈三字经〉》(上、下)	钱文忠	中国民主法制出版社
17	《不负我心》	刘　墉	中华书局
18	《世纪名片:国际理解教育(高中生读本、初中生读本)》	曹锡康	上海教育出版社
19	《心灵的力量》	毕淑敏	长江文艺出版社
20	《我的乡村伙伴——一个城市少年的乡村纪行》	唐　天	湖南少年儿童出版社
历史文化、艺术修养类			
21	《中国读本》(青少年版)	苏叔阳	海豚出版社
22	《文化中国》丛书(17册)	李学勤等	湖南少年儿童出版社
23	《最早的中国》	许　宏	科学出版社
24	《中国人应知的国学常识》(插图本)	中华书局编辑部	中华书局
25	《图说中国民间文化》(3册)	矫友田	华东师范大学出版社
26	《中国神话绘本》(10册)	董晓萍等改编;颜宝臻　王犁犁等绘画	新蕾出版社
27	《儿童中华铭》	秦　野	春风文艺出版社
28	《花儿朵朵唱祖国:献给国庆60周年百首少儿歌曲精选》	大赛艺术委员会	人民音乐出版社
29	《西花厅岁月——我在周恩来邓颖超身边三十七年》	赵　炜	社会科学文献出版社

续表

序号	书名	作者	出版社
30	《孙中山》	上海市孙中山宋庆龄文物管理委员会	上海教育出版社
31	《共和国大使》	《中国大使》节目组	浙江大学出版社
32	《认得几个字》	张大春	上海人民出版社
33	《三国演义兵器图谱》	伯　仲　古　月	湖南美术出版社
34	《京剧原来如此美丽》	吕东妮	中国友谊出版公司
35	《最忆是母校》	汪大勇　靳晓燕	光明日报出版社
36	《世界著名大学人文建筑之旅》（4册）	[美]道格拉斯·山德－图奇、罗德·米勒、雷蒙德·莱因哈特 等著；陈家祯 等译	上海交通大学出版社
37	《大旅行家马可·波罗传》	[美]劳伦斯·贝尔格林 著；周侠 译	海南出版社
38	《奇拉的漫画经济教科书》（2册）	[韩]崔先圭 著；[韩]秋渊奎 绘；孙羽 译	九州出版社
科学科普、百科知识类			
39	《讲给孩子的中国科学》（3册）	刘兴诗	希望出版社
40	《造物记——世博会的科学传奇》	赵致真	北京大学出版社
41	《十万个为什么》（卡通精华版）（6册）	王瑜、岑建强、裘颖莹等 编著；叶熊工作室 绘	少年儿童出版社
42	《HOW&WHY》美国经典少儿百科知识全书》（7册）	美国世界图书出版公司 著；杜磊 等 译	广西科学技术出版社
43	《全民应急》科普丛书（6册）	科技部组织编写	中国矿业大学出版社
44	《经典科学童话绘本馆》（6册）	华中科技大学出版社编	华中科技大学出版社

续表

序号	书名	作者	出版社
45	《科学DIY》丛书(9册)	[德]鲁特·盖勒森 文;[德]乌尔里希·费尔特图;许小平等 译	科学普及出版社
46	《哈勃科普书系》(4册)	杨宏志	辽宁少年儿童出版社
47	《科学少年》丛书(4册)	汪　忠　胡云志　龙　琪等	南京师范大学出版社
48	《保护环境随手可做的101件小事》	刘　兵	北京理工大学出版社
49	《美国国家地理》(少年儿童版)(14册)	[美]盖尔·图赫曼等著;李颖妮等译	华东师范大学出版社
50	《飞行的奥秘》	汪者年 等	航空工业出版社
51	《让数学火起来·李毓佩数学故事会》(5册)	李毓佩	安徽教育出版社
52	《我的动物朋友在想什么》	王建红	湖北少年儿童出版社
53	《生活的化学》	杨金田　谢德明	化学工业出版社
54	《动物园大揭秘》(4册)	[德]克里丝蒂纳·阿德里安 著;[德]皮特尔·昆斯特莱赫 绘;王萍、万迎朗 译	江西高校出版社
55	《动物的文化》	陈心启　虞　泓	上海文化出版社
56	《袁隆平口述自传》	袁隆平口述	湖南教育出版社
57	《中国航空发动机之父吴大观》	中共中央组织部组织局等单位编写	党建读物出版社
58	《再见小树林》	严淑女 文;张又然 图	河北教育出版社
59	《嘿！青春期》	[英]DK出版公司;田科武编译	高等教育出版社

续表

序号	书名	作者	出版社
图画书、卡通读物类			
60	《中国原创图画书·红袋鼠书系》(30册)	秦文君等著;王可等绘	中国少年儿童新闻出版总社
61	《"小时候"中国图画书系列》(4册)	保冬妮 文;黄捷等绘	新疆青少年出版社
62	《中国水墨绘本》(5册)	梅子涵等 文;梁培龙 图	新世纪出版社
63	《布奇乐乐园》1-6岁版系列读物(60册)	外研社儿童发展中心著	外语教学与研究出版社
64	《狐狸村传奇》系列(8册)	[英]布莱恩·帕特森、辛西亚·帕特森 著;艾斯苔尔译	少年儿童出版社
65	《中国儿童原创绘本》(4册)	孙悦主编	中国福利会出版社
66	《糖球儿的虫虫王国历险》(6册)	尹莎莎文;杨怡绘画	江西高校出版社
67	《一本关于颜色的黑书》	[委内瑞拉]梅米娜·哥登 文,露莎娜·法利亚 图;朱晓卉译	接力出版社
68	《巴巴爸爸经典系列》(第一辑)(5册)	[法]德鲁斯·泰勒、安娜特·缇森著;谢逢蓓译	接力出版社
69	《蝴蝶·豌豆花》	叶圣陶 冰 心 顾 城 等著;金 波 王晓明 何艳荣 周翔等绘	河北教育出版社
70	《数学绘本》(36册)	[韩]李孝真等 著;夏燕 等译	长春出版社
文学读物类			
71	《山生》	李春雷	党建读物出版社
72	《红色少年近卫军》	李鸿钧	河南文艺出版社有限公司
73	《飞天梦》	兰宁远	湖南科学技术出版社

续表

序号	书名	作者	出版社
74	《五星红旗》	《五星红旗》撰写组	华艺出版社
75	《冰心奖获奖作家精品》书系(5册)	冰心奖办公室编	安徽少年儿童出版社
76	《冰波奇思妙想系列校园漫画》(4册)	冰　波	福建少年儿童出版社
77	《董宏猷纯真书品》(3册)	董宏猷	湖北少年儿童出版社
78	《宝贝,宝贝》(少儿版)	周国平	江苏人民出版社
79	《戴小桥全传》	梅子涵	江苏少年儿童出版社
80	《艾晚的水仙球》	黄蓓佳	江苏少年儿童出版社
81	《球球老老鼠》	杨红樱	明天出版社
82	《小毛驴之歌》	[西班牙]希梅内斯著;孟宪臣译	北京十月文艺出版社
83	《战马》	[英]迈克尔·莫波格著;李晋译	南海出版公司
84	《张秋生拼音童话》(4册)	张秋生	新时代出版社
85	《阳光姐姐美绘馆》	伍美珍	河北少年儿童出版社
86	《夏天,夏天》	荆　歌	浙江文艺出版社
87	《二米哈皮日记》(4册)	米吉卡	少年儿童出版社
88	《小巫婆真美丽系列之住在好玩街》	汤素兰	湖南少年儿童出版社
89	《你好,小读者》	秦文君	安徽少年儿童出版社
90	《影之翼》	童喜喜	中国少年儿童新闻出版总社
91	《北极村童话》	迟子建	黄山书社
92	《中外科幻名著》(完全典藏版)(10册)	王晋康 等	辽宁少年儿童出版社
93	《布鲁克林有棵树》	[美]贝蒂·史密斯著;方柏林 译	译林出版社
94	《幸福书》(1)	李嘉美等	人民出版社
95	《最亮的一盏灯》	张洁著;洪健、赵晓音绘	明天出版社
96	《小王子》(汉英法对照)	[法]圣埃克絮佩里著;周克希 译	上海译文出版社

续表

序号	书名	作者	出版社
97	《成长》	王海鸰	作家出版社
98	《东方宇宙四部曲》	蔡志忠	商务印书馆
99	《红豺》	沈石溪	人民邮电出版社
100	《猎犬贝特森林奇遇》(4册)	浬鎏洋	重庆出版社

2012年新闻出版总署向全国青少年推荐百种优秀图书目录

序号	书名	作者	出版社
思想品德、人文历史类			
1	《毛泽东光辉历程地图集》	吴秦杰	中国地图出版社
2	《历史的轨迹:中国共产党为什么能》	谢春涛	新世界出版社
3	《你了解中国共产党吗?》	李君如	外文出版社
4	《红色精神》	刘金田	湖南教育出版社
5	《在国旗下健康成长》	杨福荣	陕西人民教育出版社
6	《我的父辈——中国共产党著名烈士后代深情回忆》	张黎明	上海人民出版社
7	《辛亥革命的影像记忆》	杨天石　谭徐锋	中国人民大学出版社
8	《风华正茂》	王青伟	湖南人民出版社
9	《为了理想——党史文物中的风云岁月》(修订版)	陈　晋　赵新茹　王为衡	辽宁人民出版社
10	《红色少年读本:抗战铁血关东魂》(12册)	王充闾	辽宁少年儿童出版社
11	《红色记忆》丛书(3册)	林　雄	广东人民出版社
12	《红色经典连环画库——人民英雄》(60册)	曹宝泉	河北美术出版社
13	《共和国成长故事》(蒙、藏、维、哈、朝 文)(5册)	时事报告杂志社编	民族出版社
14	《星火燎原系列连环画》(8册)	何光银 等改编　衣晓白 等绘	解放军出版社
15	《信仰的力量——红岩英烈纪实》	厉　华	商务印书馆
16	《雷锋》(连环画)	陈佩萱 等文;韩　敏 等绘	上海人民美术出版社

续表

序号	书名	作者	出版社
17	《幸福是什么》	李春雷	春风文艺出版社
18	《杨善洲的故事》	中央创先争优活动领导小组办公室	党建读物出版社
19	《理想在我心中》	罗新安	中西书局
20	《天路之魂——青藏铁路通车五年纪行》	李向宁　马　钧　唐　涓 著	陕西人民教育出版社
21	《天魂——航天精神纪事》	本书编委会	中国宇航出版社
22	《大道通天中华德育故事系列连环画》(8册)	东联影视动漫	哈尔滨工业大学出版社
23	《大师的青少年时代》(第二辑)(3册)	李伶伶　林浩基	河北人民出版社
24	《图本中国现当代作家传》(4册)	温儒敏	长春出版社
25	《音乐便利贴》(4册)	杜　磊　田敬英	福建教育出版社
26	《我的音乐札记》	肖复兴	广东教育出版社
27	《彭林说礼》	彭　林	电子工业出版社
28	《我的读书故事》	陈忠实	陕西人民出版社
29	《给孩子一生受用的座右铭》	刘宏武　王奕涵	九州出版社
30	《生命的方向》	赵启正　吴建民	求真出版社
31	《天下父母》丛书(4册)	韩国强　祝丽华	山东教育出版社
32	《逆境英雄》丛书(10册)	陈鹰翔	贵州教育出版社
33	《真好！我的第一套励志书》(10册)	李　群　高　玮 等	浙江少年儿童出版社
34	《永不言败》	俞敏洪 著	群言出版社
35	《智的教育》	[意]保罗·曼特伽扎 著；王干卿 译	人民文学出版社

续表

序号	书名	作者	出版社
科学科普、百科知识类			
36	《鼎立南极:昆仑站建站纪实》	张锐锋	陕西人民出版社
37	《奇妙的大自然》丛书(8册)	袁清林	科学普及出版社
38	《爱问科学》系列(6册)	陈芳烈	电子工业出版社
39	《阳光寄给你:青春期心理健康故事》	刷 刷	湖南少年儿童出版社
40	《花园里的秘密》(6册)	王粉玲 文 刘明 等 图	未来出版社
41	《妈妈,这是为什么呢》(8册)	鞠 萍	北京师范大学出版社
42	《儿童房专用挂图知识地图》(2套)	地质出版社地图编辑室、北京天域北斗图书有限公司 编制	地质出版社
43	《高新技术科普》丛书(9册)	梁振锋 贾德民 等	广东科技出版社
44	《大科学小实验》系列(4册)	曾 杰 赵文静	湖北少年儿童出版社
45	《令人惊叹的自然之谜》(5册)	央美阳光	化学工业出版社
46	《天文爱好者新观测手册》	王思潮	南京出版社
47	《星空探秘》	李红侠	宁夏人民教育出版社
48	《一只萤火虫的旅行》	付新华	上海锦绣文章出版社
49	《科学小达人》丛书(5册)	上海头脑奥林匹克协会 等编著	少年儿童出版社
50	《小机灵探秘之旅》丛书(4册)	田战省	天地出版社
51	《漫画青春囧事》(2册)	张 超 刘 意	中国人口出版社
52	《青少年科技知识普及丛书——野生动植物保护系列》(4册)	畲 田	西北工业大学出版社
53	《讲给孩子的世界科学》(3册)	刘兴诗	希望出版社
54	《科技馆奇妙夜》(6册)	李瑞宏	浙江教育出版社
55	《畅游海洋科普》丛书(10册)	吴德星	中国海洋大学出版社
56	《体验大自然》(13册)	[德]安妮塔·冯·莎恩 等	科学普及出版社

续表

序号	书名	作者	出版社
57	《科普小将超厉害》(5册)	[德]施瓦格和施泰因莱茵出版社编；曹颖等译	辽宁教育出版社
58	《视觉之旅:神奇的化学元素》(彩色典藏版)	[美]西奥多·格雷著；陈沛然译	人民邮电出版社
59	《让你大吃一惊的科学》丛书(5册)	[美]菲利普·普莱等著；吴燕等译	上海科技教育出版社
60	《男孩的冒险书》(实践篇)	[澳]萨姆·马丁著；赵艳娥　李玉荣　徐志宏译	广西科学技术出版社
61	《植物学通信》	[法]卢梭著；熊姣译	北京大学出版社
62	《哥伦布讲的海洋的故事》	[韩]宋恩永著；黄吉怡译	云南教育出版社
图画书、低幼读物类			
63	《王晓明心情童话绘本》(4册)	王晓明	二十一世纪出版社
64	《功夫熊猫就是我》(6册)	罗小韵等	世界图书出版公司
65	《"我知道"幼儿科学童话》(6册)	萧　袤　张晓玲等	江苏少年儿童出版社
66	《过年啦!》	孙肇志　张羽高	未来出版社
67	《幼儿文学百年经典》(8册)	高洪波	中国少年儿童出版社
68	《中国幼儿园优选书·保冬妮幼儿好性情绘本》(6册)	保冬妮文；刘江萍绘	重庆出版社
69	《趣味认知翻翻书》(4册)	子非鱼编　橘兔绘	广东省地图出版社
70	《棒棒仔快乐做自己》系列图画书(5册)	萧袤著；杨　希　张彦红等绘	海燕出版社
71	《幼儿身边的81个危险》(3册)	王大伟编著	军事医学科学出版社
72	《国粹戏剧图画书》(2册)	海飞　缪惟编；郭澈　刘向伟绘	新疆青少年出版社
73	《学会爱自己》(3册)	[美]珊蒂·克雷文等；文[美]莱蒂·柏斯玛等绘；刘敏译	青岛出版社

续表

序号	书名	作者	出版社
74	《儿童古典音乐绘本》(8本)	[奥]马科·希姆萨著;[奥]多丽丝·埃辛伯格绘	北京科学技术出版社
75	《蓝精灵经典漫画系列》(16册)	[比]贝约 著;黄丽云 译	接力出版社
文学读物(小学年龄段)			
76	《皮皮鲁送你100条命》	郑渊洁	二十一世纪出版社
77	《开开的门》	金　波	新蕾出版社
78	《鸟船》	曹文轩	湖南少年儿童出版社
79	《警犬拉拉》	沈石溪	吉林美术出版社
80	《青蛙军团爱地球》	伍美珍	明天出版社
81	《世界儿童文学阅读与经典》	彭　懿	接力出版社
82	《黑狗哈拉诺亥》	格日勒其木格·黑鹤	接力出版社
83	《雨雨的桃花源》	葛　冰	人民文学出版社 天天出版社
84	《周末与爱丽丝聊天》(5册)	程　玮	江苏少年儿童出版社
85	《爸爸的灯塔》	张　洁	明天出版社
86	《奇遇青花瓷》	郝月梅	河北少年儿童出版社
87	《想象的力量》	张之路	安徽少年儿童出版社
88	《弄泥的童年风暴》系列(4册)	王勇英	福建少年儿童出版社
89	《我的王子同桌》	郁雨君	山东文艺出版社
90	《民族文化经典故事》丛书(56册)	王锋　丁娥	外语教学与研究出版社
91	《闪电球探长——有趣的科学探案》系列(8册)	[德]乌瑟尔·舍弗勒 著;张清泉毛毛 等译	科学普及出版社
92	《莎拉公主》(6册)	[澳]斯特里特利特尔 著;戴捷 译	人民文学出版社、天天出版社

续表

序号	书名	作者	出版社
文学读物(中学及以上年龄段)			
93	《西藏的孩子》	鹰萨·罗布次仁	北京十月文艺出版社
94	《完美的花朵》	吴梦川	中国少年儿童出版社
95	《星潮》	董仁威	重庆出版社
96	《磕榛子的兔兔——一个白血病女孩的病程自述》	徐　臻	古吴轩出版社
97	《生活可以如此美好》	林文月	龙门书局
98	《西藏盲童之光》	刘　峥	五洲传播出版社
99	《布鲁姆文学地图译丛》(6册)	[英]哈罗德·布鲁姆	上海交通大学出版社
100	《奇风岁月》	[美]罗伯特·麦卡蒙 著;陈宗琛 译	译林出版社

2013年新闻出版总署向全国青少年推荐百种优秀图书目录

序号	书名	作者	出版社
思想品德类			
1	《毛泽东晚年读书纪实》	徐中远	中央文献出版社
2	《周恩来和他的孩子们》	顾保孜	江苏人民出版社
3	《在这光辉的九十年:中国共产党的光影记忆》	中国电影资料馆等编	科学出版社
4	《这就是中国共产党》	李君如	外文出版社
5	《中共党史》(青少年读本)	张树军、武国友	中国人民大学出版社
6	《走向辉煌》(插图本)	金一南	中华书局
7	《不朽的神话——红军的故事》	贺晓明	中西书局
8	《长征文化系列》丛书(4册)	李世明　田修思	国防大学出版社
9	《忠诚与背叛——告诉你一个真实的红岩》	何建明 执笔,厉华 著	重庆出版集团
10	《永恒的誓言》	韩洪洪	湖南人民出版社
11	《钱学森传》	中国人民解放军总装备部政治部 组织撰写,奚启新 著	人民出版社

续表

序号	书名	作者	出版社
12	《雷锋画传》	辽宁省委宣传部等 编	人民出版社
13	《永恒的丰碑——雷锋日记和雷锋故事集》	中国人民解放军总政治部组织部 编著	解放军出版社
14	《焦裕禄传》	何香久	河南文艺出版社
15	《中国纪念馆故事》(11册)	沈　强　朱成山	南京出版社
16	《中华红色教育连环画》(100册)	王怀骐　梁占岩 等	河北美术出版社
17	《中国志愿者》	裔兆宏	安徽少年儿童出版社
18	《美德照亮人生》(8册)	韩　震	河北少年儿童出版社
19	《国情备忘录》(青年版)	高　强	万卷出版公司
20	《阳光少年书系》(6册)	曹文轩	南京师范大学出版社
21	《智慧引领幸福》	周国平	山东人民出版社
22	《中国诚信故事》	文化部民族民间文艺发展中心 选编	光明日报出版社
23	《中华传统美德警句名言》(学生版)	殷昭俐　牛丽君 等	中共中央党校出版社
24	《妈妈,我是你的眼》	陈　燕	求真出版社
25	《站着上北大》	甘相伟	东方出版社
人文历史类			
26	《新论语》	钱　宁	生活·读书·新知三联书店
27	《孩子必读的中华历史文化故事》(8册)	楼宇烈	北京大学出版社
28	《影响中国历史的十篇政治美文》	梁　衡	中国人民大学出版社
29	《中华史纲》	蔡美彪	社会科学文献出版社
30	《沧桑河山》(8册)	葛剑雄　李晓杰 等	长春出版社
31	《文章选读》	叶　朗	华文出版社
32	《养成法律思维》	青少年法律教育中心组编	法律出版社

续表

序号	书名	作者	出版社
33	《我们的国家》第二辑(4册)	仲富兰、李公明等	复旦大学出版社
34	《中华历史文化名楼》(11册)	邹律资、王馥兰等	文物出版社
35	《"中国红"系列》丛书(100册)	严洁 赵宇宁等	黄山书社
36	《40堂哲学公开课》	[英]沃伯顿 著,肖聿 译	新华出版社
科学科普、百科知识类			
37	《科学大爆炸:中国国家地理博物百科》丛书(6册)	许秋汉	中国大百科全书出版社
38	《鸟与兽的通俗生活》	果壳guokr.com	清华大学出版社
39	《世界原来如此有趣——探索形状奥秘》	李毓佩 等	中国少年儿童新闻出版总社
40	《千年一笔谈》	钱 斌	商务印书馆
41	《少儿成长大百科:超级恐龙全书》	赵闯 绘 杨杨 文	湖南科学技术出版社
42	《采药去——在博物王国遇见中药》	段 煦	中国中医药出版社
43	《写给孩子的环保启蒙书》(6册)	梅鹏蔚 李 婧 等	新蕾出版社
44	《水土保持读本》(小学版)	中国水土保持学会 编	中国水利水电出版社
45	《健康日记》(6册)	刘 青	军事医学科学出版社
46	《中小学快乐沟通》丛书(3册)	林 春 翟召博	军事医学科学出版社
47	《向南!向南!——中国人在南极》	金 涛	湖南教育出版社
48	《最接近天堂的地方——新华社女记者238天的南极、北极之旅》	张建松	上海辞书出版社
49	《邮票上的数学故事》	郑英元	华东师范大学出版社
50	《我最喜欢的漫画百科书》(14册)	刘 畅	天津科学技术出版社
51	《谁在发现》	山 立 郭明航 袁希军	陕西人民教育出版社
52	《解密绿色档案——植物分类学家带我去探索》	星 河	人民教育出版社

续表

序号	书名	作者	出版社
53	《儿童安全自救早知道》	张凤娟　张　蕴　等	希望出版社
54	《认识湿地》	崔丽娟	高等教育出版社
55	《发现之旅》	[英]托尼·赖斯 编著；林洁盈 译	商务印书馆
56	《疯狂科学》(彩色典藏版)	[美]格雷 著；张子　张译	人民邮电出版社
57	《DK彩绘名著科普阅读》(10册)	[英]查尔斯·狄更斯、阿瑟·柯南·道尔等 著，曙光、龚思铭等 译	科学普及出版社
58	《数字唬人：用常识看穿无所不在的数字陷阱》	[英]迈克尔·布拉斯兰，安德鲁·迪诺 著；郭婷玮 译	上海科技教育出版社
59	《坐在爱因斯坦对面：爱上自然科学的第一本书》	[德]艾伦·大卫·伯恩斯坦 著；马德 译	陕西人民出版社
幼儿绘本、卡通读物类			
60	《面人龙》	向华 著；绘本创作工作室 绘	生活·读书·新知三联书店
61	《小橘宝图画馆》丛书(24册)	李漫　唐宋梅等 改编；朱杰　刁莹等绘	江苏教育出版社
62	《中华原创绘本大系》(4册)	曹文轩 文；李璋　秦修平等 绘	江苏少年儿童出版社
63	《中国童话美绘书系》(10册)	黄蓓佳 著；高菁菁等 绘	江苏少年儿童出版社
64	《黑颈鹤的故事》	扎西桑俄 图；周维 文，奥莉维亚·博伊德、龙莹 译	新世纪出版社
65	《跷跷板系列图画书》(6册)	刘喜成、北董等 文；王晓明、黄缨等 绘	教育科学出版社
66	《有趣的翻翻书》丛书(12册)	田莉、高亮 编绘	科学普及出版社
67	《时光电影院》	幾米 绘	海豚出版社
68	《开心的米莉茉莉》(60册)	[新西兰]吉尔·皮特 著；葛冰、金波等 译；[新西兰]克雷斯·莫雷尔 绘	中国少年儿童新闻出版总社
69	《哲学鸟飞罗系列》(10册)	[法]碧姬·拉贝 著；[法]埃里克·加斯特 绘；王恬 译	接力出版社
70	《世界音乐大师系列》(10册)	[德]恩斯特·埃克等	北京科学技术出版社

续表

序号	书名	作者	出版社
71	《小旅行·大发现》系列丛书（5册）	[意]艾玛奴艾拉·纳瓦 文，[意]卓纳塔·阿尔费里、埃里卡·鲁比 图	南方出版社
文学读物类（小学年龄段）			
72	《丰子恺儿童文学全集》（7册）	丰子恺	海豚出版社
73	《彩乌鸦中文原创系列》（20册）	张之路、彭学军等 著；赵光宇、吴雅蒂等 插图	二十一世纪出版社
74	《心爱童诗系列》（6册）	金波、徐鲁 等	新蕾出版社
75	《半岛哈里哈气》（5册）	张炜 著；邹晓萍 插图	河北少年儿童出版社
76	《王子的长夜》	秦文君	湖南少年儿童出版社
77	《丁丁当当系列》（7册）	曹文轩	中国少年儿童新闻出版总社
78	《笑猫日记——永远的西瓜小丑》	杨红樱	明天出版社
79	《我们班的那点事儿》（3册）	赵　静	人民文学出版社
80	《阳刚男孩》（6册）	曹文轩、钱万成、安武林 主编，曹文轩等 著	北京少年儿童出版社
81	《野马归野》	沈石溪	浙江少年儿童出版社
82	《男孩与霸王鱼》	牧　铃	吉林美术出版社
83	《驯龙记》	刘海栖	安徽少年儿童出版社
84	《春暖花开》	李　楠	辽宁少年儿童出版社
85	《巨虫公园》	胡冬林	北方妇女儿童出版社
86	《台湾儿童文学馆“童话列车”系列》（9册）	司马中原、傅林统等 著，刘淑仪、贝果等 插画，徐锦成 主编	福建少年儿童出版社
87	《最美最美的中国童话》（36册）	《汉声杂志》社 编	江苏美术出版社
88	《四眼田鸡小玛诺林》系列（7册）	[西班牙]艾尔薇拉·林多 著；[西班牙]艾密利欧·乌贝鲁阿格 绘；叶淑吟、陈慧瑛 译	未来出版社

续表

序号	书名	作者	出版社
文学读物类(初中及以上年龄段)			
89	《莫言作品精选》	莫　言	长江文艺出版社
90	《史铁生散文选集》	史铁生	百花文艺出版社
91	《安魂》	周大新	作家出版社
92	《我的读书笔记》	肖复兴	广东教育出版社
93	《流浪地球》	董仁威 主编，刘慈欣、韩松、王晋康等著	人民邮电出版社
94	《长津湖》	王　筠	湖南文艺出版社
95	《娘》	彭学明	湖南文艺出版社
96	《“羊道”三部曲》(3 册)	李　娟	上海文艺出版社
97	《巅峰》	张　健	四川少年儿童出版社
98	《莫高窟的精灵——一千年的敦煌梦》	王家达	甘肃人民出版社
99	《创意写作书系》(7 册)	[美]多萝西娅·布兰德、杰克·哈特等 编著；刁克利、叶青等 译	中国人民大学出版社
100	《西顿作品精选集》(珍藏版)(11 册)	[加]欧内斯特·汤普森·西顿 著；王广州 主编；向程、沈扬等 译	海燕出版社

附录五："三个一百"原创出版工程中历年入选的少儿类图书

说明：2006年，新闻出版总署发出《关于组织出版"三个一百"原创图书的通知》，该评选活动启动。"三个一百"原创图书把原创性放在首位，所收图书均为国内作者编著、国内出版社出版、确属精品力作的图书。包括人文社科类原创图书100种；自然科技类原创图书100种；文艺与少儿类原创图书100种，涉及文学、艺术、少儿读物等。

第一届"三个一百"原创出版工程少儿类图书入选书目

（2005年6月—2007年6月）

序号	书名	作者	出版社	责任编辑
1	《小橘灯·美文系列》（3册）	张洁　殷健灵　彭学军 著	安徽少年儿童出版社	刘玉英　朱智润　何军民　韩进
2	《中华荣辱歌》	叶文成　程艺　方春明	安徽少年儿童出版社	徐凤梅　古宏霞
3	《新童谣》（小学版）	作家、教师、学生及各界人士	北京少年儿童出版社	新童谣编辑部
4	《臭小子一大帮》丛书（6册）	周志勇	北京少年儿童出版社	安武林　马姗姗
5	《宝贝第一》童话系列（10册）	夏辇生	北京师范大学出版社	郑宜　张丽娟　罗佩珍
6	《魔法小仙子》（3册）	晓玲叮当	二十一世纪出版社	方敏
7	《皮皮鲁总动员》（20册）	郑渊洁	二十一世纪出版社	黄震　邱嫔麟　敖德　林云
8	《在地球两端——告诉你一个正在变化的南极和北极》	万昆	甘肃少年儿童出版社	雷华　段山英
9	《小学生校园派》（4册）	乔通　汤素兰　肖定丽　李化	海燕出版社	金慧敏　郭六轮　王丽丽　黄秀琴
10	《四眼孩苍颉》（2册）	曾涛	河北教育出版社	袁淑萍　颜达　马海霞
11	《摇着轮椅上北大》	李春雷	河北少年儿童出版社	王亚琴　刑薇　贾亚青

续表

序号	书名	作者	出版社	责任编辑
12	《童画·童话集》(5册)	周　锐　冰　波 王一梅等著	河北少年儿童出版社	孙卓然
13	《音乐的漂流瓶》	肖复兴	黑龙江少年儿童出版社	杨丽娟 何　萌
14	《中国当代儿童散文诗精品》丛书(7册)	吴　珹	湖南少年儿童出版社	谭菁菁 刘莎萍
15	《亲亲我的妈妈》	黄蓓佳	江苏少年儿童出版社	郁敬湘 李　燕
16	《笠笠非常图本小说》(4册)	秦文君 著; 钦吟之 绘	江苏少年儿童出版社	郁敬湘
17	《细　米》	曹文轩	江苏少年儿童出版社	郁敬湘 李　燕
18	《追踪小绿人》	金　波	江苏少年儿童出版社	陈文瑛
19	《黑　焰》	格日勒其木·黑鹤	接力出版社	冯海燕
20	《淘气包马小跳》系列(2册)	杨红樱	接力出版社	余　人
21	《南瓜堡之小仙女眉眉》系列(6册)	冰波 著;沈苑苑画	连环画出版社	朱　薇
22	《小虎队儿童文学》丛书(6册)	赵郁秀　邵永胜 崔勇谋	辽宁少年儿童出版社	谢竞远 李姊昕 崔勇谋 等
23	《天堂没有路标》	赖妙宽	鹭江出版社	余丽珍 陈　聘
24	《十五岁的长征》(3册)	张品成	明天出版社	孟凡明
25	《老爸青春无歌(鹅毛信文库之一)》	孔祥骅	宁夏人民出版社	哈若蕙 谭立群
26	《科技馆里的奥秘》(1、2、3、4)	王　恒等	农村读物出版社	潘金妹 胡　键
27	《知荣辱 辨是非 重践行——社会主义荣辱观中学生读本》	中华人民共和国教育部基础教育司组织编写	人民教育出版社	贺　军
28	《亲亲大自然》丛书(4册)	吕丽娜 文;解国超 图	人民教育出版社	刘雅琴 周　菲 秦光兰
29	《幼儿枕边新童谣》(5册)	李秀英 文;楔子 绘	四川少年儿童出版社	欧阳锦

续表

序号	书名	作者	出版社	责任编辑
30	《中国原创童书》(4册)	冰　波　王一梅 沈　悦	新蕾出版社	李春芬　焦娅楠 李华敏　张昀韬
31	《幼儿故事大王》(4册)	汤素兰　周锐 等文 沈苑苑　唐云辉等绘	浙江少年儿童出版社	刘文娟　吕　津
32	《中国儿童百科全书·上学就看》(8册)	徐惟诚	中国大百科全书出版社	赵秀琴　朱菱艳
33	《"永不放弃的爱"之〈出走〉》	卢勤主编;毛瀚著	中国少年儿童出版社	李　橦
34	《酷蚁安特儿》	霞　子	中国少年儿童出版社	吕卫真

第二届"三个一百"原创出版工程少儿类图书入选书目
(2007年1月—2008年3月)

序号	书名	作者	出版社
1	《感知生活图画书》(8册)	王一梅等 文; 朱成梁等 绘	安徽少年儿童出版社
2	《福娃五连环》(5册)	央视动画有限公司等编著	安徽少年儿童出版社
3	《小卓玛》(6册)	苏　真	安徽少年儿童出版社
4	《老鼠米来》	常新港	春风文艺出版社
5	《叮当的魔法》(3册)	晓玲叮当	二十一世纪出版社
6	《宝贝快乐童谣》	葛翠琳　翌平 文;吴儆芦 图	甘肃少年儿童出版社
7	《张秋生童话》(4册)	张秋生	海燕出版社
8	《棒棒仔心灵之旅图画书——儿童心理自助读物》(7册)	冰波等著; 黄丽　陈伟等绘	海燕出版社
9	《好孩子应该为父母做的30件事》	王和平	河北少年儿童出版社
10	《四叶草》丛书(5册)	疾走考拉 十画 流火 漪然 谷子著	湖南少年儿童出版社
11	《少女的红围巾》	程　玮著	江苏少年儿童出版社

续表

序号	书名	作者	出版社
12	《我捡到一条喷火龙》	彭　懿	江苏少年儿童出版社
13	《“我知道”幼儿科学童话》系列（6册）	萧　袤	江苏少年儿童出版社
14	《所有的》	黄蓓佳	江苏文艺出版社
15	《黄琉璃》	曹文轩	接力出版社
16	《开甲壳虫车的女校长》	杨红樱	接力出版社
17	《红嘴相思鸟昂贵的彩礼》	沈石溪	蓝天出版社
18	《中国情韵丛书·我的小马、纸马、长坂坡》	熊亮 文；熊亮 李娜 段虹 吴翟绘	连环画出版社
19	《阳光姐姐小书房》（3册）	伍美珍	明天出版社
20	《笑猫日记》（7册）	杨红樱	明天出版社
21	《绘本中国》（7册）	熊 亮 等	明天出版社
22	《亲亲大社会》丛书（7册）	吕丽娜 文；孙以伟 原锐芳 绘	人民教育出版社
23	《福娃》（7册）	29届奥组委编	人民文学出版社
24	《天堂树》系列（8册）	赵冰波　王一梅	少年儿童出版社
25	《非常小子马鸣加》系列（10册）	郑春华 著；姚 红 绘	少年儿童出版社
26	《孔子伴我度童年》（上、下册）	杨万霖 著；曾凡丽 绘	世界知识出版社
27	《幼儿自我保护第1书》（2册）	保冬妮 文；西月图文绘	四川少年儿童出版社
28	《地球的孩子绿色童书》（10册）	英 娃文；画图卡通等绘	四川少年儿童出版社
29	《心理成长快车》（12册）	宋　宁	希望出版社
30	《新时代儿歌》丛书（3册）	赖松廷	新时代出版社
31	《冰碗小店：葛冰悬疑幽默侠义小说集》	葛　冰	中国少年儿童出版社
32	《童喜喜·幽默新幻想·嘭嘭嘭系列》（4册）	童喜喜	中国少年儿童出版社
33	《少年特种兵》（4册）	张永军	中国少年儿童出版社

第三届“三个一百”原创出版工程少儿类图书入选书目
（2008年1月—2010年12月）

序号	书名	作者	出版社	责任编辑
1	《震动》	王巨成	中国少年儿童出版社	胡纯琦　汪玥含
2	《红豺》	沈石溪著童趣出版有限公司编	人民邮电出版社	叶　瑛
3	《流动的花朵》	徐　玲	希望出版社	翟丽莎　张晓晴　温学军
4	《牧犬三部曲》(3册)	牧　铃	外语教学与研究出版社	李蓉梅
5	《艾晚的水仙球》	黄蓓佳	江苏少年儿童出版社	章文焙　陈文瑛
6	《你好,小读者》	秦文君	安徽少年儿童出版社	姚　巍　何正国
7	《当着落叶纷飞》	陆　梅	接力出版社	陈　邕
8	《狼獾河》	格日勒其木格·黑鹤	接力出版社	冯海燕
9	《小猪大侠莫跑跑》(3册)	张之路	浙江少年儿童出版社	吴　颖　王宜清　平　静
10	《梦跟颜色一样轻:90后作家高璨诗绘本》	高璨著　袁筱菁绘　杨于军译	陕西人民出版社	李向晨　陈　晶　贾晓萍
11	《二米哈皮日记》(4册)	米吉卡著　恒　兰绘	少年儿童出版社	张晖月　周　婷　朱妍婷
12	《闪闪惹人爱》	伍美珍	明天出版社	孟凡明
13	《那个黑色的下午》	杨红樱	明天出版社	徐迪南
14	《外侦探组系列·校园探案小说系列》(4册)	谢　鑫	河北少年儿童出版社	郭荣敏　杨学涓　翁永良　刘彦萍
15	《我的儿子皮卡》(6册)	曹文轩	二十一世纪出版社	林　云　丁　筱
16	《腰门》	彭学军	二十一世纪出版社	魏钢强
17	《我爱阅读·桥梁书》(9册)	金　波	海燕出版社	房　平　张满弓　杨　丹

续表

序号	书名	作者	出版社	责任编辑
18	《青蛙公主叶叶叶》	肖定丽	新蕾出版社	焦娅楠
19	《红鞋子》	汤素兰	天天出版社	
20	《小学生京剧100问》	王文章　吴　江	中央编译出版社	韩慧强
21	《中国幼儿百科全书》(第一辑)(10册)	《中国幼儿百科全书》编委会	中国大百科全书出版社	刘小蕊 朱菱艳
22	《宋庆龄的故事》	张久荣　陈日浓 张锡昌	中国福利会出版社	郑晓方
23	《图说中国民间文化》系列(3册)	矫友田	华东师范大学出版社	储德天
24	《青春那些事》(6册)	王登峰　杨凤池	湖南科学技术出版社	雷　蕾
25	《冰波童话》(6册)	冰　波 文; 钱继伟 等	教育科学出版社	白爱宝 王冬梅
26	《中国原创图画书》(30册)	王一梅 等著; 草　草 等绘	中国少年儿童出版社	韦永慧 温建龙
27	《巴特尔历险记》(6册)	夏桂楣 文; 萨纳 巴特尔 夏桂楣 绘	内蒙古教育出版社	杨金凤 杨　敏 等
28	《中国绘》(5册)	梁培龙 图; 梅子涵等文	新世纪出版社	翁容　李粒子 钟颢
29	《中国原创新漫画四大名著系列·三国演义》(20册)	陈维东 编; 梁小龙 绘	安徽美术出版社	桂雍　于海霞 程兵 等
30	《爹地妈咪我来了》	小　龙	西安交通大学出版社	张瑞　时雪皎
31	《糖球儿的虫虫王国历险》(6册)	尹莎莎 文; 杨　怡 绘	江西高校出版社	黄长根
32	《曹文轩纯美绘本》(4册)	曹文轩 著; 杨春波 等绘	明天出版社	刘　蕾
33	《"小时候"中国图画书》系列(4册)	保冬妮 著; 吴　翟　李　萌 黄捷 绘	新疆青少年出版社	许国萍 刘悦铭
34	《野孩子图画书》系列(6册)	熊　亮 编绘	连环画出版社	李雪竹 朱薇　杨柳

续表

序号	书名	作者	出版社	责任编辑
35	《科普童话绘本馆》丛书（50册）	郭　晶 主编	电子工业出版社	杨　鸲　沈　娜　徐艳丽 等
36	《讲给孩子的中国科学》（3册）	刘兴诗 著	希望出版社	张　平
37	《少年科学实验》丛书（10册）	李　红 主编	科学普及出版社	郭　璟　杨朝旭　金　蓉
38	《孩子最爱玩的科学实验》（2册）	杨　芳　田　玲 等编绘	四川少年儿童出版社	刘　丹
39	《漫画十万个为什么·自然科学卷·发现号》（4册）	书香童年 编著	福建少年儿童出版社	唐和耀　郑双阳　陈捷翔

第四届“三个一百”原创出版工程少儿类图书入选书目
（2011年1月—2012年12月）

序号	书名	作者	出版社
1	《不一样的童年》（3册）	毛芦芦	安徽少年儿童出版社
2	《超级笑笑鼠》（7册）	晓玲叮当	二十一世纪出版社
3	《半岛哈里哈气》（5册）	张　炜	河北少年儿童出版社
4	《安武林阶梯童话》（6册）	安武林	黑龙江少年儿童出版社
5	《蓼花鼎罐》	邓湘子	湖南少年儿童出版社
6	《沈习武真情动物小说》系列（4册）	沈习武	江苏少年儿童出版社
7	《小小孩的春天》	孙卫卫	江西高校出版社
8	《猫眼小子包达达》	葛　竞	接力出版社
9	《暖暖心儿童成长关怀小说》（3册）	李丽萍　常星儿　刘　东	辽宁少年儿童出版社
10	《穿越天空的心灵》	伍美珍	明天出版社
11	《斑斑加油》（3册）	傅天琳　罗　夏	人民文学出版社、天天出版社
12	《弄泥小时候》	王勇英	少年儿童出版社
13	《汤汤缤纷成长童话集》	汤　汤	少年儿童出版社

续表

序号	书名	作者	出版社
14	《棒小孩日记》(4册)	魏晓曦 著;阿咩 绘	四川少年儿童出版社
15	《风的舞鞋——一个乡村教师的赞歌》	侯泽俊	天地出版社
16	《住在房梁上的必必》	左　眩	新蕾出版社
17	《我成了个隐身人》	任溶溶	浙江少年儿童出版社
18	《住在你的世界里》	薛立	中国少年儿童出版社
19	《初夏的橙色时光》	李东华	重庆出版社
20	《蛋蛋学校》(第1辑)	宋海东	福建少年儿童出版社
21	《长颈鹿但丁漫画语录》	张　伟　周　彦 易欢 绘	天地出版社
22	《过年啦!》	孙肇志 文;贠杨 绘	未来出版社
23	《穿墙术》	董小明 绘;熊亮 撰文	浙江少年儿童出版社
24	《我的读书笔记》	肖复兴	广东教育出版社
25	《少儿成长大百科——超级恐龙全书、超级翼龙全书、超级海龙全书》	赵闯 绘;杨杨 文	湖南科学技术出版社
26	《李秀英新绘本童谣》(10册)	李秀英	黄山书社
27	《有趣的翻翻书》(12册)	田　莉　高　亮	科学普及出版社
28	《讲给孩子的世界科学》(3册)	刘兴诗	希望出版社
29	《少年数学实验》	张景中　王鹏远	中国少年儿童出版社

后 记

论起来，这本《中国童书出版纪事》应是我另一本专著《出版传播视域中的儿童文学》的姊妹篇，而且是“姐姐”。读博期间，在导师王泉根教授的指导下，选择了一个跨学科视野下的研究领域，探讨儿童文学的外生态中童书出版与儿童文学发展走向的互动关系。这样的选题，势必首先建立在对童书出版史料占有与把握的基础之上。而我所圈定的改革开放以来的少儿图书出版史，虽然已发生了多个重大的、阶段性的变革，取得了辉煌的成绩，但还没有出版史家对这样一段重要的少儿出版史做专门的研究和梳理。于是，写作博士论文的难度瞬间增加，我必须首先从整体的出版史料中厘出属于少儿图书出版的记录，再将各种散见于各种出版史、资料汇编、报刊中的相关论述汇聚起来，排列连缀，努力使之以“史”的面貌呈现，并同时努力辨析推动各时段少儿出版史演进的、来自政治、经济、法令等多方面的要素所发挥的功用。

以书业局外人身份，梳理一段自己儿时即已开启的童书出版历程，甚为惶恐。于是将自己扔到各种图书馆中，几近狂热地搜寻片段、零星的信息。国家图书馆对面的几家小店成了我很长一段时间的午餐地，这一餐又有很多次干脆吃成了晚餐。当我接着把自己扔到自己用复印资料堆积起来的小山中时发现，自己仍旧惶恐。我地毯式地搜集方式，因为缺乏直接、专题的资料，显得宏观有余而微观不足，很难触及童书出版走向的内核。于是，一段搜寻蛛丝马迹的活动展开了。感谢导师王泉根给予的大力帮助，从他那里，我复印到了少儿出版界内部发行的50余期《中国少儿出版》，得到了关于少儿出版研究的大量信息。感谢中国版协少读工委海飞主任，多次为我将史料中的蛛丝马迹还原为历史真相，或寻找出可能的历史记录，鼓励我将研究进行下去。感谢刘海栖老师多次解答我不断萌生的关于儿童文学出版的问题，并提供了儿

童文学出版人的许多往事，弥足珍贵。感谢周基亭老师为我寻找到少年儿童出版社建社三十五周年时宝贵的纪念文集，感谢张楠老师为我寻找到的中国少年儿童出版社建社三十周年的纪念文集，感谢孙建江老师在儿童文学“双年会”等多次会议中不厌其烦地解答我的问题，并寄来浙江少年儿童出版社出版的珍贵的资料，感谢希望出版社的梁萍社长、孟绍勇社长和陈炜老师与我的多次交流座谈，感谢明天出版社在辑录文学读物研究会大量资料的《风云际会》出版的第一时间即寄来该书，感谢中国科普作协的汤寿根老师和孟雄老师提供的珍贵获奖书目，感谢山西省图书馆赵谞炯主任与李斌主任对我搜集资料提供的大力帮助……为了弥补少儿出版本身无史可循带来的局限和未能亲历带来的视角局限，我叨扰了许许多多的童书研究者、童书出版人，甚至不能记清是不是都感谢到了。有了这些宝贵的一手资料，这部童书出版史才得以连贯而立体。

正是因为深感史料本身蕴含的巨大价值，在博士论文顺利完成、专著顺利出版之后，我仍希望这些支撑专著的童书出版史料也能公之于世，为展开相关研究的同仁们做一基础性的铺垫。最后，感谢希望出版社李勇副总编辑对本书出版的大力推动，感谢责编傅晓明老师辛苦细致的编辑，使我得以将这个愿望付诸实施！更要感谢海飞老师，在百忙之中、新春佳节之际欣然允诺为此书作序。大年初五，收到这洋洋数千言、闪烁着理想光芒的序言，深深感受到一位倾注毕生精力于童书出版的出版家对这份事业的深挚情怀，也获得了恳切温暖的鼓励与不断前行的信心。

崔昕平

丁酉年正月　于龙城太原

图书在版编目（CIP）数据

中国童书出版纪事 / 崔昕平著 . -- 太原 : 希望出版社，2018.9

ISBN 978-7-5379-8016-6

Ⅰ . ①中… Ⅱ . ①崔… Ⅲ . ①儿童读物 – 图书出版 – 概况 – 中国 Ⅳ . ① G239.2

中国版本图书馆 CIP 数据核字 (2018) 第 195752 号

中国童书出版纪事　　崔昕平　著

出 版 人：孟绍勇
责任编辑：傅晓明
复　　审：柴晓敏
终　　审：王　琦
装帧设计：王　蕾
美术责编：王　蕾
印制总监：刘一新　尹时春

出版发行：山西出版传媒集团 • 希望出版社
地　　址：山西省太原市建设南路 21 号
开　　本：787mm×1092mm　1/16
印　　张：26
版　　次：2018 年 8 月第 1 版
印　　次：2018 年 8 月第 1 版第 1 次印刷
印　　刷：山西人民印刷有限责任公司
书　　号：ISBN 978-7-5379-8016-6
定　　价：88.00 元